黑格尔评传

[苏] 阿尔森·古留加　著
张荣　孙先武　编译

中华工商联合出版社

图书在版编目（CIP）数据

黑格尔评传 /（苏）阿尔森·古留加著；张荣，孙先武编译. -- 2 版. -- 北京：中华工商联合出版社，2018.7（2021.7 重印）

ISBN 978-7-5158-2313-3

Ⅰ. ①黑… Ⅱ. ①阿… ②张… ③孙… Ⅲ. ①黑格尔（Hegel, Georg Wehelm 1770-1831）—评传 Ⅳ. ① B516.35

中国版本图书馆 CIP 数据核字（2018）第 098779 号

黑格尔评传

作　　者：［苏］阿尔森·古留加
编　　译：张　荣　孙先武
责任编辑：林　立　崔红亮
装帧设计：北京东方视点数据技术有限公司
责任审读：魏鸿鸣
责任印制：迈致红
出版发行：中华工商联合出版社有限责任公司
印　　刷：唐山富达印务有限公司
版　　次：2018 年 8 月第 1 版
印　　次：2021 年 7 月第 2 次印刷
开　　本：710mm × 1020mm　1/16
字　　数：200 千字
印　　张：15
书　　号：ISBN 978-7-5158-2313-3
定　　价：78.00 元

服务热线：010-58301130
销售热线：010-58302813
地址邮编：北京市西城区西环广场 A 座
19-20 层，100044
http://www.chgslcbs.cn
E-mail: cicap1202@sina.com（营销中心）
E-mail: gslzbs@sina.com（总编室）

序

这套励志书由两部分内容组成，一是大师传记，二是名家文集。前者记述大师的人生事迹，评点他们的精彩瞬间；后者辑录名人的文章言论，展示他们的才华睿智。所选者，无不是成功的人生，无不是为后人所推崇和敬仰的人。对于我们每一个人来说，他们都是后人追求的榜样，励志的灯塔。其实，古往今来，所有的成功者，他们的人生和他们所激赏的人生，不外是："有志者，事竟成。"

励志是动宾结构的词，励是磨砺，志是志向，放在一起就是磨砺志向。所以说，励志不是简单的立志，是要像把刀放在石头上磨才能锋利一样，这个磨砺，也不是轻而易举地摩擦一下，而是要下力气的，对刀来说，不仅要把自身的锈磨掉，还要把多余的部分都要毫不留情地磨掉，这简直是一场磨难。所有绚丽的人生都是用艰难磨砺成的，砥砺生命放光华。可见，励志至少有三层意思：

一是立志。国人都崇拜的一本书叫《易经》，那里面有一句话说："天行健，君子以自强不息。"这是一种天人合一的理念，它揭示了自然界和人类发展演化的基本规律，所以一切圣贤伟人无不遵循此道。当然，这里还有一个立什么样的志的问题，孔子说："士不可以不弘毅，任重而道远。”古往今来，凡志士仁人立的都是天下家国之志。李白说：大丈夫必有四方之志，白居易有诗曰：丈夫贵兼济，岂独善一身，讲的都是这个道理。

二是励志。有了志向不一定就能成事，《礼记》里说：“玉不琢，不成器。”因为从理想到现实还有很大的距离。志向须在现实的困境中反复历练，不断考验才能变得坚韧弘毅，才能一步一个脚印地逐步实现。所以拿破仑说：真正之才智乃刚毅之志向。孟子则把天将降大任于斯人描述得如此艰难困苦。我们看看历代圣贤，从三大宗的创始人耶稣、默哈穆德、释迦牟尼到孔夫子、司马迁、孙中山，直至各行各业的精英，哪一个不是历经磨难终成大业，哪一个不是砥砺生命放射出人生的光芒。

三是守志。无论立志还是励志都不是一朝一夕、一蹴而就的，它贯穿了人的一生，无论生命之火是绚丽还是暗淡，都将到它熄灭的最后一刻。所以真正的有志者，一方面存矢志不渝之德，另一方面有不为穷变节、不为贱易志之气。像孟子说的那样：“富贵不能淫，贫贱不能移，威武不能屈。”明代有位首辅大臣叫刘吉，他说过：“有志者立长志，无志者常立志。”这话是很有道理的。

话说回来，励志并非粘贴在生命上的标签，而是融汇于人生中一点一滴的气蕴，最后成长为人的格调和气质，成就人生的梦想。不管你做哪一行，有志不论年少，无志空活百年。

希望你能喜爱这套励志书，让它点燃你的生命之火，让人生变得更加绚烂。

徐　潜

前 言

黑格尔（1770~1831年）是德国古典哲学的集大成者，他的辩证法思想达到了德国古典唯心主义哲学的巅峰。他的辩证法是马克思主义唯物辩证法的主要来源之一。在19世纪，他的思想体系也曾对英美的学院哲学家们产生过巨大的影响。

黑格尔1770年出生于符腾堡一个官吏家庭，1785年开始就读于文科中学，1788年到图宾根神学院学习，主修神学和哲学。1793年到1800年间，先后在瑞士伯尔尼和德国法兰克福的富庶家庭为其孩子们担任家庭教师。1800年在耶拿同好友谢林一起创办《哲学评论》杂志。1801年在耶拿大学任编外讲师，1805年获得副教授职位。1807年，出版了他的第一部著作《精神现象学》。1808年至1816年，在他担任纽伦堡中学校长期间，完成了《逻辑学》一书。1817年，在他担任海德堡大学教授职位期间，出版了《哲学全书》，完成了他的哲学体系。1818年起，黑格尔出任柏林大学哲学教授，并于1829年当选为柏林大学校长（任期一年），其间于1821年出版了《法哲学原理》，1827年1月，他主编的《科学评论年鉴》开始发行。1831年11月14日，这位伟大的哲学家因病医治无效而与世长辞。去世之后，他在柏林大学的讲稿分别被整理成《哲学史讲演录》、《美学讲演录》和《宗教哲学讲演录》，并相继出版。

黑格尔的一生是不平凡的一生，他经历了法国革命的洗礼，办报的坎坷，求职的艰难，但更多的是对真理的苦思冥想，对哲学执着的追求。值得一提的是，黑格尔一生热爱教育事业，热衷于培养人才。即使在他担任柏林大学校长期间，他还在讲授“哲学史”和“心理学与人种学或精神哲学”等课程。

黑格尔在哲学领域的贡献，让人叹为观止。在继承和发展了康德、费希特以来的德国古典哲学传统的基础上，他提出了自己的国家观，提出了不同于现存国家制度的精神国家理念。他在自己的哲学体系中提出了辩证法的思想。他基于“美是理念的感性显现”这一命题的美学思想，同样博大精深，影响深远。同时，通过讲述绝对精神自我发展的三个阶段（逻辑学、自然哲学和精神哲学），他建立了让人惊叹的客观唯心主义体系。此外，他还制定了一系列有关认识论研究的原则，为总结过去和现在的各种哲学成就及进一步发展哲学认识论提供了非常有价值的借鉴。

黑格尔一生著述颇丰，给世人留下了宝贵的精神财富。可以说，黑格尔就是一座精神宝库，吸引我们去探索他博大精深的思想。然而，黑格尔的哲学思想极为艰深。可以说，在所有大哲学家当中，他的思想几乎是最难懂的。所以编译本书的目的，一方面是为了让读者了解这位伟人不平凡的一生，了解他的心路历程；另一方面，通过对其主要著作及哲学思想体系进行勾勒式的介绍，让读者更好地了解黑格尔哲学产生的时代背景和他的哲学思想的整个发展过程，这不仅有助于读者更好地理解德国古典哲学，也有助于读者更好地理解马克思主义哲学，提高我们认知世界的能力。

编译者

目　录

行动第一

1785年，有一个少年走进了斯图加特市的文科中学。他就是该市税务局书记、绅士格奥尔格·路德维希·黑格尔的儿子威廉，全名叫奥尔格·威廉·弗里德里希·黑格尔。威廉的父亲认为，儿子在学校学到的东西是不够用的。尽管威廉各门功课都出类拔萃，考试成绩优异，可父亲还是给他请了个家庭教师。

小威廉博览群书。他的零花钱都买了书，还经常去公爵图书馆读书，他觉得那是一件很快乐的事情。图书馆周三和周六开放。图书馆大屋子里的长桌上放着钢笔、墨水和纸，供读者使用。不管你想看什么书，只需把书名写在纸上，交给管理员，他立刻就会把书找来给你。第一次来这里的时候，小威廉借了巴托德文版的《美学导论》，读了论述叙事诗的那一章节内容。

他偏爱严肃读物。小威廉读书时养成了一种特有的习惯，就是把读过的书详尽地摘录在活页上，并按语言学、美学、面相学、算数、几何、心理学、历史学、神学和哲学等进行分类。每一类都按字母顺序排列，把摘录的东西全放入贴有标签的文件夹。这样一来，就可以马上找到所需要的摘录内容。这些装着摘录的文件夹后来伴随了他的一生。

在家庭图书馆里，年轻的黑格尔有一卷德语版莎士比亚全集，是他上低年级时备受尊敬的老师赠给他的。扉页上有一段话："虽然现在你还读不懂它，但不久你就会的。"[①] 十年之后，这位叫勒夫勒的老师的预言是否灵验呢？现在的确很难回答。对于文艺作品，年轻的黑格尔难说有超过普通人以上的欣赏水平，对于新鲜事物，也难说有特别的接受能力。在他的童年和少年时期，德国诗歌和散文等名著不断问世，例如《埃米里·加洛蒂》（1772）、《葛兹·冯·伯利欣根》（1773）、《少年维特之烦恼》（1774）、《先知拿单》（1779）和《海盗》（1781）等。直至中学毕业，这位未来的哲学家还没有读过这些作品。年轻的黑格尔情有独钟的一部作品是约翰·提摩太乌斯·赫尔姆斯的《索菲游记——从默默尔到萨克森》，这是一部六卷本精装小说，模仿了英国家庭小说描写七年战争时期东普鲁士市民生活状况的情景，小说不乏惩恶扬善的说教，同时以清新的写实手法描写了市民们日常生活中的琐事。黑格尔对这部小说喜爱有加，直至 18 世纪末，它还是其最喜欢的作品之一。

黑格尔的日记，除了表现得少年老成、过于谨慎，尽是一些琐碎之事，丝毫看不出他有什么过人之处。例如：

> 7 月 14 日，星期四。前天阿贝尔和霍普夫教授参加了我们的聚会。我们一起散步的时候，他们特别给我们讲述了维也纳。

① 约翰内斯·霍夫迈斯特本：《黑格尔思想发展史资料》，斯图加特 1936 年版，第 392 页。

7月15日，星期五。我和克勒斯教授一起散步。我们一起入迷地朗读门德尔松的《斐多》……

7月16日，星期六。市政府秘书克拉普夫勒先生今天去世。我们原以为他的身体状况已有好转。他有九个孩子，其中一个儿子八天前接替了他的职位，另有一个儿子（于）去年秋天入了修道院。

7月19日，星期二。政府顾问兼枢密院秘书施密特林今天也去世了。他当时正在吃饭，伸手拿汤匙的时候中风了[①]。

日记的前面几页还记录了他和其他几个模范生被叫到教务处的情况。内容是：

我们并没有遭到训斥，他们只是严肃地要求我们去劝诫其他同学。让他们有所提防，别被拉入那些低俗的娱乐聚会。还举了个例子，说有一个团体，全是些年轻人，男的十六七岁，女的十一二岁……这些先生们带着女士们到处闲逛、腐化堕落，不可救药[②]。

从这些日记内容可以看出，黑格尔做人传统本分，过于守己，而且显得乏味。给他作传的库诺·菲舍尔这样写道，“当时谁也没料到，这个迷恋于一部乏味的小说，毫不出众的少年，竟然日后会脱胎换骨，成了一位很有洞见的思想家，而且通过他孜孜不倦的努

① 约翰内斯·霍夫迈斯特本:《黑格尔思想发展史资料》，斯图加特1936年版，第15~16页。

② 约翰内斯·霍夫迈斯特本:《黑格尔思想发展史资料》，斯图加特1936年版，第8页。

力，竟然成了当代数一数二的哲学家”[①]。

从另一方面看，事实并非完全如菲舍尔所言。读文科中学的最后一年，黑格尔的一篇名为《论古诗人之若干特征》的文章得到了如下评语：“将来定会大有作为。”虽然黑格尔对近代文学不太了解，但他却谙熟古典文学。他对索福克勒斯和欧里庇得斯的悲剧情有独钟，还翻译过爱比克泰德和隆各司的作品，所以写一篇赞颂古代诗人的文章对他来说是小菜一碟。一年前，他已经在《论希腊和罗马人的宗教》一文中表达了他对古代纯理性主义的看法。在他看来，希腊人的迷信是出于启蒙知识的缺乏。在文章结尾，他把批评的触角还延伸到了现代。在《论古诗人之若干特征》一文中，他进一步发展了这个话题，对新时期的文学做出了评判。在他看来，近代的诗人已经再也不能发挥古代诗人的作用了。古人的品质和长处在于他们的质朴，他们的思想不是源自书本，而是直接来源于生活，来源于自然。他们关注的是如何为真理服务，而不是取悦读者。

显然，这算不上什么独特的见解。在德国，继温克尔曼、莱辛和赫尔德之后，古典热已经成为知识界的热点。作为学生的黑格尔只不过转述了他读过的内容罢了。可他转述得井井有条，让人信服。对古代语言和古代诗人的倾慕持续了他的一生。

老师对他的文章内容很是满意，只是在修辞方面提出了一些意见。文科中学的学生须在班上讲述自己的作文，可黑格尔的口才平平。

在文科中学毕业前，黑格尔得做一次演讲。他的题目是《土耳

① 库诺·菲舍尔：《黑格尔的生平、著作和学说》第一部分，海德堡1911年版，第9页。

其人统治下艺术与科学的衰落》。他此前对近东地区没有什么兴趣，选该主题只是借题发挥而已。

演讲中，他在描述奥斯曼帝国悲惨状况的同时，呼吁听众想一想自己的家乡符腾堡。对比的结果让人瞠目结舌。他讲道：

> ……所以，我们会感到自己有多么幸运，会珍惜上天让我们出生在这个国度的机会。我们的君主深信教育的重要性，深信科学用途的广泛。因为对其重视，所以赢得了荣誉，为自己建立了永垂不朽，供后人瞻仰的纪念碑[①]。

黑格尔极力推崇学监，感谢老师，呼吁同学和朋友反思无视学监和老师的教诲给自己带来的恶果。

倘若把这篇演说看作是反话，那完全是误解。事实上，这样的演说在当时非常流行，黑格尔也因此颇受欢迎。他的这番言论是否进了公爵的耳朵，我们不得而知，但毕竟他拿到了奖学金。1788年，他进入图宾根修道院，开始在那里的神学院继续他的学业。

符腾堡有两所高校，一所是斯图加特卡尔学院，另一所是图宾根神学院。前者是卡尔·欧根为了培养军官、医生和律师而建立的（席勒就于1780年毕业于该校）；后者建校要早一些，创立于16世纪，旨在培养牧师和教师。神学院学生不多，约有两三百人，建在以前一个叫奥古斯丁教团修道院的旧址上。这里的生活方式具有修道院的特点：学生按要求很早起床，然后祷告、吃早餐。上课、自习和散步都有着严格的规定。违反一次规定就要受到惩罚，轻则不

① 约翰内斯·霍夫迈斯特本：《黑格尔思想发展史资料》，斯图加特1936年版，第52页。

许午饭时喝酒，重则关禁闭。因为学生都穿着黑色的衣服，城里人都称他们为“黑鬼”。

骑马和击剑也是做牧师的训练科目。黑格尔对此并没有什么兴趣。他依旧和中学时期一样喜欢读书。同学们都拿他开心，把他叫作“老头子”。他的纪念册里有同学为他画的漫画，画面上驼背的黑格尔拄着一副拐杖，旁边还有一句题词：“愿上帝保佑这位老头子。”黑格尔对此也见怪不怪，他跟谁都合得来，大家都把他看作知心朋友。

黑格尔喜欢吸鼻烟、喝酒和玩牌。只要条件允许，别人干什么他就跟着干什么。一次，因为迟到，他被关了一小时的禁闭。还有一次，他在宿舍喝醉了，幸好朋友们把他藏了起来，没被老师发现，才逃脱了惩罚。后来舍长埋怨说：“黑格尔，或许你把自己的魂都给喝没了吧？”

黑格尔和学院里最优秀的两个学生建立了深厚的友谊。他们是弗里德里希·荷尔德林和弗里德里希·威廉·约瑟夫·谢林。荷尔德林 1788 年和黑格尔同年进入神学院，谢林则在 1790 年才入学。

黑格尔学习勤奋。1788 年 12 月，他写了上了大学后的第一篇作文，又一次重申了数月前在文科中学时的观点。这篇文章的题目是《论希腊罗马古典作家的作品给我们的教益》。他依然坚持以前的观点，仍然认为古代诗人是从自然获取灵感的，文中还批判了当代人对书本知识的重视。文章认为古典作家的优势就在于他们丰富的语言表达力。古典文学是培养鉴赏力的殿堂，是美育的殿堂。阅读古代史学家的作品让人受益匪浅，它们是历史记载的典范，让人们很好地理解人类走过的道路。人类的精神永远都是一样的，只是在特定条件下有所变化。当时的精神领域盛行历史主义的思维方法，黑格尔对这一方法越来越坚信不疑。

神学院第一学年结束时，黑格尔获得了优等证书，评语是“聪明，勤奋，品行优良”。在以后十个学期的评语中，智力一栏一直填写的是“聪明”。而品行一栏则从“优良”降到“合格”，有时甚至是“差”。他已经不是以前那个循规蹈矩的文科中学生了。当然，他也没有变成肆无忌惮的酒鬼。在图宾根，这样的酒鬼比比皆是，他原本也会成为其中的一员，但是他的生活中有了新的兴趣，那就是政治。政治让他感到痴迷。

1789 年春天，来自法国的警报传至德国。饥荒和骚乱遍及法国，国王被迫召开了三级会议，第三等级不再听从国王的旨意，人民代表召集了国民会议。当年 7 月 14 日，巴黎人民攻占巴士底狱，革命之火燃遍全国。8 月 26 日，制宪会议通过“人权宣言”，这一宣言在当时的甚至整个时代的精神生活中发挥了决定性的作用。

法国革命受到德国进步力量的热烈欢迎。图宾根和其他的城市一样，也成立了一个政治俱乐部。人们在那里交流有关法国革命的新闻，阅读法国报纸，关注德国的命运。他们效仿法国人，种了一棵自由之树。据说，黑格尔和他的朋友谢林也参加了这个活动。

黑格尔是这个俱乐部的积极分子。他在会议上发表政治言论，颇受朋友们的欢迎。在他当时的纪念册里，可以看到这样一些口号：“反对暴君”、“打倒坏蛋”、“打倒妄想独裁的暴政”、“自由万岁”、“卢梭万岁”等。其中还有一条摘自《社会契约论》的语录：“如果天使有自己的政府，他们也会实行民主管理的。”[①]

---

① 卡尔·罗森克兰茨：《黑格尔传》，柏林 1844 年版，第 34 页。

卢梭对社会罪恶和封建奴役提出了不满的控诉，他的革命思想深深地吸引了黑格尔。卢梭也是最先发现资产阶级在进步的同时也有其缺陷的人士当中的一个。他的口号是“回归大自然”。他在自己的著作中写道，经济的繁荣与科学的发达，不但没有给人类带来幸福，反而为此成就付出了代价，那就是自由和道德的沦丧。但是，卢梭相信，许许多多无权无势的老百姓最终会摆脱暴政，获得平等。他认为，理想的国家体制就是古代城邦国家的体制。黑格尔认为，法国革命正好践行了卢梭的思想。

法国革命继续发展。国王想逃跑，但给抓住后押回了巴黎，山岳党乘机推翻了君主制统治。反革命队伍在法国境外集结，企图用武力恢复旧的统治秩序。

离图宾根不远的罗登堡驻扎着一个法国的流亡军团。他们当中有王军旧部军官、贵族、僧侣、税吏和冒险家。出于自己安全的考虑，他们决定不再在图宾根露面，以免被大学生搜到后要求决斗或者遭到痛打。

有一天，一个衣冠不整、满脸血迹的人，步履蹒跚地走在图宾根的街上，他是被保皇党派逮捕过，又奇迹般地逃脱了的雅各宾派。可他已经没有力气再往前走了，只有眼睁睁地等着罗登堡来的追捕者。就在这时，俱乐部的人把他救了下来，并藏到了安全的地方，然后用募捐的钱把他送到了国外。

但是，后来俱乐部出了奸细，秘密被泄露，当局开始追查。卡尔公爵专程来到图宾根，亲自坐镇办案。俱乐部的主任及时躲了起来，其他人惊慌逃散。就连因为把《马赛曲》译成德语而闻名的谢林也逃脱了处罚。他并没有掩饰自己的行踪，公爵亲自审问他，问他是不是那首“强盗之歌”的翻译者，他毫无惧色地说：“……欲加之罪，何患无辞？”

年轻的谢林才华超众，15 岁就上了神学院，比其他人早三年。当时，黑格尔正在神学院读第五学期。他们常在政治俱乐部会议上见面，政治立场让他们走得很近。他们俩人的结交完全出于政治方面的原因，而不是哲学。至于理论方面的共同语言，那是以后的事情了。

总体说来，黑格尔当时对哲学没有什么兴趣。虽说他在法国革命爆发的那一年就开始阅读康德的作品，但那时还是领会不了批判哲学的革命精神。当时，神学院有一个研究《纯粹理性批判》的团体。虽然谢林积极地参加这个团体的活动，但黑格尔对其无动于衷。

不过，年仅 20 岁的黑格尔并没有因此而错失哲学硕士学位。按照神学院的规定，学生在头两年应当学习哲学，接下来还要参加硕士论文答辩。为了获得论文答辩资格，得先写两篇篇幅不大的哲学论文，并通过相关考试，才能参加答辩。学生无须撰写大篇幅的独立论文，真正的论文是教授写出来的，学生只需参加答辩即可。黑格尔的那两篇论文并没有保存下来。他参加答辩的论文《论义务的界限》是奥古斯特·伯克教授写的。该论文论述了沃尔夫的道德观，认为德行的基础不仅在于理性，也在于感情。道德义务的概念虽然不是源于灵魂不灭和上帝永恒的思想，但对最高本体的信仰可以巩固和完善这个概念。参加这篇论文答辩的共有四个同学，其中就包括黑格尔和荷尔德林。

接下来的三年就该攻读神学了。黑格尔结业时答辩的论文是关于符腾堡教会史的相关问题。共有包括黑格尔在内的九个人参加。1793 年秋季的宗教考试，是黑格尔在图宾根的最后一次考试。

黑格尔的毕业文凭上是这样写的：健康不佳，身材中等，不善言辞，沉默寡言，天赋过人，判断力强，记忆力好，文字通顺，作风优良，偶尔不太用功，体质一般，神学成绩显著，虽热情地尝试讲道，但不是一名优秀传道士，语言只是丰富，哲学学习努力刻苦。

虽然考试过关了，但黑格尔不愿投身宗教事业。出于某些原因，他没有去做牧师。他的同学罗伊特维因解释说，黑格尔改变主意的原因是虚荣心受到了挫伤。上文科中学时，黑格尔成绩排在第一，他的同学梅尔克林排在第二，但上大学后，他们的次序颠倒了过来。梅尔克林神学院毕业时成绩排在第三，黑格尔却落到了第四，这在黑格尔的内心留下了一道无法愈合的伤痕。罗伊特维因说，倘若黑格尔神学院毕业时不是第四名，那他一定会成为一名牧师的。事实上，黑格尔绝不是自称为其知己的罗伊特维因所说的那么一个虚荣和贪图名利的人。

还有一些人认为黑格尔没有做神职人员的原因是他口才不行。但是，大学讲台上对口才的要求绝不亚于教堂之上。显然这都不是真正的原因。真正让黑格尔对教会产生厌恶情绪的是大学里笼罩着的那种像修道院和兵营一样的气氛。另外一个原因就是，他在图宾根受到了法国革命和卢梭著作的影响，思想变得过于激进。

1793 年 10 月，黑格尔去了瑞士，那是卢梭的故乡，但是他没有去日内瓦，而是去了伯尔尼。在伯尔尼，他在当地的贵族卡尔·弗里德里希·施泰格尔那里当家庭教师，给三个孩子教书——两个女孩，一个男孩。当家庭教师不需太多的时间和精力。主人有大量的藏书，他可以随意阅读，所以在这里黑格尔有时间加深自己的修养，从事学术研究。

在这里，黑格尔摘抄了德国著名的雅各宾派格奥尔格·福尔斯特的作品。1792 年，无裤党军队追逐被击败的干涉军，并踏上了德国的土地，他们在美因茨成立了一个共和国，宣称隶属于革命的法兰西。格奥尔格·福尔斯特是他们的领导人之一，他一直在巴黎参加革命工作，直至 1794 年在当地去世。

黑格尔和以前一样关注着法国的情况。和大多数同情法国革命的德国人一样，他并不支持雅各宾派的恐怖行为。亲眼看见了这些事件的福尔斯特惊愕地写道："捣乱者和阴谋分子伪装成人们的朋友，其目的是为了敛财，在法国为所欲为，而那些最聪明，也是我觉得最善良的人，却死在这些家伙手里。"① 恐怖行为证明了小资产阶级领导的革命陷入了绝境。对于雅各宾派的恐怖行为，弗里德里希·恩格斯是这样评价的："恐怖行为大都是无济于事的暴行，都是那些心存恐惧的人安慰自己的把戏。我坚信，1793 年的恐怖统治几乎都归罪于那些极度恐惧、自诩为爱国者的资产者，以及那些吓破胆的小市民，还有那些在恐怖时期干尽坏事的流氓。"②

黑格尔虽然反对雅各宾派的恐怖行为，但这并不影响他对法国革命的支持态度，并将其看作一次深刻的社会变革。他后来这样评价法国革命："这是一次辉煌灿烂的日出。"法国革命和黑格尔的理念息息相通，即便在黑格尔成为保守派之后，他仍然认为，如果没有一场大变革，欧洲的历史是难以想象的。

在安静的伯尔尼，黑格尔埋头苦读，著书立说。他决定写一篇有关认识论方面的文章，他在笔记里记着很多关于主观精神哲学方面的素材。从中可以看出，这位年轻的哲学家在思考一些很古怪的问题。例如，直观是如何变成自觉行为的？神经又如何起到感觉器

①《格奥尔格·福斯特尔全集》第 9 卷书信部分，莱比锡 1843 年版，第 31 页。

②《马克思恩格斯全集》中文版第 33 卷，第 56 页。

官的作用？人的灵魂在哪里？英国的普利斯特莱和哈特莱，法国的邦内都曾试图回答这些问题。不管怎么说，黑格尔是读过他们的著作的。这些著作已经被斯图加卡尔学院的教授，也就是后来在图宾根修道院做教授的雅各布·弗里德里希·阿贝尔翻译成了德语。黑格尔把阿贝尔的论文《论人的观念本源》中的某些内容逐字逐句抄录了下来。

这段时间，黑格尔对康德著作的领悟也越来越深，逐渐懂得了其中的含义。他给谢林的信中写道："我期待着康德的思想体系及其成就能在德国引发一场革命。"他感兴趣的是康德有关实践哲学的著作及费希特为这些著作所做的诠释，而不是后来才吸引他的《纯粹理性批判》。他还写道："人类终于登上了所有哲学的巅峰，让他感到眼花缭乱。但是，为何人类时至今日才想到重视自己的尊严，才认识到人类有同一切神灵平起平坐的能力呢？我认为，这个时代最好的标志，就是人类自身受到了如此的尊重。它证明压迫者和诸神头顶上的光轮已经散去。哲学家正力图证明这一尊严，人们将会习惯于这一尊严，不再低三下四地祈求被肆意践踏的权利，而是自己去争取，并将其占为已有。宗教和政治同流合污，宗教的教条正是专制制度梦寐以求的……"[①] 黑格尔诚挚地呼吁："朋友们，为了人类幸福之花的绽放，向着太阳奔去吧！拨开挡住阳光的树叶与树枝，向着太阳奋斗吧……"[②]

当时，谢林已经发表了自己的理论观点，可黑格尔觉得他和谢林不能同日而语，不敢把自己的见解发表出来，觉得他在这方面只是一个学徒而已。谢林请求黑格尔聊一聊他的学术研究情况，他的

①《黑格尔书信集》第 1 卷，汉堡：梅纳出版社 1952 年版，第 24 页。

②《黑格尔书信集》第 1 卷，汉堡：梅纳出版社 1952 年版，第 24 页。

回答却是“我的作业不值得一提……”

但是，在这一阶段，他的著述却颇丰。在伯尔尼期间，他写过一部早在图宾根时就已开始的著作。他的这部著作一直没有完成，直到去世之后才以《人民宗教与基督教》作为书名出版。在这部没有完成的著作中，黑格尔认为“宗教是我们生活中最重要的事情之一”[①]。让他对宗教感兴趣的，首先是“心灵”的概念，因为他认为真正活的“主观”宗教体现在感情和行为之中。而“客观”宗教是有关上帝的死板的知识，它和“主观”宗教相互对立，或者更准确地说，是包括在“主观”宗教当中。倘若“主观”宗教是生动的自然之书，那么“客观”宗教就是科学家的标本陈列馆，把昆虫杀死，把植物晾干，动物的躯体被泡在酒精之中，将其从大自然隔离出来，统统塞进一个统一的模式之中。自然将纷繁复杂的目的编织成友谊之网，可研究自然的科学家们为其设定了一个统一的目的。换言之，“主观”宗教体现的是善良人的德行，而“客观”宗教则关乎神学。对二者道德功能的判定，黑格尔态度极为谨慎，认为起决定作用的不是宗教的特色（拿单曾说过，在你们眼里，我成为基督徒的原因，也就是在我眼里你们成为犹太人的原因[②]），而是宗教是否关乎到人的心灵。

“客观”宗教有赖于知性，因为知性充其量只是讨好主人的仆人，所以它并不能将原则应用于实践。启发知性力可以让人变得机灵一些，但无法让人变得更好，或者更智慧，因为智慧并不等同于学问。有人认为知性能产生真理，但哪一个凡胎肉眼的人能告诉我们真理是什么呢？这些想法和黑格尔后来的观点相去甚远，但同卢

①《黑格尔全集》第 1 卷，美因法兰克福：祖尔大普出版社 1971 年版，第 9 页。

②《黑格尔全集》第 1 卷，美因法兰克福：祖尔大普出版社 1971 年版，第 19 页。

梭的思想及依靠“感觉着”的人来做狂飙运动的原则异曲同工。

黑格尔从启蒙神学家那里借用了“神启宗教”的概念，来指称依仗权威和传统的僵化的宗教。和神启宗教对立的是大众宗教。大众宗教虽然是建立在理性的基础之上，但它首先关乎人的感情，并且所有生活和国家事务都和大众宗教息息相关。透过这些与神学相关的术语，他提出了合理的社会制度的问题。和卢梭一样，年轻的黑格尔认为，该制度的典型范例，就是古代的民主制。

事实上，黑格尔批判的首先并非基督教本身，而是它当时的现状；并非人格神的概念，而是教会的机构问题。谢林因为康德派的哲学家们乱用道德论据，在一封信中这样嘲笑他们：“突然间，跳出一位救星，就是那个天上独特的本体。”① 看到这句话，黑格尔百思不得其解，于是问谢林，“你是不是认为我们无法实现那一步？”② 对方立马严厉地答复道：“你的意思是不是认为我们无法通过道德论据达到独特的本体？说实话，我感到异常吃惊。真没想到，一个莱辛的人竟然能问出这样的问题。你提出这个问题，无非是想知道我是否完全解决了这个问题。而你呢，想必早就解决了这个问题了吧？而且，我俩已经再也没有对上帝正统的理解了。所以，我的回答是，我们所实现的，比独特本体还要远。顺便说一声，我已经成了一名斯宾诺莎派！”③

黑格尔并没有把自己标榜为斯宾诺莎派，更加吸引他的却是基督的形象。1795 年夏，他在伯尔尼附近的楚格着手为新宗教创始人写传记。该传记表面上近似福音书，可实际情况又如何呢？书中只

①《黑格尔书信集》第 1 卷，汉堡：梅纳出版社 1952 年版，第 14 页。

②《黑格尔书信集》第 1 卷，汉堡：梅纳出版社 1952 年版，第 18 页。

③《黑格尔书信集》第 1 卷，汉堡：梅纳出版社 1952 年版，第 21~22 页。

字未提像报喜节、圣灵妊娠、奇迹和复活等内容。他笔下的基督是一个有理性的道德家。可以看出，作为年轻神学家的黑格尔观点有了变化。就在一年之前，还在颂扬感情的他，现在却转向理性了。

他几乎是借基督之口讲出了康德的绝对律令："倘若希望别人按照人与人之间的普遍法则对待你们，那么首先得按照同样的法则对待他们，这便是伦理的基本法则。"[①]此时的黑格尔还没有把伦理和道德分清楚。所以伦理成了虔诚的唯一标准。人人都得按其标准来衡量。殊不知，作为个人的人高于一切。

几个月之后，年轻的黑格尔又开始沉思其他问题。基督教通过个别人物的事迹来讲道的方式已经不适合他的胃口。他开始写一篇新的稿子。这篇稿子就是后来著名的《基督教的神启性》。这里，黑格尔所说的神启性，代表着死板、一成不变，即僵化。

黑格尔把原始基督教和后来有组织的基督教，以及后来成为国教的基督教区别视之。这三种基督教是一个日益僵化，即"神启性"不断深化的过程。不过，该特征在其创始人那里早已有之。基督当年凭借人们对他的权威的信仰，来消除犹太教的"神启性"。

让我们看一看和基督相关的情况。黑格尔把基督与苏格拉底进行了比较。谁都可以成为苏格拉底的学生，他的学生遍及各行各业，有商人、士兵、政治家等。和苏格拉底不同的是，基督身边只有十二个信徒。作为宣扬其学说的代表，他们只是为了基督本人及其他的言行而活。这种做法为精神上的独断和迷信权威创造了条件。

基督教是如何兴起的呢？古代"大众宗教"又为何衰落了呢？

---

① 黑格尔：《耶稣传》，图宾根：莫尔出版社1907年版，第87页。

在黑格尔的那个年代里，有一种流行的解释，说人们已经不再信仰那些态度不严肃、行为不检点的希腊诸神了，而以基督代之，从而更好地满足了人们心灵上的需求。但是，黑格尔对这个答案并不满意。古代宗教不再赢得人心，并非书本上的说教，基督教的传播，也非人们得到教化。按照黑格尔的观点，希腊罗马的宗教本来是自由人民的宗教，一旦人们丧失了自由，这种宗教也就该消失了，因为它已变得毫无意义，软弱无用。正如倘若河流干涸了，渔网还有用吗？因此，基督教是专制政治的产物。国家本来产生于公民的自身行动，一旦人民心中再无国家概念，基督教便产生了。此时，对国家的关注，只是一个或数个人的事情。人们各得其位，这些有限的地位各不相同。国家机器则掌握在少数人手里，他们和小齿轮一样，只有和别的齿轮放在一起才能运作，没有人再为整体做出牺牲，要么为自己工作，要么在别人的逼迫之下劳动。

在黑格尔早期的著作中，与其说宣扬教会神学，还不如说对教会进行了猛烈的攻击。虽说不仅仅针对基督教，但对基督教的攻击首当其冲。他说，“教会体制的根本错误在于否认精神能具备各种能力，特别是否认理性。当理性受到教会的否定，教会体制就成了非人的体制”①。

很明显，黑格尔的这番话不仅仅是对官方基督教的批判，而是揭露了教会对精神自由的压迫。宗教成了披在专制政治身上的外衣，其现存的教义也受到政治的庇护。

要想重新获得政治自由和精神自由，必须得对社会进行彻底的改造。有一段时间，在年轻的黑格尔看来，这种彻底的改造就是消

---

①《黑格尔全集》第 1 卷，美因法兰克福：祖尔坎普出版社 1971 年版，第 187~188 页。

灭国家。在他1796年初夏写的《德意志唯心主义的第一个体系纲领》中，黑格尔非常清楚地表达了这样的立场。在这篇文章中，他按照赫尔德的思想，把国家描述为机械、反人道的机器，认为它是暴力的产物，注定要消亡。他写道："因此，我们必须要超越国家，因为国家把自由人当作齿轮装置一样对待。这是不应该的，因此它应该消亡。"他认为，"……要彻底剥掉国家、宪法、政府和立法这一套卑劣的人造画皮"[①]。他还认为，"永久和平"是可能的。他认为最高思想应该是美的思想，号召创造一种新的理性的神话学说。他写道："现在我坚信，因为理性包含所有思想，理性的最高境界是一种审美行为；我坚信，真和善只有和美在一起，才能相得益彰。哲学家必须和诗人一样，具有同等的审美能力。那些迂腐的哲学家总是缺乏审美能力。精神哲学是审美的哲学。如果缺乏审美情趣，无论做什么都缺乏激情，甚至谈论历史的时候都是有气无力"[②]。

很难相信这些话是黑格尔所写。因为这和他日后的见解相去甚远，所以有些人认为它未必出自黑格尔的笔下。无疑，黑格尔在此把理性包含在审美当中，但理性在他的晚年却具有至高无上的地位。这位未来的国家拥护者在此还把国家攻击得一文不值。但是，这种对国家的观念的确是黑格尔青年时代的国家观，他的第一个体系纲领绝非这种观点的唯一证明。让我们看看耶稣的传记吧。黑格尔笔下的基督对他的门徒说："你们总希望看到在尘世间建立起上帝的王国。经常有人对你们讲，某个地方有一个乐园，这里人们受到道德规范的约束，人与人之间相亲相爱。别相信这些谎言。别期望在一个冠冕堂皇的团体当中，在一个国家体制当中，在一个教会

① 约翰内斯·霍夫迈斯特本：《黑格尔思想发展史资料》，斯图加特1936年版，第220页。

② 约翰内斯·霍夫迈斯特本：《黑格尔思想发展史资料》，斯图加特1936年版，第220页。

戒律统治的社会中，看到属于上帝的王国。”[①]

黑格尔喜欢到伯尔尼和楚格的郊区去散步。有一回，他和三个和他一样的家庭教师在一起，前往阿尔卑斯山去旅游。他们去了戈尔德沃尔特冰川，去了赖兴巴赫瀑布，去了圣哥大，跨过恶魔桥，游览了菲尔瓦尔德施塔特湖，最后又回到了伯尔尼。黑格尔对这次旅行感想如何呢？

他对常年积雪的崇山峻岭毫无兴趣。他在自己的旅行日志里写道：“不管是视觉还是想象力，都无法在这些形状怪异的大土包上发现什么赏心悦目或足以消遣的东西……理性只是看到了这些山脉的永恒性，或者说看到了人们认为巍峨高耸的相貌，却没有发现什么难忘、称奇或赞美的东西。看着这些毫无生气的大土包，留下的印象只是单调和毫无生气。仅此而已。”[②] 这位年轻的哲学家思想完全集中在了当时的政治与精神生活领域，阿尔卑斯山的威严与雄伟丝毫引不起他的注意。他关注的不是安宁与寂静。倘若在大自然当中看到某种和他的思想相呼应的东西，才能让他感到发自内心的兴奋。当他看到赖兴巴赫瀑布时就是有这种感觉。眼前的一切都在运动当中，虽然呈现的是同一景象，但又不是此刻前的景象。在一个人迹罕至，到处是奇山峻石，难以居住的地方，黑格尔冥想到了目的论的荒诞，因为该理论认为大自然是为了满足人的某种需要才被创造出来的。待在这样的地方，虽然不能确定明天会不会被突如其来的雪崩埋没，但今天却不得不可怜地到山上偷取一点果腹的食物。在这种地方可以产生各种各样的理论，但却产生不了目的论，因为这种理论相信，自然界的一切都是为人类的需要而安排的。黑

① 黑格尔:《耶稣传》，图宾根：莫尔出版社 1907 年版，第 112 页。

② 约翰内斯·霍夫迈斯特本:《黑格尔思想发展史资料》，斯图加特 1936 年版，第 236 页。

格尔觉得，他那个时代的特点是，大家宁愿扬扬自得地觉得一切都是一个外在的本体创造的，也不愿承认，是人类自己为自然制定了所有的目的。

符合黑格尔口味的是另一种截然不同的风景，他一生都热爱为人类掌握并加以改造过的大自然。晚年时的黑格尔喜欢荷兰肥沃的牧场、蒙麦特里的花园、多瑙河的谷底和海德堡的郊野。未曾开化的自然让他感到索然无味。

话说回来，久在异国他乡，待在一个死板的贵族之家，让黑格尔感到极不自在。他请求荷尔德林和谢林给他在家乡找点事做，来摆脱这一境况。过了一段时间，直到1796年10月，在法兰克福当家庭教师的荷尔德林才给他带来了一个好消息——一位叫葛格尔的商人愿以优厚的条件邀请黑格尔做家庭教师。

荷尔德林非常希望黑格尔来法兰克福。黑格尔在父母那里小住了一段时间之后，于1797年初去了法兰克福，和荷尔德林见了面，但时间并不长久，荷尔德林得马上离开那里，因为这位年轻诗人爱上了东家的老婆苏珊特·贡塔德，她也热烈地爱上了他。他以《柏拉图对话录》中的《宴饮篇》中女祭司迪奥弟玛的名字来称呼她，他把自己写的诗献给这个女人，他的小说《许佩里奥》的女主人公也叫迪奥弟玛。两人的关系再也瞒不过别人的眼睛，于是荷尔德林只好离开了。

荷尔德林的结局很悲惨。他当时去了法国。那里的革命风暴已日趋消退，到处可见的是贪赃枉法、对军人的崇拜，卑躬屈膝地向上爬的风气开始弥漫。荷尔德林依然热恋着他的迪奥弟玛，秘密和她保持书信往来。不幸的是，从法兰克福传来噩耗，他所爱的人去世了。他立刻从法国动身回国，一路车马劳顿，十分辛苦。甚至有人说他是徒步走回来的。苏珊特·贡塔德的死讯让他痛不欲生，更重要的是他感到个人在社会生活中的“无能为力”，对法国革命的历史作用感到幻灭，感到作为“艰难时代的诗人”前途的渺茫，这一切都加速让荷尔德林陷入精神错乱。

荷尔德林于 1843 年离开了人世。1806 年起他就得了精神病，起初住在一家精神病院，后来由一对外国夫妇照料。其间，黑格尔一次也未探望过他。刚开始他还希望从辛克莱那里打问到他的下落，但辛克莱也不知道情况，渐渐地他俩就不再提起荷尔德林的名字。黑格尔主张理性至上，既然荷尔德林丧失了理性，在黑格尔的眼中，他也就与死亡无异。

1798 年，黑格尔在法兰克福第一次刊印了他的一本译作。该译作是一本小书，原作者不详。封面上的书名是《关于瓦得州对伯尔尼城旧国法关系的密信》。该书译自一位已故瑞士作者的法语本，书中附有注释。本书的作者是瑞士律师，名叫 J.J. 卡特（他在该书出版时仍旧健在），书中揭发抨击了法国人进入之前伯尔尼一直实行的专制统治制度。黑格尔发现，作者的一些想法和他不谋而合。伯尔尼的公民没有自由可言，从权势人物蔑视法律的行为就可以看出来。案件的判决权完全在大小官府。他们没有奉公守法可言。天底下没有哪一个地方会像伯尔尼一样，那么多的人被处死，绞杀，碾死或烧死。对被告的辩护只是流于形式，罪犯根本就没有机会享有这种权利。而最高法院也根本不看案卷，只是草率地批准下级法院的判决。

黑格尔一如既往地关心政治、社会状况和宗教问题。后来，他又对政治经济学产生了兴趣。1799 年年初，他读了英国经济学家詹姆斯·斯图亚特的《政治经济学基本原理研究》一书。这让他开始思考财产问题，发现社会冲突的根源在于财产问题。我们可以从黑格尔在法兰克福写过的一段话里看到这样的内容：“在近代国家，保障财产安全是整个立法的关键所在，因为公民的大部分权利与此有关。在古代的一些自由共和国，严格意义上的财产权，也就是所有管理层念念不忘、引以为豪的东西，早就被国家宪法所侵犯了……为了维护共和国的存在，到底得牺牲多少严格意义上的财产权，这是非常值得研究的。倘若认为，法国无裤党的制度要求大幅度地均分财产，是出于贪婪，那未免太冤枉该制度了。”①

看上去似乎这位年轻的哲学家不再关注哲学问题了，但事实并非如此。如果仔细观察，在黑格尔的内心世界，哲学问题依然潜伏着，看似退居二线，但有时候甚至对他起着主导作用。能证明这一点的证据就是黑格尔的一篇没有写完的重要手稿——《基督教精神及其命运》。文章中的主角和以前一样，依然是耶稣，但这里的耶稣已经不是康德伦理学意义上的代言人，而是它的反对者了。乍一看，黑格尔好像在驳斥古犹太人的立法之父摩西。他写道，摩西的十诫是上帝的律令，而非真理。犹太人是不自由的，因为他们依赖于他们的上帝。在他看来，对人类来说，他们所依赖的东西不具有真理意义。不同于希腊人，犹太人是一群奴才，他们的最高真理就在于他们有一个主人。统治与屈从和真理、美及自由是格格不入的。

在黑格尔的描述中，基督要极力改变流行于古代犹太国的拘泥于教规的风气，让人们遵守十诫的精神，心存对上帝和周围的人的爱，这是一种把个人与社会责任融为一体的爱。接着，黑格尔就不

① 约翰内斯·霍夫迈斯特本：《黑格尔思想发展史资料》，斯图加特1936年版，第268~269页。

再谈论基督和摩西之争了，因为他直接和康德发起了论战。在康德看来，道德及个别服从一般，也就是服从自己的良心。换言之，就是一般战胜了作为它的对立面的个别。相反，在黑格尔看来，其任务是从个别上升为一般，通过这两者之间的调和来扬弃它们的对立。这里体现了黑格尔一个非常重要的思想，这一思想后来促生了他的辩证法思想。同时，就有了这么一个问题：如何才能找到把个别与一般统一起来的非形式的一般呢？辩证逻辑就是从伦理学当中萌芽而来的。

对于这一问题，其任务是如何把个人气质与道德戒律、个别和一般结合起来。可是，黑格尔刚开始提出的解决办法后来连自己都毫不满意。他把生活及其最高表现形式，也就是能够调和矛盾的爱，当作解决这一问题的手段。黑格尔说，“《旧约》中有一条戒律是‘不要杀人’。耶稣把和解精神（爱的表现形式之一）与该戒律进行比较，认为前者不仅不违背后者，而且让后者变得多余。他认为和解精神内涵丰富而生动，根本不需要戒律之类的贫乏之物”[①]。

要提到黑格尔精神发展的轨迹，就不得不提到德国的神秘主义。在法兰克福时，黑格尔摘抄过神秘主义大师埃克哈特与陶勒尔的著作。从某种程度上讲，他的不少辩证思想都可以从神秘主义中找到蛛丝马迹。作为伟大的理性主义者，黑格尔年轻时代甚至曾赏识过弗朗茨·冯·巴德尔，因为巴德尔的几何学方法激发了黑格尔的想象力。他想，在一个四边形里画出一些三角形，再在这些三角形里画出一些小三角形，试图以这种方法将世界体系化，但最终发现这种直观的模式根本就是不存在的。

①《黑格尔全集》第 1 卷，美因法兰克福：祖尔坎普出版社 1971 年版，第 327 页。

黑格尔仇视正教，而对异教持有好感。在他看来，只要以国家的名义存在的教会继续扼杀人们的思想，异端思想和教派就会永远存在下去。如果黑格尔把宗教置于哲学之上，那么他这里所说的并非官方的教义。正如他在1800年秋季撰写的后来命名为《体系札记》的草稿中所说，“正因为这样，哲学不得不和宗教一起完结。因为哲学是一种思维，多少是和非思维相对立的，又多少和思维着的人和被思维的东西相对立……”①

宗教扬弃了一些个别存在的矛盾，体现了生活中某些无限的东西，让一切对抗从中消失。

此后不久，黑格尔的生活进入了一个新的阶段。

这位哲学家已至而立之年。父亲一年之前去世，给他分到的遗产并不多，是一笔约为三千古尔盾的款项。次年（1801年）1月，黑格尔动身前往耶拿。

①《黑格尔全集》第1卷，美因法兰克福：祖尔坎普出版社1971年版，第422~423页。

科学之科学

黑格尔去耶拿，并非出于偶然。当时德国的大学城当中，还没有一个像耶拿那样精神和文化生活都相当活跃的地方。1789年起，弗里德里希·席勒担任耶拿大学历史学教授，大大提高了该校的声誉。在耶拿大学，席勒写下了著名的《三十年战争史》、《论人类的审美教育书简》及其《华伦斯坦三部曲》。

1792年，胡弗兰德开设了一个讲授法国革命宪法的讲座。在宫廷，公爵卡尔·奥古斯特及他的大臣福格特等人，虽然站在保守的立场，对此颇有微词，但他们觉得为了体现一下学术自由，对这类言论不妨容忍一下。1794年，费希特执教于耶拿大学，在其影响之下，该校的政治越来越激进，最后宫廷借故将其辞退掉了。

原来，在费希特和尼特哈默尔合办的《哲学杂志》当中，发表了卡尔·弗尔贝格的一篇叫《宗教概念的发展》的宣扬无神论的文章。费希特本人虽然自己并非无神论者，也不赞同弗尔贝格的宗教观点，但他认为这篇文章是可以发表的，并给它加了一段序言。结果，就有了 1799 年著名的“无神论论战”。在这场论战中，费希特被指控为不信仰上帝，罪孽重重，并受到官方的谴责，最后被迫离开了耶拿大学。

费希特因为所谓的信仰问题而受到惩罚，对此他愤愤不平。因为，同样在德国，教会首脑约翰·戈特弗里德·赫尔德也提出了一个与无神论的观点如出一辙的哲学体系，并公然出版，却没有受到任何制裁。这一体系是指斯宾诺莎主义，其追随者不但有赫尔德，而且还有他的朋友，担任魏玛公国大臣的歌德。歌德几乎毫不掩饰他对基督教的厌恶之情，认为福音书简直是胡说八道。

歌德和赫尔德身边不乏志同道合的自由思想家，这些思想家中的激进分子已经开始坚持唯物主义的观点了。奥古斯特·冯·艾因西德尔便是其中之一。他当时出名的原因并非出于文学活动，而是他轰动一时的恋爱逸事。他在魏玛喜欢上了有夫之妇艾米丽·维特恩。因为获得了对方的爱情，所以他决定做出一个冒险之举，让艾米丽事先离开魏玛，然后叫人放出了艾米丽死去的传言，接着为她举办了假葬礼，然后他们一起私奔到了非洲。但是，纸包不住火，不久大家就知道了真相。两年之后，艾因西德尔在魏玛重新露面时，大家并没有接受他。他从未发表过自己的作品，他把自己的作品都交给了赫尔德，赫尔德将之抄录了下来。这些手抄报流传了下来，直至 1957 年才在德意志民主共和国得以出版。

而卡尔·路德维希·克内贝尔的著作则比较完整。他是诗人兼哲学家，十分崇拜伊壁鸠鲁，并翻译过他的著作，是魏玛集团的一员。在他移居耶拿之后，依然和该集团保持联系。总之，魏玛和耶拿是不可分割的，前者是萨克森—魏玛公国的首府，后者则是这个公国的大学中心。

大约在18世纪末19世纪初，在以歌德为核心的魏玛集团之后，出现了浪漫派。它的奠基人和精神领袖是弗里德里希·冯·施莱格尔。施莱格尔最初沉浸于革命思想，但后来就对它失望了，于是就抛弃了。当然，他也不愿顺从专制制度和警察的专横，不愿过庸俗的市民生活。所以他把目光放在了过去，首先对德意志民族文化产生了兴趣，后来又转向天主教。这一点，他和兄弟奥古斯特·威廉·冯·施莱格尔，朋友诗人诺瓦利斯、瓦肯罗德尔和蒂克等，是极为相似的。他们都关心个人的命运，憎恨贪婪阴暗的资本主义世界，而且都相信艺术能起到拯救作用。相传人们在艺术创作中才能获得真正的自由，而最可靠的工具则是嘲讽。获得自由的另一个途径就是爱，它要求感情解放。爱在浪漫派的纲领中占举足轻重的地位。由于弗里德里希·冯·施莱格尔和一位银行家的妻子多罗特娅·法伊特有染，在周围的老百姓当中引起了一场轩然大波。后来，他们的“自由恋爱”有了结果，俩人最终结了婚，一同改信了天主教。他把这件事写进了小说《卢辛特》。而卡洛琳娜·伯麦尔情况就更有传奇色彩了。她聪颖坚强，早年守寡，在美因茨和福尔斯特一起并肩作战，共和国失败之后身陷囹圄，被奥古斯特·威廉·冯·施莱格尔救了出来，嫁给了他。后来，她又嫁给了第三任丈夫谢林。

浪漫派的思想原本倾向于费希特哲学。但是，谢林的思想，特别是他对自然、艺术和宗教的崇拜，更加吸引了他们的注意力。

谢林很早就在哲学上崭露头角。1798年，只有23岁的他就已经当上了耶拿大学的副教授。这位早熟的学者在哲学领域享有革命者的声誉，是一位才华横溢、著述颇丰的演说家，也是大学生们崇拜的偶像。他的课堂深受欢迎，经常被学生围得水泄不通。

黑格尔为他的这位老朋友、老同学有如此的殊荣而备感高兴。虽然谢林小他五岁，但他在大学时就像对待老师一样对待谢林。到耶拿之后，他们俩就住在了一起。俩人不但私人关系好，而且也有共同语言，这使得他们俩的友谊越来越深。黑格尔以自己的名字署名的第一部著作就是替谢林辩护的。

这书的题目是《费希特哲学体系与谢林哲学体系的差别》。黑格尔写这篇论文的原因是莱因霍尔德宣称“哲学领域的革命已经进行过了”，而且谢林的观点只不过是费希特论点的重复而已。黑格尔在文章中说，虽然法国一再声称“革命已经结束”，但革命一直在进行着。说到德国哲学，革命尚未发生，康德只不过开了一个头而已。

为了弄清黑格尔观点的脉络，最好了解一下康德《纯粹理性批判》中的一些观点。人们在整个哲学史当中一直认为认识带有被动、直观的性质，而康德在该书中破除了这一观点。他第一个发现了意识的“能动性”。马克思认为，对认识能动性的研究，是德国古典唯心主义最基本的贡献。从辩证唯物主义的视角看，人是以自己的行动为参照来观察事物的，意识不仅反映客观世界，而且还能创作世界。这一观点就源于康德。在康德看来，人类无法接触到自在之物的世界，而只能接触到现象世界。认识能力最重要的任务就是构成这个现象世界。

人们总把康德与哥白尼相比。例如，海涅写道，“以前理性就像太阳一样绕着现象世界转，想把它照亮；但康德却让理性这个太阳停了下来，结果现象世界绕着理性转了起来，而且只有它运行到了太阳的光线里，才能得到它的沐浴”[①]。

康德还有一个重要性毫不逊色于此的发现。他断言，在认识的过程中，矛盾不可避免。他态度坚决地认为，倘若人的理性试图进入自在之物的世界，就必然会遇到矛盾。传统观点认为，矛盾是谬误的标志，康德摆脱不了这种观点，所以他得出了这样的结论：理性无法完成自己的任务。

理性和知性分属认识的两个不同领域。知性对感官和直觉进行加工处理，将其分成具有普遍性的科学思维成分。它属于自然科学的范畴。而理性则属于哲学，从广义上讲，是形而上学的较高阶段，它在超越知性的同时，认为能揭露各种现象的内在联系及其本质。但康德认为这是做不到的。黑格尔在他的第一篇哲学论文的开头，用如下开头论述康德的观点：“如果知性原本要靠理性来补正，那么理性反过来也要靠知性来补正。”[②]

费希特继承了康德的意识能动性的思想。黑格尔评论说，费希特并没有拘泥于康德的学说，而是保留了它的精神实质，让它摆脱了自在之物可悲的矛盾性。人类面对的永远都是自己的行动过程和结果。所以，费希特非常肯定地认为，存在之物的基础是称之为“自我”的主体。同时，费希特以新的方式看待康德的矛盾问题。在康德看来，矛盾是追求理性的过程中无法逾越的障碍。费希特则持相反的观点，认为矛盾具有创造性，是行动与发展之源泉。“自我”必然会向“非我”转化，并与之相融合，实现思维与存在的同一。不难看出，费希特比康德更具辩证思想。

① 海因里希·海涅:《著作书信十卷集》第 5 卷，柏林：建设出版社 1961 年版，第 265 页。

② 格罗克纳本:《黑格尔全集》第 1 卷，斯图加特：弗罗曼出版社 1958 年版，第 34 页。

这里需要解释一下费希特思想的几个术语。“许多人以为费希特所谓的自我误解指的是他自己，但这个个别的自我又否定其他一切存在的。‘岂有此理！’善良的人民叫喊起来，‘他竟然不相信我们的存在。我们要比他胖得多，我们是市长和书记官，还是他的上司呢！’女士们则质问道：‘难道他连自己太太的存在也不相信吗？费希特太太难道对此置之不理？’然而，费希特所指的自我，根本不是个别的自我，而是被意识到的普遍世界的自我。费希特所谓的思维，不是单个人的思维，或者某个名叫约翰·哥特利勃·费希特的人的思维；这是一种体现在每一个人身上的普遍思维。正像人们说：下雨了，打雷了，等等。费希特也并不会说‘我思维着’，而是说‘思维着’，‘普遍的世界思维在我脑子里面思维着’。”①

在费希特看来，出发点并不是个别的人，不是某一个“自我”，而是作为群体的“我们”。但这样界定并没有超越费希特主观唯心主义的思想，因为按照他的观点，最初的动因依然是主体没有前提的行动。费希特提到思维与存在的同一性时，是以主体作为同一性的体现者为前提的。

对于思维与存在的同一性问题，谢林则持不同的观点。他认为客体因素是同一性的体现者。谢林维护行动的原则，可他把这一原则指向了大自然。他的这一观念让德国哲学思维步入了一个新的转折点，即把研究对象转向了自然科学，甚至在某种程度上还具有唯物主义的特色。

德国是一个有着古老的唯物主义传统的国度。这种唯物主义传统始于中世纪时的泛神论的学说，并且在斯宾诺莎思想和经验科

① 海因利希·海涅：《著作书信十卷集》第5卷，柏林：建设出版社1961年版，第275~276页。

学那里得到了发展。年轻的谢林吸收了这一成果，虽然其思想体系是建立在唯心主义基础之上的。谢林甚至认为他是费希特思想的追随者。在费希特的思想体系中，一方面以主观为出发点，另一方面又假定了一个普遍存在的自我，从而对主观主义的片面性做出了限制。这种矛盾，让谢林和其他人一样，没有看到自己的创新之处。恩格斯评价道，“是黑格尔使谢林意识到，他已经在不知不觉中远远超过了费希特”[①]。恩格斯的这段话，就是指黑格尔的那本《费希特哲学体系与谢林哲学体系的差别》一书。

在这篇论著里，黑格尔完全站在了谢林的客观唯心主义的立场。他对主观唯心主义提出了批判，认为它等同于形而上学的、独断的唯物主义。在他看来，二者都有其片面性——主观唯心主义否认客体的独立存在，独断的唯物主义则否认主体的能动性。唯有将主体和客体统一起来，才具有现实意义。费希特的思想当中也有一个同样的术语，但区别在于，主体在这种统一体当中起着主导作用。因此，黑格尔特别强调，费希特构想出了“主观的主体与客体统一”的模式。他的这种同一性必须由“客观的主体与客体统一”的模式来补充。存在之物包括这两个因素，不但生产着这两个因素，而且本身也产生于这两个因素。

黑格尔的《费希特哲学体系与谢林哲学体系的差别》一书于1801年7月完成。这时，他开始谋划登上大学讲堂了。要在大学授课，还得符合两项条件：一是让外邦证书获得认可；二是获得大学授课资格。前者就是让耶拿大学哲学院承认他在图宾根神学院获得的学位。这项手续较为好办，只需交阅学位证书，并缴纳

①《马克思恩格斯全集》补编第2部分，柏林：迪茨出版社1967年版，第178页。

付给学院成员 22 塔拉 20 格罗申的费用。至于后者，即取得大学授课资格，需要申请人具备学者和教师的水平，这需要经过审核才行，还得缴纳 2 塔拉 20 格罗申作为聘请哲学院院长参加审核和答辩的费用。

1801 年 8 月 13 日，黑格尔递交了请求承认他的外邦学院证书的申请。他希望能在冬季学期开始上课。因为 9 月初就要印制授课表，所以得尽快办妥。可是，院长在一份通告中向全体学院成员提议，把他编进了春季学期的授课表，而且仅限于试讲，还责成他在春季进行学位论文答辩。学院成员找不出不承认他的学位证书的理由。要知道，乌尔力希教授是代表官方鉴定并准许出版《费希特哲学体系与谢林哲学体系的差别》的。他读过这篇论文之后，对黑格尔赞美有加。学院资历最深的教授、枢密顾问祖科夫，像平素一样抱怨说："过不了多久，我们这里老师和学生就一样多了。那些斯瓦比亚的先生们，想必都想搬到这里来，把这座三百多年之久的高等学府重组一番。"不过，就连他也找不到反对把黑格尔列入耶拿大学授课表的理由。

该学院关于黑格尔议论最多的是，他这个来自符腾堡的人没有物质保障，担心他会不会申请补助金。原因是，不要说刚刚开课的讲师，就连副教授们也经常拿不到自己的薪水。虽说讲师可以从听课的学生那里获取一点点报酬，但要维持生活，那显然是不够的。所以，只有有资产的人，才能从事教学事业。黑格尔声明，他有几千古尔盾的资金，再次提出给他颁发讲课证书。但学院坚决要求他履行正常手续——先将论文印刷出来，然后送给学院成员，最后参加答辩。当时已经到了 8 月底，要办完这些手续，显然是来不及了。最后，根据乌尔力希教授的提议，让黑格尔提出论文的要点，以后再提交论文，暂时根据提纲进行答辩。按照大学相关规定，是可以这么做的。半年前，弗里德里希·冯·施莱格尔就是这样获得授课资格的。

最后，黑格尔根据他提交的《论行星轨道》一文的提纲参加了答辩。提纲总共有十二条，用拉丁文撰写，并印成了五页的小册子。他按照学校的规定，在星期日祷告结束后，散发给了学院的成员。他的这十二条提纲，和行星相关的内容并不多，大多可以看作是他以后作为讲义的一般哲学原则。其中的一系列问题，是作为似是而非的怪论提出来的。也刚好符合他的初衷，因为这些提纲目的就是为了引起大家的争论。另外，从这些提纲当中可以看到黑格尔未来辩证法思想体系的雏形。

哲学的核心问题在他提出的第一个论点："凡是真的东西，其规律是有矛盾；凡是假的东西，其规律是无矛盾。"①这当然并不等于黑格尔想废除形式逻辑。他从来没有想过概念会同其自身相矛盾，或同经验相矛盾。同一律没有错，但是，思维想要表达发展情况，仅凭同一律是不够的。在这里，黑格尔只不过重复了谢林在《自然哲学思想》一文当中已经有过的论点而已。在那篇文章里，谢林提到了真正现实的普遍矛盾性问题。在自然界，对立的力量无处不在起作用。所以，自然科学必须以普遍二重性的原则为基础。真理并不等于对立的力量同一或者不同一，而是两者的统一。康德早已说过，如果思维想深究事物的本质问题，矛盾永远是不可避免的思维结果。然而，康德的局限性在于，他把这看作是人类智力有限的例证。只有到了费希特那里，才把矛盾看作是创造性的原则。

① 卡尔·罗森克兰茨:《黑格尔传》，第156~159页。

发现矛盾就等于发现了发展的动力。

从他的提纲，不仅看到了黑格尔未来思想体系的核心，而且看到了它的外形。他提出的第二个论点是：三段论是唯心主义的原则。我们知道，三段论包括三个部分：两个前提，一个结论。这种三分法在康德的范畴表和费希特的“自我发展过程”论述当中都已经提到过。但是，在黑格尔的哲学思想体系当中，它却成了最基本的出发点。

黑格尔的第三个论点也必须从这个意义上来加以理解。他的这个论点是：正方形是自然的法则，三角形是精神的法则。对于发展的三重性原则，黑格尔只是在精神现象的视角看到了它在起作用。黑格尔认为，自然是不知道什么是发展的。就这一问题，黑格尔和谢林后来观点上产生了分歧。

不过在两人产生分歧之前，黑格尔依旧追随着这位比他更加年轻的老师。他们还一起攻击康德的思想，认为其批判哲学缺乏思想，是一种形式不完备的怀疑论。这一观点在黑格尔晚年的著作当中，有详细的论述。

年轻的黑格尔一眼便看出了康德哲学思想的矛盾性：批判哲学所提出的理性公设的材料恰恰摧毁了这一哲学，并且是斯宾诺莎主义的一个原则。既然在康德看来，自在之物是不可认知的，那么，他也就理所当然地驳斥了上帝存在的逻辑论据。可是，康德把宗教赶出大门的同时，又把它从窗户里放了进来。在他看来，最高本体的存在，并不需要任何逻辑论据。显然，康德的批判主义在这里完全变成了独断主义。

在黑格尔提纲的末尾，是两个相当冒险的论断：“德行并不包含主动或被动的无辜。完满的伦理完全排斥德行。”此前他还说道：

“自然状态无所谓不义，所以才需要摆脱它。”在他看来，进步的工具不是善和正义，而是恶与不义。就这样，他已经完全不再有青年时代的乌托邦幻想了。

在他的提纲里，与行星有关的论点只有一个，那就是其中的第五个论点。该论点认为：磁性是大自然的杠杆，太阳对于行星的引力则是大自然的钟摆。后来，黑格尔在为获得教师资格而撰写的论文当中，详细地论述了他的天文学观点。而他的答辩内容则仅限于哲学上的问题。

在黑格尔的答辩过程当中，谢林的弟弟、学生卡尔·谢林以辩护人的身份出现。他的职责是维护候选人的观点。以辩驳人身份出场的是谢林和尼特哈默尔两位教授以及学生施瓦错特。

根据惯例，黑格尔首先表达自己的谢意，特别是对辩驳人的谢意。他下面这番表达谢意的言辞，若非用拉丁语讲出来，就让人感到十分的肉麻：“世界上最聪明的、最尊敬的谢林教授先生，我请求您把提纲中不同意的一切论点在这里公开指出来。这次答辩目的就是为了向您请教。毋庸置疑，能够得到您的支持，我感到是多么荣幸。不是同时代人，也不是朋友们，唯独后代，唯独科学（因为它是永恒的）才配得上评价您的精神的高贵力量，评价您的精神能力。请允许我推崇您为一位真正的哲学家。”①

这次答辩对黑格尔来说就像一次盛大的典礼。让他感到十分欣慰的是，副校长和院长也莅临现场指导。他十分感谢国王对科学的关爱，也感谢学院和所有出席他答辩的人对他的关注。

举行黑格尔授课资格答辩的日期是1801年8月27日。这一

① 约翰内斯·霍夫迈斯特本：《黑格尔思想发展史料》，斯图加特1936年版，第313页。

天刚好是他的生日。答辩成功之后，哲学讲师奥尔格·弗里德里希·黑格尔从此便开始了他的执教生涯。

答辩结束之后，黑格尔开始撰写他的论文。他手头已经有一份关于天文学问题的手稿，这篇长篇手稿或许是他在来耶拿之前就已经写好了的。现在他需要做的是把它压缩之后翻译成拉丁文。一个月之后，论文还没有交到学院。似乎大家已经忘记了这件事情。逻辑学和形而上学主讲人亨宁斯本来是批准了黑格尔讲课的申请，可是他突然改变了主意。要不是他这个符腾堡人的敌人从中捣乱，结果不会是这个样子的。10月18日，他怒气冲冲地写信给院长，信中说："本人事先对黑格尔博士先生尚未递交他的论文一事一无所知，所以才表示同意。"[①] 并要求立即对黑格尔采取措施。"请您派人撤掉黑格尔博士先生的讲课表。因为这一切都不是正大光明搞到手的。"[②] 就在同一天，《论行星轨道》的哲学论文就交到了院长的手里。

和那个时代的其他论文一样，他的这篇作品充满了批评的语调。他满怀激情地批判了机械主义和经验主义。在这篇论文中，牛顿被视为二者的代表人物。黑格尔把刻卜勒同牛顿对立起来，认为他是这位英国物理学家的对手，原因是他认为自然界是一个整体而不是割裂的部分。黑格尔当时的许多观点现在看来有些可笑。在他看来，力学的不幸在于不知道有上帝的存在。出于对机械主义的排斥，他回到了早已过时的亚里士多德的物理学观点：一块石头落到地面的重力，其性质不同于那些并不落到地面的星球相互之间起作用的重力。在黑格尔看来，让牛顿想到万有引力定律的那个苹果并

①《黑格尔研究》第4卷，波恩：博威尔出版社1967年版，第41页。

②《黑格尔研究》第4卷，波恩：博威尔出版社1967年版，第42页。

不是什么好兆头。绿苹果已经预示过两次灾难：一次是夏娃的苹果降祸到了人类；另一次是巴利斯的苹果则让特洛伊人遭殃。

当年苏格拉底把哲学从天上搬到了人间，让他走进了凡人世界。如今的哲学，又重新返回了天上，认识到了天体的法则。据说，哲学在解决一个悬而未决的问题上特别有帮助，即数学家和天文学家提丢斯提出的规律性问题。先假定一个数列——3，6，12，24……然后将数列中的每一个数字加上 4，那么按照提丢斯的观点，我们所得到的数字就能表示各个行星与太阳之间相应的距离。1781 年，赫歇耳发现了天王星，进一步证明了这个经验法则。依照提丢斯法则，天文学家们推测，在火星和木星之间还应当有另外一颗行星。天王星发现之后，他们马上着手寻找那一颗尚未发现的行星。而在黑格尔看来，他们的做法是白费力气，他认为提丢斯法则是经验主义的，不能用于实际生活。黑格尔引用了毕达哥拉斯学派的一个数列——1，2，3，4，9，16……来证明自己的观点是有道理的。他说："如果这一数列比上面提到的那一个算术级数更符合大自然的真正秩序，那么显然，在第四和第五个数之间就有一个巨大的空白，也就是说，那儿不能发现任何东西。"[①] 然而，早在 1801 年 1 月 1 日，意大利天文学家皮亚齐在巴勒莫天文台观测的时候，就已经找到了火星和木星之间的第一颗小行星——谷神星。这一发现引发了一些笑话，让许多人对黑格尔的辩证法有所怀疑。

黑格尔之所以犯了这么一个错误，显然是因为在撰写论文的时候，利用了当时拿到耶拿的那份手稿，而那篇手稿是在皮亚齐发现谷神星之前写的。很难判断，他在 10 月份提交自己论文的时候是

① 格罗克纳本:《黑格尔全集》第 1 卷，斯图加特：弗罗曼出版社 1958 年版，第 28 页。

否已经知道了这一发现。他迟迟没有提交论文的原因，是不是因为他已经发现理论提纲和现实相矛盾，从而让他感到了不自信呢？事实并非如此。因为黑格尔在1801年12月准备给胡夫纳格尔博士送一份论文的时候，也没有在内容方面表达任何意见。

在写给胡夫纳格尔博士的信中，他说自己计划和谢林共同出版《哲学评论杂志》。这份杂志的任务是，“……剔除非哲学的糟粕；杂志有各种各样的武器，人们可以称其为棍棒和鞭子；一切都是为了行善，为了尊崇上帝……”①

很早以前，黑格尔就有了创办杂志的计划。出版商科塔原本想委托谢林和费希特来编撰这份杂志，还预约了施莱格尔兄弟两人。但是谢林执意要和黑格尔一起来做这项工作。他们两人不但是编辑，而且还是已经出版了六期的杂志所有稿件的作者，这些稿件都没有署名，所以到今天也不知道哪一篇是谁写的。

他们的第一期杂志于1802年年初出版，开卷第一篇文章就是由黑格尔写的，文章的题目是《综论哲学批判之本质，及其对哲学现状之关系》。这篇事先经过谢林修改的文章，提出了该杂志的纲领。

批判主义打破了对权威的信仰，思维的独立性得到了大家的推崇。倘若哪个哲学家把自己标榜为某一现存理论的继承人，便会引起舆论界的哗然。人人都在创造属于自己的体系，认为唯独这样才能够显示出自己思维的独创性。哲学界的这种现状让黑格尔感到十分沮丧。他坚信，就像只有一种美一样，同样也只有一种真理。他认为，“只有一个哲学，并且只能有一个，只有一个因为理

①《黑格尔书信集》第1卷，汉堡：梅纳出版社1952年版，第65页。

性……”[①]不同哲学思潮的存在，是由精神不完备和认识不充分造成的。每一种学说多多少少都包含一些真正哲学的思想，但包含有多少，还得由哲学批判说了算。该杂志的第二个任务是要确定真理究竟是如何形成一个合乎科学的哲学体系的。倘若思维没有体系性，那么我们就会看到“一个糟糕的心灵形象，它既懒于保护思维坠入堕落，又没有胆量自己陷身堕落，将其罪过一直忍受到解脱为止……”[②]

不管是谁，如果想给哲学强行披上一件带有个人口味或错误原则的外衣，哲学批判都得加以反对。个性不同于主观主义，前者有助于揭露客观思想，后者会让真理变味。要喊出反对主观主义和局限性的口号。空谈是哲学真正面临的灾难。如果这样的空谈再加上一些科学术语，就会让人信以为真，很容易传播下去。谁也不会料到华丽的外表之下会裹着糟粕的东西。

蹩脚的经验主义是哲学思维的又一大敌人。经验主义企图调和哲学与常识之间的矛盾。然而，根据常识（也就是人类时空的局限性），哲学世界永远是一个颠倒的世界。“当前讲究自由、平等的时代，已经产生了很大一批公众，他们不愿了解自己无缘得知的一切，只想依附于一切好的或利己的东西，所以最美好的事物都免不了如此的下场，即庸俗难以上升到它认为比自己更高的事物的水平，于是便把这个事物也弄到如此庸俗的地步，直到可以掌握它为止，而庸俗化则一跃成为一种公认的有益之物。”[③]

正是出于这方面的原因，黑格尔当时反对哲学思想的普及化。

---

① 格罗克纳本:《黑格尔全集》第 1 卷，斯图加特：弗罗曼出版社 1958 年版，第 174 页。

② 格罗克纳本:《黑格尔全集》第 1 卷，斯图加特：弗罗曼出版社 1958 年版，第 176 页。

③ 格罗克纳本:《黑格尔全集》第 1 卷，斯图加特：弗罗曼出版社 1958 年版，第 185 页。

在这篇文章的结尾，黑格尔号召和敌人做不懈的斗争。在他的眼里，这些敌人在哲学上并不具备平等的权利。他认为，承认敌对派的地位，就意味着让自己丧失了普遍性，从而体现出自己的不足。

《哲学评论杂志》的纲领大体上就是这样的。号召和敌人做无情的斗争，决不妥协；认为几种观点不能共存；认为真理不但是统一的，也是唯一的。他们认为，在建筑真理的大厦之前，必须先要清理好地基。他们两人都积极地投入了这项任务。

他们的第一个抨击对象是一位迂腐的先生。他们文章的标题是“庸俗的知性是如何看待哲学的——评克鲁格先生的著作”。这位威廉·特劳戈特·克鲁格和黑格尔同岁，当时在维滕贝格哲学院任助教。他写过三本非常乏味的著作。他就是《综论哲学批判之本质，及其对哲学现状之关系》中批评的空谈假理论的例子。对付这样的敌人，黑格尔简直不费吹灰之力。

另一个被他们抨击的对象是G.E.舒尔策。他摆出一副怀疑主义的架子旗帜鲜明地反对教条主义，写文章时假托古典怀疑主义者艾因西德马斯。黑格尔写了一篇题为《怀疑主义与哲学的关系，怀疑主义的不同形式，最新的怀疑主义和古老的怀疑主义的比较》的文章，揭露了舒尔策思想独断主义的性质。黑格尔认为，舒尔策并没有吸收古典怀疑主义的精华，所以只能算作怀疑主义的变种，他也没有资格打着艾因西德马斯的旗号招摇过市。舒尔策企图以感官知觉为出发点，但古典怀疑主义正好反对夸大感官知觉的可靠性。这位新艾因西德马斯认为可靠的东西，恰好老艾因西德马斯认为是不可靠的。

《哲学评论杂志》的第四篇文章的题目是《信仰与知识，或以康德、雅科比与费希特哲学为其完全形式的主观性反思哲学》。文章向这三位哲学家发起了论战。他们三人的思想体系有一个共同特点，都认为信仰优先于知识。然而，黑格尔并不这样认为。他把科学放在了首要位置。他后来建构的思想体系当中，哲学的地位比宗教还高。

这里隐藏着他和谢林之间的分歧。正因为这种思想上的分歧，俩人不久就分道扬镳了。在耶拿大学的时候，谢林起初认为艺术是精神活动的最高境界，后来又认为这种最高境界是宗教。黑格尔在去耶拿大学之前，也确信宗教的优先地位，到耶拿之后，却把哲学放到了首要位置。如果说谢林认为真理是通过知性直观而获得的，那么黑格尔则认为真理只能合乎科学体系，原因是非精神贵族是具备不了知性直观的天赋的。于是，除了少数人，知识无人问津。谢林拿贺拉斯“我憎恨无知的人群，同他们离得越远越好”作为自己的座右铭。在认识论方面，黑格尔是一个民主主义者。从黑格尔的一段草稿中，可以很清楚地看到他的新立场：“简而言之，哲学作为理性的科学，不但是由于其存在的普遍性，更是由于其本质的普遍性。它是为一切人所有的。自不待言，并非所有的人都能掌握哲学，正如并非所有的人都能成为君主。有些人高居他人之上，其可恨之处在于，他们认为这只是天性的差异造成的。”[①]

另外，黑格尔和谢林在对国家的态度上也产生了分歧。和康德一样，谢林把社会机构看作是不可避免的祸害。有了国家，人们得舍弃自己的部分权利，如果没有国家，他们又会陷入无政府状态。他们不可能同时生活在这两个截然相反的状态当中。即便是个别的国家，也不可能永远在冲突中永久存在下去。出于需要，人们成立

① 卡尔·罗森克兰茨：《黑格尔传》，柏林1844年版，第186页。

国家；同样，国家也出于需要而结成联盟，即一个“国际最高法庭”，来传播和平与正义。

虽然几年之前黑格尔认为可以接受这样的观点，但现在他的观点发生了变化。在《哲学评论杂志》的第五篇文章中，他论述了自己的新观点。这篇文章的题目是“论自然法的科学处理方式、自然法在实践哲学中的地位及其与实证法学的关系”。黑格尔在文中首先批判了其他观点之后，开始阐述自己的纲领。他认为自己已经找到了人与人之间所需要的个别与一般的和谐一致问题。在这里，他第一次阐述了他的伦理观：伦理就是纯粹的民族精神。黑格尔重复了亚里士多德的话——民族在逻辑上优先于个别的人。符合伦理要求，就意味着按照自己的民族、乡土和国家的风俗习惯来生活。国家是一个基于道德的机制，战争可以促进它的健康发展。黑格尔认为:“这里……提出了战争的必要性；战争……会使各民族保持伦理上的健康，就像刮风会使海洋不至于腐败发臭一样；长期的静止是会使海洋腐败发臭的，长期的乃至‘永久的和平’也会使各民族腐败发臭。”[①]

读到这篇文章，谢林一定会感到很恐怖吧。不过，和黑格尔争辩也没有什么价值。再说，谢林已经要打算离开耶拿。谢林的离开使他和《总汇报》断绝了关系，接着另一些教授也因此而离开了耶拿，让耶拿一度陷入危机。当时，卡洛琳娜·伯麦尔与施莱格尔离婚，然后又嫁给了谢林，这也是谢林决定离开耶拿的原因。1803 年 5 月，谢林和黑格尔分手,《哲学评论杂志》也随之停刊。谢林去了维尔茨堡，在当地大学任教，深受巴伐利亚王子的青睐，后被召

① 格罗克纳本:《黑格尔全集》第 4 卷，斯图加特：弗罗曼出版社 1958 年版，第 487 页。

往慕尼黑。在那里担任科学院院士和艺术院秘书长。年方 32 岁的谢林，获得了至高的荣誉。但是，不久之后他就江郎才尽，再没有写出有创造性的哲学著作。

谢林离开耶拿后的头几年，黑格尔和他之间还保持着一定的联系。但是，黑格尔的《精神现象学》出版之后，两人的关系便彻底决裂了。

精神漫游

黑格尔当上了教员兼编外讲师，这也算不上什么成就。在讲台上课的时候，就像是待在家里的书桌前一样，翻翻笔记本，寻找即将要讲的段落。同时，吸吸鼻咽，又咳嗽又打喷嚏。他讲课声音低沉，字斟句酌。遇到简单明了的事物时，更是如此。让人觉得这些事物过于浅显，才使得他非常郁闷。可是，当他谈及问题本质的时候，就会变得声音洪亮，两眼发光，得心应手。然而，即便在这种情况下，他的言谈举止和内容极不相称。他从来没有考虑过如何把内容讲得浅显易懂，所以别人给他一个外号叫“木头黑格尔”。第一学期他的班上只有十一个学生，这也可以理解。因为和他一同开哲学课的老师有十二个，其中有六位是教授。

即使到了后来，在耶拿大学听黑格尔课的学生也没有超过三十个。不过，他们都是黑格尔的铁杆粉丝，不仅非常崇拜黑格尔，也体会到了思辨哲学的奥妙，把黑格尔奉若神明。这些学生瞧不起其他的听众，也不和他们接触。在他们眼里，黑格尔就是一个圣者，一个高高在上的本体，他讲的内容有时候虽然很难理解，但全是毋庸置疑的真理。和他的才华横溢相比，其他一切都显得微不足道。他们对黑格尔的尊敬几乎都包括到了平时的生活琐事上。他们聆听黑格尔讲的每一句话，并加以诠释，试图弄明白每一个字所包含的意思。例如，有一个学生打算到维尔茨堡去。黑格尔说他在那里有一个朋友，就是谢林。于是学生开始解读朋友一词的含义。他们想：黑格尔口中的“朋友”一词，到底是按普通意义来理解，还是别有用意？

黑格尔经常陷入深思当中，什么事情也干扰不了他，显得宁静脱俗。有一次，本来是下午三点的课，他心不在焉地两点钟就去了教室。教室里听课的是另一批学生，但他没有注意到，就在讲台上坐了下来，开始授课。有个学生暗示他走错了教室，可他根本就不理会。根据课程表，这节课应该由奥古斯蒂教授来上。奥古斯蒂走到教室门口，发现黑格尔在上课，还以为自己迟到了一个小时，于是赶快转身回去了。三点钟的时候，黑格尔的学生们都来了。显然学生们已经知道了这件事，就好奇地看着他们的老师如何摆脱这种尴尬的境地。黑格尔说：“各位，感官可靠性究竟是否真正可靠，首先取决于自身的意识经验。我们一直认为感官是可靠的，本人在一小时以前却对此有了一次特别的体验。”① 他的嘴角露出了一丝微笑，接着又消失了。接下来，一切照常进行。

黑格尔的学生、副校长的儿子格奥尔格·加布勒这样评价他的老师：“相貌端正……一双大眼睛炯炯有神，可以看出他是个内向的思想家，他的眼光让人望而生畏，让人敬而远之。然而，他说话

①《黑格尔研究》第4卷，波恩：博威尔出版社1967年版，第71页。

和气，待人友善，很得人心，让人愿意和他接近，他的微笑有一个特点，是我在别人脸上从来没见到过的……他微笑的时候，善意中夹着些锋利、尖刻、讽刺，这表明他有深邃的内心世界……我想把这种微笑比作穿透重重云雾，照亮黑暗的一缕阳光……”①

黑格尔在耶拿的日子并不太好过。他不被人理解，被看作“愚昧主义者”。学校的上司们也经常和他过不去。可是，黑格尔哲学上的对手讲师弗里斯，一来到大学就受到了支持，平步青云。黑格尔越来越想离开耶拿，在这里待着实在是让人无法忍受。当时，浪漫派已经解体，最好的教授都离开了耶拿。他给海德堡的一位朋友写了封信，打听他们那里有没有教师空缺。

黑格尔突然得到消息，耶拿大学正在向魏玛宫廷为他的对手弗里斯申请教授头衔。弗里斯比黑格尔年龄小，授课资格也取得晚。在魏玛宫廷，黑格尔有一个大靠山，也就是当时任大臣的歌德。这位伟大的诗人兼思想家非常同情年轻的黑格尔的遭遇。他把黑格尔看作谢林的继承人，看作和牛顿做斗争的同盟者。歌德想推翻光的折射理论。他做了一次不怎么成功的实验，便认为他的观点是有道理的。他没有把光分解成小的组成部分，也没有看到光谱，只看到了一些凑在一起形成一种颜色的黑白点。歌德仅凭这一实验，便认为所有颜色都是由两种颜色混合而成的——白色和黑色。云层遮挡的太阳给人以黄色的印象，烟雾在阳光里呈现出蓝色。歌德花费了大量的时间和精力，做了许多的实验，写出了二千篇文章，其目的都是为了推倒牛顿的理论。

黑格尔向歌德诉说自己不公正的待遇。他在给歌德的信中写

①《黑格尔研究》第 4 卷，波恩：博威尔出版社 1967 年版，第 69 页。

道:“听说我的几位同事近日可望获得哲学教授的头衔，因此不禁想起，我是这里最老的哲学编外教授，既然最高当局将荣誉授予别人，那么我在这所大学效力的机会也就不大了。不知这种顾虑是否合理，敢请阁下赐教。”①

歌德的介入显然起了作用。魏玛公国的君主奥古斯特向其他公国君主发出协商函。耶拿大学是由萨克森—魏玛、萨克森—哥达、萨克森—萨尔菲尔德—可堡和萨克森—迈宁四个公国一起出资合办的。涉及大学的每一项规定，必须取得四个公国政府的一致同意，才能生效。经过协商，四国君主一致决定弗里斯和黑格尔都荣升为教授。其中第一个表态的是可堡的弗朗茨公爵，最后一个是魏玛的卡尔·奥古斯特。

虽然暂时还没有拿到薪水，但让黑格尔感到欣慰的是前途有了希望。他又想办法在海德堡求职，并且向柏林打探消息。那里即将创办一所新大学，他不相信在那里找不到工作。可是，弗里斯已经被邀请到了海德堡，而柏林的职位也留给了费希特。

时至 1806 年 6 月，歌德才想办法给黑格尔弄到一份一年一百塔拉的微薄薪水。再经过层层克扣，拿到手里已经不到八十塔拉。在耶拿大学，一个节俭的大学生，维持基本生活，也得大约二百塔拉。可以看出，黑格尔的收入是何等寒酸。学生付给他的讲课金（每个学生一年给他交三个银塔拉）也少得可怜。所以，黑格尔不得不在生活上省吃俭用。

自《哲学评论杂志》停刊之后，黑格尔再没有出版什么作品。他的书桌上堆着几本手稿，有德国宪法、伦理体系，还有一部已经

①《黑格尔书信集》第 1 卷，汉堡：梅纳出版社 1952 年版，第 84 页。

写了很久，但依然没有书名的长篇巨著。

黑格尔写给约翰·海因里希·福斯的一封信中，第一次提及他正在撰写的《精神现象学》一书。1805 年的时候，他曾请福斯帮他谋职。1806 年 2 月，班堡的出版商格布哈特着手排印这部尚未完成的手稿。因为黑格尔的进度没有跟上排版的需要，中途就搁置了下来。黑格尔并不急于完成这部著作，出版商也不愿按最初的约定付给他稿费。双方僵持不下，最后要不是尼特哈默尔从中周旋，这本著作就永远和读者见不了面。

这里有必要介绍一下黑格尔的这位忠诚的朋友。从到达耶拿直至去世为止，唯一一位和黑格尔一直保持密切联系的人，就是这位弗里德里希·伊曼努尔·尼特哈默尔。尼特哈默尔比黑格尔大四岁，出生于符腾堡地区，和黑格尔一起在图宾根神学院就读。1792 年，他在耶拿定居了下来。在和费希特一起创办《哲学杂志》时，对于刊登弗尔贝格的文章这件事上，他俩都有责任。在那场无神论论战当中，他是站在费希特一边的。后来，费希特因为这场论战被迫离开了耶拿大学，而尼特哈默尔却被任命为某神学院教授。尼特哈默尔在哲学上没有什么成就，也并不出众，但他是一位可靠的人。黑格尔经常去他家里。在尼特哈默尔离开耶拿后，他俩一直保持着频繁的联系。在黑格尔的书信当中，有三分之一是写给尼特哈默尔的。黑格尔把尼特哈默尔的妻子称为“尊夫人”。他曾在写到自己的妻子时说，他之所以爱自己的妻子，是因为和“尊夫人”长得很像。尼特哈默尔还是黑格尔次子的教父。他和尼特哈默尔可以说是真正的朋友。黑格尔贫困潦倒的时候，尼特哈默尔曾多次向他伸出援助之手。

正是尼特哈默尔的执着、外交才能和不懈的帮助，才使得《精神现象学》一书能够早日出版。经过同出版商的周旋，最终达成以下协议：如果黑格尔到当年 10 月 18 日还不能全部完稿，尼特哈默尔就得用 252 古尔盾把原稿已排版部分购买下来。同时，出版商暂时给作者 144 古尔盾的稿费，也就是所有稿费的一半。拿到这笔稿费之后，他把消息告诉了黑格尔，并恳求他不要违反协议。当时，稿件从耶拿寄出之后，到班堡路上需要五天的时间。所以，尼特哈默尔提醒黑格尔，让他最晚在 10 月 13 日之前将最后一部分稿件寄出。他说："寄出最后一批稿件之后，您无论如何要向邮局索取详细的收据，以防 G 先生找麻烦……如果到那时还没有把稿件全部写完，那么除了您亲自到这儿一面看校样，一面继续修改原稿外，就没有别的办法可想了……您还是来吧，这里起码要比您那里安静得多……"[①]

当时，普法战争一触即发。见多识广的尼特哈默尔冷静地估计了双方胜败的可能。班堡在拿破仑的占领区，魏玛公国和普鲁士结成了同盟，显然，战火无疑会在这个地区燃起。

黑格尔在 10 月 8 日和 10 月 10 日寄出了原作的大部分手稿，11 日就爆发了战争。还有最后的几页手稿还没有寄出，但是邮局已经停止营业了。10 月 13 日上午，法国军队的先头部队占领了耶拿。正像黑格尔曾经所说，忧患时刻来了。战争就是战争，避免不了烧杀奸淫。一些蓬头垢面的士兵冲进了黑格尔的居所。身为哲学家的黑格尔坦然自若、临危不乱。他看到有个法国士兵胸前佩戴着荣誉勋章，就和他说，希望获过勋章的勇士能尊重一位普通的学者。他拿出好酒好菜款待他们，他的口舌也没有白费。可是，来了

①《黑格尔书信集》第 1 卷，汉堡：梅纳出版社 1952 年版，第 117 页。

其他士兵之后，他还得这么款待人家，于是他跟着房东一起出走了。他把剩下的《精神现象学》手稿装进口袋，在一只篮子里装了些物品，就离开了住所。

刚开始，黑格尔在副校长加布勒家里藏身，后来又去了位于市场旁边的王室代表黑尔费尔德家。在营地和炉灶的火光里，他把剩余的手稿整理了出来，并写完了最后的几页内容。功成名就之后，每每想起这部大战前夕完成的著作，他备感自豪。

在写给尼特哈默尔的一封信里，他描述了当天的情景，以及受到的惊吓和遭受的损失。但是，他认为这些都不算什么。尽管他遭受了这些挫折，但他仍然希望法军取得最后的胜利。他和歌德一样，都认为拿破仑是法国革命的继承者，是位改革家，能摧毁旧的秩序，为德国开辟新的道路。他欣喜地写道："……我看到拿破仑皇帝，这个世界精神，在巡视全城。这位伟大人物……骑着马，驰骋世界，主宰世界，……见他一面实在让人心满意足。"[①] 当时，他对寄往班堡的手稿心急如焚，不知是否已经到达目的地。他打算第二天把最后的部分寄出去。

然而，邮局到10月20日才能恢复营业。显然，这会意味着协议未能履行。但是，出版商也应该明白，这是不可抗拒因素造成的。当时，黑格尔已经一贫如洗。等他回到住所，屋里已经被洗劫一空，连一件衣服、一张纸片都找不到了。

书商弗罗曼收留了他。歌德也让克内贝尔给他带去了10塔拉。最后终于从班堡传来了消息，他可以拿到剩下的稿费了。格布哈特收到了他寄出的手稿，他只能按约定行事。

---

①《黑格尔书信集》第1卷，汉堡：梅纳出版社1952年版，120页。

11 月中旬，黑格尔去了班堡，在那里处理《精神现象学》的出版事宜。他一直待到 12 月下旬。1807 年 1 月，他寄出了该书的序言。接下来就等着这部作品与读者见面了。

这部著作于 1807 年 3 月正式出版。

大家经常拿《精神现象学》一书和歌德的《浮士德》相比。前者用哲学语言，后者用艺术语言，前者用抽象的概念化的叙述，后者用形象化的语言描写，两者虽然有很明显的差异，但是，和浮士德追寻生活意义的漫游相比，世界精神（也就是现象学的主角）的流浪经历，显然和它有着某种程度的相似。

《精神现象学》的副标题是“意识经验的科学”。它被看作一个体系的第一部分，看作描述普遍原则，认识真理的入门方法。马克思将其称为“黑格尔哲学的真正诞生地和秘密”。

黑格尔引用了莱辛《拿单》中的一个比喻，恰当地描述道，真理不是钱币，现成地摆在面前，可以让人装进衣兜。真理是在认识漫长的发展过程中被掌握的，在这个过程中，每一步都是前一步的继续。

哲学体系之间的差异，是真理发展过程的体现。花朵一旦绽放，蓓蕾就会消失，被否定；花朵凋谢之后，又会结出果实，果实又表明花朵是植物的虚假存在。各个阶段相互否定，作为存在方式，它们各不相同，互不兼容，相互制约。但是，这些形式又相互统一，每一个形式在这个统一体中都不可或缺，他们合起来才能构成整体。正如黑格尔本人所说，“……现实的整体也不仅是结果，而是结果连同它的产生过程；目的本身就是僵死的共相”[1]。认识也可以这样表述：真理既是已经实现的结果，也是通往该结果的路径。

那么在黑格尔看来，认识是如何发展的呢？毋庸置疑，知识为个人所有。然而，人生来就是具有社会属性的。这是黑格尔从赫尔德那里继承来的一个思想。赫尔德另外一个重要思想是，人是历史的产物。他的第三个思想是，个体的发展重现人类的历史。黑格尔把这些思想看作他认识问题的基础。黑格尔的认识体现了个体的发展、社会的进化和意识形态的更迭。《精神现象学》的读者需要经历三个阶段，才能登上精神之巅。如果用黑格尔晚年著作中的术语，这种思维活动的三个阶段分别可以称为“主观精神”、“客观精神”和“绝对精神”。然而《精神现象学》的各个章节并没有以此编排。这给我们的理解带来了一定的困难。但是，如果了解一下成书过程，就不难理解了。因为后面内容还没有写完之前，前面的内容就已经拿到印刷厂去印刷了。可是，每一个构想是需要数次改动才定型的。

该书的前五章内容是精神的“胚胎学”，分析了个体意识。其中包括一个三段式结构：意识、自我意识和理性。意识和我们的身外之物相对应，其初步内容是感觉的感知可靠性。表面上看感觉认识非常丰富，其实内容却极为贫乏。感官可以让人们确定某物存在的时间和地点。“这个”、“这里”和“现在”的概念，具有普遍存在的规定特性。然而，作为具有特性的存在之物靠感官是感觉不出来的。即它只能存在于我们的知觉之中。事物虽然多种多样，但从其规定性的角度来讲，又是统一的。比如，不管是哪一种盐，都是

① 格罗克纳本：《黑格尔全集》第2卷，斯图加特：弗罗曼出版社1951年版，第13页。

白色、有咸味的晶体状物质。既然知觉已经包含着某种普遍性，那它就摆脱不了这样的矛盾：事物既是单一的个体，同时又具有普遍性的特征。如果人类的意识扬弃了这一矛盾，便成了思维。思维的第一个体现因素就是知性。这样便出现了经验自然科学的范畴，它属于规律领域，是一个特殊的超越感官的世界。换言之，是一个高于我们直接感性感觉和感性直觉的世界。

知性一旦成了人类意识的客体，意识随之转化为自我意识。在这一问题上，黑格尔的思维编织物，编进来了越来越多的社会因素。虽然它一直都在讲个体意识，但却以“劳动”这个最重要的社会关系作为参照来看待这种意识的。

英国爆发的工业革命，极大地影响了黑格尔世界观的形成。英国工业革命的理论体现就是英国古典经济学。还在耶拿的时候，黑格尔就已经研究了亚当·斯密理论思想。对于这位经济学家的观点，黑格尔在许多方面都是积极赞同的。在《精神现象学》中，黑格尔试图得出这样的结论：意识及整个人类社会的发展都是劳动的结果。马克思这样评价他：“黑格尔《精神现象学》的伟大之处……因此首先在于黑格尔把人的自我创造看作一种过程……在于他认识到了劳动的本质，把对象化的人（因为是现实的，所以是真实的人）看作自己的劳动结果。”①

与此同时，马克思也指出了黑格尔认识上的局限性。他说：“黑格尔站在近代国民经济学家的立场上……他只看到了劳动的积极面，而没有看到它消极的一面。”② 马克思的这一评价，我们不能过于简单地去理解。他并不是认为黑格尔一点也不了解劳动在资本主

---

①《马克思恩格斯全集》补编第 2 部分，柏林：迪茨出版社 1967 年版，第 574 页。

②《马克思恩格斯全集》补编第 2 部分，柏林：迪茨出版社 1967 年版，第 574 页。

义社会中的消极后果。1805~1806年，黑格尔在耶拿大学做哲学讲座时，就已经看出，由于经济的发展，“许多人不得不待在工厂、工场、矿山等地，从事十分呆板、有损健康、不安全而又不能发挥才能的劳动；那些维持大批人生活的工业部门，在别的国家由于创造发明而提供价廉物美的新产品的情况下，一下子就破产倒闭了，所以这一整批人便陷入贫困而难以自拔了”[①]。

由此可以看出，马克思提及黑格尔没有看到劳动的消极面时，实际上另有所指。他的意思是说，黑格尔没有能够找出一种办法来辩证地否定资本主义。他没有能够把看作事物本身的扬弃的“否定”，应用到当代经济和政治关系当中去，结果是向他周围的社会现实妥协了。因此，从这个意义上来讲，黑格尔的哲学没有脱离资产阶级社会的理论。

然而，黑格尔提出了劳动创造了人的观点。这一伟大的思想不能因为上述原因而被否定。在问及“劳动是怎样创造人”这一问题时，《精神现象学》中有关主人和奴隶的那一章节内容给我们提供了有趣的答案。他仿效霍布斯，把一切人向一切人宣战的人类原始状态作为出发点。这一状态如果不考虑个体的活动成果，那它就根本谈不上发展。为了发展，人与人之间必须要建立一种积极的关系——统治和服从的关系。那些在永不停歇的斗争中勇往直前、视死如归，同时又保持自己尊严的人便成了主人；那些甘愿伺候别人、不辞劳苦养活主人的人，就成了奴隶。

接下来的情况如何呢？主人向奴隶发号施令，奴隶对主人低三下四；主人享受奴隶，奴隶则为主人提供服务供其享受。奴隶创

① 约翰内斯·霍夫迈斯特：《黑格尔全集》，莱比锡：梅纳出版社1931年版，第232页。

造出供主人享受的东西的同时，也创造了自己。劳动本身就是一种教育过程。逐渐地，奴隶的意识超越以前的阶段，开始有了自我意识，发现自己不但是为了主人活着，而且也是为自己活着。对于那些主人，只能依靠奴隶创造出来的一切来过日子，而这些奴隶，不但能够支配自己创造出来的东西，而且也能支配他们的主人。到了最后，他们之间的关系便颠倒了过来。

这些思想，像哲学寓言一样阐明了任何现象、任何行为在发展过程中由于自身条件的原因而变成自己的对立面的。在此，需要以人的社会性作为前提。即社会是一个统一整体，这个整体的每一部分与其他部分密不可分。例如，哪里有一个奴隶，哪里就会有一个自由的人。和奴隶对立的主人，如果在奴隶身上看不到自身的价值，他也永远是奴隶。当然，没有勇气为自由而献身的人，就应该做奴隶才对。黑格尔说："倘若……一个人不仅是想象着得到自由，同时真正有争取自由的坚强意志，那么，任何暴力都不能迫使他长期陷于奴隶的境地。"① 由于相互依赖和劳动，便产生了自我意识。

自由是自我意识的目的。那么，如何才能获得自由呢？首先，是内心解放，或者说是对统治与奴役的否定，即斯多葛派哲学。无论身处何境，不管是坐在宝座上，还是带着镣铐，斯多葛派都认为自己是自由的。作为世界精神的普遍形式，斯多葛派出现在"普遍存在着恐惧和奴役的时代，而且还是一个人人具有修养、修养上升为思想的时代"②。然而，斯多葛派存在着一个内在矛盾：从周围的现实与生活回归到自身之后，它并没有将对存在的否定坚持到底。

① 格罗克纳本:《黑格尔全集》第10卷，斯图亚特：弗罗曼出版社1958年版，第288页。

② 格罗克纳本:《黑格尔全集》第2卷，斯图亚特：弗罗曼出版社1951年版，第160~161页。

它处心积虑地思考真与善的问题，可给出的答案却没有新意——真和善在于它们的合理性。

怀疑主义在逻辑上实现了对存在的否定，因此扬弃了这一问题。于是产生了一种“和自身等同的自我意识，一种特殊的对自身进行思维的意识，真正确信对自己本身的不变状态，但同时也产生了绝对的辩证的躁动，因为怀疑主义的这种意识是感觉表象和思维表象的混合体，两种表象的差异已经消失殆尽”[①]。这种意识不但误了自己，同时也误了别人。上面提到的两种因素共同存在于怀疑主义之中。结果，矛盾不但没有消除，反而更突出了。怀疑主义者号称人的视觉和听觉不足为信，可是，他们自己依旧在看，依旧在听。他们的言与行一直处在矛盾当中。

后来怀疑主义被自我意识的最高形式，也就是愁苦的意识所代替，这种意识本来就是分裂的。在这里黑格尔指的是基督教。基督教徒们把自己存在和行为的意识看作是对这种存在和行为所感到的痛苦，从中不难看出这种意识的分裂性。愁苦的意识，面对裂成两半的现实：一方面，它本身是虚幻的；另一方面，它又是一个神圣化的世界。而这种分裂现象又被痛苦地感受为永久的渴求运动。基督教徒们的思维就像是钟声无形的闷响，是一种还未成形的音乐式思维方式。即便如此，出于个人的无知而产生的愁苦意识，刚好是把自我意识在这一阶段达到的普遍永恒的思想作为前提的。这样一来，精神就从自我意识过渡到了理性。

在黑格尔的精神之眼中，理性分为三个阶段：观察的理性、通过自身而实现的合乎理性的自我意识，以及本质上实在的个体性。

① 格罗克纳本:《黑格尔全集》第 2 卷，斯图亚特：弗罗曼出版社 1951 年版，第 164~165 页。

在此，根据其发展加以研究的合乎理性的个体性，黑格尔称为对立统一，又称为复式结构的画廊，其中的一间是另外一间的映像。一间受到外部环境的限制，另一间能意识到该环境的存在。换言之，前者是一个球面，而后者是一个球心。黑格尔评论到："然而，这种个体性一方面由于本身也是普遍的，因而直接地同既成的普遍事物如风俗习惯等融合在一起，并顺应它们，另一方面它又反对它们，甚至颠倒、改造它们……"[①] 如果个人的德行为了世界普遍的进程而要求个体性做出牺牲，那就显得徒劳无益了，原因是个体性被看作是对世界精神的实现方式。倘若每个人都是自私的，他的上述言论也就意味着他们并不理解共同行动的意义所在。

不过，伦理却不一样。它并非由个体的意识产生，而是作为一种外界规定的法则，并未被个体意识所接纳。伦理操守在于坚定不移地坚持一切正当的行为，这种行为同时也是确定无疑的。例如，让我来保管某件东西，我得承认这是别人的财产，因为事实就是这样。倘若我认为这也许是我的财产，那么我的行为就是非伦理的。倘若我承认正当的行为，那么我就处在普遍的伦理本体之中。这样，个体意识就发展到了极限。世界精神就步入了一个新的境界，也就是精神阶段。

这时，我们就可以看到真实历史的面貌了。黑格尔选择的，是他自己认为人类历史中最为本质的东西。根据他的观点，伦理或者社会生活受两条法则支配：一条是世俗的人类的法则，另一条是不属于人类的神的、冥界的法则。与这两条法则相适应的是两个社会领域：国家和家庭。

① 格罗克纳本：《黑格尔全集》第 2 卷，斯图亚特：弗罗曼出版社 1951 年版，第 237~238 页。

首先，国家必须得规定个人的权利和财产权，而且不能让个人利益凌驾于公共利益之上。人们经常会忘记自己只是整体中的一小部分，梦寐以求的首先是实现个人的目的——发财致富和享受荣华。为了避免国民精神颓废，国家必须时不时通过战争的手段来震撼他们。对于脱离整体、只为自己谋福利、认为个人不可侵犯的人，得让他们明白，最后不会有好下场。

在统治者看来，丧生于战场上的敌人，应该永世不得翻身。然而，骨肉之情让死者的亲人为他们举行葬礼。这样，在人和神的法则之间，也就是国家与家庭之间产生了冲突。这就是索福克勒斯的悲剧《安提戈涅》所表现出来的冲突。在《安提戈涅》中，主人公安提戈涅不顾国王的禁令，安葬了她的弟弟。黑格尔通过对这部悲剧的分析，指出了宗法制伦理与国家体制的冲突。从历史的角度来看，双方各自的行动都是正当的，但同时都又存在着历史的局限性。双方看似有理，同时又显得无理。这种矛盾，这种古代伦理世界内部之间的斗争，让这个完整的世界走向没落。

黑格尔并没有把中世纪看作是一个历史的阶段，他把注意力直接转向资本主义的发生。换言之，他把注意力转向了和这个过程相适应的精神形态当中。

在了解这些精神形态之前，必须对黑格尔哲学中的“异化”这一重要概念加以解释。黑格尔眼中的“异化”一词，并不仅限于某种意思。从广义上讲，异化指精神的异在形式、一种疏隔状态和客体化表现。对异化的扬弃就是对疏隔状态的消解，即认识。他在前言中就是如此讨论异化问题的。可是，在前面已经分析过的“自我异化的精神”一节里，“异化”一词却是从狭义上来表示社会关系的。他说：“然而，这个世界之所以存在，正如自我意识之所以成为现实一样，乃是基于这样一个过程，即自我意识抛弃了自己的个性，从而创造了它的世界，并把这个世界当作一个异己的世界来看待，以致它现在必须加以占有。”① 在此，黑格尔写的是一个特定社会中的情况，即资产阶级社会。在这个社会中，每一个个体对于另外的个体都是异己的。

在黑格尔看来，异化世界的起源是资产阶级革命之前实施专制主义的法国。在这样的世界里，存在着两种意识类型：一种是富人和贵族的意识类型，它赞扬财富和统治，认为这二者与他们等同，所以义无反顾地为其服务，这是被称为高贵的意识；另一种是受压迫者的意识类型，它认为统治和财富不会与自己等同，所以憎恨统治者，服从的同时心怀怨恨，随时都准备着造反，这是被称为卑贱的意识。可是，这两种对立意识不久就同流合污、狼狈为奸了。曾经默默无闻地服务于国家的英雄主义突然间变成了献媚讨好的英雄主义。对国王的献媚讨好让他成了孤家寡人，他和自己的贵族疏远了起来，他们只是像摆设一样围绕着他的宝座。唯我独尊感让高贵的意识变了质，它和卑贱的意识没有什么两样了。传统的纽带一旦断裂，就产生了分裂的意识。

于是，绝对圆滑、自欺欺人的时代降临了。黑格尔用《拉摩的侄儿》一书来阐述这种状况。狄德罗的这部对话体小说，在他生前并没有发表，后来到了歌德手里，被他翻译成了德语，于 1805 年出版。该部作品中的对话者，是一个无赖、骗子和诱奸者。他向狄德罗生动地讲述了自己诱奸一个少女的过程。狄德罗为“如此巧妙而又卑劣的行为，如此正确而又错误的思想，如此颠三倒四的感

① 格罗克纳本:《黑格尔全集》第 2 卷，斯图亚特：弗罗曼出版社 1951 年版，第 376~377 页。

觉，如此下流无耻而又罕见的坦白直率，感到大惊失色”[①]。在黑格尔看来，这种有自知之明、意识紊乱的人的辩证言论，远远胜过关于善恶的肤浅意识所作出的自我评价。他强调，这种混乱的意识是在异化的条件下产生出来的，它是不可避免的。这种意识的分裂性越强越好，暴露得越深刻越好。这样，它向前发展越快，消逝也就越快。他认为，“退遁到天然心灵的质朴状态……退遁到也可以称之为天真无邪的那种动物意识的蛮荒境界，都不是解决这个颠倒世界的办法；相反，有教养的精神必须作为精神返回自身，并获得一种更高级的意识”[②]。黑格尔撰写《精神现象学》时期有一句格言：“一只打着补丁的袜子要比一只破袜子强，而自我意识则不然。”

这种分裂的意识后来又被宗教信仰及作为其对立面的启蒙思想所替代。黑格尔对启蒙思想完全持批判态度，认为其特征是简单的功利主义和无神论。原来，启蒙运动的真相就是绝对自由和恐怖，以及势不可当的革命。革命让“异化”达到了巅峰。恐怖比奴役更为糟糕，因为它不但是非生产性的，而且完全是消极的，是毁灭一切的祸端。黑格尔并没有看到，革命能够带来直接的积极的成果。所以，他认为“普遍自由所造成的唯一结局就是死亡……而且是无味、最无聊的死亡，它并不比切一棵圆白菜或咽一口水更有意义”[③]。这可真是嫌疑等同于有罪，而且振振有词。这样发展下去将会一事无成，必须得过渡到一个新的阶段才行。自我异化发展到了其对立面的顶点，并发现了自身。异化被扬弃，专制被法制代替

①《歌德全集》纪念版第 34 卷，斯图加特 - 柏林版，第 70 页。

② 格罗克纳本:《黑格尔全集》第 2 卷，斯图亚特：弗罗曼出版社 1951 年版，第 402~404 页。

③ 格罗克纳本:《黑格尔全集》第 2 卷，斯图亚特：弗罗曼出版社 1951 年版，第 454 页。

了，于是道德精神就产生了。

黑格尔认为，当时德国和它的精神文化以及艺术与哲学都是道德的统治。他说，“不难看出，我们的时代是一个新时期的诞生和过渡的时代。精神已经跟它赖以生存的世界决裂了，即将任旧日的一切销声匿迹，并着手它的自我改造”[①]。显然，他的现象学充满了历史乐观主义。众所周知，黑格尔把他乌托邦式的希望完全寄托在了拿破仑的统治上。

黑格尔把拿破仑称之为国法大师，欢迎把“民事法典（即拿破仑法典）”介绍到莱茵联盟的各个国家。他认为，拿破仑的政策将会实现德国的民族复兴。他说:“法国民族通过革命的洗礼，摆脱了许多套在法国民族头上以及别的民族头上的典章制度的僵硬枷锁。同时，个体也消除了对死亡的恐惧，改变了原来的生活习惯……如此一来，法国民族就在别的民族面前显示出巨大的力量，这种力量压在那些闭塞愚昧的民族头上，迫使它们终于放弃违反现实的习性，跨进了现实，并且由于表中有里，内寓于外，这些民族也许还会超过它们的老师呢。”[②]

世界精神继续前行。在现实历史中竭尽全力之后，它登上了最高阶段——社会意识。其中包括宗教、艺术和哲学体系。后来，黑格尔对这里的每一种精神形态都进行了细致的研究。在接下来的章节中将讲述他的研究情况。在此只想提一下他的最终结果。精神在其漫游的终点，达到了绝对真理。这个绝对真理就在黑格尔的哲学体系之中。起初，客体对于认识的主体来说只是某种外在之物，最后主体和客体便合二为一。

① 格罗克纳本:《黑格尔全集》第 2 卷，斯图亚特：弗罗曼出版社 1951 年版，第 18 页。

②《黑格尔书信集》第 1 卷，汉堡：梅纳出版社 1952 年版，第 138 页。

到了晚年，黑格尔把现象学（《精神现象学》）称之为“探险旅行”。《精神现象学》是他的第一部独具匠心的巨著。在他的这部著作里，体系和方法之间的矛盾还没有发展到晚期著作中那样的尖锐。其原因是当时他的体系建构尚未完成。它还是以结构框架的形式出现的。这些结构框架比后来的结构价值更高。现象学（《精神现象学》）的重要性在于，他说明了辩证法是以何种材料创造出来，是从何而来的。黑格尔研究的出发点是想力图思考精神文化的矛盾发展。然而，他一直都没有发现意识的感性物质基础。马克思对他做出了这样的评论：“黑格尔把世界头足倒置起来，因此，他也就能够在头脑中消灭一切界限……对于现实的人来说，这当然丝毫不妨碍这些界限仍然继续存在。”[①] 在黑格尔看来，作为军事天才的拿破仑，还有他自己的哲学，都是万能之物，因此认为一切界限都消失了。可是，不久之后，他不得不承认，这些界限仍旧是存在的。

①《马克思恩格斯全集》中文版第 2 卷，第 245 页。

办报的坎坷经历

在一个早春三月的上午，黑格尔挥别耶拿。他乘坐一辆邮车去了班堡，在那里的一家日报做了编辑。

这位两年前获得教授头衔的哲学家，为何放弃了自己喜欢的教学事业、离开耶拿这座大学城呢？可能主要是出于物质上的原因。父亲留给他的遗产已经挥霍殆尽，个人财物也被法国人掠夺走了。歌德帮他获得的一百塔拉的年薪远不能维持生计。就在这时，《班堡报》的老板愿意聘请他，并答应他以报纸盈利额的一半作为给他的报酬。

新闻记者这份工作和支配舆论权利的诱惑，让黑格尔心驰神往。他觉得接受尼特哈默尔的建议，弃教从政是自己的天职。旧的制度已被摧毁，新的时代已经来临，他认为作为哲学家就得投身实践当中。再说了，战争结束之后，耶拿大学有没有复课的可能，还是个未知数。

当然，还有一个让他匆忙离开耶拿的原因，那就是他当上了父亲。儿子名叫路德维希，孩子的母亲叫克里斯蒂安娜·布克哈特，是位房主的老婆。黑格尔曾是他们家的房客。在这样一个小城里，一旦出点什么事，都会闹得沸沸扬扬，成为人们的谈资。黑格尔并没有否认自己的行为，但很明显，发生了这样的事情，在耶拿继续当教授是不可能的了。黑格尔答应孩子的母亲，如果她成了寡妇，他一定娶她。对方顺从了他的诺言，让他清清白白地离开了。路德维希是这个女人的第三个私生子。

根据黑格尔的了解，《班堡报》是一位法国侨民格莱神父兼教授创办的，已经发行了十来年。创办后不久，格莱把这家报纸转卖给了现在的老板施奈德班格，自己仍然担任编辑。法国人进驻班堡之后，他便投笔从戎，投奔了达福斯特的部队，去了波兰。施奈德班格以前在宫廷供职，对办报一窍不通，所以把这份报纸办得一塌糊涂，经营状况越来越差。

黑格尔知道如何去扭转这种趋势。早在耶拿的时候，他就给尼特哈默尔写信谈及此事。他说："……至于报纸具备何种语调特征，临时才可见分晓。大家或许认为，法国报纸使我国多数报纸相形见绌，然而有趣的是，既想办一种法国式的报纸，又不肯抛弃德国人追求的那种卖弄学问特点和超然物外的文风……"①

拿破仑非常重视报纸的作用，把它归在自己的管制之下。他曾对约瑟夫·富歇说："报纸事关大局！"等他掌权之后，当上了警务总监的富歇把巴黎的七十三家报纸查封了六十家。后来，又关掉了九个编辑部。剩下的四家顺从地做了政府的喉舌。

在巴伐利亚，报业的情况并无二致。选帝侯马克西米利安·约

①《黑格尔书信集》第1卷，汉堡：梅纳出版社1952年版，第145页。

瑟夫早在1799年时就下诏称:“报纸理应当对事实或情由做出确切、公正的报道，举凡影射、诽谤、人身攻击之类的报道，无论以曲笔或直言，均在禁止之列……记者一概不得传播危害国家的消息，违者严惩不贷。”①

在法国部队占领巴伐利亚之后，当地政府的新闻检查变本加厉。《埃尔兰根报》因得罪了法国人而被查封，编辑也被逮捕。就在这一背景下，黑格尔开始了自己的记者生涯。他根据自己对国家政治的理解，冷静细致地思考了当前的这种状况。他得出结论，国家是掌握实权的政治力量，其地位绝对不能动摇，必须加以巩固。黑格尔写道:“……每个人都必须与国家发生关系，必须为国家服务。以为在私生活中可以找到的乐趣都是靠不住的，而且未必称心如意——今后我大概过不成私生活，因为没有人比新闻记者更公开的了……”② 虽然巴伐利亚并非完美之境，高高在上的都是愚妄之极，但是，理性迟早会在这里开辟出一条道路。说到底，个别人的抱负并不重要，而且结果也经常和他们的意志相反。只有新闻报道，而且是经过审核、准确客观的新闻报道，才能够体现报纸的内容。

为了保证稿源，黑格尔分别给自己的故交好友们写信求援。在给耶拿的克内贝尔的信中，他告诉对方自己如何当上了新闻记者，他还写道:“想必您也知道，我一向喜好政治……此外，新闻记者本身是个稀罕的对象，而且几乎嫉妒的对象，因为人人都想知道他秘而不宣的底细，都想知道大家认为最好的东西……我深知，和醉心钻研卢克莱修的哲理深远的六步句相比，撰写一篇报纸文章实简直味同嚼蜡。然而，既然伊壁鸠鲁哲学并未置胃的消

---

① 威廉·R.贝耶尔:《现象学与逻辑之间》，美因法兰克福1955年版，第51~52页。

②《黑格尔书信集》第1卷，汉堡：梅纳出版社1952年版，第167页。

化于不顾，而为了帮助胃的消化，又必须得阅读报纸，因此敢烦日内拨冗片刻，惠然赐稿，以充篇幅，裨本报业务能从被动转为主动，亦未始非一奖掖之举也……鄙人凭经验确信圣经中这句箴言的真理，并将它作为我的座右铭：‘食饱衣暖，天国乃见。’……至于稿酬，当无须赘言。”①

结果，这一邀请被克内贝尔谢绝了。不过，在拿破仑与亚历山大在埃尔福特会晤之际，克内贝尔寄出了两份报道当前政治新闻的稿件。克内贝尔根据自己的所见所闻，描述了拿破仑和其他的王侯们在魏玛的盛况。为了表达对上宾的礼遇，拿破仑还举行了一次狩猎活动。法俄两国的皇帝在扈从的陪护下，乘坐四马敞篷车。而魏玛公爵则一马当先。夜晚，贵客嘉宾莅临剧场，观看了巴黎皇家剧院上演的伏尔泰剧作《恺撒之死》。最后，喜庆的一天在宫廷舞会中宣告结束。第二天，君主们亲临耶拿战场，在魏玛政府建造的一座小教堂共进早餐。这座小教堂曾是拿破仑做过指挥部的地方。

克内贝尔信中写道：“附上数行，不足以称稿，唯或为阁下所乐闻，用特奉告。伟大的拿破仑之所以深得人心（尤其是明哲的人士之心），绝非因其权势炙手可热，反之因其天性平易可亲，不以皇帝身份而以普通人自居。他的面部隐约浮现某种忧郁表情，据亚里士多德云，此系一切伟大人格之基础。此外还可以从中发现高尚的精神之特征，以及心灵之纯善，那是他毕生经历的重大事件与斗争所未能磨灭的。总之，人们对于这位伟人不胜景仰之至。他同魏玛的歌德做过几次长谈，或许还可以为德国君主们提供榜样，即他们不应怯于结识与尊崇最优秀的人物。”②

①《黑格尔书信集》第 1 卷，汉堡：梅纳出版社 1952 年版，第 186~187 页。

②《黑格尔书信集》第 1 卷，汉堡：梅纳出版社 1952 年版，第 246 页。

黑格尔并没有为众人对拿破仑如此顶礼膜拜而感到诧异与震惊。而且，他自己也对拿破仑佩服得五体投地。他兴致勃勃地阅读了克内贝尔的来信，请求他继续提供详细信息。他给对方写道："您参加了阿波达的狩猎活动了吗？您也是在高原游憩亭吃的早餐吗？拿破仑同维兰和歌德在舞会上都谈了些什么？您不是还见到塔尔马了吗——我向您打听这些，并非是为了报纸，而是为了增长见识……"①

此时，黑格尔已经完全对报纸失去了兴趣，只想尽快离开。1808 年夏天发生了让人十分尴尬的一件事。7 月份的一期《班堡报》刊登了巴伐利亚部队进驻布拉特林、奥格斯堡以及纽伦堡的情况。这件事其他报纸都已经报道过，众人皆知。尽管如此，慕尼黑官方还是责令找出向编辑部透露该军事情报的军官，而且不接受任何辩解。黑格尔被迫出席公开法庭，草拟申诉书，还得宽慰施奈德班格。这件事让他忍无可忍，在给尼特哈默尔的信中，他说自己真想逃脱这份差事。尼特哈默尔说他打算推荐他去纽伦堡一所文科中学去当校长，黑格尔立马表示同意。

然而，转入教育部门并不是那么容易。而且又出了一件事，给报社惹来了更大的麻烦。11 月初，不知什么原因，黑格尔被招到了王室总监冯·斯坦格尔那里。原来，从慕尼黑传来一份十万火急的公文，对《班堡报》在 10 月 26 日发表的埃尔福特的通讯大为不满，书报检察官也由此受到谴责，从此该报刊的检查直接收归冯·斯坦格尔掌管。

黑格尔为这篇通讯稿大伤脑筋。他不明白，到底是哪一点让官

①《黑格尔书信集》第 1 卷，汉堡：梅纳出版社 1952 年版，第 248~249 页。

方如此不满？这篇通讯的开头报道了歌德和维兰俩人谒见拿破仑的情况，文中写道：“……皇帝陛下在接见中同他们畅谈了各种科学问题，他们亦有幸得以景仰陛下对于各门学科的渊博知识。”这几句话看不出有什么不妥。歌德和维兰二人“荣获十字勋章”看上去也没有什么不对的地方。或许，触犯当局的原因是报道了埃尔福特或许会成为一个自由城市，邮政改革有望贯彻执行之类的问题。如果这篇报道真有问题，那么问题只能出在这一点上了。

于是，黑格尔立即写了一份申辩书，力求做到面面俱到。他在申辩书中称，印发出来的所有内容，都是从其他报纸上转载而来的。他写道：“为遵照本月 7 日发布之敕令，呈阅 10 月 26 日第 300 期《班堡报》埃尔福特通讯一稿所依据之官方来源，以明真相而辨心迹由，《班堡报》编辑部签署人惶恐奉告：本稿一部分系自埃尔福特出版之《德意志国讯总汇》……一部分系自哥达出版社之《国民报》……逐字转载……鉴于埃尔福特报刊行于法国皇帝陛下政府治下之一邦，哥达报刊行于莱茵联邦之一邦，二报均经政府审检而后出版，本编辑部签署人是以坦然。自该二报转载该稿……唯编辑部旋即惊悉，该稿包含谣诼，滋生误解，本部当即大力予以消弭，用特……于 10 月 27 日第 301 期《班堡报》副页中发表声明如下：时间即将证明，此二消息是否较之德国种种流言（如本地报纸昨日引自德国某一公报者）更为有据。此类流言均谓埃尔福特仍系一自由城市，目前邮政制度即将有所改革云云，当列入纯属子虚，毫无根据之谣言。”[①] 黑格尔认为，报纸无可非议。他还保证，以后会严格遵守编辑部的一切规章制度，以防再次发生此类事件。

---

①《黑格尔书信集》第 1 卷，汉堡：梅纳出版社 1952 年版，第 256~257 页。

黑格尔并不清楚报纸陷入困境的真正原因。虽然他在尽力寻找缘由，但真相却极为简单。一位手握大权者在埃尔福特通讯稿中用红色铅笔标出了下面一段有伤大雅的话："巨商霍夫曼先生已蒙巴伐利亚国王赏赐一只用珍珠镶嵌饰的金盒，乃眷及其千金复各承赐一枚及其精美的项圈。符腾堡国王陛下则赠予王室顾问赖因哈德夫人一枚珍贵的珠宝，外加一笔可观的款项……"① 由此看来，报纸不得随意报道国王的赠品，尤其不得报道给予女士们的赠品。可是，这一点在书报检查条例当中永远是找不到的。

施坦格尔将黑格尔的申辩书转呈给慕尼黑。与此同时，总监衙门向政府提出了如下的质询：哪些出自官方的消息可以认为实属官方，予以转载，对于非官方消息，又得如何处理。"……是否一切通讯稿件（即私人书信）均不得采用，甚至举凡涉及异常自然现象，艺术科学界之重大发现，著名军人、艺术家与学者等之驻留、创作、叙勋与报酬，以及一般有助于报纸提高公民德行与教养之旨趣的事实的稿件，是否亦在禁刊之列。" ②

黑格尔参与了这份引起班堡当局关注的报纸的编辑工作。最后的结局如何，黑格尔心中没底。《埃尔兰根报》的命运仍在他的脑际回荡。几天之内，纽伦堡可能会做出最后决定。要知道，任何的惩处都会带来毁灭性的打击。

然而，一天天过去了，慕尼黑方面毫无消息。根据黑格尔的建议，施坦格尔发出了函询。多写一次也无妨，况且程序烦琐，还得登记、审议，拖好长时间。看来，已经没有必要这样日复一日地拖延下去了，所以黑格尔做好了离开的准备。12 月初，在施坦格尔再

①《黑格尔书信集》第 1 卷，汉堡：梅纳出版社 1952 年版，第 487 页。

②《黑格尔书信集》第 1 卷，汉堡：梅纳出版社 1952 年版，第 487 页。

次往慕尼黑发出函询时，黑格尔已经向班堡道别了。

时至次年元月才得到答复。外交部表示，《班堡报》有权从经过审查并在王国各城市发行的报纸中转载稿件，当然这是有条件的，那就是不要妨害“政局”。几乎同时，警察部门查封了《班堡报》。

在班堡的二十一个月里，黑格尔没有写出一篇理论性著作。尽管如此，我们不能断言这段时间不利于他哲学思想的发展。在黑格尔的脑海里，充满了基于他的《精神现象学》的哲学体系结构。虽然报社的工作占据了整天的时间，但是他仍抽空做他钟爱的研究。在他的书信里，经常提及逻辑学方面的问题，在其他为数不多的材料里，也依稀能看到这方面的内容。在耶拿构建的思想，现在已经有了相应的形式。

在班堡时，黑格尔写过一则随笔，证明他是自己学说的积极普及者。随笔的题目是《谁抽象地思维？》。虽然根据文体及内容，可以推断出这是一篇黑格尔早期的作品，但黑格尔遗著的出版者认为它是黑格尔最后在柏林的时候写的。不过，不久前的考证得出结论，这则随笔写于 1807 年的春夏之际。

那么，到底是谁在抽象思维呢？人们对抽象思维敬而远之，就好像对待某种遥不可及的东西。他们持回避态度，并不是出于轻视，或觉得它枯燥无味，而是把它看作某种特殊的东西，无法在社交场合中借助它彰显自己。可是，现实生活中，抽象思维者往往并非是有教养的人。抽象思维，其实就是幼稚思维。黑格尔在文中写道：

我只需为我的命题举几个例子。人人都会承认，这几个例子证实了这个命题。

且说一个凶手被押往刑场。在常人看来，他不过是个凶手。太太们也许会说，他还是个强壮的、俏皮的、逗趣的男子呢。有个人却认为这种说法骇人听闻：什么？凶手俏皮？怎么能想入非非，说凶手俏皮呢？你们大概比凶手也好不了多少吧。这是上流社会道德败坏的表现！深通世道人心的牧师也许会这样补充一句。

研究人的专家则不然，他要考察一下这个人是怎样变成罪犯的，他会从他的生活经历和教养过程中，发现他的父母反目已久，发现他曾经为了轻微的过失而受到某种严厉的惩罚，于是他对公民社会愤愤不平，接着还发现他刚一有所反抗，便被社会所摒弃，以致如今只靠犯罪才能谋生——大概有不少人听了这番话会说：他想替凶手辩护呀！我不禁想起年轻时候听人说过，一位市长发牢骚，说作家们搞得未免过分，竟然想挖基督教和淳厚风俗的墙脚；有位作家甚至写小说为自杀行为作辩护；可怕呀，真可怕——经过进一步了解，原来他指的是《少年维特之烦恼》。

在凶手身上，除了他是凶手这个抽象概念之外，再也看不到任何别的东西，并且拿这个简单的品质抹杀了他身上所有其他的人的本质……这就叫作抽象思维。

喂，老太婆，你卖的是臭蛋呀！一个女顾客对女商贩说。这个女商贩可恼火了：什么，我的蛋是臭的？我看你才臭呢！你敢这样来说我的蛋？你？要是你爸爸没有在大路上给虱子吞掉，你妈妈没有跟法国人跑掉，你奶奶没有在医院里死掉——你就该为你花里胡哨的围脖儿买件称身的衬衫呀！谁不知道，这条围脖儿和你的帽子是打哪儿搞来的；要是没有军官，你们这些人现在才不会这样打扮呢；要是太太们多管些家务，你们这些人都该蹲班房了——还是补补你袜子上的窟窿去吧——总而言之，她把那个女顾客骂的一钱不值。她这就是在抽象思维，仅仅因为女顾客说了一句她的蛋是臭的，得罪了她，于是就把女顾客全身上下编派了一番——从围脖、帽子到衬衫等，从头到脚，还有爸爸和其他亲属，一切都沾上了那些臭蛋的气味；可是，女商贩谈到的那些军官们（如果他们当真和这件事有什么关系，尽管这是大可怀疑的），说不定在女顾客身上看到的是一些完全不同的东西。

谈到了女仆，再来谈谈男仆。在地位低、收入少的家庭，仆人的境遇比在任何地方都坏；相反地，主人愈高贵，仆人的境遇就愈好。在这方面，常人又要搞抽象思维了，他对仆人摆架子，把他只当作仆人看待；他牢牢记住这个唯一的名称。给法国人当仆人，日子最好过。贵人对仆人很随便，法国人甚至和仆人交朋友，主仆二人在一起的时候，仆人就高谈阔论。狄德罗的《雅克和他的主人》就是这样，主人除了嗅嗅鼻烟，看看表，别的什么也不管，全让仆人自便。这位贵人知道，仆人不仅仅是仆人，他还了解城里各种新闻，认识许多姑娘，脑子里点子很多。他向仆人打听这一切，仆人就尽自己所知，回答主人所打听的一切。在法国主人那儿，仆人不仅这样，甚至敢于主动提出话题，发表议论，坚持自己的意见。主人要他干点什么事情，不能采用命令口吻，而得首先提出自己的意见，委婉地劝他接受，如果他照办了，主人还得给他道乏[1]。

黑格尔一点也不反对科学的抽象。然而他指出，往往那些非常世俗的日常意识才可能是抽象的，而且事实证明这些意识同时也是片面的。然而，科学的理论思维是不是具体的？如果是，又是何种方式？这个问题依旧没有解决。在黑格尔的学说体系中，对这个问题的解决占有举足轻重的地位。这也是下一章将要讲述的内容。

① 格罗克纳本:《黑格尔全集》第 20 卷，斯图加特 1958 年版，第 447~450 页。

“大逻辑”的真谛

纽伦堡迪林王宫广场，紧挨着一幢三层楼房的庇护神教堂。这里有1526年由梅兰吞建立的文科中学，它是德国第一所人文主义特色的中学。

随着岁月的流逝，这所中学已经破败不堪。19世纪初，纽伦堡仅有的四所中学中，没有一个是为接受大学教育而办的。当时，纽伦堡是一个自由直辖市，不属于德国任何一个邦的管辖。1806年8月，“德意志民族神圣罗马帝国”不复存在，它被巴伐利亚邦占领。巴伐利亚当时是法兰西的盟友，许多方面也沿袭了法兰西的制度。1803年起，巴伐利亚开始实施六年制普及教育，所以需要大量小学老师。政府把纽伦堡的四所中学合并为一个统一的文科中学，黑格尔被任命为该中学的校长。

1808年12月5日，这所文科中学举行了盛大的开学典礼。黑格尔在开学典礼上正式就职。在随后的一周里，举行了招生考试。作为该文科中学主体的三个高年级班共招收了30名学生，其中毕业班 8 人。12 月 12 日，该文科中学正式开课。

当时，尼特哈默尔主管巴伐利亚国民教育。按照他的计划，把学校分为两类，一类是具有人文主义方向的古典学校，另一类是培养学生实践活动能力的理科学校。对于掌管这所古典文科中学，黑格尔非常满意。就像他所言："……总算是摆脱了工艺学、经济学，还有抓蝴蝶这样的琐事了……"① 黑格尔坚信，对古代语言和文学的学习是人文教育的基础。古希腊是建立欧洲各国文化的基础。欧洲文化虽然各有特色，但总是和古希腊文化不可分割。就像传说中的安泰乌斯，一旦和大地接触，就会重新获得力量一样，艺术和科学的每一次繁荣，都离不开对古代成果的思索。黑格尔曾说，要是不懂古代创作活动，就是白来这个世界一遭，不会欣赏到美的真谛。柯莱门斯·布伦坦诺曾经这样说起过黑格尔，为了能真正欣赏《尼伯龙根之歌》这部作品，他竟然将之翻译成了希腊文。

1809 年 9 月 29 日，该学年结束之际，黑格尔在一次讲话中谈到了自己这种对古代的钟爱。这一学年是在秋季结束，学期考试完毕之后，举行了结业典礼，参加者不仅有学生，还有他们的直系亲属。这样的典礼全城皆知。学校租了一个大厅，并将其装饰了一番。在围着柠檬树的大讲坛的中央，是祖国祭台，上面是国王的半身像。讲坛的右侧坐着王室代表委员会的官员，左侧是校长。典礼以高年级学生的朗诵开始，接下来是校长讲话，然后是颁奖仪式，由王室代表们颁发奖章。颁奖时，学校的合唱队高唱爱国歌曲。

在这所文科中学，黑格尔担任了八年校长。在任该校校长期

①《黑格尔书信集》第 1 卷，汉堡：梅纳出版社 1952 年版，第 271 页。

间，他对学校教育的任务及方法，总结出了一套非常严密的思路。在他看来，教育体系的出发点就是让学生进入教师的精神世界。他论证说，毕达哥拉斯的学生在最初的四年里必须保持沉默。换言之，他们在这四年里没有发表言论或拥有自己见解的权利。和意志一样，思想首先得从恭顺开始培养。

当然，开始并不意味着就是结束，所以恭顺也不是教育的最终目的。教育的任务在于克服幼稚和偏执的思维。学会恭顺是为了以后能为公益进行独立的思考，并采取行动。所有的教育都力图避免学生陷入主观性的泥沼，而是发挥其在国家中的客体化作用。在黑格尔看来，古希腊永远是把个人和国家融为一体的典范。所以，他视古代文化的学习为人文主义教育的最为重要的途径。

知识的传授和人才的培养是一致的，它们是教师活动的两个不同方面。就如对知识的传授不能简单地看作让学生接受现成的东西一样，人才的培养也不能仅仅满足于既定的行为活动准则，要对学生在思想、感情以及心灵上给予指导。也就是说，要培养学生进行自我创造活动的能力。

然而，形式主义使得教育让人担忧。不可否认，有些规定，学生是不能违反的，一旦违法就得接受惩罚。可是，究其职业特性来说，教师既不是法官，也不是心胸狭窄的普通公民。他们和不服管教及受过惩罚的学生之间，应该是一种信任关系。不能让学生把注意力长期放在一些小小的过失上，只需稍微提醒提醒就行了。在教育过程中，最为重要的是要激发学生的信念，让他们勇于发挥自身的力量，要有荣誉感。对于毕业班的学生，黑格尔总是以“您”或“先生”来称呼，而不是随意地直呼其名。

所有上过黑格尔课的学生，无不对他赞美有加。他们引以为豪的是，他们学校的校长做过大学教授，是著名的学者，而且还是《精神现象学》一书的作者。更让学生惊叹和折服的是，他不但讲授哲学和宗教，而且有时还会替别的老师讲授文学、希腊语、拉丁语，甚至是高等数学。

上课的时候，黑格尔总是从前面讲过的内容开始。他随意找一个学生，简单地回忆一下前一节课的内容，然后开始讲授新课，并做出解释。他要求学生必须记下各个章节的大意。他还抽查学生大声朗读自己的笔记。在他的课堂上，学生可以随时提问。如果没有听懂，黑格尔更是非常有耐心地进行解释。

这所文科中学的三个高年级班都开设了哲学课。黑格尔首先给他们讲授了国家、道德和宗教方面的内容，接下来让学生了解心理学和逻辑学。他还就自然哲学和精神哲学给学生们做了概要的介绍。这些课堂上用过的讲稿，在他去世之后以《哲学初步》为书名出版了。

按照官方的要求，学生们只应该“在推理思维中予以实践性的训练”。但黑格尔看来，这是不对的。他认为，首先臆想出某个具体对象或某种现实关系，再通过哲理去领悟它，就如同按照和声法来判断一首曲子。理论性思维需要建构一个体系。虽然讲得很粗浅，但黑格尔还是努力地向学生灌输这一体系。

最后，黑格尔不得不承认，他的付出是瞎子点灯白费蜡。他坚决主张把所有的哲学课程从中学课表中删掉，其中包括哲学史。他认为，文科中学的任务是做一些哲学入门方面的工作，应该把真正深入的哲学研究放到大学里边去。所以，学生只需了解与形式上的思维原理为基础的基本逻辑学，还有古代文学史及古代宗教史就可以了。同时，对宗教的讲授还应当不与理性相互矛盾，不要陷入诡辩当中。

虽然纽伦堡文科中学堪称模范学校，但这种模范并不包括校长的待遇。黑格尔在文科中学的年薪是一千古尔盾，还不及他在班堡时的三分之一。当时，纽伦堡的生活费用非常高，所以黑格尔曾屡次请求尼特哈默尔给他在大学里找一个职位。这一需求在黑格尔生活出现重大转折时，体现得更为迫切。

黑格尔曾被罗森克兰茨称为“慢性子”。不仅做学者这样，就连做人也是如此。直到他步入不惑之年，才觉得自己需要组建一个家庭。在写给尼特哈默尔的信中，黑格尔希望他的夫人能帮他找一个伴侣。他说，“我马上就到不惑之年了……这件事，我不能托于其他任何人，尤其是我自己”[①]。

谁料，一切竟然在没有外界帮助的情况下发生了。他看上了玛丽·冯·图赫尔。这位比黑格尔小二十岁左右的女人出身于纽伦堡的一个世家。1811 年 4 月 16 日，她接受了黑格尔的求婚。

玛丽接受他求婚的第二天，黑格尔就把这个好消息告诉了尼特哈默尔，当然也没有忘记提醒他自己迫切要求找工作的事。他说，“我的幸福多多少少是和我在大学里谋得一职相联系的”[②]。事实上，玛丽的父母对于他俩的关系并不支持。玛丽是他们的长女，另外还有七个孩子，所以也没给她什么嫁妆。黑格尔的收入也并不令人羡慕，而且他的工资还经常拖欠，有时候一拖就是几个月。纽伦堡城的人都知道，文科中学校长是靠借债过日子的。因此，图赫尔的父母不但反对他俩成婚，甚至完全反对他俩订婚。原来，他们正想把

①《黑格尔书信集》第 1 卷，汉堡：梅纳出版社 1952 年版，第 297 页。

②《黑格尔书信集》第 1 卷，汉堡：梅纳出版社 1952 年版，第 356 页。

女儿嫁给一个大学教授。

对于这件事，尼特哈默尔可算是足智多谋。他写了一封信给黑格尔。事实上，这封信是有意给图赫尔全家看的。在信中，他首先详细谈了校长一职的重大意义。关于聘请黑格尔去埃尔兰根大学就职一事，他说已经毫无悬念，只是得等到新学期的开始。他劝黑格尔，当务之急是完婚一事。因为黑格尔是政府官员，所以得从巴伐利亚国王陛下那里领取结婚证。领取结婚证时的称谓，中学校长要比埃尔兰根大学的教授好。其中的原因再简单不过了：遇到结婚这样的问题，人们经常要考虑孀妇抚恤金。当时爱尔兰根大学建立不久，所以孀妇抚恤金的事还没有定下来，所以很难获得国王的恩准。

尼特哈默尔的这封信可谓是及时雨，至少在玛丽的母亲那里是奏效了。对于让未婚妻领取孀妇抚恤金的事，黑格尔心里感到颇为不快，他根本没有加以理会，但是尼特哈默尔的其他言辞，他觉得非常中听。虽然图赫尔的父亲依然对他冷眼相待，但还是把黑格尔引见给了玛丽的祖父。这就说明他俩的婚约已经得到了认可。黑格尔开玩笑说，在纽伦堡，任何事情都不能急于求成。如果你想买到一匹骏马，刚开始或许只能得到一包马鬃。既然旁边就有一匹上好的驽马，你就得把它买下来。在黑格尔和玛丽正式订婚之前，大家就已经开始把他俩看作未婚夫妇了。

他俩开始谋划自己的未来。毫无疑问，大学讲座是他们梦想的主要内容。黑格尔在信中坦白地给尼特哈默尔说，“我们谈论了许多关于埃尔兰根的事情，我们的婚姻和埃尔兰根在想象中合二为一，就像是夫妇一般”①。对于已经取得的成效，这位哲学家是抱有

①《黑格尔书信集》第 1 卷，汉堡：梅纳出版社 1952 年版，第 364 页。

极大的责任心的。他对自己未来的夫人并不隐瞒什么，他把婚姻首先看作宗教上的结合。玛丽则对黑格尔心怀敬畏。在她眼里，黑格尔才华横溢、知识渊博、阅历丰富。

仲夏，他俩扫清了婚姻道路上的一切障碍。黑格尔向国王递交了结婚申请书，两周之后就得到了答复，内容如下："兹奉本月八日上谕，谨以巴伐利亚国王陛下名义，赐准校长黑格尔教授上月一日提出与玛丽·苏珊娜·冯·图赫尔完婚之申请。纽伦堡城王室全权代表克拉克尔。"[①] 对于结婚申请这么快就得到批准，黑格尔一点都不高兴。因为他已经有五个月没有领到工资了，所以准备婚礼，未免感到拮据。黑格尔向上级提出请求，让告诉他确切的发薪日期，以便他能借够足额的钱来度日。

他俩的婚礼于 1811 年 9 月 16 日举行。至此，他才感到了真正的幸福。他说，"我终于完全实现了……我的尘世宿愿。一有公职，二有爱妻，人生在世，夫复何求"[②]。

他俩的第一个孩子是个女儿，生下来不久就死了，接下来又生了一个儿子，取名卡尔。他俩的最后一个儿子取名为伊曼努尔，起这个名字目的是为了能沾尼特哈默尔的光。

在黑格尔的家，十分讲究体面和节制。家政大权由黑格尔亲自主持。这种不得已而为柴米油盐分心的事情，从来没有让他感到心烦。除了夫人生病之外，平时他们只请个侍女在家里帮帮忙。即使后来去了柏林，他们家里也没有请过其他的仆人。根据斯瓦比亚的风俗，黑格尔建了一本家账，记录所有开销。月底对账时，账面结存和手头剩余的现金经常都是相符的。罗森克兰茨

①《黑格尔书信集》第 1 卷，汉堡：梅纳出版社 1952 年版，第 382 页。

②《黑格尔书信集》第 1 卷，汉堡：梅纳出版社 1952 年版，第 386 页。

曾经这样评论，“黑格尔可以说是太精明了，就算是变成市侩他也会毫不在乎”[①]。

家务事情并没有妨碍黑格尔的工作。他依旧钟情于他的哲学。黑格尔这样自豪地评价自己：“婚后头半年，就写出了一本30印张的、内容最深奥的著作，这实在是非同小可。”[②]接下来，他的《逻辑学》第一卷在1812年出了两版。

康德早就提出了逻辑改革的问题。在其早年著作“批判哲学前期”中，他就指出了形式逻辑的不足。他一直想创造出一种全新的、内容丰富的逻辑。由此产生了“纯粹理性批判”的先验逻辑。它同“认识的全部内容”密不可分，必须“……研究我们对于事物的认识的根源，除非这一根源可以直接归诸事物本身”[③]。这是一种关于分析感性直觉的思维形式的研究。这些形式内容丰富，且其内容是人类知性所固有的，而不是从外在世界引申而来。同时，也没有照搬“纯粹知性概念”图式，或来自亚里士多德的范畴。需要声明的是，包括数量和质量、原因和结果、必然性和偶然性在内的范畴，在黑格尔的辩证法体系中占同样重要的地位。

在黑格尔看来，范畴体系是真理的一种形式。纯粹的概念堆砌反映不了真实关系及其相互制约等的复杂内容。哲学的任务就是发现这一实际存在的体系，它既是存在的基础，同时又是与之同一的意识的基础。

范畴体系的好处在于不但我们可以把世界作为一个整体来理解，而且也可以根据它的每一种普遍关系来理解，而这些关系又是

---

① 卡尔·罗森克兰兹:《黑格尔传》，柏林1844年版，第266页。

②《黑格尔书信集》第1卷，汉堡：梅纳出版社1952年版，第393页。

③ 威廉·魏舍德尔本:《康德六卷集》第2卷，韦斯巴登1956年版，第101页。

用不同的范畴来表示的。既然范畴表示的是具有最高普遍性的各种关系，那么这些范畴就不能用种类或者形成种类的差异性来加以理解。我们只能从相互比较中去理解它们，即在各种关系相互联系的特定的体系当中去理解他们。这种体系的好处就既可以看到事物的全部，也可以把握它的个别部分的本质。

需要说明的是，黑格尔绝没有认为，一个哲学范畴体系就能够反映所有的真正现实的内容，而是反映发展着的现实的最基本、最普遍的各种关系。哲学不是整个地研究世界，或把世界作为整体来研究。

安纳托尔·法朗士曾说，关于宇宙的哲学理论与宇宙本身的相似性，恰似标有纬度的地球仪与地球的相似性。本来，他说这番话的目的是想嘲笑哲学，结果却道明了哲学的本质。哲学为人类提供了方向点，这些方向点和地球上的经线与纬线一样真实。虽然这些经纬线并没有在地球上标出来，但它们毕竟不同于幻想，而是帮助人们掌握世界的途径。

黑格尔不但提出了关于范畴体系的一般设想，而且还正确地指出了构成这一体系的基本原则。他指出了思维是从抽象到具体、从单面到多面、从空洞到内容充实的运动过程。他的论述遵循着内在的必然性，遵循着事物内部的自我运动。逻辑学方面的教科书大都是一些拼凑而成的章节，这些教科书从一个章节转到另外一个章节，往往是一些言之无文的套话，黑格尔对此不屑一顾。

然而，黑格尔的错误在于，他把思维从抽象到具体的运动理解成了客观事物得以产生和发展的实际途径。在他看来，事物的逻辑性和历史性是完全一致的。在这里他提出了逻辑学的首要原则，即历史只是理念合乎逻辑的自我发展的客观本现。

对于这一点，马克思做出了必要的修正。他纠正说，辩证逻辑是对历史性认识事物的一般化的反应。从抽象到具体的运动并不是同客观事物的历史相一致，相反，这种运动同对事物理论掌握的历史相一致，而且这一历史是以非常一般化的方式加以观察的。科学知识的发展，始于最普遍的、枯燥的抽象过程。这种抽象过程继而为具体内容所充实。

与此同时，马克思相信从抽象上升到具体方法，对于从理论上认识发展着的整体，是非常有效的，甚至是唯一正确的方法。马克思在撰写《资本论》的时候，就运用了这种方法。他的《资本论》就是把资本主义社会的经济发展作为一个统一的整体来分析的。因此我们不难理解列宁的断言："不钻研和不理解黑格尔的全部逻辑学，就不能完全理解马克思的《资本论》，特别是其第一章。"[①] 列宁他本人就满怀激情地研究了黑格尔，1914 年底完成的《黑格尔〈逻辑学〉一书摘要》，就是其《哲学笔记》的主要内容，该断言就出自这本笔记。

黑格尔从"有"（das Sein）这一概念来开始论述他的逻辑学。该概念是没有内容且缺乏任何规定的抽象，所以和其对立的"无"（das Nichts）无异。当然，这不能理解为一事物的存在与不存在是相同的，这样理解是极为愚蠢的。在此，黑格尔不是指个别事物的特定的"有"，他所指的是一般意义上的"有"。但他对这种"有"的概念十分空洞，以至于和"无"的概念相一致。纯粹的有和纯粹的无是完全不同的，但同时又是不可分割而且同一的，双方都消失在彼此之中。这样便出现了第三个概念——生成（das Werden）。

①《列宁全集》中文版第 38 卷，第 191 页。

“生成”是一个具体而充满内容的范畴——万事万物都处在不断变化的过程当中，处在从一种状态向另一种状态过渡当中，即生成的过程之中。世界永远处于永恒的绝对的生成状态当中，这也是一种不断形成和消亡的状态。

黑格尔逻辑学的前三个概念，就体现了其结构特征，即三段论的原则：正题、反题和合题。按照这一结构，先提出某一正题，然后对其加以否定，最后又对该否定加以否定。黑格尔的整个体系包括三个部分：逻辑学、自然哲学和精神哲学。逻辑学包括三大部分：“有论”、“本质论”和“概念论”。这三大部分的每一篇都包含一个三段式结构。这样的结构有时未免显得有些矫揉造作。

黑格尔体系更为重要的是关于否定的性质。他所说的否定并非指事物的消亡，更确切一点，应该是指事物的发展。譬如，一粒谷物的种子，可以用各种办法将它消灭掉：可以烧掉它，让它烂掉或者磨碎它。而这粒种子的辩证否定则是在它发芽、成茎的时候才能得以实现。为了更清楚地理解否定，黑格尔用了“扬弃”这一术语，它既有保存和发扬的意思，同时又有废弃的意思。在生成过程中，“有”和“无”都处于被扬弃的状态。

黑格尔把生成的结果，即生成之物，称为它的“实有”（das Dasein），亦即一切现存事物应有的“有”。一事物与另一事物的差异由“质”的概念来决定。质是与事物相等同的概念。换言之，一旦事物的“质”被否定，它就变成了另外的事物。这种变化，或者说具体化的生成过程，无处不在。一事物一旦超越了它自身的界限，就成了他事物，而这一他事物一旦超越了自身的界限，又会变成新的他事物。这是一个周而复始的无限过程。黑格尔把这种无限过程称之为“恶的无限性”。它并不能够真正地摆脱有限性，而只是有限性的否定。相反，真正的无限性在某种程度上是浑然一体、完美无缺的。要实现它，必须消除一事物与他事物之间的联系，只保留它对自身的关系。黑格尔由此提出“有”的另一变体“自有”（das Fürsichsein），完成的同时又是无限之“有”。他提出这一范畴的目的，是为了结束对“质”的分析，从而过渡到另一范畴“量”。

量对于“有”的规定性意义不大，各种量的变化并不扬弃事物的“有”。譬如，一座房子不管大小，仍然是一座房子；红色不管是深是浅，都是红色。然而，这是以不超越一定的限度为前提的，一旦越过了它的限度，就会发生质的变化。黑格尔引用了古代的一个诡辩的例子：从头上拔掉一根头发，会变成秃子吗？当然不会。可是，如果不停地拔下去，迟早会变成秃子。这就是量变转化为质变。

把质和量统一起来的是“度”这一范畴。它表明了量的界限。在这个界限之内，事物依然是它本身的存在。如果度量的关系遭到破坏，就会出现新“质”。这种质因为渐进性的破坏而飞跃性地产生。生和死都是从量变到质变的飞跃。然而，黑格尔完全拒绝接受这样的观点，认为新的质在它产生之前就已存在，只是因为度与量太小而没有发现。

飞跃式的质变，其环节构成了度量关系的交错。比如，质料的聚合状态就是鲜明的例子：固态可以变为液态，温度升高时，液态又变为气态。而同一质料发生这样的变化时，化学成分并没有发生变化。这样便出现了承受物的问题，即产生了让暂时的“有”有所依赖的基础问题。这样，“有”过渡到了“本质”。

本质论是黑格尔逻辑性的主要组成部分。“有”是事物的外层表现形式，是事物的表面，是能够直接感知之物。在“有”的层面上，世界表现得支离破碎。换言之，“有”由相互联系而又孤立的客观事物组成。“本质”则是内在的世界，表现出深刻的关系，也是“有”的基础，是过去各个发展阶段的扬弃之物。黑格尔指出了 Wesen（本质）一词和德语动词 sein 的过去分词 gewesen 在词源上的联系。在“有”的范围内，观念相互转化又相互结合，且几乎不以显性的方式表现出来，因为这些概念是被反射出来的。换言之，它们反映在其他概念当中。如黑格尔所言，“本质就是反射：生成与过渡的运动，则一直存在于自身之中”[①]。从“有”的角度来讲，一事物将会变成他事物，但从“本质”来说，一事物就是这个他事物。

从存在的方式来看，本质就是现象。换言之，本来就没有“纯形态”的本质。本质永远都存在于客观世界的各种现象之中。从现象来看，它也并不存在于自在的现象当中，现象永远是某种本质的表现。本质可以通过现象表现出来，同样，现象也具有本质性。相较之下，本质更深刻，现象更丰富多样。例如，各种社会关系的总和构成了人的本质（这一观点首先是由马克思，而非黑格尔提出来的）。然而，任何个人都不单纯的是这种“总和”，其原因是人远比其本质更复杂、更丰富。

现象中本质的同一的东西即为规律。它并不存在于现象之外，而是存在于现象之中。规律的王国就是一幅显现着的世界的静态画。

① 格罗克纳本：《黑格尔全集》第 4 卷，斯图加特：弗罗曼出版社 1958 年版，492 页。

本质和现象一起统一构成“现实性”。现实性包含“可能性”和“必然性”。由于这两个特征，现实性与直接的存在相区别，而且使现实性成为内容更具体、更丰富的范畴。

一方面，现实性是被现实了的可能性；另一方面，它也是正在发展中的真正可能性。必须得把这两种可能性区别开来。一切自身并不相矛盾之物形式上都是可能的。当然，并不存在区别这两种可能性的严格界限。任意一种抽象的可能性在变化着的条件之下都有可能变成真正的可能性。换言之，它们都能走进现实，得到真正的实现。

在黑格尔看来，凡是真正可能的东西皆为必然。所以，必然性也是现实性的组成部分。只有由本质的、合乎规律的因素形成的东西，才是现实的。换言之，只有不可避免、必然的东西，才是现实的。必然性和本质一样，也并不以显现的方式存在于眼前，而是永远暗含于其对立面，即偶然性当中。偶然之物就是那些可能存在也可能不存在、可能是这样也可能是那样的不定之物。或者说，就是它的“有”或者“非有”的原因不在自身，而在其他事物中的东西。科学特别是哲学的任务就是认识偶然性假象后面隐藏的必然性。

黑格尔的本质论最后分析到了因果关系。他认为，原因产生于与它等同的结果。从这个角度讲，因果关系就是同义语反复。在黑格尔看来，原因并不是决定产生某一现象的各种因素的总和，它只是先于现象而存在，并在本源上和现象相联系的东西。他认为，因果关系只是现象普遍依存中的一个要素而已，它只不过被人为地分离了出来，不完全地表现了普遍关系。

假如引入“交互关系”的概念，因果关系的范围就会扩大了。

起因不仅改变了其所作用的东西，而且产生这种作用之后，它已经不再是其自身。同时，在作用过程中，不仅能够看到消极的结果，而且也能看到影响原因的积极因素。原因和结果的相互作用使得它们似乎在不断地交换位置，或者说，它们既是自身，也是其对立面。

以上论述到的现实性、可能性、必然性、偶然性以及因果关系和交互关系等各种范畴，为精神提出了“自由”的问题：难道自由仅仅存在于偶然性的范围当中吗？这样，精神就步入了第三个主要的范围：主观性或自由王国，即概念论的范畴。

黑格尔把他的《逻辑学》的前两部分（即“有论”和“本质论”）称为客观逻辑，把第三部分及“本质论”称为主观逻辑。然而，这一对立是有条件的。在黑格尔看来，客体和主体是同一的。所以，客观逻辑和主观逻辑一样，既是事物本身的逻辑，也是认识事物的思维逻辑。

黑格尔在其客观逻辑中的贡献可以说是前无古人的。但他的主观逻辑一开始就探讨在传统的形式逻辑教科书中出现诸如“概念”、“判断”、“推论”等问题。黑格尔认为，他的任务就是让多个世纪以来所积累的僵化的物质“流动起来，使这些死物质中的生动概念重新燃烧起来”①。他试图努力确定不同判断的认识价值，确定与认识的真正发展相一致的分类标准，并在他的三段论方法中发现事物之间的一般关系。然而，总体来说，他对于形式逻辑的批判并没有多少说服力，并且他自己的逻辑结构显得有些混乱造作。正由于此，列宁称其为使人头痛的妙方。

① 格罗克纳本：《黑格尔全集》第5卷，斯图加特：弗罗曼出版社1949年版，第3页。

最后，黑格尔的逻辑性以分析理念（真理）来结束。说到真理，黑格尔总是非常兴奋，在《小逻辑》中体现得更为突出（该书通常认为是《哲学全书》的第一部分）。他认为“真理诚然是一个崇高的字眼，然而更是一桩崇高的业绩，如果人的心灵与情感依然健康，则其心潮必将为之激荡不已”[①]。他无情地斥责了一切放弃或藐视真理的倾向。他认为，自卑往往伴随着懒惰，“往往是为了替自己在其有限目的的俗恶气氛中苟活下去”而辩解。他觉得这样的谦逊根本就一文不值。

同样，扬扬自得、自以为掌握了真理的人的态度同样危险。他们想当然地认为真理就在自己手中。掌握了各种陈词滥调之后，他们就认为已经步入了智慧的殿堂。这里，让他们停滞不前的不是认识真理的自卑，而是他们的自负态度。

还有一些人，他们对真理妄自尊大，目空一切。事实上是他们丧失了对一切的信心。什么是真理？古罗马总督庞蒂乌斯·彼拉多曾冷笑着向耶稣提出了这一问题。从中可以看出他对知识和道德的轻蔑态度。彼拉多提出的问题和所罗门王对一切加以否定的所谓的“四大皆空”的说法并无二致。

怯懦的态度同样不利于对真理的认识。具有懒惰本性的人希望人们不要过于认真地看待哲学问题。这些人认为，超越日常思想的探索，不会带来什么好处。这就像投身大海，思想的波涛将你甩来荡去，最后你还得回到日常生活的沙滩之上。倘若当一名平庸无为的官吏，则无须大智大勇和太多的知识。然而，要树立宏伟的目标并实现它，就大不一样了。可以想象，始于青年时期攀登高峰的凌

① 格罗克纳本:《黑格尔全集》第8卷，斯图加特：弗罗曼出版社1955年版，第67页。

云壮志，是不会以一知半解为满足的。

真理即概念和客观性的一致。真理永远都是具体的，而不是抽象的。有些科学部门只是从某个抽象的角度表现现实，所以忽略了现实的多样性，因而并不包含真理。真理是哲学的研究对象，知识只有在哲学之中才能体现其具体性和丰富性。然而，真理不再是被感知到的个别对象的具体性，而是逻辑的具体性。它之所以具有这种具体性，是因为（与）概念不是相互隔绝的，而是在相互矛盾的各种关系和过渡当中得到了思考。整个世界就是一个不断发展的有机整体，关于世界的知识就是一个范畴体系，这就是辩证法。

显然，这还不足以阐明问题。真理不但要求概念与对象相一致，而且还要求对象与概念相一致。在观察某一具体对象时，首先必须确认它是不是和其概念相符合，是不是它应有的样子。通常我们用“真”来描述，有时候也会对真理做出同样的理解。譬如，在谈到某个人是真朋友的时候，说明他的言行举止和友谊这一概念相符合。反之，“假”就意味着与概念本身不相符，表示事物的存在与其概念相矛盾。对于某个坏的事物，我们可能会有一个正确的概念，但该概念的内容在自身范围之内是假的。因此，作为哲学家，必须把“正确的”和“真实的”区别开来。想弄清事物的真实性，仅凭人的注意力是不够用的，还需要有改造直接存在之物的主观能动性。人的智力只能认识世界，被动地接受世界，但意志可以让世界成为它应有的形式。

另外，真理只有恰逢其时，才能为自己开辟道路。如果没有激情，是实现不了任何伟大的事情的，但是任何的激情和热情都不足以让未成熟的东西得以产生。

因此就出现了理论上的真理、理念和实践上的真理以及理念。后者是比前者更高的形式，因为它既包括普遍的价值，而且具有直接的现实性。理论与实践的统一就是“绝对理念”。这样一来，精神合乎逻辑的发展就达到了顶点。黑格尔《逻辑学》中专门论述绝对理念的章节里，以严谨的形式包含了辩证法的普遍特性。

崇高到可笑

1812年，当黑格尔在平静的纽伦堡撰写并出版《逻辑学》之际，欧洲东部正是战火弥漫的时候。该年6月24日，法军越过了俄罗斯边境。拿破仑打着自己的旗帜，在法国、德国、波兰和意大利征集了60万大军，这一规模前所未有。黑格尔的弟弟格奥尔格·路德维希，也以军官的身份参与了这次远征。黑格尔则通过报纸来关注战争的形势。俄军不断向后退却，维特布斯克与斯摩棱斯克相继沦陷，接着在莫斯科前线展开了血战。官方报道着法军的胜利消息，说俄国即将在近日内投降。在拿破仑朝着莫斯科挺进，眼看就要打赢这场战争的时候，欧洲列强在双方势均力敌的情况下求和了。这真让人费解。突然间又传来了让人难以置信的消息：法国军队溃败了。接着是一场灾难，法军瞬间瓦解，拿破仑丢下残部，逃回巴黎，准备重整旗鼓。在他离开自己的残部时，说过这样一句名言：“崇高到可笑，仅一步之遥。”黑格尔的弟弟格奥尔格·路德维希也在这次战争中失踪了。

拿破仑的溃败让德国骚动了起来。普鲁士和奥地利脱离了法国的统治。在为时三天的莱比锡会战中，萨克森军队投向盟国一方。法军迅速撤离其占领区。在德国，人民掀起了爱国主义的运动。

黑格尔则依然坚守自己的信念，同情拿破仑的遭遇。他痛心地看到拿破仑节节溃败。对众人口中的“解放”一词，他则持嘲笑的态度。而且，他还把拿破仑的敌人称为“解放狂人”。当时还是中学生的尼特哈默尔的儿子自愿参军时，他极为不满，称德国志愿军比巴西凯尔人和楚娃森人还坏。对于俄军为营地所付租金比法军和巴伐利亚军队多一到两倍的现象，黑格尔做出了这样的说明：由于这样三种品质——爱偷盗、长虱子和可怕的烧酒鬼，才使得俄国人付的店钱比巴伐利亚的新兵贵三倍。尽管曾有一个奥地利人偷过他的东西，但俄国人从未光顾过他家，可黑格尔还是借别人的名义断言说是俄国人掠夺了整个村庄。至于德国的志愿军，他说：“……城里一位为人正派的太太最近对我说，她……宁愿要三个俄国人，也不愿意要不久前进驻本市的44名志愿军。”①

1814年4月，拿破仑退位。在写给尼特哈默尔的一封信中，可以看到黑格尔对此事的反应：“我们周围发生了大事。看到一位巨大的天才自我毁灭，真叫人触目惊心——这是天下最悲惨的事件。所有庸碌之辈以其绝对沉重的压力不停歇地、残酷无情地压了过来，一直把高尚者压到和自己同样的水平，甚至压到比自己还低。这些庸众之所以有力量、之所以能够作为合唱队高高在上地，其关键在于，伟大人物不得不听任他们这样做，结果毁灭了自己。”②

---

①《黑格尔书信集》第2卷，汉堡：梅纳出版社1953年版，第15页。

②《黑格尔书信集》第2卷，汉堡：梅纳出版社1953年版，第28页。

虽然黑格尔感到闷闷不乐，但他并没有绝望。相反，他甚至为此感到骄傲，其原因是这一事件的整个进程几乎证明了他的《精神现象学》中的一段预言。即谈到法国革命所引起的绝对自由必将为道德精神的新形式所替代的一段话。与此同时，他还借生活中的一些乐趣来做排遣。在上面写给尼特哈默尔的信中，黑格尔引证了《精神现象学》中的那段预言之后，接着说："像骤雨紧跟闪电一样，幸福也伴随着每个伟大的事件。我们的咖啡壶已经流出美味可口、沁人心脾的褐色细流，因为我们不再需要代用品，有了督导收入，可以买到真正的爪哇咖啡了，但愿上帝和好友保佑我们长期这样喝下去……"[①] 在 1813 年年底，黑格尔收到一笔多达 300 古尔盾的额外收入，原因是他兼任了纽伦堡市学校教育事务委员会督导一职。因为这份"督导收入"，假咖啡被真咖啡取代。除此之外，他还有希望在大学做一名教授。黑格尔在这封信的结尾非常乐观地写道："……如果埃尔兰根一事有成，或可为我解除从当代大小人物那里所受的一切懊恼之事。"[②] 事实上，崇高到可笑，仅一步之遥。

埃尔兰根、海德堡、耶拿、柏林等大学城的名字经常出现在黑格尔的信件当中。数年当中，虽然没有结果，但是黑格尔一直在努力谋求一个教授的职位。他有一个荷兰学生叫凡·哥尔特。有一段时期，他想接受这位学生的建议，去阿姆斯特丹讲拉丁语课。又有一段时期，埃尔兰根需要一位古代语言学教授，他又为这个职位所动心。可是，在巴伐利亚当局，既没有人支持他，也没有人理解他。作为学者，虽然他已经非常有名，但在耶拿时的丑闻，影

①《黑格尔书信集》第 2 卷，汉堡：梅纳出版社 1953 年版，第 29 页。

②《黑格尔书信集》第 2 卷，汉堡：梅纳出版社 1953 年版，第 29 页。

响了他的大学应聘。1816年，耶拿大学想找一位哲学家，他们找到了谢林，但是遭到了拒绝。对于眼前发生的一切，黑格尔并不感到奇怪。他“在慕尼黑养尊处优，有一笔可观的收入，可以悠闲自得”[①]。黑格尔已经淡出了耶拿对他的记忆，他也知道其中的缘故。在写给朋友的信中，黑格尔一次又一次地重复，他多年在中学任教，已积累了不少的经验。并且他经常和孩子们保持联系，可以非常流利地讲解自己的教材，而无须照本宣科。

当年5月初，黑格尔了解到，对手弗里斯有可能接任耶拿的那个哲学教授职位。也就是说，弗里斯离开之后，海德堡将会腾出一个空位出来。可是，这个职位还得努力去争取。他立马给海德堡的神学家保卢斯写信求助。在信中，他又重复了曾写给耶拿的弗罗曼的内容：“我在耶拿的初次讲演给人们留下了一个偏见，认为我讲课既不流利，也不清楚。的确，我一直是严格按照讲稿逐字逐句念的，但是在中学教书八年，至少使我能够讲课讲得流利些了。要达到这一点，任何别的办法都不及在中学教书来得可靠；同时，这也是使讲课讲得清楚些的一种适当办法。我相信，在这方面还是有把握的。”[②]在信的结尾，他向海德堡的一些熟人问好，其中也包括弗里斯。弗里斯曾托人向他问过好，这也算是一种回报。当然，这也是他们最后的致意，因为以前的对手现在成了公开的敌人。1811年，弗里斯的《逻辑学体系》出版之后，黑格尔在其《逻辑学》中毫不留情地进行了抨击：“刚出版的最新科学论著《弗里斯著逻辑学体系》回到了人类学的基础。其中的基本概念或见解就其本质而言是肤浅的，论述方式也是乏味的，我对这本毫无价值的东西不屑

①《黑格尔书信集》第2卷，汉堡：梅纳出版社1953年版，第73页。

②《黑格尔书信集》第2卷，汉堡：梅纳出版社1953年版，第74~75页。

一顾。"[①] 弗里斯对黑格尔的《逻辑学》也进行了回击，其中不乏尖刻的话语。他们学术见解的分歧不久就导致了政治立场的对立。弗里斯可以看作是为了实现德意志统一而开展的大学生运动中的精神之父，而黑格尔则对这一运动持保留态度。

黑格尔在一月之后收到了保卢斯的回信。信中说，弗里斯的确将离开海德堡，但得等到秋天以后。他建议黑格尔，在做出最后决定之前，应该给哲学系写两封信，一封写给系里，表达自己听说有空缺之后的兴趣；另一封写给个人，信中细谈一下收入情况。

黑格尔照办了。6月13日，他给保卢斯寄出了两封信。第一封是毛遂自荐的正式文体书信，他托保卢斯转交给有该职位决定权的人；另一封私人信件里，他如实谈了自己的全部收入情况：校长薪金1050古尔盾，市委员会督导津贴300古尔盾，免费住宿折租150古尔盾，教师鉴定委员会工作收入60古尔盾。其收入共计1560古尔盾。

之后，就是耐心地等待。很快，5月下旬结束了，没有任何音讯。直到7月快结束的时候，依然没有音讯。7月底，黑格尔接待了柏林历史学家冯·劳麦男爵。这位稀客从卡尔斯巴德去柏林的途中路过这里，他的公文包里装着普鲁士内政大臣舒克曼的一份关于柏林大学哲学职位的指令。自费希特离世之后，这个职位已经空缺了两年。原来，1816年年初，该校大学评议会上，决定聘请黑格尔担任理论哲学教授。在向分管大学教育的内政大臣的报告中，对黑格尔吹捧有加："在德国目前在世的哲学家中间，这一位（黑格尔）在最普遍的哲学活动中本领最大，自信心最高。他是一位伟大

① 格奥尔格·拉松本：《黑格尔逻辑学》第一版注释，莱比锡：梅纳出版社1951年版，第34页。

的辩证学家，对哲学非常精通……"[1]但是，黑格尔在柏林有一些敌手。弗里斯的朋友、神学系主任德·魏特教授，在大学评议会做出决定的同时，给舒克曼写了一封信，揭露黑格尔的谢林派立场。这位部长是康德的崇拜者，所以憎恨时髦的自然哲学。德·魏特教授在信中特别强调，黑格尔的教学方法不适合大学里的要求，说他讲起话来艰涩难懂、吐字不清、混乱不堪。时任柏林大学校长的莱尔马赫倒不急于立即拍板，他同样也是黑格尔的敌手。直到7月底，冯·劳麦男爵才奉舒克曼之命来拜访黑格尔，当面澄清疑问。这位男爵对任纽伦堡中学校长的黑格尔印象非常好。他如是评价："……总体来说，我无权对他的哲学作出判断。我也不能对他的讲课发表意见，因为我没有听过。但是，他谈起话来流畅易懂，我不相信他在讲坛上就没有这份才能。"[2]

冯·劳麦男爵让黑格尔书面陈述一下他对大学哲学教育的目的、方法等问题的看法。黑格尔知道，要就聘于柏林大学，这份书面意见会起到决定性的作用。当时海德堡那边依旧没有任何消息，所以他便毫不犹豫地动笔了。

他在该篇文章里写道，哲学面临的首要任务是将其自身系统化。虽然说理论思维有了新的途径，但还不能认为它是一个由各个部分组成的条理清晰的整体。人们经常想通过艺术想象或者怀疑的态度来代替科学性。然而，他对这两者都持排斥态度。思想是可以学得到的，但前提是它本身得有思维才行。他也反对各种形式的标新立异之举。他认为，新的不等于是真的，真理也不必是新的。更重要的是，知识须经过有条不紊、大小兼顾、一步一个脚印的过程

①《黑格尔书信集》第2卷，汉堡：梅纳出版社1953年版，第402页。

②《黑格尔书信集》第2卷，汉堡：梅纳出版社1953年版，第398页。

来获取。说到哲学的实际意义，他认为其不在于对人的感化与安慰，而在于辨明所有富含内容的客观事物。

这篇文章刚好投合了内政大臣舒克曼的心意。没过几天，黑格尔又收到了另一封来信，是另一位历史学家尼布尔写来的，他同样邀请黑格尔速到柏林执教。原来，在 8 月初的时候，逗留在纽伦堡的尼布尔觉得自己有义务去拜访一下作为著名哲学家的黑格尔。当然，他并非受任何人之命，两人纯属私人交往，所以谈话也非常开诚布公。当时，黑格尔是牢骚满腹，说他再也不想在中学待下去了，不管是柏林大学还是其他任何大学，只要聘请他，他都会欣然接受。对方听了之后，急忙向舒克曼大臣进言，说黑格尔的事情不能再拖下去了。

柏林的访客离开后的第二天，他终于收到了期待很久的海德堡的来信。副校长道布正式邀请黑格尔担任哲学正教授的职位。信中写道："本校如蒙阁下俯就，则自建校以来将首次荣聘一位哲学家矣（如阁下所悉，本校曾经聘请斯宾诺莎，惜未有成）。"[①] 至于物质方面，海德堡大学教授薪金合计为 1300 古尔盾，外加实物报酬：6 马尔特谷物及 9 马尔特麦子。黑格尔立即做了答复，8 月 6 日就寄出了回信。在信中，表示出于对大学教育事业的热爱，他决定接受邀请，但没有忘记提醒对方，他原来的收入是 1560 古尔盾，所以要求给他提供免费住所。另外，他还提到了可能前往柏林大学应聘之事。

冯・劳麦男爵的报告，黑格尔在文章中表达的态度及尼布尔的信件，都产生了效果。8 月中旬，普鲁士发出了一份由内政部大臣

①《黑格尔书信集》第 2 卷，汉堡：梅纳出版社 1953 年版，第 95 页。

签署的紧急公函。舒克曼通过公函告知黑格尔，已获悉他想到柏林大学任教的愿望。鉴于他的学术贡献，内政部已欣然承认他的应聘资格。然而，考虑到双方利益，黑格尔还得解决另一棘手的问题。因为黑格尔近些年没有在大学上过课，曾经在大学当讲师的经历也十分短暂。所以，他到底能不能把自己的学问生动感人地传授给学生，是令人怀疑的。舒克曼的信写得很有技巧，让主张聘请黑格尔的人和反对者们都能接受。

要是没有海德堡的音讯，黑格尔早就急着回信，大谈自己教学上的成就了。但是，去海德堡一事已经胜券在握，所以他也就觉得没有必要急于给柏林那边回信了。再说，在他接到这份紧急公函之前，已经收到了道布的第二封来信。海德堡所在的巴登邦公爵政府批准了黑格尔的申请。另外，他们的一位官员还想出了办法来解决让黑格尔发愁的待遇问题。按照他的办法，黑格尔可以按低价收购实物，来补偿薪金差额。按道布的算法，这样可以买到 10 马尔特谷物和 20 马尔特麦子。原来，听说黑格尔在同柏林大学商谈应聘事宜之后，巴登那边感到十分不安。所以由于这个原因，黑格尔才享受到了这样的折算方式，最终薪金合计达到了 1500 古尔盾。黑格尔也没有提出其他要求，就决定了下来。后来，他的确得到了预期约定的 10 马尔特谷物和 20 马尔特麦子。

给舒克曼的回信中，黑格尔告知了他和海德堡达成的协议。至于来信中提到的教学能力一事，他则以非常礼貌，且不乏讽刺的口吻做了回答，说自己应该有权决定此事。

梦想即将成真。黑格尔即将要在海德堡担任哲学教授了。然而，此时又出现了新的状况。他还没有来得及提交辞呈，巴伐利亚政府就于 8 月 30 日授予他埃尔兰根大学“多才多艺、能言善辩、精通希腊罗马古典文学”的教授头衔。在慕尼黑，人们终于明白将会失去一位怎样的人物，他们觉得必须立即采取措施来留住这位哲学家。黑格尔曾经表达过来这里讲授古代语言学的愿望，官方指令埃尔兰根立即聘请黑格尔。然而，大学评议会却不愿屈从官方的指令。埃尔兰根教授们的信写得客气而又冷淡。当然，黑格尔以同样冷淡的态度回应了对方，在感谢他们给予自己荣誉的同时，告知对方自己已经答应前往另一所大学。

10 月下旬，黑格尔离开了纽伦堡。10 月 28 日，他正式登上了海德堡大学的讲坛。在第二学期，他举办了两个讲座：哲学全书和哲学史。1817 年夏，黑格尔讲授逻辑学和形而上学（每周 6 节课）以及人类学和心理学（每周 5 节课）。刚开始班上只有 4 个学生，后来发展到二三十人。1817 年夏季，听他的逻辑学课程的学生已经达到 70 人，而当时海德堡的学生总共有 382 人，其中研究古代语言学和哲学的学生有 35 人。

虽然黑格尔经常心不在焉，行径古怪，常成为大家的笑料，但人们都非常尊敬黑格尔。据说，有一次黑格尔思考问题时在同一个地方站了一天一夜。还有一次，他边散步边思考问题，天下起了雨，他的一只鞋子掉进了泥里，但他没有察觉，继续往前走，结果一只脚穿着鞋，另一只脚上只穿着袜子。

来听他的课的学生当中，有的不但学过他的教材，而且还已经开始讲授他的哲学思想。其中有对《精神现象学》极为钦佩，且为该书办过一期学习班的欣里希斯，还有为黑格尔做助教的卡罗韦等。

弗里德里希·威廉·卡罗韦刚过而立之年。他是法学硕士，来海德堡读了两年书，专攻哲学。1818 年 8 月，他获得哲学博士学位。黑格尔对他的博士论文进行了详细的鉴定，指出了作者的各种优点和对学术事业的执着。卡罗韦的论文不是用拉丁语写的，原因是他的论文选题谈的是大学生组织，而非传统的学术问题。有人认为该论文无可取之处。但黑格尔却让它通过了，还对论文中一篇可以独立成篇的《论荣誉与决斗》一文特别提出了表扬，因为它批评了弗里斯的观点。黑格尔写道："我必须承认，假如弗里斯教授先生为了取得博士学位，把他的这些观点写成论文送到本系来，那么我会投反对票。但是，卡罗韦先生关于同一论题的哲学论文，我却相反地认为，是完全值得我们称赞的。这些观点及其阐述不仅出自一个有教养的人，而且是经过哲学方式加以处理和表达的，甚至达到了思辨的高度……"①

在黑格尔的学生当中，最为有趣的要数鲍里斯·乌克斯库尔。他是一位富裕的俄罗斯地主和近卫军骑兵上尉。拿破仑兵败之后，这位年轻的军人觉得追女人追得没意思了，就决定去大学深造，以完成自己的学业。1817 年春到达海德堡之后，他就立马去拜访黑格尔教授。这位自负的年轻人受到了黑格尔的亲切接待，他为此备受鼓舞。回去后立即到书店把黑格尔出版的所有著作都买了回来。当晚，他就舒适地躺在沙发椅上开始阅读。然而，很快他就发现，他一句也读不懂。他越是认真，越觉得摸不着头脑。这种挫伤并没有让他灰心，他依然去听黑格尔的课，但最终的结果是，他发现连自己的笔记都读不懂。于是他不得不到黑格尔那里去诉苦。黑格尔听完之后建议他自修代数、自然科学、地理和拉丁文。乌克斯库尔接受了哲学家的建议，26 岁时开始研读这些课程。半年之后，他第三

①《黑格尔研究》第 2 卷，波恩：博威尔出版社 1963 年版，第 90 页。

次拜访黑格尔。黑格尔对这位学生的勤奋和学识很赏识，便开始指引他研究哲学。后来，他的这位学生在俄罗斯从事外交工作，但无论走到哪里，不管是斯德哥尔摩还是开罗，《逻辑学》一书总是如影相伴。

黑格尔在海德堡交往的朋友当中，另一个值得一提的人物是让·波尔·里希特。他是一位浪漫派作家，1817 年 7 月来到海德堡，备受教授们和学生的欢迎。哲学系还授予他名誉博士学位。黑格尔在语言学家克罗伊策尔的陪同下，去拜访了他，给他递交了羊皮纸博士证书。黑格尔的夫人早在纽伦堡时就认识让·波尔，所以他在黑格尔家里受到了像久违的客人一样的款待。

在海德堡，黑格尔不仅在教学方面，而且在写作方面，都有了很大的用武之地。《海德堡文献年鉴》编辑部要求他负责哲学板块。在 1817 年的头两期，他发表了一篇对雅科比全集第三卷的评论文章，年底又对符腾堡邦议会会议上的辩论情况做了详细分析。

虽然早就离开了斯瓦比亚，但黑格尔对家乡发生的政治事件还是十分关注。战争期间，符腾堡在波拿巴及对手之间见风使舵，所以战争之后其原有疆域扩大了一倍多。符腾堡国王与时俱进，在 1815 年 3 月召开各界代表大会，还发给他们一份成立一院制议会的宪法草案。这也是资产阶级发展道路上的一大进步。和波旁王朝不同的是，符腾堡国王通过历史得出了自己的结论。可是他万万没有想到，邦议会竟然驳回了这份宪法草案，要求恢复“古老的美好法制”，也就是 1806 年以前古代符腾堡盛行的封建制度，而且要求把这样的制度扩展到新增加的领土上去。这便引发了一场旷日持久的宪法辩论，这场辩论一直持续到 1819 年符腾堡国王弗里德里希一世去世才得以告终。

黑格尔对这场辩论投入了极大的关注，他还在邦议会会议公报发表之后，细致地分析了会议活动状况。因为写出来的文章是面对广大群众读者的，所以他努力写得清楚一点。这样他的文风又一次回归朴素，并且满怀激情，这种风格在他的著作当中已经很久不见了。

在文章里，黑格尔批判了想恢复过时的封建关系的邦议员们。黑格尔把这些人的态度比做这样一个地主，他的田地被淹之后变成了肥沃的沙地，可他依旧按老办法耕种。他说："可以拿过去说过法国归国流亡贵族的那些话，来说符腾堡的这些邦议员们了，他们什么也没有忘记，可是什么也没有学到。近 25 年是世界有史以来最富有内容的，我们的世界和我们的观念都同它息息相关，因此也是对我们最有教益的，然而他们却好像把这 25 年都睡过去了，要粉碎这种错误的法权观念和对国家宪法的偏见，最厉害的榴弹炮莫过于这 25 年对他们的报应……"[①] 黑格尔认为，这样的年代极为少见，所以要从事政治活动，就必须考虑过去恐怖的 25 年中获取的宝贵经验。

黑格尔斥责说符腾堡的邦议员们已经在"政治上死亡了"。这一点主要表现在缺乏议会制传统，也表现在数百年来他们身上沿袭下来的惰性和奴性。他还讲述了议会制度的原则，以及反对派在国家中的作用等问题。

与此同时，黑格尔并没有把资产阶级民主理想化。在他看来，在这种民主制度之下，公民就像孤立的原子，选举大会就像大杂烩一样，结果作为整体的人民就消失在一大群个别人当中。在黑格尔

① 格罗克纳本《黑格尔全集》第 6 卷，斯图加特：弗罗曼出版社 1956 年版，第 396 页。

看来，资产阶级制度下，个人的价值并不是通过年龄才能体现出来，而是通过官职、等级、为社会所承认的手艺（或作为名师，或带有其他头衔）来体现出来的。封建专制制度必将被合乎理性的、有组织的国家机构所替代。所谓国家，就是社会共同体的体现者。他的这些观点在后来法哲学中得到了充分的发挥。

黑格尔对具体的历史事件进行了考察并分析了它们的政治意义，得出了一些普遍性的结论，却没有对历史过程逐一进行分析。他认为："不久以前盛行一时的心理学历史观，把个别人物的所谓秘密动机和意图、逸事和主观作用当作最重要的东西。然而，这种观点现在已经不值一提了，历史将恢复自己的本色，力图呈现实体的本质和过程。"①

就此，黑格尔确立了历史必然性的观念。但在黑格尔的观点，这种必然性是通过一系列相互矛盾的偶然性为其开辟道路的。所以，在拿破仑兵败之后，黑格尔确信，军事上的胜利并不能倒转历史的车轮。那些反对派，只能耀武扬威一时，而不能阻挠人类历史前进的步伐。他的这些观点为制定一种彻底的哲学历史概念奠定了一定的基础。不过，在当时，这些观念还处于萌芽当中，直到后来才得以成形。

1817年夏，黑格尔在海德堡时的主要著作《哲学全书》得以出版。这部著作第一次全面体现了黑格尔哲学思想的整个体系。他在世时，这部著作再版了两次。虽然版本之间出入较大，但基本概念和结构都没有发生变化。对于增加的一些为数不多的章节，都通过注释作了详细说明。

① 格罗克纳本:《黑格尔全集》第6卷，斯图加特：弗罗曼出版社1956年版，350页。

该书的第一部分是逻辑学（简明扼要地介绍了将在《逻辑学》中详加阐述的观念），第二部分是自然哲学，第三部分是精神哲学。

黑格尔的自然哲学带有双重性的特点。它既包括基于实验的自然科学成果，也包含他自己的思想。他天才的猜测和幻想混在一起，让人难以区分。他认为，自然是理念的异在形式，是外化了的精神存在。故而，不能将自然神化，也不能把星辰日月、动物和植物都置于人类的伟绩之上。显然，自然界自身有一个由不断继承、连续发展的阶段构成的体系。生命是这个体系中的最高阶段。然而，黑格尔既不赞同进化论，也反对按照目的论的视角来研究自然。在他看来，对天地万物的评价，应该站在对人类实用性的角度去考量。

他的自然哲学由三部分组成：数学、物理学和有机物理（即生理学）。时间和空间问题是数学的基本问题。这些范畴的基础是一对矛盾，即连续性和非连续性的同一。空间和时间在相互当中的消失与再现即为运动，而运动的实体则是物质。因此，黑格尔不同意牛顿“空间和时间本来就是空的，必须从外部充实以物质”这一观点。

黑格尔的物理学第一章就开始规定光的性质，他称之为第一元素。他和牛顿刚好在这里产生了对峙。他认为光的折射学说是粗俗的概念和盲目的偏见。在这里，黑格尔援引了歌德的观点。歌德认为白光是不可消融的，颜色产生于白光和阴暗的不同比例组合。同时，光还是抽象的，所以不能直接和热相联系。黑格尔说，“这种热也不属于阳光本身，而是阳光照在大地上，使大地发热。正如高山和气球旅行所证明的那样，光本身是没有热量的”[①]。

① 格罗克纳本：《黑格尔全集》第 9 卷，斯图加特：弗罗曼出版社 1958 年版，第 161 页。

接下来，黑格尔从光学转向了天体力学。需要说明的是，当初他在申请授课资格时的那篇论文中，试图用毕达哥拉斯数列来发现行星和太阳之间距离的武断想法，早已被他抛弃了。黑格尔在这一部分写道："迄今为止，天体学还没有发现真正的规律，更没有什么合乎理性的东西——我在一篇早期论文中对这方面所做的探讨，已经不再让我感到满意了。"[①] 能够承认自己的错误，这是唯一的一次。当然，这一修正只能在《哲学全书》的初版中见到。

然后，他开始谈论"元素"问题。黑格尔提出了四种"元素"：气、火、水、土。又因为各"元素"物质结构各异，所以把相应的章节定为"个别物理学"。要区别物体，最简单不过的方法就是测出其比重。然而，只要黑格尔不承认有真空状态的存在，他就无法用物质的不同密度来解释比重问题。可以看出，在这一问题上，他追随了康德。康德的根据是充实一定空间的各个小部分的张力和动力，以及它们充实空间的强度，而不是充实该空间的各个小部分的数目的量。需要说明的是，黑格尔是否认原子论的。

对于无机物质来说，其个别化的最高阶段就是化学反应。在化学领域，黑格尔做出了一个重要猜测——他预言了元素周期律。他在《逻辑学》中这样说："似乎存在这样一种任务，即按照一种规则，把比重级数的幂作为一个体系来认识，这种规则把一个纯粹的算术复数规定为一系列和谐的节——这个要求正是为了认识上述化学亲和序列而提出的。"[②]

虽然黑格尔把自然看成是一个体系，但他不愿将这个体系放入运动状态当中。显然，这一证据证明了这位辩证法大师竟然自己不

① 格罗克纳本:《黑格尔全集》第 6 卷，斯图加特：弗罗曼出版社 1956 年版，第 179 页。
② 格罗克纳本:《黑格尔全集》第 4 卷，斯图加特：弗罗曼出版社 1958 年版，第 454 页。

尊重辩证法。而且，对生命的自然起源问题，他一直持否定态度。倘若在其《哲学全书》的初版中这一态度表达的过于绝对，那么在以后的版本中则做出了小小的让步——他承认某个生命昙花一现的自我繁殖，但将其称之为“偶然发生”，而不是“发展”。

虽然真正的生命活动始于植物，但只有在动物界，有机体才达到了主观性的阶段。动物有机体的特征表现为感受性、激应性和再生性三个方面。这些特征又体现在三个系统中：神经系统、循环系统和消化系统。正是由于同无机界的密切联系，有机体才能得以生存。如果这种联系被切断，有机体就会产生匮乏感、产生冲动与需要。所以，有机体的活动就是为了满足自身需要而进行的永久的斗争。在这种斗争中，动物为感觉所支配。如果超越了这个界限，就会进入精神的领地。

只有进入了精神阶段，理念才能实现自我意识。黑格尔的精神哲学包括主观精神、客观精神和绝对精神。从《精神现象学》中已经了解到，它们就是指个体意识、社会活动和社会意识的各种形式。

主观精神又分为人类学、现象学和心理学。人类学研究人的“心灵”，也就是研究人的精神活动与肉体相关联的部分。黑格尔引用民族和种族的差别，提出了心灵的天然限制。显而易见，黑格尔是反对种族主义的。他认为，人人都有平等权利的可能性就在于人是有理性的。当然，人与人的精神状态各不相同，这也是一个不争的事实。

通过分析，黑格尔认为，人的精神活动天然地受制于年龄和性别的差异，受制于情感和激情机制，也受制于心灵的病变倾向。

事实上，心灵只是精神的梦幻。只有在意识当中，这种梦幻才能苏醒，所以意识就成了《现象学》的研究对象。在 1807 年出版的《现象学》里，黑格尔对该科目做了非常详细的阐述。他想以此来开创他的哲学思想体系。此时，他严格地限制了该科目的研究范围，将之置于次要地位。现象学研究的对象是意识、自我意识和理性。刚开始，人们看待自身，就如同看待一个与他相对立的客体一样。接下来，人认识到了自身，即通过另一种意识达到了这一认识，通过另一个人格认识到了自己的人格。一直到了理性阶段，人才发现自己和世界的精神实体的同一性，他把客观世界“非物化”了。

在心理学当中，人的认识和活动的各种形式都脱离了本身的内容，成为研究对象。知觉、概念和思维，情感、冲动和意志，都成了心理学的研究对象。它们只有到了客观精神和绝对精神当中，在法和道德中，在艺术、宗教和哲学之中，才会有充实的内容。黑格尔的思想体系，就是这样创造而来。在此只能做一粗略的介绍。到了晚年，黑格尔对他的这个体系进行了完善，对各个部分做了细致的补充，但他的整个结构体系没有发生变化。

1817 年年底，柏林大学再次商议邀请黑格尔一事。普鲁士内政部的权限已经有所减弱，由一个新成立的文教部来掌管宗教、卫生和教育事业。文教部大臣阿尔腾施泰因男爵坚信黑格尔哲学对国家大有裨益，所以他一上任就给黑格尔写了一封私人信函。他在信中表示，将给他 2000 塔拉的年薪，相当于 3500 古尔盾，是他在海德堡收入的两倍。1818 年年初，黑格尔收到这封信后，考虑了两个半星期。柏林是德意志文明的核心，有科学院、剧院、博物馆和图书馆等。在这个德意志最大的邦的首府，有望获得更多读者。在这里，还能引起对费希特的回忆，成为他的追随者，这将是黑格尔莫大的光荣。1 月 24 日，黑格尔给阿尔腾施泰因回信，表示愿意接受邀请。信中，他还问及一些细节问题。例如，柏林的实物补贴如何？能不能提供免费的住所？若遇不测，家属有没有抚恤金？他还提到，自己刚刚在海德堡买了一些家具，若去柏林，又得重新安家。所以请求给他 200 弗里德里希多尔的迁居费用，这当然比实际开销要多一点。在信中，他最后还提出了一个要求，即免去他的财产在搬运中应付的关税。

文教部对他的来信做了答复，并正式通知他，普鲁士国王已于 3 月 12 日签署了任命他为柏林大学哲学教授的文件。他的迁居费定为 1000 塔拉。这比他希望的少了一些，但是他可以在任教之前就领取薪水，这就可以抵消其中的差额。关税也不用交了，但得汇报他的包裹件数。至于抚恤金之事，他们自有惯例。在柏林，大学教职员工一般不能享受免费住宅，所以教授的薪金相当丰厚，以便他们适当做出安排。如果他还有什么其他困难，文教部将尽其所能，来改善他这位著名学者的生活条件。至于实物补贴一事，并未提及，因为柏林大学成立只有 8 年，这里无人知晓小镇中流行的那种中世纪惯例。当然，黑格尔也没再为此费口舌。更何况，阿尔腾施泰因还答应他，努力把他选进普鲁士科学院。

柏林大学校方询问黑格尔的开课时间，他的答复是 10 月底。没过多久，他就接到通知，说他的薪水从 7 月 1 日算起。

整个搬迁过程用了三周多的时间。行李是事先分批运走的。8 月底运走了两个装着床上用品和家用器具的箱子，一周之后又运走了三件包裹，其中包括两个书箱和一个换洗衣物箱。其余剩余物品在他们动身前又打成了两件包裹。

他们悄无声息地离开了海德堡，然后在耶拿小住了几天。他的老朋友、他私生子路德维希的教父、书商弗罗曼非常热情地招待了他们。在这里，黑格尔和克内贝尔重归于好。

接下来有一天，黑格尔转道魏玛去拜访歌德。由于误会，两人往昔的友情一度受到了影响。《现象学》前言中的一句话，受到了歌德的误解。两人为此争执不休，直到 1813 年才握手言和。在纽伦堡的时候，黑格尔观看了物理学家泽贝克以歌德的颜色学说为依据的实验之后，建议把泽贝克所发现的现象用“眼内颜色”（entoptische Farben）这一术语来描述。这一术语被歌德所接受，并经常运用。波瓦塞雷注意到，在《哲学全书》中，黑格尔表示赞同歌德的颜色学说，于是把它告诉了歌德，让他对此颇感欣慰。随即，诗人歌德向黑格尔表示致意，不久又寄给他一封短信，并附上了一本自己新出的自然科学著作。对此，黑格尔写了一封非常夸张的长信，称颂歌德在光和颜色研究方面的成就。对于这次重逢，俩人都备感高兴。但见面时光极为短暂，未免让人遗憾。

9 月 24 日，在弗罗曼家里，大家为黑格尔的小儿子伊曼努尔过了四周岁的生日。接下来全家继续旅行。从耶拿出发有四天的路程就可以到达柏林，他们分别去了魏玛、魏森费耳斯、莱比锡和维腾堡，终于在 9 月 29 日这天到达了普鲁士的首都柏林。因为一时租不到房子，黑格尔一家一周之后才搬进莱比锡大街和弗里德里希大街夹角的一处屋子。后来，为了离学校近一点，黑格尔又搬了一次家。他们搬到了库普弗格拉本 4 号，在那里定居了下来，直到他去世。

密涅瓦的猫头鹰

哲学家黑格尔不久便适应了普鲁士当地的风俗习惯。首都的日常生活与海德堡完全不同，社交圈子也不断扩大。与他交往的大多非显即贵，如大臣、枢密顾问及科学与艺术界的知名人士等。打败拿破仑后，霍亨索伦王朝不仅对德国，甚至对整个欧洲的领导地位，都是垂涎三尺。柏林正经历着所谓的“大政治”运动，对此黑格尔印象深刻。

黑格尔家中和往常一样，每一项收支都记录在账本上。他每季度的收入有 500 塔拉，另外还有学生听课的酬金及稿酬收入。他每周给夫人 10 塔拉购买日用品。而每季度 7 塔拉 12 格罗申的房租、女仆的工资及其他开支，都由作为一家之长的他自己来支付。在海德堡的时候，保卢斯教授的夫人曾对他说，柏林人喝酒用的都是小得可怜的小酒杯。然而，黑格尔到了普鲁士之后，依然坚持他在斯瓦比亚养成的习惯。在他们家的账本中，还有一栏，记录着给夫人买衣服、自己购书、看戏及听音乐会，还有偶尔上餐馆等方面的开支。黑格尔喜欢走亲访友、款待客人。

据和他亲近的人讲，黑格尔不会错过任何娱乐的机会，而且越老越是如此。他可以随时和别人聊天，也喜欢听街市上的流言蜚语，饶有兴致地议论政治方面的新闻。和女士们交流，黑格尔感到心情舒畅。对青春和美，他有一种爱慕感。偶尔，他也喜欢接触一些平凡的人，似乎他的沉思与冥想离不开浅薄和庸俗之辈似的，而且他对这些人有一种温和的同情感。

罗森克兰茨这样评论黑格尔："但是，在黑格尔的社交关系中，不仅应当看到友善的一面，还必须看到严峻的一面，看到他的果断、倔强、执拗以及柏林人称之为暴戾的那种行为。柏林生活的机械性无疑使人有必要在公开场合有决断能力，如果他们不愿成为派系的玩物，不愿看到自己的功能为派系所削弱，哪怕再有本事，也将会被派系糟践得一钱不值。因此，即使在黑格尔身上，那种纵情享受生活的豪爽外貌，同知心朋友的亲密交往，也有……一个严肃的、常常更是阴郁的一面，他的执拗生硬的性格有时甚至让朋友们也下不了台。对于同他简直是水火不相容的人，黑格尔更是铁面无情的，只有兴致勃勃的时候，他才能说服自己，同他们泰然相处。他发起怒来，总是气势汹汹，暴跳如雷；一旦他认为非恨不可，他就恨得彻彻底底。"[1] 当然，他的怒气首先会发泄在政论的敌手身上。

阿尔腾施泰因邀请黑格尔去柏林，是出于十分明确的政治目的。当时，大学生已经开始闹起了风潮。他认为安定人心的最好办法就是研究哲学，并相信，革命就是进化受到压抑之后爆发的结果。因此，需要谨慎地监视各种动态，让一切往正轨发展，以防发

① 卡尔·罗森克兰茨:《黑格尔传》，柏林 1844 年版，第 361~362 页。

生可怕的暴力事件。他认为，用哲学教导人们合理而有条理地进行思维，可以在这一方面做出巨大的贡献。在他看来，现在所有的哲学学说中，黑格尔的观念是最让人满意的。

显然，黑格尔明白人们对他的期待。在就职演说时，他一开始就歌颂普鲁士是科学与文化的中心，精神生活是普鲁士的基本特征之一。他说，“在这个国家里……人民同君主一起争取独立、争取消灭异族的残酷压迫、争取精神自由的伟大斗争，取得了良好的开端”①。他进一步认为，“哲学已经逃亡到德意志人中间，而且只有在他们中间才能继续生存”②。

如果说在海德堡时，他还十分同情拿破仑的话，那么到了柏林，这种同情感已经逐渐消逝。而且，普遍高涨的爱国运动也让他深受感染。1814年的战争带来的是分裂状态，让人们充满了对自由的渴望。当然也说明了采取积极行动的必要性。与此同时，人们的立足点也发生了转移。一段时期以来，革命变成了对拿破仑的专政，让其失去了所有的同情。人们逐渐从狂热中冷静下来，不再陶醉于民族主义。对于政治活动，人们还不太成熟，只有大学生们在参加活动。像大学生协会这样的组织，就是在这种背景下产生的。旧的大学生同乡会也被其取而代之。在以前的同乡会里，他们只为君主的健康而干杯。虽然没有明确的政治纲领，但是，大学生协会从成立之日起就具有政治特色。在德意志民族的统一问题上，当时充斥着各种极为混乱的观念，这些观念几乎是反对一切：反对法国的风尚，反对英国的商品，反对俄罗斯的独裁政治，同时也反对自己的政府。有些人梦想着德意志帝国能够复活，有些人渴望看到一

① 格罗克纳本:《黑格尔全集》第8卷，斯图加特：弗罗曼出版社1955年版，第32页。

② 格罗克纳本:《黑格尔全集》第8卷，斯图加特：弗罗曼出版社1955年版，第34页。

个民主共和国，还有一些人则认为首先要做的是禁止犹太教。有四个形容词一遍遍地被人们重复着：新鲜的、虔诚的、快乐的、自由的。他们解下法国人的领巾，认为这样就可以恢复古代日耳曼的品德。耶拿是当时运动的中心，弗里斯教授在耶拿的讲坛上含混地宣告了德意志的自由。魏玛公爵称他要把自由放在他的庇护之下。

1817 年 10 月 18 日，来自各地的五百多名大学生聚在瓦特堡，隆重纪念宗教改革三百周年和莱比锡大会战四周年。在场的还有包括弗里斯在内的四名教授。大学生在这里共同商议成立德意志大学生协会总会之事。午饭时，他们一起为自由、为魏玛公爵、为莱比锡会战的胜利干杯。等到教授们晚上回家之后，大学生们又聚在一起举行了火炬游行。他们点燃一堆篝火，向路德致意。此时，有人提出烧毁臭名远扬的反动书籍。因为手头没有这些书，他们于是开出了一个书单，其中包括《普鲁士警察法令汇编》和《拿破仑法典》。他们还把扎成的假人当作靶子，扔进火里。与此同时，他们还烧毁了一绺士兵的发辫和一根伍长用过的指挥棒。

瓦特堡的聚会后来遭到了一系列的报复。弗里斯丢掉了饭碗。大学生当中发生了骚乱。第二年整整一年，局势一直非常紧张。1819 年春，柯采布埃遇害。

奥古斯特·柯采布埃出生于魏玛，法科学生出身，信仰君主主义，是一名作家，也是一个朝三暮四的人。在俄罗斯担任外交官的时候，他从沙皇那里得到了贵族的称号，并得到了一份爱沙尼亚的田地。1817 年，亚历山大一世派他前往德国，为其收集德国的详细情报。作为作家，他写出了 211 个流行一时的剧本和大量的散文。因为在作品中嘲笑大学生协会的会员，所以遭到他们的痛恨。这些会员称其为俄国间谍，扬言要和他算账。结果，1819 年 3 月 23 日，

58 岁的柯采布埃被神学生桑德刺杀致死。

于是官方开始逮捕学生。夏季的时候，德意志各邦君主聚集在卡尔斯巴德。他们当下做出决定，加强对大学生的监视，禁止一切秘密结社行为。对 20 印张以下的印刷品，全部进行检查。同时，在美因兹设立了“中央调查委员会”，来查办所谓的“煽动者”。

黑格尔的学生也在被警方扣押传讯之列，所以他也被迫卷入了这一事件。就黑格尔的个人观点而言，他既不赞成激进主义，也反对警方的报复行为。他力图缓和大学生协会中学生们的情绪，同时尽力去援救遭到迫害的学生。

据传，有一位大学生被关在一间单人牢房，牢房就在斯普里河边上，窗户和水面一样高，所以他的同学经常晚上乘着小船去探望他。有一次，这些同学说服黑格尔，让他一起冒着危险前往那里。按照规定，和囚犯用拉丁语谈话会以谋叛论处，所以黑格尔只问了一句:“Num me vides?”（你现在看得见我吗？）因为当时就在被囚禁的学生面前，所以他的这句问话引起了大家的嘲笑。不过，黑格尔跟着他们自嘲地一笑了之。

或许并没有发生过这样的事情，这只是大学生为了取乐而杜撰的故事而已。但是，这也说明了学生们想通过这样的故事来表达对黑格尔的尊敬和同情。显而易见，他们一方面相信自己老师的勇气，同时也嘲笑了他在当时境遇中的窘境。

事实情况是，黑格尔被身边的流言给吓到了。在给朋友的信中，他这样写道:“我已年过半百，在这充满恐惧和希望的动荡岁月中度过了 30 年，唯愿这种恐惧和希望有朝一日了却掉。可现在我必须明白，这个局面还要继续拖下去，情况将越来越糟——的确，人们在这乱世之中不得不这样想。”[①] 在另一封信中，他写道：“……我一方面是个容易兴奋的人，另一方面却又喜欢安静。成年累月面临暴风骤雨，毕竟不是件愉快的事情，尽管我相信，落在我身上的至多不过是几滴雨珠。”[②]

他把思想过激的学生和讲师称作“自由暴民”。要对被捕者产生强烈的同情，他必须得克服对“煽动者”的厌恶情绪和对政府的恐惧心理。

1819 年 7 月，一位叫古斯塔夫·阿斯弗尔乌斯的大学生被捕了。他是黑格尔在耶拿时的一位朋友的孩子，他既是大学生协会的成员、民族主义者和极端分子，又痴迷于桑德的行动，认为柯采布埃事件证明了德国的软弱。他觉得桑德的行动不能按照常规来理解。为祖国的巩固而战，其思想至高无上。懦夫总是只考虑后果，而世界精神永远都是通过高尚的行动为自己开拓道路。阿斯弗尔乌斯把大学生协会的各种概念和黑格尔的哲学术语混杂在一起，并且非常武断地解读黑格尔的思想，还把黑格尔看作自己的精神之父。他在给父母的信里写道：“黑格尔已经教给我有关国家的见解，我现在知道应该做什么，不应该做什么，知道共和国、选举制帝国、诸神无差别等毫无裨益。有许多人梦想这些东西，我却把它们抛到了九霄云外，并非因为它们是过分高超的事物，而是因为他们纯属子无虚有，有如幻影……我所要求的乃是一切人的自由和祖国的统一……我认为，桑德之所以这样做，正是由于感到缺乏这种统一……这样，你们可以放心了，除了好好学习之外，我是什么也不

①《黑格尔书信集》第 2 卷，汉堡：梅纳出版社 1953 年版，第 219 页。

②《黑格尔书信集》第 2 卷，汉堡：梅纳出版社 1953 年版，第 272 页。

会干的，桑德的行动在这方面又一次让我受到了鼓舞。”①

阿斯弗尔乌斯的父亲来找黑格尔，寻求他的援助。要知道，在这种环境当中，为国王的敌人辩护，意味着自取灭亡。尽管如此，黑格尔还是把阿斯弗尔乌斯父亲的请求交给了警察局，并附上了自己的一封信，对阿斯弗尔乌斯做了评价，保证阿斯弗尔乌斯是清白的。对于这桩案件，他的熟人、法律顾问官克劳泽做了受理。阿斯弗尔乌斯被关进单人牢房，不准接见外面的任何人。审讯过程持续了两年。因为阿斯弗尔乌斯没有犯罪行为，他也不能因为信仰而定罪，所以被捏造出了许多莫须有的罪名。经过多次努力，黑格尔最终和他们讲好以500塔拉来保释阿斯弗尔乌斯。1820年6月，监禁11个月的阿斯弗尔乌斯在没有判决的情况下释放了。然而，这件案子并没有就此终结，直到1824年12月，才最终开庭审判，这个无辜的年轻人被判处6年有期徒刑，罪名是“叛国”和蓄谋暗杀。原来，据传阿斯弗尔乌斯曾经扬言要杀死一个叫伊尔克森的人。众所周知，因为伊尔克森的出卖，两名爱国者被拿破仑的士兵枪杀掉了。1817年，伊尔克森出现在耶拿大学时，大学生协会知道他和法国人勾结后发誓要和他算账。后来，他被当局驱赶出了耶拿。有一次抄家时，在阿斯弗尔乌斯家里发现了一位叫里曼的大学生写给伊尔克森的恐吓信的手抄版。这封信曾经被抄写了好多份，在耶拿流传甚广。阿斯弗尔乌斯将这封信做了些修改，这成了法庭上给他定罪的证据，证明他蓄意组织暗杀。这样的理由虽说荒唐，但判决还是持续了两年之久。期间，在阿斯弗尔乌斯两次向国王上书请求赦免之后才得以撤销。

①《黑格尔书信集》第2卷，汉堡：梅纳出版社1953年版，第435~436页。

报复活动还牵扯到了黑格尔的同事。在官方的眼里，柏林大学的大部分讲师都是可疑的。德·魏特教授遭到解职，原因是他给桑德的母亲写过一封信，信中称桑德是一个纯朴而虔诚的青年，其行动主观上是诚实的。柏林大学的评议会想为德·魏特说情，但遭到国王的断然拒绝。大学生们将一个银制的高脚杯献给了他们敬爱的德·魏特教授，并在杯子上刻了一句福音书中的话："用不着惧怕那些只能杀害肉体而不能杀害精神的人……"在解职时，国王曾传令给德·魏特教授预付三个月的薪金。虽然穷困潦倒，但德·魏特还是高傲地拒绝了。他柏林的同行们认为，有义务为这位被政府解职的教授筹措一点生活费用，直至他找到新的生活为止。施莱尔马赫捐了 50 塔拉，黑格尔捐了 25 塔拉（为了安全起见，他没有把这笔钱记在账本上）。虽然在他受聘柏林大学时，遭到了德·魏特的强烈反对，但他还是伸出了援助之手。

就德·魏特教授解职一事，黑格尔和施莱尔马赫产生了一场激烈的争论。黑格尔认为，在保证其继续领取薪水的情况下，国家有权力解除一名讲师的职务。作为神学家的施莱尔马赫则认为黑格尔的观点卑鄙。黑格尔于是立即言辞激烈地予以反驳。施莱尔马赫回去冷静思考之后，给黑格尔写了一封信致歉。信中还告诉黑格尔一家他一直想去的酒店地址，然后感谢黑格尔对他粗暴态度的激烈回应，希望此事能就此了结。黑格尔第二天做了以下答复："尊敬的同僚先生：昨日承示酒店地址，不甚感谢。阁下主动消除我们之间新近发生的不愉快，并对我由于激动所做之回答表示原宥，更增加了我对阁下的敬意"①。他俩的关系终于恶化了。施莱尔马赫在科学

①《黑格尔书信集》第 2 卷，汉堡：梅纳出版社 1953 年版，第 221 页。

院的地位举足轻重，黑格尔最终也没能当上院士。

显然，黑格尔和施莱尔马赫之间的矛盾不仅仅是个人恩怨。这和他与弗里斯的争论一样，分歧在于一些原则性的问题。施莱尔马赫支持浪漫主义，这正是黑格尔所厌恶的。黑格尔在神学和哲学的研究中，都是从个性出发，把艺术看作个性充分的展现。而施莱尔马赫认为宗教是建立在感情皈依的基础之上的。黑格尔尖刻地评论说，如果施氏的看法正确，那么最好的基督徒就是狗了，因为狗永远生活在这样的感情中，甚至把主人给它扔的骨头都当作一种恩典。而施莱尔马赫则根据柏拉图的观点，把辩证法理解成一种从对话和谈话中获得真理的主观艺术，从而指责黑格尔是教条主义者。

黑格尔的周围不乏这种报复活动。黑格尔的朋友和学生弗尔斯特·弗里德里希被免去了军事院校讲师的职位。在一次皮歇尔斯伯格主办的庆祝会上，弗尔斯特·弗里德里希做了如下致辞："我们并不祝愿桑德长命百岁，但愿恶势力能够不打自倒！"黑格尔也参加了这次聚会。他的助教卡罗韦也遭开除。作为稳健派领袖的卡罗韦于 1819 年出版了一本评价柯采布埃遇刺事件的小册子，书中在谴责犯罪者的同时，认为其行为是违背黑格尔的哲学立场的。结果，他的观点被曲解为替桑德辩护。虽然警察局证明卡罗韦是清白的，但阿尔腾施泰因还是不准他继续在柏林从事教育工作。卡罗韦去了布累斯劳，在那里又受到王室代表按照美因兹调查委员会的要求对他进行的又一次审讯。结果，卡罗韦永远被拒之于大学之外。对卡罗韦的迫害说明黑格尔在官方的地位已经日渐衰落。接下来，继卡罗韦之后为黑格尔担任助教的亨宁也突遭被捕。在找不出任何罪证的情况下，亨宁被关押了七个星期。1820 年 8 月，黑格尔动身前往德累斯顿，柏林当局对他的行踪十分关切。黑格尔是一个柏林上流人物聚会的社交团体“法外社”的成员。“法外社”的名称吓坏了当局忠实的奴才们，中央调查委员会决定对其进行调查，结果发现柏林警察局局长冯·坎普茨也是其中一员，这才罢手。

这段时间，黑格尔正忙于撰写《法哲学》。该书在1819年已经完成，之后一直放在检察官的手中。虽然没有遭到禁止，但也没有得到出版许可。拖了一年之久之后，黑格尔才消除了官僚机构的障碍。在1820年10月，该书终于出版发行了。黑格尔终于感到如释重负，他分别给阿尔腾施泰因和哈登贝尔等人送去了几本刚出的样书。在给普鲁士王国总理大臣的附函中，他说这部著作的宗旨在于“……证明哲学是同一般国家性质所要求的基本原则相和谐的。直截了当地说，是同普鲁士国家有幸在（国王陛下的）英明政府与阁下的贤能领导之下，已经取得的和将继续取得的一切成就相和谐的，而我本人作为这个国家的一员，为此感到无比光荣”①。

该信写于1820年秋。在这年夏天，黑格尔的朋友们目睹了他的一次异乎寻常的举动。他让人拿来一瓶香槟酒，说为了庆祝当天的日子而把它干掉。在座的朋友都很纳闷，觉得当天没有什么特别之处，既无人出生，也无人去世，更没有人晋升。从柏林大学到普鲁士王国，这一天都再平常不过。最后黑格尔才向大家郑重宣布：“今天是7月14日，让我们为纪念攻破巴士底狱而干杯。”这位为普鲁士君主服务的哲学家，竟然不忘每年为纪念法国大革命而干杯。

在《法哲学》一书的序言里，黑格尔说他出版该书的目的是给自己做演讲的听众提供一本能够加深他们理解的入门性讲解。他同时提到，该书的任务并不仅仅限于提供一个提纲或汇集整理大家早

①《黑格尔书信集》第2卷，汉堡：梅纳出版社1953年版，第242页。

已熟悉和公认的内容。他说，一种质料转化为另一种质料，其转化方式必须是哲学的和思辨的。唯有如此，才能将哲学从其所处的困境中拯救出来。因此，需要掌握一种科学方法，让作品在整体和局部构成上都能体现逻辑精神的基础。其任务在于克服这样的错误认识：在伦理问题和国家事务的问题上，凡属于人们发自内心和真诚地首肯的东西，都是真实的。

大摆哲学家架子的弗里斯关于该论题的看法，让黑格尔特别不满。他引述了在瓦特堡大会上的发言，称反对把国家即理性数千年的劳动结晶变成“心灵、友谊和热情的大杂烩”[①]，反对将伦理世界让位于各行其是的主观偶然性。政府最终会对此加以关注，因为哲学毕竟不是私事，而是“公共的……存在，主要是或者仅仅是为国家服务的”[②]。因此，所谓哲学稍微与现实相碰撞就一败涂地的看法，真是一件快事。黑格尔这样说的目的是暗讽弗里斯和他的同僚的命运——他们都被解职了。

这样的话读起来让人愤慨。但更让人愤慨的是序言中的著名警句：“凡是合理的就是现实的；凡是现实的就是合理的。”[③] 这句话被理解为、同时也被误解为替当时的普鲁士王国和现存的社会关系做辩护。不可否认，这句话包含着这样的辩护，但却不止于此，甚至可以有相反的理解。就连黑格尔本人也发现这句格言意思含混不清，所以在1827年写的《哲学全书导言》中进一步做了阐明，指出唯独上帝才是真正现实的，现存的事物不过是现实的一部分。平日里，人们总是把一时的兴致、错误，甚至邪恶等称作现实，但这

① 格罗克纳本:《黑格尔全集》第7卷，斯图加特：弗罗曼出版社1952年版，第27页。
② 格罗克纳本:《黑格尔全集》第7卷，斯图加特：弗罗曼出版社1952年版，第29页。
③ 格罗克纳本:《黑格尔全集》第7卷，斯图加特：弗罗曼出版社1952年版，第33页。

样的偶然存在是不配具有现实这一强大的名称的。

通观《法哲学》一书，黑格尔的这一思想未免让人觉得保守。他要求人们在瞬时多变的假象背后，看到永久的实体和眼前存在的永恒性。把一切看作虚幻，而独断专制，自己说了算，本身就是虚幻。把现存之物当作理性加以理解，把具体的人看作时代的产儿，把哲学看作时代在思想中的体现，这就是哲学的任务。认为哲学能够超越所处的世界的界限的观点是愚蠢的，如同按照世界应有的模式建立一个世界的幼稚想法一样。因为那样的世界只存在于创建者的想象中。按照世界应有的样子解释世界，哲学总会落后，因为就世界的想法而言，它总是在世界形成之后才有的。这样哲学就会把世界描绘得灰蒙蒙的，生活也变得老化了。哲学不能让世界返老还童，而只能对其进行理解和描述。密涅瓦的猫头鹰总是在黄昏时分才开始起飞。

因此，法学力图把国家作为具体的、合乎理性的实体来加以理解。它不会根据国家应有的样子去理解国家，它的任务就是研究如何认识国家这个伦理宇宙。

黑格尔的《法哲学》包括三部分：抽象法、道德及伦理。在黑格尔看来，道德和伦理是两个内容各不相同的概念。道德特指个体态度和意愿的主观性，而伦理则体现人类共同的有机体形式：家庭、社会和国家。在这些机体中，精神被看作某种客观的、自由的东西。“不管个体怎样，客观的伦理都同样起作用，只有这种伦理性才是永存的东西，才是支配个体生命的力量。”[①] 伦理代表永恒的正义，违抗它的人面临的是一场危险的游戏。

① 格罗克纳本:《黑格尔全集》第7卷，斯图加特：弗罗曼出版社1952年版，第227页。

事实上，黑格尔把他看到的具有现存形式的伦理看作普遍有效的、永恒的伦理。让人不解的是，他轻描淡写地抹杀掉了不符合自己模式的部分。比如，当家庭作为一种把个别的人变为一体的制度时，才让他感到有兴趣。婚姻属于个人的伦理义务，可以将两人特殊的癖好作为主观出发点，但这并非是最为重要的。同浪漫派观点截然对立的是，婚姻不应当因双方之间产生的情欲而遭到破坏。浪漫派认为，婚姻是一种完全可以抛弃的仪式，因为最为本质的东西是双方之间的爱情。弗里德里希·施莱格尔在《柳辛德》中的观点，黑格尔认为是“一个诱奸者所惯用的立论。关于夫妇关系，值得注意的是：女子委身事人，牺牲了自己的贞操，而男子则不然，除家庭之外，他的伦理活动还有另外一个领域。女子的使命基本上仅在于婚姻关系中……”[①] 虽然妇女可以接受教育，但出于普遍性的要求，她们天生不能从事较为高级的科学活动和艺术创作。如果让妇女当政，国家就会陷入危险当中，因为她们会听从偶然的东西，而不按照事物普遍性的要求来做事。

《法哲学》内容最为丰富的是“公民社会”部分。黑格尔用“公民社会”一词来指称以个人经济利益为基础的社会制度。在这种社会制度中，每个人都以个人为目的，而不关注其他人。然而，这一目的只有在别人的福利得到满足时才能够得以满足。在黑格尔看来，这一社会是新时代的产物，即资产阶级的社会。不过，他所说的“公民社会”一词具有双关意义。在德语中，表示“公民社会”的“B ü rgerliche Gesellschaft”一词中的“B ü rger”既有“公民”的意思，也有“资产阶级”的意思。

① 格罗克纳本:《黑格尔全集》第 7 卷，斯图加特：弗罗曼出版社 1952 年版，第 245 页。

公民社会以各种需要为基础。动物有它们的本能，但满足它们本能的手段是有限的。有的昆虫只能依靠一株植物来生存；另外一些动物有更为广阔的活动范围，但人类的活动范围是无处不在的。人类在自己的生存环境中很少能找到直接有用的原料，而是通过劳动来获得满足。这多多少少类似于星球体系，因为对于二者，眼睛一开始看到的都是不合规律的运动，然而，在这些运动的背后，都隐藏着一定的规律。政治经济学，或黑格尔所称的国家经济学，就是研究这些规律的。

黑格尔将劳动看作社会关系来研究。他说，劳动的一般内容不是由个别生产出来的产品来决定，而是由劳动工具来决定的。他还说，劳动分工造成了工序的简单化，这使得机器的使用成为可能。而工业生产和机器生产则是促成现代社会神精萎缩的其中因素之一。

在黑格尔看来，每个个人的特殊前提决定了参与普遍劳动过程的可能性。这种特殊前提指直接特有的资本基础或劳动技能。黑格尔将社会划分为等级的思想已经非常接近于对阶级的认识了。人们天生的不平等通过公民社会（或者说资产阶级的社会）扩大为技能、智力、道德等方面的不平等。黑格尔认为平等的要求实属空谈。他同时认为，法庭是保护私有财产的。

“法”反映了不同社会时期的社会状况。如果社会状况稳定，对于违法者就会宽大处理。如果社会状况动荡，就会对违法者处以重刑，达到杀一儆百的目的。因此，同一部法典并不一定适合于各个时期。

黑格尔为警察在公民社会中指定了广泛的职责。很显然，他夸大了警察的作用。他说，“警察进行监督和预防，目的在于使个人获得达到个人目的的一般可能性。他们有责任管理照明、桥梁建设、日用必需品的评价以及卫生等事业”[①]。

黑格尔认为，工业和人口的增长只能加剧而不能解决社会矛盾。社会再富有，也解决不了贫困问题。这样的辩证法使得公民社会超越了自己的界限，对外实行殖民统治，对内实施公司化经营。这样一来，伦理达到了最后一个阶段：国家。

国家被黑格尔颂扬为伦理观念的现实，具体自由的现实和本身具有理性的东西，并且黑格尔认为它是必然和永恒的。当然，黑格尔也认为会有腐败的国家："国家……既存在于世界上，所以在虐政、灾害、差错等方面，恶行便可以从多方面来破坏它。但是，最可憎的人、罪犯、病患者和残废者毕竟还是一个活人；肯定方面即生命虽有不足之处，仍然存在着，而这里值得关心的就是这个肯定方面。"[②] 在各种不同的国家类型中，黑格尔拥护统治者的个人意志对国家命运影响程度最低的那种。虽说如此，君主立宪制和民主共和制相比，他更赞赏前者。

《法哲学》的出版引起了截然不同的反应。阿尔腾施泰因表示祝贺，他说："……我们认为，您使哲学具备了对待现实的唯一正确的态度，因此您一定能够使您的听众不致染上那种有害的狂妄心理。那些狂妄之徒对于现存事物毫无认识，竟一概弃之不顾；特别是在有关国家方面，他们满足于随心所欲地鼓吹空洞的理想。"[③]

持反对态度的人则毫不掩饰地对这部著作表示愤慨。弗里斯被该书的前言部分所触怒。他以非书面的形式回应如下："……黑

① 格罗克纳本:《黑格尔全集》第7卷，斯图加特：弗罗曼出版社1952年版，第313~314页。

② 格罗克纳本:《黑格尔全集》第7卷，斯图加特：弗罗曼出版社1952年版，第336页。

③《黑格尔书信集》第2卷，汉堡：梅纳出版社1953年版，第287页。

格尔的哲学毒菌不是长在科学的花园里，而是长在阿谀奉承的粪堆上。到 1813 年为止，他的哲学先是吹捧法国人，后来为符腾堡王室服务，而今则拜倒在坎普茨爵士的皮鞭之下……对于这个托庇于狱吏的预言家，不值得以科学的严肃性为武器。”[①] 然而，在哈勒的《文学汇报》上，有一篇评价《法哲学》的匿名文章，结尾是这样的：“就我们所知，弗里斯先生运气不佳，作者对他的态度无异于嘲弄和存心折磨一个本来已经屈服的人。这样一种行为并不高尚，评论者仍愿隐姓埋名，而让有心的读者来自己判断。”[②]

黑格尔看后怒不可遏，他把评论文章中自认为带有侮辱性的段落抄了下来，送到文教部，要求保护他不再受到类似的讥讽。他愤慨地说，一位普鲁士的官员竟然在一家普鲁士国家出版的报刊上受到如此强烈的攻讦，让人难以接受。可以看出，出版的过于自由会产生怎样的后果。

虽然黑格尔要求对报界采取压制的措施，但文教部并没有就此做出决定。阿尔腾施泰因给哈勒的文学报编辑部指示，以后应当严格审阅要发表的评论文章。与此同时，他答应黑格尔，他可以通过法庭要求赔偿，或者在报纸上向读者进行辩解，结果均遭到黑格尔的拒绝。

黑格尔的声望不断提升。与此同时，他的对手虽然人数不多，但队伍也在不断壮大。1820 年年初，哲学博士阿瑟·叔本华走访了哲学系，说他有意从事教学。虽然叔本华的主要作品《作为意志和表象的世界》一年之前就已出版，但在这里几乎没有人认识他。

叔本华将他的狂怒发泄在他的对手们身上。他称费希特和谢

① E.L.T. 亨克：《雅各布·弗里德里希·弗里斯及其遗稿》，柏林 1937 年版，第 224 页。

② 卡尔·罗森克兰茨：《黑格尔传》，柏林 1844 年版，第 336 页。

林是吹牛大王，说黑格尔是江湖骗子。他说，“整个说来，黑格尔的哲学有四分之三是胡说八道，有四分之一是陈词滥调。为了蒙蔽人，最有效的办法就是给他们讲一些他们明知自己不懂的东西；因为他们，特别是那些生性坦白的德国人，马上就会以为这些东西只有他们才能懂，虽然还会掩饰他们的无知，为此最妥当的办法就是跟着起哄，一齐赞颂自己不懂的智慧，而那种智慧则正因此越来越具有权威性，越来越使人敬服，越来越使那个认真相信自己的知性、独出心裁下判断的人有更大的勇气和信心，把事物解释成荒唐的胡说八道。黑格尔哲学中间，最明确的东西莫过于它的这个意图，即通过奴颜婢膝和正统观念以博取王侯们的好感。这个意图的明确性和讲义的不明确性形成极其鲜明的对照，而且仿佛从鸡蛋里跳出一个小丑，夸夸其谈，胡说一气，临了出现了中学四年级早已熟悉的老太婆哲学，就是所谓圣父、圣子和圣灵，新教的正确性和天主教的谬误性等”[①]。

1820年3月23日，叔本华开始在柏林执教，当天黑格尔就和他会面了。从叔本华的学生贝尔执笔为其所做的一篇记录当中，可以看到他和黑格尔之间的舌战情况。这场舌战是关于动物行为的有意识和无意识问题。记录中写道：“黑格尔提出……这个问题：如果一匹马躺在街上，那么动机是什么呢？叔本华回答：马身下的土地，加上马的疲劳，马的一种心情。假如马站在悬崖边，它就不会躺下去。黑格尔反驳道：您是把动物性官能也算作动机喽？那么，心脏的跳动，血液的循环等，也是由于动机而产生的吗？叔本华对此不得不教导黑格尔：人们并不把动物器官的无意识动作，而是把

① R.施泰纳本:《叔本华全集》第12卷，斯图加特和柏林版，第292~293页。

动物身体的有意识运动称作动物性官能，他这里采用了哈勒尔的生物学用语。黑格尔仍然大大咧咧，不愿意争个水落石出。这时，阿尔滕施泰因用这样几句话插断了他们的谈话：‘对不起，同僚先生，如果要我在这里进行仲裁的话，我只好同意博士先生的说法，我们的科学无疑是把目前争论的官能称作动物性官能的。’这场论争就此告一结束。”①

这篇记录显然并不准确。黑格尔就此次争论所做的记录，今天依旧可以看到。在他的记录当中并没有“动物性官能”一词，提的较多的倒是叔本华的记录中没有提及的“刺激”一词。不管事实如何，黑格尔还是在大学任教议定书上签了字，结果让叔本华有些飘飘然。在他俩的这场争论之前，自负的叔本华向院长提出了一个条件，说他要和黑格尔在同一时间开课。院长并没有反对，但结果让叔本华很尴尬，因为没有一个人上他的课。叔本华在柏林大学担任讲师的 24 个学期中，开课时间只有半年，而且没有一次是满座的。很难找到一个愿意听他的课的学生。在他的课堂上，经常只有一两个，最多只有三个学生。因为人数太少，讲座只好撤销。这并不是说没有人比黑格尔更厉害。有一个人很厉害，他就是施莱尔马赫的学生海因里希·里特尔。他经常和黑格尔同时开课，他的学生就非常多。叔本华之所以失败，是因为在他的那个时代，还没有人成熟到能够接受他的悲观主义思想。当时的德国公民依旧相信国家会进步，未来会有希望。

叔本华的《作为意志和表象的世界》一书，并没有引起大家过热的关注。在为数不多的评论中，有一篇是爱德华·贝内克写的。

① 约翰内斯·霍夫迈斯特本:《黑格尔柏林时期的著作》，汉堡：梅纳出版社 1956 年版，第 589 页。

他是叔本华在柏林大学的同事，是一位编外讲师。贝内克的这篇评论发表在《耶拿文学汇报》上，笔调虽然含蓄，但内容富有批判性。文章首先承认了作者的才华，但对作者破口大骂康德以后的哲学之举颇为不满。看到这篇评论之后，叔本华怒不可遏，给编辑部写了一封言辞激烈的信，结果给退了回来。后来，他自己掏钱，在一家报纸的广告栏中发表了对这篇评论言辞激烈的反驳，称这篇评论是一派胡言，让人厌恶。于是他把贝内克看成了自己的死敌。

令人没有想到的是，叔本华对贝内克的反感竟然和黑格尔一拍即合。让人备受尊敬的黑格尔不以为然地监督这位年轻教师的讲课情况，因为贝内克不久前在讲台上竟然批评了他的哲学思想。这位年轻人热衷于经验心理学，认为它是一切知识的基础。1820 年夏，不到二十二岁的贝内克接到了授课证，这当然违背了黑格尔的意愿。两年之后，他的授课证就被吊销了。贝内克写了一部叫《道德物理学基础》的书，出版之后引起了大家激烈的恐惧。大家认为它宣扬了伊壁鸠鲁主义，所以很容易转向公开的无神论。黑格尔向来不读带有煽动性的书籍，他对贝内克所写的另外一些文章的评价是，如果随便鉴定一下，这些文章都是非常平庸的。虽然没有听过他的课，但黑格尔这样评论他："……他讲授的哲学，我认为还不成熟，还不称职。"[①] 这位年轻人被吊销授课证之后，长期失业，四处流浪。直到 1827 年，他才重返柏林大学，在黑格尔去世之后，获得了一个教授的职位。

---

① 约翰内斯·霍夫迈斯特本:《黑格尔柏林时期的著作》，汉堡：梅纳出版社 1956 年版，第 614 页。

理性和历史

《讲演录》是黑格尔遗著的重要组成部分。该书在黑格尔去世之后出版，是学生们根据听课记录汇编而成的。《讲演录》是《法哲学》的延续，包含了黑格尔哲学体系的最终内容。

1822 年，黑格尔开始做“世界历史哲学演讲”。他总共成功地重复了四次。历史哲学是黑格尔哲学思想体系的重要一环。首先，在他的演讲录中，辩证逻辑、特别是对立统一的思想，得到了进一步的阐释和运用。截至目前，他的这一思想一直令形式思维的追随者恼怒不堪。这里不但有发展的概念，而且还有思想家的政治准则。与此同时，在此领域，“黑格尔……则已经老朽不堪，成了老古董”[①]。历史过程作为统一的、整个世界的过程，即作为世界历史，直到黑格尔的时代才开始形成。关于过去的认识是支离破碎、拼拼凑凑的。当时，对历史过程本质的发现，以及材料的系统化和对事

①《列宁全集》中文版第 38 卷，第 351 页。

实的解释，都不是通过研究得来的。所以，黑格尔的哲学与历史的概念中充斥着十分尖锐的矛盾，这并不让人感到惊奇。他的思想中天才的预言和让人吃惊的浅见并存，科学的推论和明显的神化创作并存。

历史哲学的任务是探讨社会发展过程中合乎理性和实质性的一些因素。真理是一种体系，而哲学又是关于真理的科学，所以历史哲学必然就会发展成为范畴体系，它体现着人类发展过程中合乎规律的固有关系。

然而，如何才能从个体性转向实质性呢？18世纪初的时候，维科就认为，人类全部活动的结果会产生和一些人的目的并不相同的东西。换言之，人们的目的和活动结果并不是相一致的。在维科和赫尔德之后，黑格尔使用了“理性的狡狯”这一术语来阐释这一点。他说，神圣的理性在强有力的同时，也是狡狯的。其狡狯就在于“……中介活动，这种活动让各客体按照各自的本性互相影响，互相抵销，它自己并不直接干预这个过程，然而却实现了它的目的”[①]。

活着的个人和民族，在寻求和满足自己目的的同时，也是更高更广泛的事物的工具，而他们对此则浑然不觉。人们的行动构成了人类的历史活动，这些活动和人们的利益息息相关。大家都在追求自己的个人目的，结果却产生了别的后果，虽然这种后果是他的行动造成的，但却在意料之外。譬如，一个人为了报仇雪恨，放火烧了邻居家的房子，但同时却引起了一场毁灭全城的火灾。这样的后果并非出于这个人原来的意图。在世界历史上，类

① 格罗克纳本:《黑格尔全集》第8卷，斯图加特：弗罗曼出版社1955年版，第420页。

似的情形屡见不鲜。通过对历史上的理性进行探索和分析，就可以发现历史的规律性。

所以，和莱辛、赫尔德及其他德国启蒙者们相比，黑格尔比他们更能理解社会发展的辩证法。然而，黑格尔在取得这方面的成就的同时，却丢掉了这些先驱们取得的成果。例如，在赫尔德看来，人类的历史是自然界历史的继续。可黑格尔却把自然和人类社会对立了起来，认为只有社会才有发展过程。他认为，历史是人类的理性从可能变为现实时才开始的，而且其决定性的标志是国家。所以，他认为历史的研究对象不包括人类的原始状态。他同时认为，语言的传播和种族的形成都不属于历史研究的对象。在他看来，国家雏形的出现是历史研究的开端。

黑格尔把国家奉为圭臬。这显然不如赫尔德有道理。赫尔德认为，国家是由暴力产生，并注定要消亡。黑格尔把国家视为理念的现实，是一种目的，是人类自由的实现物。他认为国家是“……世界历史更确切的对象……”①

历史是凭借着必然性向前发展的。可是，历史必然性的学说并没有让黑格尔得出宿命论的结论。与此相反，“能动性”问题在他的历史哲学中得到了发展，这一点可以在马克思的《关于费尔巴哈的提纲》中有所提及。在他的这部著作里，最为打动人的就是对人的能动性的探讨。他说，“……这样，我们一般不得不说，要是没有热情，世界上任何伟大事业都不会取得成功”②。这表明，黑格尔

① 约翰内斯·霍夫迈斯特本:《黑格尔历史哲学讲演录》第1卷，柏林：科学院出版社，1970年版，第115页。

② 约翰内斯·霍夫迈斯特本:《黑格尔历史哲学讲演录》第1卷，柏林：科学院出版社，1970年版，第85页。

并没有把历史看作是一个自动过程。人并非是历史的傀儡。即使是国家，虽说黑格尔认为它是作为一种普遍的东西而存在，但它只能出现在个人的意志和活动中。

与此同时，作为伟大的唯心论者，黑格尔也并没有把历史人物理想化。表面上看，似乎伟人和英雄们从自身出发，创作了历史。然而，他们总会受到所处时代的限制，他们的优点在于能够认识到自己所处时代和所处世界的真理。从这个角度讲，这些历史人物是最有见识的。黑格尔认为，伟人是那些个人目的和历史必然性相一致的人。

黑格尔嘲笑了那些用主观尺度衡量历史任务的人。这些人把历史人物为其目的而斗争的过程中体现出来的热情和坚韧贬低为功利之心。要理解某位伟人的意义，必须要有宽广的视野才行。小人物的眼里是没有英雄的。其原因并非因为这些英雄不是英雄，而是小人物永远是小人物而已。

有时候不免会有这样的情形：某位历史人物在他的人生旅途上会蹂躏一些无辜的花朵，破坏很多东西。但是，对他的衡量不能站在受害者的立场，而是要按照一般性观念，从历史的整体观上对他的活动做出评价。所以，道德规范不适合于评价历史进程，人类历史的发展的道路也不是善良和幸运来铺就的。

在黑格尔看来，绝对理念是经验历史的基础。世界精神由此而发展。他对这个概念做了具体化的阐释。他谈到了一个民族的精神，说这种精神就是法治、宪法、宗教、艺术、科学、技巧和就业方向等共有的特征。他认为，世界历史的进步经常是由某个个别的民族来实现的，该民族的精神就是世界精神在某一特定阶段的表现。他说，“一个民族不能经历更多的阶段，不能在世界上两次划时代……因为在精神的过程中它只能承担一种任务”[①]。当然，有一些民族，在世界历史中从来都没有成为最高观念的体现者，而是一直都是处于从属地位。

黑格尔认为，世界历史的目的在于对世界精神自我认识的认识。每一个个别的民族都离不开这个目的，它们在本能地要求知道自己是什么。“一个民族青春焕发之日，正是精神依然活跃之时；这时个体渴望保卫祖国，维护其民族的目标……如果民族精神已经完成它的活动，活泼和兴趣也就没有了；这时民族便生活在从壮年向老年的过渡之中，生活在坐享其成之中……个体就是这样寿终正寝的，各民族也是这样；后者即使还继续活着，那也只是一种索然寡味、死气沉沉的生活……一个政治上无用而又无聊的废物。”[②]然而，一旦某个民族退出了它的位置，它所创造出的果实并不会由此而消失。果实会生出种子，但这种种子只是为另一个即将成熟的民族而准备的。

从这个观念出发，黑格尔为社会进步提出了一个非常明确的准则，并按照该准则将历史划分成不同的阶段。从自由意识来说，这是一大进步。随着历史的发展，人类对自由的理解越来越深刻。在东方，人们还不知道精神或者人本来是自由的。他们的不自由在于他们根本不知道真正的自由是什么。他们只知道，一个人是自由的，这样一种自由的结果就是情欲的放纵、行为的粗暴和思想上的麻木。所以，这个自由的人只能是专制的暴君，从本质上讲他也不

① 约翰内斯·霍夫迈斯特本：《黑格尔历史哲学讲演录》第1卷，柏林：科学院出版社，1970年版，第180页。

② 约翰内斯·霍夫迈斯特本：《黑格尔历史哲学讲演录》第1卷，柏林：科学院出版社，1970年版，第68~69页。

是自由的人。真正自由的是希腊人，因为他们意识到了自由。然而，他们以及罗马人只知道少数人是自由的，却不知道每一个人都是自由的。所以，希腊人不仅占有奴隶，而且完全靠奴隶来维持自己的生活。只有日耳曼民族通过基督教认识到，人作为人是自由的。他们认为，人最独特的本性是精神的自由。

这并不意味着黑格尔的历史哲学观是以不可重复的个性人格为中心的。这里所讲的人是抽象的、一般的人。从根本上讲，个人是手段，而不是目的。具体讲，个人是国家发展的手段，是普遍理念的手段。世界精神的权力高于一切任何的个别权力。历史从国家的形成开始，然后随理想的国家体制的建立而“完成自身”。

可以看出，黑格尔的体系从两方面是和他的历史辩证法相矛盾的。一方面，任意让人类社会发展的过程和认识发展的过程停留在某一点，并认为这是理想的状态。对此，恩格斯说道：“……完美的社会，完美的‘国家’是只有在幻想中才能存在的东西……”[①] 另一方面更为有趣。黑格尔认为，作为思维方法，历史的方法要求在连续发展的过程中去研究社会结构，在这个过程中，旧的规律消失了，随之而来的是新的规律。如果这样，就不可能找到一个统一的概念体系来解释发展着的整体。任何一个范畴，归根到底是一个把现实简单化，并且让发展过程中断的模式。然而，如果采取一系列在发展过程中相互转化的体系，那就很难用一个统一的尺度来对待现实情况。

黑格尔先通过思维建立一个空洞的体系，再根据这个体系来解释过去和未来。显然，这是害人不浅的。这和马克思的观念是背道

①《马克思恩格斯全集》中文版第 21 卷，第 308 页。

而驰的。马克思主义者在做出某种社会预言时，总是考虑到各种各样的可能性，而且常常很难预言哪一种可能性会成为现实。

在历史过程的形成中，偶然性具有非常大的意义。通过辩证法，可以帮助人们区别两种不同的偶然性：一种偶然性是与必然性大致相仿而出现的；另一种则是作为外来之物进入某个过程的，它会对必然性产生严重甚至致命的影响。黑格尔只看到了第一种偶然性，而马克思则将两者都看到了。

在黑格尔看来，历史作为世界历史，是以自成一体的、确定的、具有理性的体系存在的。然而，在马克思看来，世界历史体系并不是随着社会的出现而产生，而是在社会发展到很高的阶段时才形成的。这种体系包含各种可能性，当然也包括产生偶然事件的可能性。

对于黑格尔“凡是现实的就是合理的”这一观点，今天已经不再认同了。然而，问题不止于此。按照唯物主义的观点，规律性和理性是不能混为一谈的。许多按照规律必然出现的社会现象是不能够用人类理性的观点加以解释的。20 世纪，就有许多这方面的典型例子。让历史具有理性，这是一项有待我们人类解决的任务，它和共产主义建设异曲同工。

让我们再回到黑格尔的《历史哲学讲演录》一书上来。赫尔德曾将人类比作是始于东方的长途漫游者，其旅途的方向通向西方。这位漫游者在底格里斯河和幼发拉底河休憩之后，又向尼罗河进发，然后穿过地中海海岸，深入欧洲大陆。在黑格尔的著作中，我们也看到了类似的比喻。他的世界精神也在地球上漫游，而且越来越接近自我认识的高度。远古的东方是它的童年时代，罗马是它的成年时代，日耳曼则是它的老年时代，但绝不是衰老退化的老年，而是精力充沛、具有理性的老年，即成熟的成年。

世界历史从东到西是这样演变的：东方太阳初升之后，人们便沉浸于喜悦和惊异之中；接着，阳光高照，周围的事物出现了清晰的轮廓，旅行者开始采取行动，并且创造出了内在的世界和内在的太阳。夕阳西下之际，旅行者凝视着内在的太阳，觉得它比外在的太阳还要高。

在东方世界，个人是没有价值的。在他早期的一篇著作中，黑格尔提到，东方人的性格里有着两种看似矛盾，但又密切相关的特征：一是向往凌驾于万物之上，另一种的俯首帖耳于各种形式的奴役。在《历史哲学讲演录》中，黑格尔首先试图以中国为例来阐述这一点。在中国，人们屈服于家庭的父权和国家具有宗法性质的皇权之下。所以，中国有绝对的平等，但无自由可言。在这个国家，所有私人利益被看成是不合法的，文武百官等级界限森严，而且必须完全听凭皇帝的独裁统治。就道德而言，不是看作臣民应有的情操，而是以皇帝的虐政方式存在，所以根本就没有荣誉与良心。在那里，自由和奴役是没有区别的。君主面前，人人平等，换言之，人们实际上没有权利可言。

在黑格尔看来，印度也是一个静止而僵化的国家体系。和中国相比，黑格尔只看到了一点进步，那就是印度从专制君主的统一中出现了差别，即种姓制度。种姓虽然对专制制度有一定的约束，但因彼此之间的隔绝而变得僵化死板，从而对人们的内在世界产生了一定的影响。和中国人一样，印度人同样注定要过着毫无尊严的奴隶生活。在印度，既无理论，也无正义与信仰。虽然没有一个印度人愿意踩死一只小小的蚂蚁，但他们对最低种姓的人却视之如草芥。他们的君主就在这种僵化的世界里横行霸道。在黑格尔看来，印度文化的重要性被过分夸大了。印度的美即使放在最可爱的形象当中，也只能是一种神经衰弱之美。在敏感的印度人的心灵当中，自由自立的精神早已死去，这种没有理性力量的心灵，只是一场梦幻而已。

和中国与印度僵化的状态截然相反的是，波斯王国开始有了发展的原则，所以波斯人是第一个有历史的民族。当然，黑格尔并没有费时费力地对时期认真进行划分，然后给出解释。他在研究波斯时，也考查了埃及、巴比伦、米太王国和亚述的情况。这些国家比中国和印度更加接近现代的东方专制国家。他在波斯第一次看到了光明，他在善与恶对立统一的原则中看到了这种光明。波斯教、查拉杜斯特拉教的教义就体现出了这种原则。

在研究古代部分的开头，黑格尔写道，一走到希腊人的中间，就有一种宾至如归的感觉。在黑格尔看来，希腊充满快乐，让人神往，它是人类的青春时期。这个世界满是精神的朝气。这一时代由《荷马史诗》中的英雄阿基利所开创，最后由现实中的青年马其顿的亚历山大所终结。希腊人凭借生活的自然条件，在水陆两地生活，他们在陆地上的强大根基，促进了文化的发展与交流，也促进了商业贸易和殖民统治。希腊文化的第一阶段是特洛伊战争时期，这一时期结束了国家和种族的分裂与蒙昧状态。在这一过程中，形成了美的特性，也就是希腊精神的中心。希腊人的全部生活都渗透着艺术精神，充满着美的气质，但他们的美还算不上真。在这里，实行的是真正的民主，所以国家不再具有宗法性质。他们的民主合乎伦理，贯穿着为祖国而生的理念。在民主制度里，强者便会有远大的前途。黑格尔曾经把奴隶制描述成美丽的雅典民主得以存在的必要条件。

接下来的罗马历史，是人类的成年时期。此时，作为文化有机体的自由个性和淳朴的伦理已经不复存在。但是，人类自由的形式基础逐渐形成。黑格尔认为，这一基础是建立在私有财产之上的。这时的国家带有贵族的性质，而且是为了实现自我目的。对于古罗马的艺术和宗教而言，它们都是以知性和节制而闻名的。人格抽象的一面，也就是法学意义上的权利，在古罗马人身上得到了发展，这也是他们给予后世的一大礼物，让他们不至于成为贫瘠的知性的牺牲品。结果，为了后世所享有的自由，古罗马人自己变成了牺牲品。

黑格尔回顾了罗马共和国兴起、繁荣和衰亡的历史过程。它的衰亡不是偶然的，也不是丧失在恺撒的手中，而是被必然性把它毁灭掉了。罗马的原则建立在了武力与暴力之上，所以共和国也是自己毁掉了自己。对于这一点，恺撒自己是明白的。布鲁图和卡西阿通过一个“显著的错误”杀死了恺撒。他们认为，恺撒的统治只是偶然的，只要除掉他，共和国就会继续存在下去。但结果证明，罗马只能够由一个人来统治，这让罗马人相信了君主政体原则。黑格尔强调，假如历史变革重复发生，就会让人们得到认可。起初看起来是偶然的东西，经过这种重复，就变成了现实的、被大家承认的事实。

和罗马共和国一样，罗马帝国最终也分崩瓦解。个人对于皇帝而言，只是一群无权的平民。追逐私利、贪欲和恶行的势力纷纷出现。整体成了一种没有实质的躯壳。罗马世界于是陷入了被上帝抛弃的痛苦当中，但这又为更高的精神世界铺垫了道路。在这里，黑格尔想到了基督教的产生。君士坦丁大帝让基督教变成了罗马国教，但这一举措并未能够挽救这个帝国。最终，在日耳曼人的入侵之下灭亡了。

日耳曼人涌入了罗马，征服了这个衰老的文明国度。这时，因为接触到了当地的文化、宗教和国家制度，他们才开始了发展。日耳曼人承认基督教并成了基督教教义的体现者。数百年之后，又逐渐出现了个别的民族及君主国家。日耳曼人由于基督教而分裂成了两个部分：一部分为具有虔诚的信仰者；另一部分是崇尚智力和意志的蛮者。由于皈依宗教，那些不合理的、粗糙的、卑鄙的东西得到了肯定和认可。然而，精神只有在这种异化的过程中，才能作最终的和解。

对于十字军远征，黑格尔从动机的角度给予了解释，即基督徒们想把主的陵墓据为教会所有。拜倒在救世主墓前热情祈祷的时候，那些基督徒们身上还滴着耶路撒冷惨遭杀害的居民们的鲜血。黑格尔在写到天主教会这一暴行的时候，不乏讽刺的口吻。他写道，人们不可能找到基督的遗体，因为他已经复活了。基督徒们找到的只是一座空墓，那不是尘世和永恒的结合，所以他们失去了圣地。十字军远征的目的不在于外在、而在于精神的东西。这次远征，教会在巩固权威的同时，却残害了基督教的精神。

国家权威的发展摧毁了封建关系。为破坏封建王朝的狭隘思想，出现了一种强大的发明：火药。它是随着人们的需要应运而生的。面对火药，坚固的堡垒、盔甲等武器已经没有价值可言。社会的等级也随之被削平了。骑士制度、尚武精神一去不返。随之而来的是更为高尚、更有理性、更为稳健的勇气。它和个人恩仇毫无干系。现在的矛头指向了抽象的敌人，那是一种普遍的东西。

对人类来说，精神的天空日渐明朗。印刷术的发明、拜占庭压迫之下的希腊学者的逃亡、美洲的发现等，标志着划破中世纪黑夜的一线曙光。不过，真正的阳光是随着宗教改革而洒向人间的。

黑格尔认为，宗教改革的特殊意义在于路德恢复了被天主教所歪曲的基督教精神。新教三十年战争期间捍卫了自己的政治生存权利。普鲁士成为他们的避难所。倘若在耶拿时黑格尔对普鲁士及其过去是持否定态度的话，这一点上他的观点则截然相反。在《世界历史哲学讲演录》中论述普鲁士国王腓特烈二世部分，可以看作是为其进行辩护。

然而，这一时期天主教的法国却是不公平的。这个王国人民贫困、道德败坏。只有通过暴力，才能推翻一种垂死的制度。大革命的开头，“所有能思维的人都一齐欢庆这个时代。一种崇高的情感激动着当时的人心，一种热诚震撼着整个世界，仿佛神性和世界如今首次达到了真正的和谐”①。当然，我们已经了解了黑格尔对法国大革命各个阶段及以后所发生的事件的态度。他给出的结论是：没有宗教改革，就没有真正的革命，但在进行过宗教改革的地方，就没有必要再进行革命了。

在《世界历史哲学讲演录》的结束部分，黑格尔谈到普鲁士。马克思这样评价：“黑格尔在这点上几乎达到了奴颜婢膝的地步。显然，黑格尔周身都染上了普鲁士官场的那种可怜的妄自尊大的恶习……”②黑格尔把普鲁士君主国说成是完成了世界精神的理想的国家制度。值得一提的是，黑格尔认为普鲁士是一个资产阶级君主国，这是一个当时还不存在的国家制度。换言之，他颂扬了普鲁士还未成为现实的东西。他说，“各种封建义务被废除了，财产和人

---

① 格奥尔格·拉松本:《黑格尔历史哲学讲演录》第 4 卷，柏林：科学院出版社 1970 年版，第 926 页。

②《马克思恩格斯全集》中文版第 1 卷，第 401 页。

身自由的原则被当作基本原则。每个公民都可以参与国家公职，当然要以才能和效用为必要条件。政府掌握在官僚手中，而君主的个人决定则至高无上……”[①] 显然，黑格尔把他希望的东西看作现实的东西，想在自己的国家看到资产阶级原则和专制主义的结合。

世界精神走过幅员辽阔的亚洲，然后在奥林匹斯山顶和希腊诸神举行了宴饮，接着引领历代罗马皇帝、十字军骑士及无裤党军队进行战斗，最后在柏林落了脚。它就像一位年迈的等待养老金过日子的官僚一样在这里安息了下来。黑格尔原本想把世界历史过程作为一个统一的整体加以考量，结果他的这种雄心变成了为周围现实作辩解的可笑的企图而已。

① 格奥尔格·拉松本:《黑格尔历史哲学讲演录》第4卷，科学院出版社1970年版，第937页。

美的领域

绝对理念在穿过世界历史的迷宫之后，结束了漫长的游历，上升为光和理性，离开了客观精神的领域，进入了绝对精神。黑格尔哲学体系中的绝对精神，包括我们所称的一切社会意识，或者说，它包括社会意识所包含的三种形式：艺术、哲学和宗教。

黑格尔的美学属于艺术理论。根据他的观点，自然是一个已经完成的阶段，为了顾全模式，他拒绝研究自然美学。黑格尔认为，既然精神超过自然，那么艺术美就超过自然美。

亚历山大·冯·洪堡曾讲过一件让大家非常惊愕的逸事，说黑格尔曾经断言最平庸的柏林人的才智，从精神产品的角度来讲都是胜过太阳的。自然科学家是绝不会这么认为的。在黑格尔的《美学》中，可以找到如下观点："从内容来说，一个错误念头倒可以偶然、匆促地消失，太阳则是作为绝对必然的要素而出现的。但究其本质而言，像太阳这样的自然物，对它本身是无足轻重的，其自身是不自由的，没有意识的……如果我们一般地说，精神及艺术美更高于自然美，那么这句话说了等于没说，因为更高是一个完全不确定的措辞……但是，精神及其艺术美比自然更高，并不是一个仅仅具有相对意义的说法，而是说精神才是真实的、包摄一切于自身的东西，所以一切美只有在涉及这较高境界，而且由这种较高境界产生出来，才是真正美的。”①在他看来，自然美只是精神美的反映而已。个别的生动的自然之物转瞬即逝，其外观变化无常，但艺术品则是永恒的。

唯物主义者尼·加·车尔尼雪夫斯基断言自然美高于艺术美，并以此来反驳黑格尔。他认为，艺术品是转瞬即逝的，因为它们是无生命的，而且静止不动，所以低于自然和生活作品。

在今天看来，这场争论未免显得有些矫情。在辩证唯物主义者看来，他们的任务并非是保卫自然，不让它受到唯心主义者的攻击，而是在人和社会生活中找到物质基础。意识形成过程中，起着决定性作用的并不是自然本身，而是人对自然的变革。因此，包括艺术和美在内的整个精神生活，是人的物质活动的成果。

不管其前提有多么错误，黑格尔的美学充满了行动的热情。这正是它的价值所在。而且，正是在这一点上，它接近辩证唯物主义哲学观。黑格尔认为，“自然物质只是直接的、暂时的，而人作为精神则不止如此，因为他首先作为自然物而存在，接着同样又独自存在，关照自身，表现自身……人从两个方面获得这种自我意识：首先从理论上……其次，人通过实践活动而独立……人通过变革外在之物实现了这个目的，他给这些外在物打下了自己心灵的印记，并在其中重新发现自己的预定目的。人做到这一点，才能作为自由

① 黑格尔:《美学》，柏林：建设出版社 1955 年版，第 50 页。

的主体使外在世界解除呆板的隔膜，并把事物的形态仅仅作为自身的一种外在现实加以享受”[①]。他的这一段话事实上已经阐明了艺术创作理论的基本观点。

黑格尔继赫尔德之后，把美说成是真理的感性形式，说成是理念的感性体现。艺术离不开感性素材，艺术品是感性和理想的中介物。感性在艺术中精神化，精神在艺术中体现出感性的形式。

黑格尔的“美是真理的感性显现”这一定义，起码引起了一场根本性的异议。真理是认识对象与认识之间的符合。按照黑格尔的说法，艺术是绝对理念自我认识的一个阶段。不可否认，文学也能够让人获得知识，但散文和诗歌与科学文献是完全不同的，起决定作用的是审美经验。认识功能在艺术当中固然起着不可忽视的作用，但是，艺术还有其他一些功能，如交流功能、教育功能、娱乐功能等。然而，这些功能没有一个能表达艺术创造性的特点。这一特点仅仅存在于审美经验当中。给审美经验下一个定义是非常难的事情，但可以把它描述成一种特殊的快感，这种快感和人类自由创造及在创造中感觉到的快乐相联系起来的。

黑格尔的美学让人称道的地方在于他能够全面地观察问题。在黑格尔看来，美属于最一般的美学范畴，它在美学中的作用就相当于“有”这一范畴在逻辑学中的作用一样。对于艺术品，只有在它具有美的特点时，才能够称为艺术作品。没有美，就无艺术可言。这并不等于说艺术家只是关注生活美和自然美。譬如，在画家的笔下，一位美少年可能被画得奇丑无比，于是表现出了和美毫无关联的丑的形象。然而，假如这位艺术家的目的是为了表现坏与恶的特

① 黑格尔:《美学》，柏林：建设出版社 1955 年版，第 75 页。

征，而技术娴熟地把人的身体和面貌中的变态与畸形表现了出来，那么，这件艺术品也是一种美。

在黑格尔的逻辑学里，他展示了一个概念体系，该体系是按照由抽象上升到具体的原则建立起来的。而在美学当中，历史的原则主导了逻辑和历史的体系化过程。在黑格尔看来，各种艺术阶段、艺术品种和艺术门类的更迭都是按照最初范畴的具体化过程按顺序发生的。他给自己提出了这样的任务："通过它在其实现过程中所经历的所有阶段，来探索美和艺术的基本概念，并借助思维使这一概念变得可以理解，同时证明它可以理解。"[①]

在此，基本的三分法就表现为象征主义、古典主义和浪漫主义三种艺术形式。黑格尔提出的评价标准是艺术内容及其形态之间的相互关系。象征主义艺术中，内容还没有适当的形式；古典主义艺术中，内容和形式二者和谐统一；浪漫主义艺术中，二者的统一又被破坏掉了，形式被内容所冲破。这三种艺术形式分别盛行的范围各不相同。象征主义盛行于东方，古典主义盛行于古代，而浪漫主义则盛行于基督教流行的欧洲。然而，真正的艺术作品只有在古典时代才能按其本质表现出来。黑格尔认为，此前的艺术作品只能算作前期艺术。在他看来，浪漫主义艺术代表着艺术的崩溃与没落，这时的思维和反思活动超过了艺术的创造，使艺术创作让位于另外的精神活动。黑格尔认为，他所处的时代不利于艺术。往昔在艺术中寻找并只有在艺术中找到满足的情况已经得不到保证。

象征主义艺术形式的第一个阶段是对象征手法不自觉的应用。在此，黑格尔还分析了神话意识。他是这样描述这一阶段的情况

① 黑格尔:《美学》，柏林：建设出版社 1955 年版，第 1105 页。

的:“……确切地说，内在和外在之间，意义和形象之间并无差别可言，因为内在还没有独自作为意义而与其存在着的直接现实相分离。”[1]他的这一结论是有思辨性的。因为就当时而言，对神话的研究才刚刚开始，人们对神话最古老的形式还不了解。然而，黑格尔却抓住了问题的要点，即人是不能和自己周围的环境相脱离的。这一结论后来得到了科学的证实。最古老的艺术品就是那些岩窟壁画，那些非常精确、富于表情的动物画像。旧石器时代的作品要求艺术对象和所模拟的内容完全一致。后来，画风发生了极大的变化。到了新石器时代，绘画演变成了神秘符号。这些符号的意义至今也无法理解。换言之，意义和形象已经完全脱节。当时，黑格尔并不知道原始社会遗留下来的艺术作品，直到他后来去埃及时才发现了这种艺术品的物证。在这些物证当中，斯芬克斯就是最为突出的形象，它似乎就是象征主义的象征。

古希腊神话中，斯芬克斯向埃底巴斯提出了这样一个问题：什么东西早上四只脚，中午两只脚，晚上三只脚？埃底巴斯很快就想出了答案。他说，这就是人，然后把斯芬克斯推到了悬崖底下。黑格尔总结说，该谜的谜底在于精神，让人类认识自己。意识之光让具体的内容透过形式而凸显出来。从象征手法出发，黑格尔进而分析了“崇高”的范畴。

我们首先了解一下康德对这个问题的看法。这位哥尼斯堡的哲学家认为，崇高的意义产生于人的情感和精神，而不是自然的事物当中。当我们看到体积超出感性尺度的对象时，经常会感到一股精神力量的压力。他认为，无量和无限既然具有无限性，那么就将永

① 黑格尔:《美学》，柏林：建设出版社 1955 年版，第 330 页。

远不明白，永远无法用有限的词语表达出来。

黑格尔想找到崇高的精神内容，但他并不同意将其变成与情感相关的纯粹主观之物。“崇高”表现出了精神的某种客观内容，而这些内容又体现于历史上特定的艺术形式当中，即印度人、波斯人和古犹太人的诗歌当中。象征当中最主要的是形象。形象总是具有一定意义的，虽然有时候它并不能够充分地将该意义表现出来。因此，能够清楚地理解的意义和内容模糊的象征就对立起来了，这样艺术品就成了无从记忆具体化的纯本质的东西。因此，黑格尔认为，神作为万事万物的创造者，是“崇高”的最为成熟的表现者。在这里，造型艺术显得苍白无力，而只有借助于语言和通过想象的诗歌才能描绘出具有神性的图景。

后来，象征主义被古希腊的古典艺术所代替，后者的基础是内容与形式的高度和谐。黑格尔说，“只有艺术以如此完善的方式，把理念作为精神个体同体现它的现实直接相联系，以至外在之物首先不再对它所应表现的意义保持独立性，而内在反过来在它为直观而创作的形象中只表现它自身，并且在艺术中肯定地同自身发生关系——只有这样，艺术才体现了它所特有的概念”[①]。

在黑格尔看来，希腊艺术就是古典理想的现存之物。希腊人并没有停留在东方的专制主义阶段上。在这样的专制主义阶段，具有伦理和国家的一般实质的人会遭到毁灭。他们也没有达到基督教的欧洲的主观主义阶段。在基督教的欧洲，个性和整体与一般出于相互分离的状态。希腊人的自由被看作是个别与一般的高度和谐，希腊的诗歌和雕塑则是这种和谐的最完美的体现。雕刻被认为是以人

① 黑格尔：《美学》，柏林：建设出版社 1955 年版，第 311 页。

体美来表现古典理想的最为恰当的形式。

然而，代表古典主义的神像则蕴含着衰颓的开始。它们只是在石头和古铜中得以体现其存在。希腊诸神神像的拟人化缺少精神上的个性，其规定性也是偶然的。这种有限性与其高尚、尊贵和美相矛盾。只有基督教才实现了真正的整体性，其原因是人的精神在基督教中才又回复到了内在生活的无限性。

在黑格尔看来，不可能也不会存在比古典美更美的东西。可是，却存在着高于直接感性的美的精神现象的东西，尽管说这种形象是由精神本身根据与之相适应的形象创造出来的。这种被提高的美就成了精神美。这样，浪漫主义艺术就代替了古典主义艺术。

浪漫主义艺术将所有内容集中在了精神的内在生活上，而外在形式则处于从属地位。

在浪漫主义艺术中，美所关注的不再是客观形象的理想化，而转向了心灵在其自身当中的内在形象。这时的艺术不再关注外观形式，外观只是保留期原有的样子，它不再被理想化，但比古代的古典艺术更有个性。这样，肖像画之类的艺术形式便应运而生了。

在骑士制度下，当原始的宗教热情世俗化之后，便出现了荣誉、爱以及忠诚的感情。人类从自身和纯人性的世界里获取了这些素材。

骑士制度，还有其内部所产生的高尚的观念、目的等，随着宗教素材而消失殆尽。人们开始追求现在和现实本身，满足于眼前的存在、满足于自身以及人的有限性及个别的事物。于是，人便变成了新的圣者，这样个人性格的描写处在了主导地位。黑格尔以莎士比亚作品中的人物为例阐述了这种现象。在黑格尔看来，历史上只有很少的几位大师，才具有足够的能力来把握真实，原因是个人性格是一个非常丰富的领域，很容易让人陷入浅薄和平庸的境地。

到了浪漫主义发展的最后阶段，对艺术的题材越来越置之不理。技巧越成熟，实质性的因素便消失得越干净。对于塑造对象，越带有神秘与隐晦的东西，精神便越要对其认真对待，恋恋不舍。于是，这一阶段的艺术再无什么奥妙可言，艺术家对于艺术的内容，好像变成了摆弄品。这时，艺术便被宗教所取代。

在《美学》的第三部分，黑格尔用通过分析一系列个别样式和体裁的发展模式，补充了历史发展模式的不足。

艺术起源于建筑。正如雕刻之于古典主义的艺术，绘画、音乐与诗歌之于表现主题内在经验的浪漫主义艺术一样，建筑适应艺术创作发展的象征主义阶段。

更准确一点说，建筑只属于前期艺术。其使命是实用性的、带有非艺术的要求，而它的形式则完全是象征性的，它使外在的自然近似于精神。而纯粹的具有完全古典主义形式的艺术，则始于雕刻。雕刻艺术中，精神的内在体现在感性的形象当中，因此精神性或者物质性在这里都没有能够居于主要地位，这里流行的是古典的平衡。按照赫尔德的观点，雕塑繁荣于希腊时期或者更早。黑格尔认可这一观点。虽说雕塑作品在更早的时期可以找到，但它们还不能算作是真正的雕刻，充其量只是雕刻的早期阶段而已。例如，埃及的雕像就缺乏优美的形象和逼真的表情，毫无精神个性。但是，这并不能归咎于艺术家的无能，而是出于教规和传统方面的原因。而希腊的雕刻则摆脱了艺术家对传统的敬畏之情。他们开始有了真正的创作自由，这样他们既可以把意义的普遍性表现在具体的个别形象当中，又可以把感性提升到表现精神意义的高度上来。

黑格尔认为，艺术的最高原则是普遍性与个别性的统一。这一点在希腊的雕刻艺术中得到了最为充分的体现。雕刻艺术再往下发展便开始走向衰落。到了浪漫主义艺术时期，雕刻艺术便让位于适宜于表现内在经验的绘画、音乐和诗歌。绘画是最为抽象的造型艺术。虽然艺术家以具体事物，如人、环境、风景、建筑等作为艺术表现的对象，但在其作品中，核心不在对象本身，而在于对这些对象进行感知的性格，在于画家的情感。所以，绘画不是对客体肤浅的临摹，而是艺术家内心世界的反映。

绘画刚开始的时候，仅仅是一种不太完善的尝试，想以肖像画为目的而向前发展。这一理解非常有助于理解黑格尔的美学概念。黑格尔不仅在整个艺术发展过程中看到了进步过程，而且在每一种艺术发展形式当中也看到了进步过程。最初，绘画主题仅限于宗教，而且是按照雕像的形式，以建筑规则和笨拙的画技来实现。接下来，所描绘的宗教场面越来越有个性，有了生动的形体美，有了热情和色彩魅力。对于世俗生活，如果不给予像对待宗教主题那样的热情，艺术就不能够表现自然的细节、日常生活及重大的历史事件。拜占庭、意大利和荷兰就是体现绘画的进步和世俗化特征的典型范例。

当然，这样的范例未免有些夸张。事实情况是，黑格尔只熟悉荷兰画及德国画。或许，他只是从文献记载中了解到了拜占庭和意大利的艺术巨匠们。为了表示对典范人物的推崇，他说拉斐尔的彩色画比不上荷兰画。在他看来，绘画形式上进步的最重要的标志是精通渲染和直线表现力，并能复现某一情节的场景。

由于不受空间的限制，绘画胜过了雕刻艺术。在绘画中，空间只是通过画法和色调而暗示出来。客观性也开始变得模糊了。当然，绘画依然要使空间的形式和形象能够被看得清楚。

再接下来的艺术阶段就是音乐。音乐以声音代替了外在形象和直观可见性，将媒介转向了听觉。黑格尔将听觉描述为一种从事思索的、比视觉更富于想象的感觉器官。音乐的表现手段有节奏、和声、曲调等，在声乐和器乐当中，这些因素发生不同的关系。同时，音乐又和诗歌结合，通过它们共同的感性基础声音把二者联系了起来。

在同莱辛的论战中，赫尔德曾经说过，《拉奥孔》的作者并不知道绘画与诗歌的原则性区别。造型艺术所采用的符号是由被塑造的对象决定的。诗歌的表现手段是有限的，就是发出的声音和一些与标志对象没有共性的象征。换言之，绘画效果处于直接的感知，而文学效果则是通过思维与语言实体来体现的。

黑格尔了解这场辩论。他忠告，诗歌应在思维的普遍性和感性的有形性之间找到结合点。然而，他又认为，真正的艺术毕竟是感性而具体的。诗歌以最精神性的方式呈现美的全部属性时，这种精神性同时也成了这一最后艺术领域的一大弱点。因此，黑格尔认为，诗歌是同时使一般艺术走向衰弱的特殊艺术形式。

同时，黑格尔也发现，还有一种艺术形式，即艺术性散文，地位日趋重要。对于长篇小说，黑格尔将其称为近代市民阶级的史诗，而没有像对待其他艺术形式那样做更为详尽的阐述。这当然在情理之中，原因是 19 世纪和 20 世纪达到巅峰的美文学的发展，驳斥了他关于艺术没落这一命题。

黑格尔对艺术的兴趣几乎全部倾注到了遥远的古代。在考查史诗时，他如数家珍地阐述了《伊利亚特》和《奥德赛》，而对《尼伯龙根之歌》却没有多少兴趣。在他看来，这部纯日耳曼的作品，虽然有民族特征的内容，但人物过于直线化，就像拙劣的木雕像，无法和荷马精雕细琢的英雄人物相媲美。

从叙事诗向抒情诗的发展，体现了无所不包的生活画卷发展到了主观的内心世界。当时，已经逐渐完备起来的具有生活秩序的时代有利于抒情诗的发展。在这样的时代，诗人才可以不考虑外界，独自待在自己的感情世界里，进行自我反思过程。

诗歌发展的最高形式就是戏剧。戏剧把叙事诗的客观特征和抒情诗的主观特征结合在了一起。戏剧表现了人的行动。在戏剧里，既可以看到诸如意愿和动机在内的主观方面，又可以看到遭受挫折的客观结局。在一般人看来似乎偶然和混乱的地方，剧作家却能够发现理性事物的真相。

在黑格尔看来，戏剧永恒的法则就是情节的统一，即行动的目的和利害关系要与戏剧中行动着的个人相一致。和古代作品相比，现代作品的情节过于松散，但必须要看到构成某一整体的各个环节之间的联系才行。

戏剧诗可以分为三种：悲剧、喜剧和正剧。悲剧的情节就是各种实体力量之间的相互冲突。其冲突的基础是，虽然冲突双方一方否定另外一方，但从自身看是同样有道理的，他们一方损害另外一方，从而陷入罪过，才达到最终的目的。例如，安提戈涅安葬了被视为全城公敌的兄弟，来表达亲属之爱，但她这样做又触犯了法律，成了罪人。悲剧中的冲突是非常必要的。伦理是体现各种不同关系与力量的整体，其中的差别在特定环境里被个别人所把握之后，就必然会转化为对立与冲突。同样必要的还有冲突的悲剧性解决问题，即正义的伸张问题。悲剧的结局会引起恐惧和怜悯，但这种恐惧不是对外力的恐惧，而是对于道德力量的恐惧，不是参与悲惨事故时产生的怜悯，而是出于同情受难者而产生的怜悯。由于自身的行为，悲剧性的灾难降临在主人公身上，他们必须为此负责。当然，这种他们的行为既是合理的，但同时出于冲突又是有罪的。在恐惧和怜悯之上的，则是和解的感情，它是由于看到了贯彻与悲剧结局中的永恒的正义而产生的。

黑格尔想划分出悲剧冲突的历史界限。真正的悲剧情节，要求个体要有自由独立的节操，能为自己的行为与后果负责。东方世界不懂得悲剧，悲剧的故乡在希腊，悲剧的最后一个时代是中世纪末期。现代社会里，每一个人都受现存社会秩序的约束，因而不再有普遍性的激情，个体的目的都带有私人的特殊性格，个别人物再也代表不了社会的各种力量。个体随主观性而行动，而且处于各种偶然关系与偶然条件当中，其行动显得可有可无，其决断也是按照自己的特殊性格而决定的，并非是处于实体性的理由。

黑格尔认为，现代是在悲剧性的对立面，也就是戏剧性上发展起来的。这虽然可以看作是一种解决冲突的方式，但却是极为主观的解决方式。就其本质而言，只能是一种虚假的解决方式，或者说是一种安慰。黑格尔说，“它是……由于自信，而能经受其目的与现实的破灭的主观性的愉悦心情”[①]。

然而，就戏剧性而言，其本质不仅隐藏在个人能力之中，而且还得有客观基础。对于一个才子来说，他能够比常人更快地发现这一基础。如果表现对象并不包含某个内在的矛盾，所产生的喜剧性就会显得肤浅，显得可笑。任何一种对比，不管是内在与外在、本质与现象、目的与手段，都会显得不协调，都会显得可笑。笑的反应既表示意识到了对象的优越性，同时也意识到了其弱点。因此，

① 黑格尔:《美学》，柏林：建设出版社 1955 年版，第 1075 页。

喜剧是艺术特定的高峰，这一高峰也就意味着艺术开始走下坡路。

黑格尔的美学犹如一座宏伟大厦。虽然这座大厦已经化为废墟，但时至今日，仍因其意图和成就的宏伟让人惊叹不已。弗里德里希·恩格斯劝说康拉德·施米特阅读黑格尔的著作时，特别提到了他的《美学》。他说，“只要您稍微读进去，就会赞叹不已！”[①] 在《美学》当中，黑格尔关于美的积极性特征，关于该范畴对于艺术普遍意义的见解，他对艺术的历史观，对各种不同艺术形式的产生、发展与衰亡的考察，时至今日仍然富有新意，激发读者的共鸣。《美学》不仅以其系统性与逻辑历史性结构，而且以对包括个别艺术作品、艺术家的作品及全部艺术种类在内的细节所做的细致分析，体现了作者知识的渊博和他对艺术的钟爱。然而，尽管他对法国古典文学、莎士比亚及歌德有着非常深刻的理解，但他的美的理想基本上还停留在古代。和他的辩证法一样，黑格尔的美学也是面向过去，这当然也是符合他的个人模式的。这位思想家，在拼命鼓吹艺术进步的同时，却把这种进步局限在了过去当中。可以看出，黑格尔对绘画、音乐和戏剧的兴趣绝非是书呆子气的，他也并非不懂得他所处的那个时代的新兴艺术，但却无法让他摆脱自己根深蒂固的偏见，即艺术的世纪已经过去，宗教和科学的时代已经降临。虽然黑格尔给艺术宣布了死刑，但这个死刑最终并没有得到执行。

①《马克思恩格斯全集》中文版第38卷，第203页。

上帝已死

黑格尔的宗教哲学之所以引起大家的兴趣，首先在于它是黑格尔学说中最为薄弱的一环。说它薄弱的原因是，其哲学体系的链条在这一环上断裂掉了。黑格尔的学生把关注的重点放在了宗教问题上。在他去世之后，这一问题引起了激烈的争论。这场争论的成果就是作为黑格尔主义对立面的费尔巴哈的无神论思想。正如黑格尔的宗教理论必然会代替启蒙时期的朴素无神论意义，这样的结果也是一种必然。

数百年来，在反对宗教信仰的思想家看来，宗教是聪明人诱惑和控制愚蠢的人的一种手段。启蒙主义者没有能够让宗教消亡。为了解决这一问题，就得抛弃宗教属于个人私事的观点，把宗教提高到社会风尚的高度来加以研究。黑格尔的宗教哲学的意义正在于此。让人难以置信的是，黑格尔的神学观念竟成了无神论历史上的一个必要性因素。

早在《精神现象学》中，黑格尔就写过，把对上帝的信仰看成江湖骗子的戏法是极为愚蠢的。其原因是，宗教必然会产生，而且在社会意识的发展过程中经历种种变化。用历史的态度来看待宗教问题，是黑格尔观念又一重要特点。

同他的先驱者相比，黑格尔在这一领域取得的成果，和在其他哲学领域一样，未免有些浪费精力。事实上，关于上帝的一切逻辑论证，康德已经批判地分析过了，而且还反驳了它们，而黑格尔又努力将它们恢复了过来。

所谓的宇宙论的证据，成了黑格尔和康德之间的论战的开始。该论点基本归纳如下：和世界万物一样，世界本身也应当有其根源，这个根源就是上帝。康德的观点是，如果存在某物，那么也一定存在一个相应的绝对必要的最真实的本体。他写道，在这个宇宙论的证据当中，集中了太多虚妄的原则，思辨的理性只有拿出其“一切辩证技巧”，才有可能将事物说得清楚。在康德看来，“辩证”一词还属于让人的理性在逻辑上狼狈不堪的矛盾领域。康德在宇宙论的证据中发现了许多从逻辑的角度来看非常有争议的地方。比如，他说对普遍性因果依存的判断，可用于感性经验，而不能应用于超感性领域。更不可否认的是，可能存在着无限的偶然因果。认为原因链条会有终结的观点是理性的盲目自满。此外，人们不能将这个论题的判断和生活中实际存在的事实相混淆。人们可以假定一个本体，但不能认为这样的本体必然存在。在《纯粹理性批判》一书当中，就是这样论述的。康德这一理论基础的弱点在于，他把现象的感性世界和“自在之物”的超感性世界给对立起来了。黑格尔则毫不迟疑地利用了他的这个弱点。他说，神绝不是不可认识的“自在之物”，这是因为一切都是可以认识的。康德拒绝超越经验世界的理性判断的做法，就是贬低了理性。黑格尔认为，理性的真正领域不是感性世界，而是能够为精神掌握的世界。这是黑格尔对康德的第一个反驳。

黑格尔的第二个反驳则体现了康德没有理由不惧怕的“辩证技巧”。黑格尔提出的问题是：怎么可以那样把偶然性和必然性二者对立起来呢？凡是有偶然性的地方，就一定有必然性和实体性，因为它们本身就是偶然性的前提。在黑格尔看来，某一现象的矛盾性绝不是否定其存在的证据。他说，“正是对待事物的这种温情，不让事物发生任何矛盾，即使最肤浅的经验也同最深刻的经验一样，处处都表明这个事物充满了矛盾”①。

接下来，黑格尔谈到了目的论的上帝论据。这是一种物理神学的论据。黑格尔说，整个世界都证明了造物主的智慧。世界上的一切都是井然有序合乎目的的，而且没有丝毫缺陷，维持生命所必需的营养物质、水和空气都是现成的。在这个世界上，相互作用的链条十分复杂，不能不承认它是按照某种理性的计划创造出来的。康德认为，目的论的论据得小心对待才是，因为它最适用于普通知性的论据。他提出的反论据是：自然的合乎目的和和谐性与事物的形式有关，而不涉及其质料、实体，所以物理神学的论据只能证明存在着一个世界的造形者、一个制造现成的质料的大师，而并不能证明存在着一个造物主。

对于康德的这个观点，黑格尔又通过辩证法来反驳。他说：难道形式能够脱离内容来进行观察吗？谈论没有形式的物质简直是废话。目的不能独自存在。在自然当中，既有合乎目的的东西，也有不合乎目的的东西。例如，数以百万计的种子消灭了，它们并没有

① 格罗克纳本：《黑格尔全集》第16卷，斯图加特1959年版，第450页。

转化为有生命的东西。一样东西的生命是以另一样东西的死亡为前提的。就连追求高尚目标的人，同样有过无数次不合乎目的的行动。他在创造的同时也在破坏。理性是具有辩证性的。想象世界上的所有细枝末节都得到了思考，未免有些天真可笑。试想，上帝是为了提供瓶塞才创造出了软木树吗？普遍的目的性不能应用于狭隘有限的目的。从性质上说，康德的论据是文不对题的。

第三个上帝的证据是本体论证据。从时间上看，这是最新的证据，是中世纪的经院哲学家安泽尔姆提出来的。其内容是设想上帝是最完善的本体。倘若该本体不具有“有”的属性，就说明它是不完善的，就会让我们陷入自相矛盾当中。设想上帝是最完善的本体意味着该本体已经存在。在这个证据当中，找出形式上的错误很容易:“有”不具备任何属性。从特征上来看，被想象的事物和真实的事物之间总有相同之处。康德认为，真实的100塔拉，从概念的角度而言，一点都不会比想象中的100塔拉更多，二者的区别只是在于是否将其放进了自己的口袋。把二者混为一谈，正是前两个证据的基础，而且会回到这个问题上。

黑格尔则第三次援引了自己《逻辑学》的章节来反驳。他说，关于100塔拉的想法根本构不成什么概念，只是一个抽象的想法而已，不过是知性活动的一个结果罢了。真实的概念往往是具体的，是理性的产物。对于概念和“有”之间的关系问题，从辩证范畴的体系可以看出，“有”是出发点，而概念的作用是使逻辑得以完成，它包含“有”在内的一切规定。人们习惯于把概念看成是某种与现实和客体相对立的主观存在。而在唯心主义者黑格尔看来，概念是客观的，有其独立的存在。

康德的观点显然是对的，上帝的存在不可能得到证明。然而，康德所依据的逻辑是形式逻辑。黑格尔把上帝的证据恢复了过来，使问题辩证地深化了。这反过来有利于青年黑格尔派对其宗教哲学发起攻击，也有利于马克思主义克服各种神学思想。

倘若按照本质转化为概念，黑格尔的上帝就是自身发展着的世界，而且人的能动性在其中起着十分重要的作用。就神性的传统观念，黑格尔一直持拒绝态度。在有关上帝的证据的讲义当中，他曾嘲笑那些信奉神的人，说道，“神父布里斯昨天向我谈了敬爱的上帝的伟大！我突发奇想，敬爱的上帝可能管每只麻雀、每只金翅雀、每只虱螨、每只蝶虫，都叫得出它们的名字，正如你们叫得出那些乡下人的名字一样：施米特家的格里格尔、布利森家的彼得、海弗里德家的汉斯等——想想吧！每个蝶虫彼此是如此相似，以至人们可以发誓说，它们都是兄弟姐妹，而敬爱的上帝居然叫得出它们每一个的名字！还是自己想想吧”！①

黑格尔关于神的概念的理解，远不止于此。同时，他和斯宾诺莎的泛神论也不一样。按照泛神论的观点，上帝和物质实体是同一的、无限的，也是其自身的原因。斯宾诺莎哲学认为，一切有限都存在于物质实体的一致性当中，实体本身没有具体和丰富的规定性。而黑格尔则坚持精神优先，认为自然是理念的异在方式。泛神论将自然精神化，黑格尔则把自然看作无精神的东西，甚至连自然之美都加以否认。

海因里希·海涅回忆说：“一个星光灿烂的美好夜晚，我们两个并肩站在窗前，我一个二十二岁的年轻人……心醉神迷地谈到星星，把它们看作圣者的居处。老师喃喃自语道：‘星星，唔！哼！

① 格罗克纳本：《黑格尔全集》第16卷，斯图加特1959年版，第493页。

星星不过是天上发亮的疮疤。'我叫喊起来:'看在上帝面上，天上就没有任何福地，可以在死后报答人的德行吗？'但是，他瞪大无神的眼睛盯着我，尖刻地说道:'那么，您还想为了因为照料生病的母亲，没有毒死自己的兄弟，而希望得到一笔赏金吗？'"①

黑格尔关于星空的说法，在海涅的笔下就是一句引文。《哲学全书》中，也有这样的说法:"这种发光的斑疹像人身上的斑疹一样，或者像一群苍蝇，根本不值得惊叹。"②

关于死后报偿的看法，海涅复述了他的老师的观点。黑格尔从来没有提到过人的不朽。灵魂只是精神的幻梦，精神在人的自觉活动中才能苏醒，如果这种自觉活动停止，那么它又会回到睡梦当中。

对于创世说的教条，黑格尔又是如何看待的呢？对于逻辑理念向其异在和向自然的过渡，是否也可以从创世说的角度来加以理解呢？一方面，答案是肯定的。黑格尔曾在《哲学全书》中问自己，"为什么上帝决心要来创造自然呢？"另一方面，他对自然的创造的解释又没有一个正统的神职人员能够接受。理念的逻辑发展在时间上并不是先于自然。虽然时间范畴出现于自然哲学，但时间中的发展知识在精神的阶段，也就是人和社会的生活当中才得以完成。

关于人类的来源，黑格尔的解释也是模糊的。一方面，他把《圣经》看作诗意的传说；另一方面，他也不接受进化论的观点。他坚决认为，自然界较高的东西并不是从较低的东西发展而来的，

---

① 海因里希·海涅:《著作书信集》第7卷，柏林：建设出版社1961~1962年版，第126页。

② 格罗克纳本:《黑格尔全集》第9卷，斯图加特：弗罗曼出版社1958年版，第118页。

没有有机物，没有生命，就没有无机物。按照他的这一说法，岂不是可以没有人，就没有自然？黑格尔也没有将自己的思想贯彻到底。当时，中世纪反抗《圣经》权威的异教徒就提出过人类永恒的观点。至于对神秘说和异教徒的话题，前面已经提过。

新教神学采取的是历史的态度，它的任务在于弄清楚新信仰出现的原因。黑格尔也继承了这个传统。他把不断反复出现的宗教教义看作是对神的认识的不断深化的结果。一个个接连出现的宗教，并不是通过外在的标志，而是通过精神联系起来的。在整个宗教的发展过程中，神的形象越来越人化了。同时，这个发展过程是和自由意识的不断深化过程齐头并进的。黑格尔认为这种深化过程就是世界历史的内容所在。

宗教的第一种形式是自然宗教。这种宗教起初是以巫术的形式出现的。当时，人类企图用自己的意志来驾驭自然。由此可以看出，当时就有了认为精神比自然更高的信念。之后，符咒之类的内容也成了巫术行为，使得它变成了祭祀动物和祖宗的偶像崇拜。巫师、祭司就是一种普遍精神力量的感性存在方式。这种原始的宗教变体，在中国的宗教中，中心要素是代表世界整体的一种感性观念，即包含一切的本体“天”。在这种观念里，中央是地，地的中央是中国，在中国的中央，又是作为权力中心的皇帝，他作为天子统治着包括活人和死人在内的王国。在中国人眼里，“天”并不是在地之上、受天帝统治的独立王国，而是包括自然威力在内的一切权威都属于皇帝。在这一王国当中，一切都受到度的制约，人的一举一动都受律法的规定制约。所以，黑格尔把中国人的信仰称之为“度的宗教”。这种宗教的祭祀活动包罗万象，人们的内在世界被外在的礼仪代替掉了。

在印度的婆罗门教中，一元论代替了泛神论性质的君主制。最高的神是梵天，与其说它是单一的神，还不如说它是各种神的集合体。一切源自于它，又复归于它。人的目标就是重新和梵天这个独一无二者合为一体。要实现这一点，就得通过禁欲主义的生活方式，通过自戕，弃绝所有兴趣和嗜好，通过十年的不自然的无为生活。由于印度宗教神人同形同性，完全诗化，所以黑格尔将其称之为“想象的宗教”。

接下来的佛教，是一种“自在”的宗教，它有着最大多数的信徒。佛教中的神是未被规定者，是所有特殊事物的乌有，是无。一切始于无，终于无。但同时，神又被制定为确定的人，是佛，喇嘛，等等。在佛教中，人的终极目标是进入永恒的寂静境界，那里没有意志，也没有智慧。佛教徒与世无争，只和自己相处，与自己抗争。他们的最高目标是达到涅槃，中断一切意识和情欲。

古波斯的“善或光的宗教”是自由宗教的过渡形式。在这种宗教中，已经有了区别和对立的概念。如善与恶、光与暗等。查拉杜斯特拉所建立的古波斯教，其内容就是代表善的光神和代表魔的暗神之间的斗争。

而腓尼基的“痛苦的宗教”则避免了波斯教义的这种二元论观念。该宗教的神性对立存在于自身当中，而不是自身之外。安东尼斯神死而复活，克服了自身之死。在对安东尼斯神的崇拜中，无限的生命以象征的形式表现了出来。当然，他们还没有灵魂不灭的概念。灵魂不灭的思想是从埃及人那里才出现的。埃及人“谜的宗教”在于探索生命死后的秘密，而且把这种秘密作为崇拜对象。世界上没有哪一个地方比埃及那样重视殡葬问题。他们建造的金字塔就是极好的见证。国王和祭司的宫殿早已灰飞烟灭，但他们的坟墓却经受住了时间的考验。

埃及宗教的生死之谜，在具有“精神个性”的宗教中找到了答案。黑格尔认为犹太教、古希腊教和古罗马教都属于具有“精神个性”的宗教。在这里，神是作为从自然当中产生的“自由主观性”出现的。这些宗教首次提出了上帝从无创造整个世界的观念。这一观念就是犹太“崇高的宗教”的一个特征。根据黑格尔的观点，这一观念比所有设想世界与诸神起源于混沌的观念都更为高尚。在此，神并不仅限于是赋形的异物，甚至是先从无创造出这个异物，然后让他成形，后来又根据他的形象创造了人。人因为原罪，所以能认识善与恶。而且人类和神是一样自由的，因为他们拥有知识。

再接下来的“美的宗教”，起源于“最有人性的民族”古希腊。在他们那里，具体的人和其全部，包括其所有的需要、嗜好、情欲、习惯、伦理、政治等，全部体现在诸神身上。自由、精神及美贯穿于希腊人的日常生活。他们所崇拜的，不是顺从于命运，而是享受理想化的一般性与艺术性，以及绵延不绝的生命之诗。

罗马宗教则不同于希腊宗教。他们的诸神实际而严肃，没有理想的美，宗教观念从属于国家。它被称为“实用的宗教”。罗马宗教中，个人为国家的事业而献身。罗马帝国建立之后，皇帝成了世界的主宰，甚至比他们的形式法还高。这样，罗马皇帝就变成了罗马的神。以前各种宗教的幸福与宁静完全被罗马宗教所摧毁，造成了普遍的痛苦。这种痛苦就是作为真理的宗教的基督教产生前的阵痛。

黑格尔把基督教称之为比所有宗教都好的“绝对而完善的宗教”。黑格尔说，在基督教里，最终实现了神和人的和解。宗教为神的自我意识，神与自身相区别，在有限的意识中以自身作为对象，但又与自身绝对地相同一。黑格尔试图解释清楚，为何天主教与基督教的一种错误形式能够统治数百年的时间。在此，又有了一个天启性的概念。年轻的时候，黑格尔曾用僵化一词来描述过所有传统宗教。可是，他现在却认为，天启性是已获真理的偶然形式，是理性肤浅的非理性表现。他说，“自由的法则在其显现中永远有天启性的一面，也有现实性、表面性、偶然性的一面”[①]。

《圣经》即为天启性的。《圣经》中的奇迹并非为理性而存在。知性试图把这些奇迹解释得很自然，但理性的立场是：宗教、精神性不能通过费精神性、外表性的东西来证实。

到了最后，发展的终点是“真理与自由的宗教”。在此，黑格尔放弃了历史的叙事方式，按照逻辑及概念的方式来阐述。他把圣父、圣子和圣灵三位一体解释为他的哲学体系基础的三段论法。“父国”指神在创造世界之前的存在，为纯理性，属逻辑范畴领域。“子国”指被创造的世界。它不仅指自然，而且还指有限的精神。基督死在这个世界，又在“灵国”复活。“灵国”为“父国”与“子国”的合成之国，是信徒们的精神教区，它是在伦理生活和政治生活统一的原则上在尘世中得到实现的。然而，根据黑格尔的观点，哲学原则又是哲学知识的对象。既然如此，哲学克服信仰了吗？对于这一问题，黑格尔的回答是：“哲学受到了这样的责难，说它凌驾于宗教之上，但从事实来看，这个责难是错误的……它只是凌驾于信仰的形式之上，内容还是一样的。”[②]

黑格尔的《宗教哲学讲演录》一书，包含了一个在当时来说非常宏大的宗教历史大纲。或许是出于模式的原因，漏掉了伊斯兰

---

① 格罗克纳本:《黑格尔全集》第 16 卷，斯图加特 1959 年版，第 199 页。

② 格罗克纳本:《黑格尔全集》第 16 卷，斯图加特 1959 年版，第 353 页。

教。伊斯兰教比“绝对宗教”基督教出现得要晚一些，所以不适合黑格尔的结构。黑格尔也没有把神的“人化”过程在逻辑的角度贯彻到底。但是，他毕竟还是提出了任务以及方法：宗教不能被看作个别人的骗局，要把它作为社会现象从历史的角度进行研究。这是黑格尔的后继者首当其冲要解决的问题。

通向真理之路

黑格尔体系的最后一个阶段是哲学。这一阶段，精神的自我发展达到了“绝对的终点”。他的学说此时达到了高峰，同时也意味着完结。

黑格尔也绝没有把发现“绝对真理”的功绩归于自己或者自己的天才。在他的身上，既看不到骄傲，也看不到浮夸。他把自己的哲学只是看作精神自我认识的漫长道路上的最后阶段。

黑格尔之前，哲学史就有过各种不同的写法。然而，这些写法有两大缺点：一是把相继出现的哲学体系描述为相互矛盾的见解。见解是某种纯主观的东西。黑格尔说认为，在真理面前，见解是相形见绌的。二是把相继出现的哲学体系描述成一堆知识，而非知识的统一、联系与发展。黑格尔把这些哲学史的作者比作“野人”，说他们在听完了一首乐曲的声响之后，领会不到其最重要的部分，即里面的和声。

黑格尔认为，哲学史是思维从内部必然会产生的向前发展的运动。它向世人介绍的不是一些相互矛盾的见解，而是从事理性思维的英雄们。这些英雄一个比一个更加深入地探索事物、自然和精神世界的本质，为后人发掘出更为珍贵的宝藏，即理性认识的宝藏。哲学的历史也就是通向真理的道路。

哲学史所记载的事件及行动，在其内容上并没有包含个别人物的品格。特殊的个人参与愈少，反而会写得愈好。没有特性的思维本身正是这种历史的创造性主体。因此，黑格尔认为，就这一点而言，哲学史和政治史是截然相反的。在政治史当中，行动和事件的主体是具有独特气质、天赋和品格的个人。而在哲学史中，传统就像一根链条一样把我们与过去联系在了一起。然而，传统并非像纹丝不动的石像，而是一股生气勃勃，越汇越大的洪流。

在黑格尔看来，新的哲学学说要求驳倒过去的一切，占有真理，这是理所当然的。使徒保罗曾对安纳尼亚说："瞧着吧！将要抬你出去的人的脚，已经站在门口了。"经验表明，用这句话去描述各种哲学体系，也是恰当的。所以黑格尔说，"瞧着吧！将要把你的哲学驳倒并排挤掉的那种哲学不久就会出现，正如它对于其他哲学并没有姗姗来迟一样"[①]。只是，黑格尔把他自己看作是例外情况。

然而，没有一个体系会消失得无影无踪，而是以"被扬弃"的形式继续存在。换言之，在哲学发展过程中，后面的阶段不仅产生于前一阶段，而且还吸取了前一阶段有价值的东西。因此，从这个角度讲，逻辑的东西和历史的东西是相一致的。或者说，认识的理论和认识的历史是相一致的，哲学体系中概念合乎逻辑的继承也是

① 黑格尔:《哲学史讲演录》第1卷，莱比锡：雷克拉姆出版社1971年版，第105~106页。

和它们在历史上的形成过程相一致的。所以黑格尔说，研究哲学史，也就是研究哲学。

和范畴体系的结构一样，哲学知识的历史运动也是遵循从抽象到具体这一原则基础的。一种哲学学说，越老会越抽象，反过来，越新就越丰富、越具体。我们不寄希望于古老的哲学来解答当今的问题，也不期望这些学说有较深刻的意识规定。黑格尔坚决反对对过去言过其实的解释。然而，他自己却陶醉于把各种学说归结为他的逻辑体系中的某个范畴结构，而且让一种哲学的所有规定都从属于他的这个范畴，结果导致了公式化的倾向。

黑格尔不仅注意到了各种学说形成的统一链条，而且还注意到了这些链条的每一个环节对其周围条件的依赖性，他的这一发现是前所未有的。黑格尔认为，哲学就是思想在具体时代的表现。任何哲学都是它所在时代的哲学，是时代的产物。因此，我们所处的时代就不会有柏拉图学派、也不会有亚里士多德学派，同样既不会出现斯多哥派主义者、也不会有伊壁鸠鲁主义者。至多只会出现他们的追随者，来复兴这些体系，而他们的行为无异于让成年人重新回到孩提时代。当然，并非每个时代都有利于哲学的研究。只有文化的发展达到了高级和成熟的阶段，才能为哲学思想和哲学研究提供保障。

按照黑格尔的观点，社会生活方式中的每一个方面，如生产、国家、社会关系、政治、法律、宗教、艺术、哲学等，都不是第一性的，而是世界精神的外化。在一定的时期，在一定的民族中，世界精神体现为时代的精神和民族的精神。可以看出，对于社会生活和社会意识的个体形式之间的关系及相互作用，黑格尔是有深刻见解的。虽然他的哲学界见解没有从历史唯物主义的角度去解释，但绝没有庸俗的眼光。因此，一般认为，黑格尔仅仅提出了问题，而没有解决问题；仅仅提出了解决问题的方案，却没有给出现成答案。当然，切中要害地提出问题，比肤浅地处理问题更为重要。

如今，在黑格尔的诸多著作中，《哲学史讲演录》引起了学界的极大兴趣。虽然该书的研究资料不够充分，有些地方解释得很片面，但其分析原则却是辩证法的极好范例。人们可以利用黑格尔的哲学史讲义来深入地研究辩证法。在《精神现象学》中，作为主客体之间不断相互作用的意识发展，是以一般形式来阐述的，而在此却有了具体的体现；在《逻辑学》中，思维从抽象到具体的运动及逻辑和历史的东西之间的相互联系，是作为思辨结构体现出来的，而在此却尽量从哲学史的角度得到了证实。

《哲学史讲演录》一书对于研究黑格尔是非常重要的文献。它富有体系性和方法性。同时，对哲学史本身的研究，该书也不失为非常有参考价值的材料。虽然黑格尔没有给后人提供一个完整的关于哲学思想发展的概念，而且他的方法也是唯心主义的，但他抓住了过去各种学说的实质，特别在涉及辩证法形式方面，更有其价值。在遇到哲学史上出现的新概念、新原则的时候，黑格尔总是告诫大家，不要满足于一知半解，而应该通过它们的意义、进步的地方和缺点、前提和结果等方面来权衡、评价和理解。

在黑格尔看来，哲学是在希腊世界才开始发挥作用的。精神虽然产生在中国和印度这些东方国家，但在那里并没有上升到比宗教还高的位置。

米利都的泰利士是哲学的奠基人。讲到泰利士的时候，黑格尔讲了一个关于他的故事。有一次，泰利士在抬头观察星辰的时候掉进了坑里。人们嘲笑说他能知道天上发生的事情，却看不到自己脚下的东西。黑格尔评论说，只有那些自己待在坑里，不望高处的人，才永远不会掉进坑里。据传，泰利士确定了北极星的导航作用，通过金字塔的投影测量出了其高度，而且还预言了一次日食。此外，他还规定了 365 天为一年。

哲学史上，第一个力图解释世界的统一性，并把事物与现象的多样性归结于某个同一元素的人，就是泰利士。他把自然界最为常见的物质水看作是这种元素。水集动静于一身，能溶解万物，它是包括生命等一切存在物的根源。他否认没生命、无感觉的物质的存在，认为万物有灵。用现代术语来讲，泰利士可谓是一位朴素的唯物主义者。就泰利士在感性事物中发现普遍性的认识，黑格尔是这样解释的：泰利士眼中的水不是感性的水，而是作为思想的水。他的这番评价很有代表性，在黑格尔眼里，哲学史首先就是一部唯心主义史，对于唯物主义，他要么保持沉默，要么歪曲地进行解释。

米利都时代，还有一个学派是毕达哥拉斯学派。“哲学”（Philosophie）中有“爱智慧”之意，就始于毕达哥拉斯。

根据毕达哥拉斯的观点，数及数之间的关系，是存在的基础。万物之源是“一”。这个“一”，让黑格尔联想到了“统一”。每一种事物都是一样的，各种事物由于同这个“一”有关而成为一样的。毕达哥拉斯认为，其他的所有数都是“一”或者说单元的组合。有了二，就出现了多数、差别和对立的概念。后期的毕达哥拉斯学派把“一”称之为神，把“二”称之为物质，“三”则具有更大的意义。“一”通过“二”在“三”当中体现了它的圆满。对“三”的崇拜使毕达哥拉斯学派一直传到了基督教。毕达哥拉斯学派把“四”看成比“三”更高的数，让人联想到“水、气、土、火”四大元素，还有地球上的四个大陆。继续往下数，一直到

"十","十"是"一、二、三、四"四个数字之和,是这些数字的最高统一。黑格尔发现,在这些数字背后,隐隐约约存在着统一、对立和量等一系列哲学概念。在这里,能看出后来亚里士多德提出的范畴图标思想的雏形。

在爱利亚学派的观点中,本质与表象之间的矛盾占有重要位置。黑格尔说,辩证法就开始于此。他认为,感性、可变的存在并不具有真实性,想按照理性对其加以解释,就会遇到矛盾。这一思想清晰地体现在芝诺的命题之中,其目的就是否定运动。我们的感官告诉我们,事物是在运动当中,然而,要理解运动又是不可能的。有关运动的思想,一直都包含着一个矛盾,所以芝诺的结论是运动实际上是不存在的。

让我们看一看"飞矢"这一命题。在飞的过程中,"矢"总处于某一具体的时空当中。在另一个瞬间,又处于一个新的空间点上。然而,倘若"矢"处于某一定点,说明它处在静止状态。然而,静止状态的总和中是不会产生运动的。运动的物体不在任何地点,既不在它所在的地点,也不在其他的地点。

还有一个是"快腿阿基利"的命题。如果按照逻辑来解释,就无法证明快腿阿基利会赶上慢慢爬行的乌龟。这是因为,一旦跑完二者之间的距离,乌龟至少会向前爬行一定的距离,当阿基利跑完这段距离,乌龟又会爬过即使是微不足道的距离。就这样,两者一前一后,永无尽头。

据说,哲学家第欧根尼反驳了芝诺提出的运动不可能性的观点。他起身用走来走去的具体行动来进行反驳。他的学生对这种方法感到十分满意。然而,第欧根尼认为他的学生用非哲学的态度看待问题,所以把他揍了一顿。他知道,芝诺并非想否认运动的感性存在方式，但人们必须努力去理解它，而不应满足于感性的确定性。

辩证逻辑承认，在现实本身当中存在着矛盾。只有这种矛盾，才能对芝诺的这一命题进行反驳。运动本身是矛盾的。黑格尔说，如果想一般地理解运动，那么就会认为，某个物体处在某一点，后来又移到了另一点。但是，在运动的过程当中，该物体已经不在第一个点，同时也不在第二个点。如果在其中任意一点，说明，它就处在静止状态。可是，该物体究竟在什么地方？假如说它在两点之间，说明处在了另外一点，结果，我们面对的是同一难题。事实上，运动就意味着某一物体既在某一点，同时又不在这一点。或者说，既在这一点，又在另一点。从中可以看到时间和空间的连续性，正是因为这种连续性，才让运动有了可能。

爱利亚学派从否定的一面发现了辩证法。换言之，该学派提出了一个他们难以解决的问题。在这个问题上，黑格尔把芝诺比作康德。而赫拉克利特的哲学则对辩证法做了十分肯定的阐述。黑格尔这样写道："……赫拉克利特的命题，没有一条我不曾纳入我的逻辑学中。"[①] 赫拉克利特认为，"宇宙不是上帝创造的，也不是人创造的，它是过去是、现在是而且将来也永远是的一团熊熊烈火，依据自己的规律燃烧和熄灭"[②]。赫拉克利特把火看作事物的本源。火的变化是万事万物和各种现象的基础。火的熄灭是一种"向下的方式"，它变成了潮气、水和土。相反，土会液化、蒸发和燃烧。大自然就是一个圆，起点也就是终点。同样，其他的对立也是相通的，有和无也是同一回事。在黑格尔看来，赫拉克利特的学说实现

① 黑格尔:《哲学史讲演录》第 1 卷，莱比锡：雷克拉姆出版社 1971 年版，第 424 页。

② 黑格尔:《哲学史讲演录》第 1 卷，莱比锡：雷克拉姆出版社 1971 年版，第 438 页。

了对有和无的概念的抽象，实现了第一个辩证范畴。接下来，赫拉克利特转向了第二个范畴：生成。

黑格尔范畴体系的下一阶段是“自有”的概念。通过这个范畴，黑格尔涵盖了恩培多克勒及原子论者留基伯和德谟克利特的学说。所以不难看出，黑格尔为其模式和唯心主义的偏见所蒙蔽，结果不能适当地评价唯物主义哲学。根据原子论的观点，世界上只有原子和真空。黑格尔认为该概念是很重要的。留基伯和德谟克利特认为，灵魂是由球形的原子构成的。每一事物都可以揭下一层薄薄的表皮，这些进入感官的表皮产生了感觉。德谟克利特把事物固有的形态、次序和位置与存在于人们思想之中的表质的颜色、气味和味道区别对待。可是，如何才能从纯数量的规定里面找出感觉呢？对此他们毫无提及。黑格尔提出这样的观点“……为坏的唯心主义论打开了大门。这种唯心论认为，只要它把对象和意识联系起来，并且只消说一声，那是我的感觉，就算把对象处理完了”[①]。显然，黑格尔这里指主观唯心主义。

阿那克萨哥拉把心智规定为普遍之物。这一点很接近黑格尔，所以黑格尔对他做了详细的阐述。

古代哲学发展的新阶段始于诡辩学派。“诡辩”一词向来不被认为是一个好词。它意味着用错误的论据反驳正确的东西，或把虚假的东西说成是似乎可信或可能的东西。然而，这一意义是后来才出现的。诡辩家最初的意思是“智慧之师”。该学派把哲学运用于人，把人与人的关系融入哲学。在当时，他们的职业是教师，他们教学生数学、音乐和雄辩术。他们曾经断言，人们可以用各种论据

① 黑格尔:《哲学史讲演录》第 1 卷，莱比锡：雷克拉姆出版社 1971 年版，第 477 页。

证明自己想要证明的一切，对每一个举动，都可以找到正反两方面的论据。当然，这不是该学派的过错，他们不过认识到事物的这一现象罢了，过错应该在于事物本身。

黑格尔在这里还谈到了苏格拉底。黑格尔认为，苏格拉底是古代哲学史上最有趣味的人。在诡辩学派之后，苏格拉底力图把哲学“人情化”。他和诡辩学派立场上是对立的，这在于他肯定高于个人利益的绝对元素的存在。这即真、善、合乎伦理、正直的东西。每一个人都应当独立、按照自己的意愿在符合自己的认识的情况下生活。而且，苏格拉底还发现了道德。以前，雅典就有了朴素的伦理，但缺少对善和德行的思考。苏格拉底追求真理的方法吸引了黑格尔。在他看来，在苏格拉底那里，方法和哲学推理相一致。

苏格拉底喜欢和他所在的乡镇上的人交谈，不管他们是普通人还是政治家、智者还是工匠。和他们交谈的过程中，他总是从周围的生活琐事出发，引导对方从已知的事件实现对普遍性的思维。这里，最重要的任务是启发他们，让他们对已有的根深蒂固的观念产生怀疑。他以诚实的态度向对方发问，似乎他自己要向对方学习一样。他对对方的回答加以思考，直到最后揭露出内在的矛盾。这就是大家熟知的苏格拉底的讽喻。通过这种方法，教导人们认识自己是无知的。它先让人们感到惊讶，然后引导他们做出反思。

苏格拉底接下来运用了他所称的助产术。他认为要帮助已经存在于对方头脑当中的思想“出世”。他这里所使用的方法，就是提出一个正确的、应当给予适当注意和重视的问题，接着，问题的答案也就呈现出来了。

苏格拉底不愿提出任何形式的体系。他仅在个别人身上体现出普遍性思维。他认为，所有的一切都由良心来决定。倘若良心坏了，那么行动也会出问题。在其喜剧《云》里，阿里斯托芬试图嘲弄苏格拉底。黑格尔认为阿里斯托芬是对的，在一定程度上，他认为雅典法庭也是对的。该法庭认为这位哲学家不信神，而且诱惑青年，因而给他定了罪。

黑格尔认为，苏格拉底的命运够凄惨的了，该剧开创了希腊的悲剧。两个相反的公理之间相互对抗。一方面是以法庭和雅典人为代表的现存的法律的合理性；另一方面是以苏格拉底为代表的知识的权利、对和善及对知识之树的果实进行反思的权利。

黑格尔接下来颇费笔墨书写的另一位大人物就是苏格拉底的得意门徒柏拉图。在柏拉图看来，我们身边能够由感官感知、变幻不定的事物，是真实的、超越经验的理念世界里的一幅暗淡的画景。每一样事物都有它的理念，它独立于该事物而存在，而且是该事物的真实存在，是其本质。每一座屋子实际上是一般屋子相对应的永恒不变的理念的一个表象。柏拉图的所谓理念实际上是普遍的观念，将其抽象地和可以感知的个别事物相对立，并且把它抽象为独立的存在。

一般人想象不到理念世界为何物。柏拉图把这些人比作囚犯，他们被关押在一个洞里，除了面壁之外，没有感受到自由是什么样子。当人们扛着器具、雕像和图像从洞口路过的时候，这些囚犯看到的只是这些物体的影子，而且把这些影子看作物体本身，原因是他们从来没有见过实物的样子。所以，既然我们周围的物体不是真实的，那么我们的感觉也就无法提供给我们真正的知识。只有智者才能够认识理念世界。智者通过感官提供的印象，回忆起了其灵魂走进这个世界之前在另一世界的所见。

柏拉图的见解既富有诗意，又神秘难懂。但细心的读者会在神学的外壳后面发现关于知识的深刻见解。需要一提的是，“辩证法”一词，首先出现于柏拉图的著作当中。黑格尔对对立统一的分析让人感到饶有趣味。赫拉克利特在观察世界时，就已经很形象地探讨过这个问题。在柏拉图理念里，该思想以概念的方式体现了出来，并且还涉及了认识问题。认识如同世界本身，同样也包含着矛盾规定的统一性问题。没有哪一样东西是大或者小，是一倍或是一半，在正确或者错误，是美或者丑，而是两者同时都有。在柏拉图谈及个别与普遍、个别与理念的关系时，他就想阐明这一现象。对于柏拉图的见解，黑格尔概括成了一句话：真理在于对立统一。

虽然柏拉图是苏格拉底的学生，但他不同于自己的老师。他不是从人类事务的个别出发，而是从集体和国家出发。柏拉图虽然不提倡道德，但他阐述了一个伦理体系。所以，这和黑格尔的观点很接近。他和后来的柏林学派一样，相信国家是伦理生活的基石。可以看出，柏拉图和黑格尔都是时代的产儿。柏拉图在他的理想国里既废除了私有财产，也废除了婚姻制度。他的乌托邦思想就是斯巴达现实的神化。而黑格尔则认为柏拉图的一大缺点就是在他的国家里，个别性的原则受到了压制。当然，他所指的是主观良心、婚姻及私有财产。黑格尔认为，“只有财产归个人所有，自由才有存在的可能”[①]。

就像柏拉图和苏格拉底有分歧一样，他的学生亚里士多德同样和柏拉图观点相左。亚里士多德这位马其顿的亚历山大的老师，在希腊哲学中的地位，可以和他的学生的政治业绩相媲美。马其顿王占领了整个文明世界，而亚里士多德的体系包含了当时所存在的所

① 黑格尔:《哲学史讲演录》第2卷，莱比锡：雷克拉姆出版社1971年版，第137~138页。

有知识领域。

不同于柏拉图的观点的是，亚里士多德认为不能把事物和它的本质割裂开来对待。事物的本质就存在于事物当中，而不是彼岸世界。他对柏拉图的批判带有一定的唯物主义特征。然而，黑格尔却想方设法去抹杀这些特征。在亚里士多德看来，物质就是事物纯粹的抽象可能，或者说是混沌、惰性的质料。只有通过形式和积极的理想原则，物质才能实现真实性和现实性。形式让物质从纯粹的可能变成现实，变成可感知的感性实体。实体的更高一个类别是知性，也就是人的心灵。亚里士多德还认为，有一个最高的、绝对的实体，一个形式之形式，在这个存在中，形和质、可能性和现实性不可分割。这个实体就是上帝。

黑格尔还专门提到了亚里士多德关于国家的观念。亚里士多德认为，人是政治的动物，国家是个别人的本质，高于个人和家庭。不同于柏拉图的是，亚里士多德不太关注国家制度的完美形式，而是指出，国家应该由优秀人物来管理，而且他们不受法律的约束。黑格尔这样写道，“亚里士多德说，他的心目中无疑浮现着他的亚历山大……希腊的民主制度当时已完全衰落，所以对它再也只字不提了”①。

虽然斯多葛主义、伊壁鸠鲁主义和怀疑主义都产生于希腊，但黑格尔把它们都以罗马世界的哲学加以讨论。然而，对于具有理性的实践的自我意识，罗马世界并不适合，所以自我意识退回到思维的独立状态，在这种自我满足的状态中，只关注自己，而不是普遍事物。

---

① 黑格尔:《哲学史讲演录》第2卷，莱比锡：雷克拉姆出版社1971年版，第254~255页。

新柏拉图主义是古代哲学发展的最后阶段，它以一种异想天开的方式，调和、容纳了以前几乎所有的基本学说。例如柏拉图学说、亚里士多德学说、斯多葛主义、伊壁鸠鲁主义、怀疑主义等。该学派的最权威代表柏罗丁认为，世界出现的原因在于神性的放射。绝对存在，即太一或上帝，像太阳放射它的光芒一样，从自身放射出知性。这些放射物又返回太一，静视上帝，思维收到被思维的东西的思维。对于这一点，黑格尔极为赞赏。他说，“等而下之，一部分转化为自然，一部分转化为显现着的意识……就包含了很多武断成分，而没有概念的必然性……”然而，柏罗丁学说的另一方面，也就是对物质世界的解释和归纳的观点，黑格尔并不感兴趣。

在他的讲演录中，黑格尔把主要精力放在了古代哲学上。古代哲学占到了该书三分之二的篇幅。讲述完时间跨度达一千多年的古代哲学史之后，从6世纪到16世纪之间的哲学，他则匆匆一笔带过。

对于中世纪时期的哲学，黑格尔是从阿拉伯人谈起的。实际上，他只列举出一些人名，如阿尔·法拉比，伊本·森纳，阿尔·埃查利，伊本·鲁斯德等。在黑格尔看来，哲学家的贡献在于保存了亚里士多德的学说，其原因是，在中世纪的欧洲，好长一段时期内，人们只是从阿拉伯人所翻译和注释的作品中才了解了亚里士多德。黑格尔武断地认为，阿拉伯的思维是乏味的，在哲学史上并没有出现一个独立的阶段。

对于欧洲的经院哲学，黑格尔也有同样的态度。这里，哲学和神学混到了一起。他说，“经院哲学乃是北日耳曼人天性中的知性完全混乱的结果”①。科学退化为形式上的三段论式的推理。黑格尔说道，“在学者中间出现了对于理性事物的无知和彻底的、惊人的迟钝；在其他人即僧侣中间，也出现了最可怕的、完全的无知现象”②。他们的思维错乱了。黑格尔使用“错乱了”一词，有两层意思，一是指“走岔道了”，二是指“癫狂”。

黑格尔用一页的篇幅讲述了托马斯·阿奎那，而罗吉尔·培根只占了三行，至于有名的阿维罗伊派、自由思想家和异教徒西格尔·冯·布拉班特，他则只字未提。另外，对于他青年时代曾经让他狂热的德国神秘主义者埃克哈特，黑格尔也没有提及。很明显，并非黑格尔对中世界哲学了解不多，主要原因是中世纪哲学不适合打着逻辑思维发展模式。和东方的智慧一样，中世纪束缚了浪漫主义思想。对此黑格尔当然并不感到同情。同时可以看出，黑格尔对封建时期的天主教的精神世界，是怀着新教徒所持的敌意的。

中世纪哲学分割了彼岸和此岸、宗教情感和自然（包括外在的自然以及人的自然）。外在的世界的价值只有在利用之后才能体现出来。近代哲学的一项任务就是解决思维中的宇宙和存在的宇宙之间、思维和存在之间的对立问题。近代哲学分为两个阵营：实在论和观念论。前者从感知和物质自然当中推断出思想内容，而后者的出发点是思维的独立性。在此，黑格尔几乎已经提出了这些的基本问题。他将其称之为“实在论”的东西，事实上，他的不太确切的提法指的就是唯物主义。培根和伯麦这两位近代哲学鼻祖，就曾试图从相反的立场来解决精神和自然的问题。

对于伯麦，黑格尔比叙述“一切经验哲学的先驱”、英国大法

① 黑格尔:《哲学史讲演录》第3卷，莱比锡：雷克拉姆出版社1971年版，第114页。

② 黑格尔:《哲学史讲演录》第3卷，莱比锡：雷克拉姆出版社1971年版，第122页。

官培根更为详细，更具偏爱。对于伯麦，一些人把他贬低为执迷不悟的盲信者，还有一些人出于他的直观哲学和感觉哲学，把他捧上了天，这两类人显然对他的看法都是有失偏颇的。在黑格尔的笔下，他是一个失学者，嗜好哲学冥思，而且不乏辩证的思想。

17世纪是知性思维的时代。在此期间，经验论和唯理论虽然争论不休，但二者的分歧并不重要，它们都是从外在或内在的经验来获取所需的内容，而没有深入到思维本身。根据唯理论的观点，合理的思维是真理的唯一来源。该流派的创始人是勒奈·笛卡尔，他试图排除一切权威，完全从头做起。他认为，“我”的思维是不可怀疑的唯一的事实。由此便有了他非常著名的“我思，故我在”这一命题。

笛卡尔从“我”这一存在出发，首先实现了神的验证，然而转至物质世界。他认为，上帝这一实体是宇宙的创造者，宇宙是由精神实体和物质实体这两个独立的实体所组成的。前者的属性是思维，后者的属性是广延。上帝不但规定了灵魂和肉体之间的和谐，而且还是二者之间的媒介，二者之间不会产生直接的相互作用。

布鲁赫·斯宾诺莎通过他的统一实体学说克服了笛卡尔的这种二元论思想，认为实体并不依赖于在它之外的任何神圣的造物主。实体就是“它自身的原因”，它既是上帝，也是自然。

斯宾诺莎有关神学的术语可能让人对他的泛神论思想做唯心主义的诠释，黑格尔驳斥了斯宾诺莎的无神论所引发的责难。更加让人觉得他的学说带有无神论、甚至唯物论倾向的是，牧师们对他进行疯狂的攻击，自由思想者仰慕它、追随他。斯宾诺莎一方面让上帝成为自然，另一方面对《圣经》做了科学的批判。他也是开这种批判先河的人，他的举动无疑是挖了宗教的墙角。

而在英吉利海峡的另一端，经验论者培根的思想则遇到了肥沃成长的土地。在那里，兴起了另一种唯物主义思想。对于约翰·洛克的哲学，黑格尔称其为形而上的经验主义。斯宾诺莎和洛克相比，前者是从原理和定义出发，而后者则是从有限物、感性物及经验引出普遍的概念。洛克否定天赋观念，认为知性中的所有事物都是先在于感官之中。他同时认为，感觉是所有知识的源泉，心灵在与世界产生感性互动之前，是一块“白板”，只有通过经验，才能在上面写上文字。

经验科学的方法与洛克的见解相一致。黑格尔说，洛克的见解显然难以令哲学家们满意。他们认为，洛克并没有弄清楚个别的感知采取何种方式具有了概念特征的普遍性形式。洛克认为知性只是组合的解释显然是不充分的。洛克的另外一个弱点就是把质分为第一性和第二性。包括广延、硬度、形状、运动等在内的第一性的质是真实的、客观的，包括颜色、气味、声音、味道在内的第二性的质是通过我们的感官获得的。这样便导致了贝克莱主观主义唯心论，该理论甚至认为，事物的第一性的质也属于人的观念。根据贝克莱的观点，存在就是被感知。黑格尔将其评价为最坏的唯心论。洛克哲学到最后形成了休谟的论点。当然，黑格尔对其也是持否定态度的。休谟认为，人只能通过自己的感觉，利用它们提供的资料来了解世界，但对于这些资料来自何处，却给不出答案。他还认为，知识的普遍性是没有必然可言的，它只不过是人们把个别现象联系在一起的结果罢了。

休谟的怀疑论观点主要针对的不是科学，而是宗教和独断论。所以，在法国启蒙学者当中，他有非常广泛的声誉。法国启蒙学者的哲学被黑格尔描述为唯物论和无神论。谈到斯宾诺莎的泛神论，狄德罗曾说，自然是没有神的。在黑格尔看来，法国的唯物论是哲学思想发展的必然阶段。然而，黑格尔只是从它的否定方面来认识其意义，把它看成摧毁衰颓的宗教和政治制度及不合时宜的法律与道德标准的力量。其唯心主义思想在此表现得淋漓尽致。一方面，他极力推崇具体的普遍统一性思想，同时又认为该思想显得肤浅。黑格尔还提到了霍尔巴赫的“自然体系”，也提到了罗比耐。这时的黑格尔，和他年轻时一样，对卢梭仍旧怀有好感。

德国启蒙运动有其自身的特点。其中，布莱尼茨的传统非常活跃。他的观点和斯宾诺莎及洛克的哲学思想是对立的。他提出了称作“单子”的个别实体的多样性的思想，认为单子代表着每一个独立自主、不可重复的世界。单子从无机物通向有机物，再通向意识。单子与单子之间没有任何的联系，所以他不承认认识产生于经验当中。他认为，就像两个指向同一时刻的不同时钟一样，真理只能是被上帝预先规定的思维实体和物质实体在运动中的和谐状态。

斯蒂安·沃尔夫把布莱尼茨的思想做了系统化的总结。他还开创了所谓的通俗哲学，其宗旨是普及哲学知识，但这些知识收到了知性形而上学的制约。

只有在“最新的德国哲学”领域里，才出现了向辩证法的转变，所以黑格尔对康德的阐述占了很大的比例，其篇幅在希腊以后的哲学中居首位，大约跟苏格拉底的页数一样多，不过比柏拉图所占的页数少两倍。在黑格尔看来，“康德哲学是按照一定的法则形成的启蒙哲学，它要人相信，真实的东西都不可知，只有现象才是可知的”①。尽管想实事求是地阐述康德的哲学思想，但是，作为康

① 黑格尔:《哲学史讲演录》第3卷，莱比锡：雷克拉姆出版社1971年版，第485页。

德的对手及克服者，黑格尔对其思想还是持有偏见的，所以最终将其指责得一无是处。他说，没有谁会像康德的哲学思想那样愚蠢。他认为，研究认识的可能性和界限的先验哲学的原则是荒谬的。他说，在认识某种事物之前，认识能力的企图，就像在下水之前企图游泳一样。与此同时，对于康德在列举认识论范畴及道德范畴时所用的经验主义方法，黑格尔也是持反对态度。他说，“在心灵的口袋里乱摸一气，想摸到一点值钱的东西，偶尔也会摸到理性，即使什么都没摸到也无所谓……”[①] 当然，黑格尔也肯定，作为有限关系中的思维与作为以无条件物和无限物为对象的思维的理性之间的区分，是从康德那里开始的，这种区分对于黑格尔是非常重要的。黑格尔特别强调，康德哲学论证了“知性概念如果用来规定无限物，就会导致错误结论和矛盾”。这正是黑格尔辩证法的重要起点。另外，黑格尔还强调了直观知性，这是被康德看作思维所必需的，同时也是谢林和黑格尔作为出发点的。根据这一知性，一般和特殊、目的和手段都是同一的。

费希特刚好和康德的经验主义方法相反，他力图从“我”这个唯一无可怀疑之物，也就是一个非常明确的最高原则出发，引申出其全部哲学。虽然和笛卡尔一样，是从“我”出发，但费希特并不像笛卡尔那样前后矛盾，除了引申出“我”所包含的思维的限定或“非我”之外，并没有引申出上帝和世界的存在。“非我”产生于“我”，并限制着“我”，同样也受“我”的限制。由此所产生的否定与肯定、否定与同一、限度和限度的扬弃等的不断变换，都是辩证的，正如黑格尔所说，它“是世界上第一次按照理性推演范畴

① 黑格尔:《哲学史讲演录》第 3 卷，莱比锡：雷克拉姆出版社 1971 年版，第 506 页。

的尝试”[①]。

同时，黑格尔在费希特那里也看到了精神上的需要：“这种主观性……需要摆脱它的片面性，才能同客观性、实体性相结合……这不是斯宾诺莎的形式上的结合，也不是像费希特那样的主观总体性，而是具有无限形式的总体性，我们看到这种总体性出现在谢林的哲学之中。”[②]可以看出，世界精神在这里已经非常接近其目标，接近黑格尔的哲学了。客体和主体的统一已经实现。然而，谢林并没有实现理念的逻辑发展，他只是看到了理智的直观性。在谢林看来，至高无上的是艺术而不是哲学，是想象力而不是理性。黑格尔是反对谢林的这种贵族态度的，他说，“（在谢林看来），哲学在个别人身上表现为艺术才能，表现为天才，仿佛只有幸运儿才配得上它。但哲学按其本性而言是能够普遍化的，因为它的土壤是思维，而人正因为思维才成为人”[③]。黑格尔也把哲学阐述融入了自己的体系：“哲学当前的基本点就是，理念要在它的必然 性中……来得到认识……”[④]

其目标已经实现。为了实现真理，世界精神竟然花费了两千五百年的时间。最后，黑格尔又重新综述了哲学思维的发展历程，并创建了一个里程碑。他曾想向其听众讲述哲学的各种精神形态，以及历史上的天才在这一漫长道路上的必然历程。精神的性质，将在我们所有人的身上继续存留下去。

① 黑格尔：《哲学史讲演录》第3卷，莱比锡：雷克拉姆出版社1971年版，第562页。

② 黑格尔：《哲学史讲演录》第3卷，莱比锡：雷克拉姆出版社1971年版，第586页。

③ 黑格尔：《哲学史讲演录》第3卷，莱比锡：雷克拉姆出版社1971年版，第591页。

④ 黑格尔：《哲学史讲演录》第3卷，莱比锡：雷克拉姆出版社1971年版，第620~621页。

布鲁塞尔、维也纳和巴黎之旅

每学年的第二学期通常8月份结束，新一学年的第一学期从10月份开始，所以9月份就进入了假期。1819年，黑格尔和夫人去了吕根岛。接下来的两年，每到9月他就去德累斯顿待上一段时间。1822年，他准备做一次较长的旅行。反复斟酌之后，他将荷兰作为目的地。那里有他的学生和老朋友梵·格尔特。然而，这样的旅行需要一笔很大的开支，而这笔开支在他的预算当中是没有的。

当初，阿尔腾施泰因请黑格尔来柏林的时候，曾给他有过承诺，说有可能将他选进科学院，还会增加收入。可是，三年过去了，他的承诺一直没有兑现。与此相反，黑格尔的收入不但没有增加，支出却越来越大。孩子长大了，他们的教育费用不断增加，黑格尔和夫人也经常得吃药看病。

夏初的时候，黑格尔就决定从政府那里申请补助。在写给大臣的一封信里，他讲述了自己的处境，谈到了种种没有实现的愿望。他特别提到，自己的收入已经全部用于提高自己的学识，而这些学识在他目前所处的知识领域里要从事著述是不可或缺的。他还强调，哲学比其他科学更为有价值。就此，他写道："我还要坦率地补充一点：我借全力以赴为王室服务的科学专业，如要对它进行深刻而细致的研究，将比其他许多教授所从事的科学专业需要更多的时间和完全不同的努力。因此，我也就没有多少闲暇时间来从事写作，以改善我的收入状况了……"①

与此同时，阿尔腾施泰因也给总理大臣哈登贝格写了一封信。信中称，他的确曾承诺黑格尔，答应为他安排一个有报酬的科学院院士的职位，但至今没有下文。他说自己很赏识黑格尔，称其为教育家、学者，主张为其批准一次补助。哈登贝格记得《法哲学》的作者黑格尔，他也不在乎别人的意见，批准了申请："……为了补偿黑格尔因改善恶化的健康状况……而所作之旅行的费用……"给黑格尔600塔拉的补助。

安顿好大学事务之后，黑格尔就出发了。他的第一站是马格德堡。因雇不到马车，他在这里待了两天。在探寻名胜的过程中，他无意间发现，著名的卡诺将军就住在此地。他这位法国科学家和革命家，被拿破仑晋身为伯爵的执政内阁陆军部长，最终在警察的监视之下，于德国的一个乡镇上结束了他的生命。黑格尔曾拜访过他，还受到过他的亲切接待。

9月15日中午，黑格尔离开马格德堡，次日清晨到达布伦瑞克。抵达之后，黑格尔便漫步该市市区，白天参观了一个博物馆，晚上观看了一场演技平平的喜剧，然后继续在夜间赶路，在途中迎来了第二天的黎明。勃兰登堡行政区单调的平原上出现的绚丽多彩

①《黑格尔书信集》第2卷，汉堡：梅纳出版社1953年版，第311~312页。

的风景让他想起了自己的故乡斯瓦比亚。下午三点左右，他抵达了诺尔特海姆。因为前往卡塞尔的马车天黑才能出发，所以第三个夜晚黑格尔依然睡不了觉，所以他决定搭乘前往慕尼黑的邮车。黑格尔在诺尔特海姆的一家旅馆住了一晚，第二天清晨精神饱满地到了卡塞尔。他在那里待了两天，去了市区和城郊，游览了图书馆和美术馆。美术馆中最好的展品已被拿破仑掠走，送给了他的第一个夫人约瑟芬，约瑟芬又将这些作品卖给了俄国沙皇亚历山大一世。战争虽然早已结束，这些名画却没有归还给卡塞尔。但黑格尔对这里剩下的展品同样感到满意，特别是荷兰画家们的作品，更让他感到喜欢。

接下来，黑格尔到达马尔堡，沿着莱茵河前往波恩和科隆。在波恩，他结识了寡妇希恩氏。她是科隆一家生意红火的商铺的老板娘。这位寡妇的儿子邀请黑格尔观赏了他珍藏的玻璃画，还请他吃了中午饭。黑格尔在市内游览了一圈，参观了当地的教堂、美术馆和罗马要塞，观赏了莱茵河的美景。

9 月 28 日是个星期天，他离开科隆，到达埃森。他首先去了摆放查理大帝大理石宝座的大教堂。这个御座曾有 32 个皇帝登基时坐过，黑格尔忍不住也上去坐了坐。导游还给黑格尔讲了一个传说，说查理大帝去世三百年后，有人曾看见他头戴皇冠，一手拿着皇笏，一手拿着标志皇权的宝球，坐在这个宝座上。

黑格尔还花了六个小时参观了一个私人的绘画藏品。他以鉴赏家的眼光发现，一幅荷兰画和他以前在博瓦塞雷教授那里看到的另外一幅画笔法极为相似。原来，这两幅画是勒文画坛大师迪克·布茨同一幅祭坛画的两个侧面。后来，这两幅画和中间部分连接起来之后，在勒文的彼得大教堂里展出。

黑格尔的目的地是布鲁塞尔。在那里，他受到了梵·格尔特的接待。荷兰人民幸福的生活、整洁的道路和美观的城市，都给黑格尔留下了很深的印象。谈到普通人和穷人的时候，他说，"……（我）迄今还不明白，怎么没看到一所破烂房屋，一个塌陷的屋顶，或者朽坏的门窗"[①]。郊外远足的时候，黑格尔还去了滑铁卢。他这样描述，"……在这里看到了永远值得纪念的旷野、山丘和场地，特别引我注目的是那一片莽莽的高地。站在上面环顾一番，可以眺望到几里路远，这儿就是拿破仑这位沙场宿将登基的地方，也是他丧失王位的地方。在炎热的中午，我们在这一带跑了三四个小时，这儿每一个土堆下面都埋葬着不屈不挠的勇士的尸骨"[②]。

此后，黑格尔接着又去了根特、安特卫普、布雷达、海牙和阿姆斯特丹。一路上新的观感，让黑格尔感到美不胜收，他说自己的游记都开始写得零七八碎了。他给夫人的信中深感歉意地说，"要把没有写到的东西补充出来，我真不知道怎样一一去追忆它们。最后还是谈一谈教堂吧。大家都说，如若想看看庄严肃穆、富丽堂皇的天主教教堂，根特、安特卫普的教堂可以大开眼界。这些教堂又高又大，清一色的哥特式建筑，蔚为壮观——还有涂饰彩漆的窗户（其中最华丽的，我看是在布鲁塞尔）；圆柱上面是与人体等高的大理石雕像，有的躺着，有的坐着——约莫有几十个——鲁本斯、凡·艾克和他们一派的油画，都是大幅的，其中的珍品在一个教堂里就有二三十幅；大理石的圆柱、浮雕、带围栏的忏悔座，在安特卫普教堂里就有六七个或十来个之多——每个忏悔座都装饰着四幅

①《黑格尔书信集》第2卷，汉堡：梅纳出版社1953年版，第362页。

②《黑格尔书信集》第2卷，汉堡：梅纳出版社1953年版，第357~358页。

与人体等高的、精雕细琢的木刻画……”[①]在布雷达，黑格尔对拿骚伯爵的陵墓欣赏不已。该陵墓共有六尊雪花石膏塑的人像，拿骚和夫人平卧在黑色的石面上，其余四尊雕像俯身立在角落，分别是恺撒、汉尼拔、勒古拉斯和一个勇士，似乎在守卫着他们。陵墓不知出自何人之手，但黑格尔认为是米开朗琪罗的作品。在他的《美学讲演录》中，黑格尔对这些雕塑群做了细致的描述。在阿姆斯特丹，他还有幸欣赏到了伦勃朗的大量画作。

最后，黑格尔到了乌德列支，接着离开了令人心旷神怡的荷兰。随后，他经由奥斯纳布吕克和不来梅，前往汉堡，和杜博会面。

此前，黑格尔和杜博从未谋过面。1822年年初，他收到制帽商人杜博的一封信，信中请他解释一下什么叫真理。黑格尔没有立即给他回信。结果半月之后又收到了他的第二封信，这封比第一封写得更为详细的信里，提出了同样的问题。杜博在信中说，他业余从事哲学研究，想亲自探索真理，但苦于缺少必要的修养。他出身法国，一直热衷于当地流行的怀疑主义。在了解了一些德国哲学之后，让他的思想有了转变。可是，康德和费希特的观点并不能让他感到满意，所以他开始研读黑格尔的哲学思想。他写信的目的是想向黑格尔本人求得指导。黑格尔觉得保持沉默显得不妥，于是给他回了一封信，信中把他的《逻辑学》和《百科全书》中的有关章节做了通俗的讲解。杜博对黑格尔的答复非常满意。在他俩会面时，他又给黑格尔提出了许多新的问题。等到分手的时候，他俩已经志趣相投了。

回到柏林时，黑格尔百感交集，丝毫没有轻松之感。相反，他

①《黑格尔书信集》第2卷，汉堡：梅纳出版社1953年版，第359~360页。

感到精疲力竭。当时还在读书的海因里希·霍托，这样描述他前往五十二岁的黑格尔那里报名听他第二学期课程时的印象：“他坐在一张宽大的写字桌旁，正在一堆横七竖八、杂乱无章的书籍和稿纸里焦躁地搜寻什么东西。早衰的身躯已经弯了下来，但依旧不减当年的恒心和毅力；灰黄的睡衣随便从肩上披了下来，顺着蜷缩的身体一直拖到了地上。从外表看去，他并没有什么可敬的高贵气派，也没有什么动人的文雅风度，而在整个言谈举止中，引人注目的不外乎古代平民的那种坦荡胸怀。他的面貌给我的第一个印象让我永生难忘。他整个脸庞苍白而憔悴，仿佛没有生命似地耷拉着，一点也看不出有摧枯拉朽的表情，那是他日夜沉默劳动的结果；怀疑的苦楚、汹涌的思潮，似乎并没有破坏和废弃这数十年的思考、探求和发现；只因他不断地渴望把有幸发现的真理的幼芽培育得更丰富多彩、更深刻、更精确、更不可抗拒，他的额头、脸颊和嘴角才布满了皱纹。每当神智朦胧的时候，他便显得憔悴不堪，一旦神志清醒过来，就又表现出一种对事业一丝不苟的严谨态度。他的事业本身是伟大的，只有通过艰苦的劳动，才能取得圆满的进展，而他长期以来正是以这种严肃态度默默无闻地埋头于这一事业。他整个头颅长得十分端庄，鼻子和高高的有点儿凹陷的额部、沉稳的下颚长得十分尊贵。不论大事小事，他都表现出诚实和正直，只有在真理中才得到最终满足的清醒的意识和充沛的力量，他高尚的性格显著地铭刻在极其独特的外形上。我原来期待他给我作一次内容丰富、鼓舞人心的学术谈话，结果事与愿违。这个怪人刚从荷兰旅行回来，只知道滔滔不绝地大谈城市的整洁、乡村的优美富饶，大谈辽阔无际的绿色草原、牛羊、运河、高耸的磨坊和便利的公路，大谈艺术珍品和舒适讲究的生活方式等，我听了半小时，就仿佛感到自己已经跟着黑格尔本人一起住进了荷兰的土地上。”①

霍托是第一批聆听黑格尔世界历史哲学讲演的学生当中的一个。前面已经介绍过了他的演讲的内容。对于演讲当时的情况，霍托是这样描述的：“但是，那个人（指黑格尔）当初不得不从事物的最底层出发，提炼出最宏伟的思想。这些思想尽管过去多年以来和今后永远还将重新加以思考和融会贯通，但如果要充分发挥感化作用，必须得以生动的现实性在自己身上再一次生发出来。最鲜明地表现这种艰难困苦的莫过于这样的演讲了。远古时代的预言家们，愈是费劲地字斟句酌，他们自己心中经过努力搏斗而即将被征服的一切便表现的愈是简练。黑格尔正像那些预言们家一样，也是以笨拙简便的方式进行斗争并取得胜利的。由于完全沉湎于讲题之中，他似乎不像是为了听众的，而只是为了讲题本身的缘故发挥这个讲题，并且从自己的心智来发挥它。然而这个讲题完全是他一个人讲出来的，他几乎像父亲一样关心它的明了性，以求缓和那种僵硬和严肃，让听众不至于害怕接受如此艰涩的思想。他开始结结巴巴地讲起来了，努力想讲下去，忽然停顿下来，接着又重新开始，讲讲停停，停停讲讲，边讲边想，似乎怎么也找不到一个恰当的字眼，而一旦选中了一个最可靠的字眼，它看起来似乎很平常，但却贴切得不可替换；最本质的东西看来总是到下一步才会讲出来，但带不知不觉却尽可能完美地讲出来了。这时听众才理解到一个句子的明确意义，并渴望他继续讲下去。白盼了一场，思想并没有向前推进，而是以同样的字句围着同一个观点不断地兜圈子。松弛的注意力一旦开了小差，离开了讲题，那么几分钟之后重新听讲，就会

① 海因里希·霍托：《生活与艺术入门》，斯图加特和图林根1835年版，第383~384页。

大吃一惊，发现由于脱离了讲题的前后环节而受到惩罚。因为，任何一个完整的思想都是精密地通过一些看来毫无意义的中项引申出来的，因此都带有片面性，互不相干，而且陷入矛盾；只有使那些最格格不入的东西最终协调起来，才能成功地解决这些矛盾……他用这种方法圆满地描述了时代、民族、事件和个人。因为，他深邃的目光使他到处能够认识到彻底的东西，他当年的洞察力即使到了暮年也没有丧失青春的活力和蓬勃的朝气。”①

黑格尔的演讲之所以闻名，不在于辞藻华丽，而在于内容深刻。在他刚当上讲师的年轻时期，那种晦涩难懂的讲课方式曾经让他倍受责难。然而，在他获得的荣誉接近巅峰时期，这种讲课方式在听众的眼中却变成了伟大的标志。他的声望也已经远远超越了国家的界限。

这里不妨提一下伊凡·基里耶夫斯基对黑格尔的讲演及和他会面时留下的印象。这位未来的亲斯拉夫派 1830 年 2 月到达柏林。起初，他对黑格尔的哲学史讲演并不感兴趣。他这样说道，“他的讲话简直叫人受不了，说一句就咳嗽一阵，声音给吞掉了一半，他那颤抖的哭泣似的语调几乎不能把最后一句话说完。这里只有一位教授，能使在柏林的学习有所裨益，而且无可替代——他就是地理学教授里特尔。”然而，他对黑格尔的看法逐渐发生了变化：“我已经受得了黑格尔的讨厌的讲课方式：一段时间以来，我已不听里特尔的课，改听黑格尔的课了。”最后，他终于被这位辩证法大师给迷住了。他给黑格尔很礼貌地写了一封信，希望能与他有交谈的机会。到了约定的时间，基里耶夫斯基来到了库普弗尔格拉本的寓

① 海因里希·霍托：《生活与艺术入门》，斯图加特和图林根 1835 年版，第 385~389 页。

所，这让黑格尔很高兴。第二天，基里耶夫斯基在睡梦中被送信的叫醒了，得知黑格尔邀请了他，他晚上可以随时过去，不过得提前告诉黑格尔一声，因为他还会邀请其他人。为了结识基里耶夫斯基这位才华横溢的俄国大学生，黑格尔的学生甘斯、米西勒、霍托、作家劳帕赫、一位将军夫人，还有一个美国人都来到了黑格尔的家里。基里耶夫斯基是这样描述的："整个晚上谈得非常热闹，一直没有间断，尽管大部分时间主要是我和黑格尔在谈。谁也比不上他那样好客，那样讲礼貌，那样和蔼了。"基里耶夫斯基还在自己的家信中这样告诉自己的继父："亲爱的爸爸，如果莫斯科买不到黑格尔的《哲学全书》，您就订购吧！这本书里面可以找到许多有趣的东西，那是所有最新的德国文学加在一起也不能提供给您的。这部书虽说难懂，但却值得一读。"①

1824 年 9 月，黑格尔又一次利用假期外出旅行，目的地是维也纳。为了再次欣赏世界著名美术馆的名画，他在经过德累斯顿时停留了一下。另外，他还到浪漫派作家蒂克家里参加了一次文学晚会，晚会上演出了霍尔贝克的一个新喜剧，虽然黑格尔看得兴致勃勃，但因为次日凌晨四点半还得赶路，所以没有看完就起身离开了。

黑格尔在抵达奥地利边境之前，给夫人又写了一封信，提醒她在来信当中不要谈政治，只谈一些轻松的私事就可以了，因为奥地利的官员们对私人信件非常感兴趣。他在布拉格待了一个星期。刚到布拉格，他就去了赫拉德钦。然而，那里正在举行军演，到处是军队，炮火弥漫，子弹乱飞，他只好返回。第二天，他才登上这个

---

①《伊凡·基里耶夫斯基全集》俄文版第 1 卷，莫斯科 1911 年，第 36~37 页。

著名的高地，一览金色布拉格的全貌。从早到晚，他都在城区游览，参观了古老的教堂、宫殿和美术馆。

在维也纳，意大利的歌曲给他留下了非常深刻的影响，他这样写道，“只要钱够我看意大利歌剧和回国之用，我就要继续留在维也纳。”[①] 在那里，他观看了麦尔卡丹、罗西尼、斯波蒂尼、莫扎特的歌剧，有的甚至看了几遍。意大利独唱家的演出让他心迷神醉。他从维也纳发出的每一封信里，都免不了这方面的内容。令他惊诧的是，他弄不明白自己为何那么喜欢罗西尼的音乐。他这样写道，“作为音乐，它有时使我感到无聊”[②]。同时，他又写道，“但是，就像绸缎只是为了女士们……它也只是为了意大利的嗓子而创作的……这不是真正的音乐，只是单纯的歌唱，一切都是为了歌唱……我现在已经败了胃口，罗西尼的这个《费加罗》比莫扎特的《婚礼》更使我感到回味无穷……”[③] 为了准时、精神饱满地上剧院，黑格尔很少去维也纳的郊区。白天的时候，如果有一点空闲，他就去市内公园散散步，尤其是街心公园和公共游乐场。到了晚上，他便去剧院。倘若歌剧院里没有演出，他就去著名的利尔伯尔达傀儡剧团。

黑格尔还去了动物标本陈列馆，他以柏林大学教授的身份在那里受到了欢迎和尊重。在这里，他见识了当时最大的皇家图书馆，一间阅览室里就有 30 万册藏书。在珍宝馆，他看到了一颗价值百万的钻石。那里的博物馆馆长还亲自带他参观了一些展品，内容之多，让他眼花缭乱，然而，他只识得其中一小部分。如果黑格

①《黑格尔书信集》第 3 卷，汉堡：梅纳出版社 1954 年版，第 55 页。

②《黑格尔书信集》第 3 卷，汉堡：梅纳出版社 1954 年版，第 60 页。

③《黑格尔书信集》第 3 卷，汉堡：梅纳出版社 1954 年版，第 64 页。

尔来的时候遇上闭馆，那么会引他去看私人藏品。这对黑格尔来说是莫大的敬意。在这里，让黑格尔感到不解的是人们竟然可以免费阅览群书。埃斯特哈齐是富豪们的领地，从维也纳一直延伸到土耳其边境。在这里的美术馆，黑格尔一连去了三次。黑格尔每天都会给家里写信，顺便记录当天的所见。各种应接不暇的印象像焰火一样绕得他眼花缭乱，让他竟然想不起头天晚上的所见所闻。他给夫人的信中这样写道，“……我今后不得不请你来告诉我，我是如何在这里度过的”①。

然而，没有不散的筵席。在奥地利的首都待了两个星期之后，黑格尔不得不踏上归程。在德累斯顿，他很高兴又一次见到了维克多·库然。

库然是柏拉图和笛卡尔著作的出版人，是德国教授当中唯一一个能够称得上达到现代理论哲学水平的法国人。1817 年，黑格尔同他在海德，建立起了友谊。这位年轻的法国哲学家当时来到德国的目的，是为了进一步了解德国的科学。他的哲学知识仅限于对康德的了解。他在美因法兰克福认识了弗里德里希·施莱格尔和史学家施洛塞尔。他从施莱格尔那里得知，德国当代有三位伟大的哲学家，分别是雅科比、谢林和弗里斯。施洛塞尔因为想到海德堡去就职，就怂恿库然一同前往。库然原打算在海德堡滞留不超过两个小时，但当他结识黑格尔之后，在那里待了整整两天，在回家的途中，又在海德堡待了三周的时间。他并没有急着去慕尼黑找雅科比和谢林，直到 1818 年他才去了慕尼黑。至于弗里斯，则给他没有留下任何印象。在魏玛，他会见了歌德；在柏林，他会见了施莱尔

①《黑格尔书信集》第 3 卷，汉堡：梅纳出版社 1954 年版，第 66 页。

马赫。然而，对他思想启发最大，让他感到最为敬佩的，当属黑格尔。库然不太精通德语，只有在卡罗韦的帮助下才能研读刚出版的《哲学全书》。他俩边沿着御花园的林荫路散步，边由卡罗韦把书上的内容口头翻译给库然听。晚上，他们就去黑格尔的家里。黑格尔边喝茶边给他们讲解不懂的地方。当然，不管他怎样去讲解，也难以讲清楚所有有疑惑的地方。把库然和黑格尔维系在一起的，是他俩一致的政治信念。库然曾说，世界上没有一个人的观点能够像黑格尔那样和他一致。和黑格尔一样，他对法国革命很感兴趣，也给予了高度的评价。不过，他是君主主义者和自由派，是拿破仑所说的"蓝色"。拿破仑曾用法国国旗的颜色来表明自己的政治立场。

当时，库然正陪年轻的伯罗公爵在德累斯顿旅行。数年之前，黑格尔的这位朋友因为受到法国当局的怀疑，禁止在巴黎大学授课。于是，库然利用闲余时间从事写作。黑格尔为其取得的成绩备感高兴，并热情地与他会面。

充分休息之后，黑格尔轻松地回到家里。可是，他不久之后获悉，库然被捕了。起初，大家都弄不明白是怎么回事，后来才清楚，他被萨克森的警察逮捕后，移交给了普鲁士当局，关押在克本尼克监狱，罪名是与德国大学生协会会员勾结。公诉书称，库然曾经于 1820 年在巴黎与两名德国教授和一名商人密谋颠覆活动，事发之前曾两度前往德国。这是政府的一名密探检举的，材料就保存在普鲁士内政部里。

普鲁士人习惯于把被捕者看作危险的罪犯。大家都认为，警察是熟悉他们业务的，所以最好还是不要和外国人来往。黑格尔相信政府，但同时也相信库然，因为他们已经是多年的老朋友了。黑格尔认为库然是清白的，对他的指控完全是一场误会。他觉得，自己有责任为库然申辩，所以亲自给内政大臣写信求助。信中写道，“……只要他（库然）现今还处于被告地位，还没有被判罪，那就可以相信，我早先对他……所产生的印象和敬意将不会产生变化……”①

对库然的审讯持续了四个多月，案宗达四大册，但没有一份能确凿证明库然触犯了普鲁士的法律。1825 年 2 月初，他被释放了，并于该月底撤销了对他的诉讼。库然动身前往魏玛，行囊中带着黑格尔写给歌德的信件。

一年前，歌德曾给黑格尔写了一封不同一般、满纸恭维的信。信中说，“唯愿我还能做到的一切同您已经开创和建立的一切密切相投”②。当时，黑格尔没有答复，但现在觉得有话可说了。他在给歌德的信中写道：“……如果综观一下我的精神发展的全过程，就可以看出，它同您有千丝万缕的联系，因此请您把我称作您的一个儿子吧。我的心灵为了抵抗抽象化，曾经从您那里获得增长气力的营养，并在航程中以您的形象作为灯塔。”③这样一来，歌德便尽力给库然提供帮助，力图消除他在德国留下的不愉快的印象。

黑格尔和库然的第二次见面，是在闻名世界之都巴黎。黑格尔于 1827 年秋来到巴黎，实现了他的夙愿。

乘车经过法国的街道时，黑格尔回忆起了自己的青年时代，回忆起了当年激情澎湃地参加革命的情形。他看到了瓦尔米。当初，无裤党军队就在这里击溃了联军。歌德曾亲眼看见了这场战役，并在战场上给普鲁士的官兵们说：“世界历史今天从这里开启了一个

①《黑格尔书信集》第 3 卷，汉堡：梅纳出版社 1954 年版，第 77 页。
②《黑格尔书信集》第 3 卷，汉堡：梅纳出版社 1954 年版，第 42 页。
③《黑格尔书信集》第 3 卷，汉堡：梅纳出版社 1954 年版，第 83 页。

新纪元。你们可以说自己是身临其境的。”①

库然已经在巴黎等待黑格尔的到来，并让他住在了卢森堡花园附近一个带有家具的廉价房间。他俩一起寻访法国革命期间发生过重大事件的地方，一起参观罗浮宫、大学以及植物园，还共同游览巴黎的四郊。此外，黑格尔还瞻仰了内有历代帝王陵墓的蒙摩隆西大教堂。他还兴致勃勃地去了卢梭曾经住过的庄园，那里还有卢梭亲自栽植的玫瑰。

和维也纳一样，黑格尔到了晚上便去歌剧院。这一次让他备感兴趣的是戏剧。他观看了伏尔泰、莫里哀和其他剧作家的剧目。另外，他还观看了一个英国剧团上演的莎士比亚的一些剧目，但他对演出不太满意。他觉得歌剧虽然不坏，但是平平淡淡。在写给夫人的信中，他这样说，“（他们表演）……比我们的男女演员含蓄得多，夸张的少得多……法国人表达感情，往往比我们、特别是比你来得稳重，来得确切。我经常对你讲，你一言一行都不应当带有感情……”②

他从巴黎写回家的信件，缺乏当年维也纳的那种激情。黑格尔抱怨巴黎的井井有条或者杂乱无章。不过，他习惯在中午一点左右丰盛但有节制地吃上一顿。在巴黎，人们习惯于下午五点开始就餐，一直吃到傍晚时分。因为肠胃失调，黑格尔卧床数日，也就谢绝了库然邀他共进午餐的请求，并且恢复了他日常的就餐时间。

在巴黎的一个月转瞬即逝。10月上旬，黑格尔在库然的陪同下离开了这里。库然一直把他送到科隆。接下来，黑格尔前往魏玛，拜访歌德。他在书信中写道，“我要向歌德详谈法国的政治和文学

①《歌德全集》十四卷集，汉堡：魏格纳出版社1959年版，第235页。

②《黑格尔书信集》第3卷，汉堡：梅纳出版社1954年版，第187页。

见解及有关趣闻，他对这一切十分感兴趣。他十分强壮、健康。总体来说，他是个年老而又永远年轻、比较沉静的人——这样一个体面的、优秀的、快活的首脑，以致人们忘记他还是一个富有天才和旺盛精力的伟人。重要的是，我们作为老朋友会面了，彼此非常诚挚，他的举止谈吐一点也不拘泥于礼节，我也不是为了慕名、为了提高身价才来的——歌德的儿子饭后还郑重其事地告诉我，歌德多么盼着我从巴黎归国途中能够来看望一下他”①。

关于1827年10月18日的这次会晤，歌德的秘书彼·埃克尔曼有过这样的描述：

“黑格尔来了，尽管他的哲学的若干成果并不特别投合歌德的口味，但还是受到了歌德本人的隆重接待，为了对黑格尔表示敬意，歌德这天晚上举行了一次茶会，策尔特也出席了，他是打算当天夜里就走的。

茶会上，大家纵谈哈曼，黑格尔更是滔滔不绝，对于那位卓越的奇才发表了十分深刻的见解，这些见解只有对其做过最认真、最严谨的研究，才能产生得出来。

接着，话题转向了辩证法的实质。黑格尔说：‘从根本上说，它不外乎是人人身上都有的那种经过整理的、有条不紊的形成的矛盾精神，那种才能在辨别真伪中才见得伟大。’

歌德插话说：‘但愿这种精神艺术和才能不致经常遭到滥用，不致被用来颠倒黑白，混淆是非才好！’

黑格尔答道：‘不过，这样的情况只可能发生在那些精神

①《黑格尔书信集》第3卷，汉堡：梅纳出版社1954年版，第205~206页。

不健康的人们身上。'

歌德说:'我喜欢研究自然,这种研究是不允许有这种毛病的!因为,我们在这种研究中不得不同无限的永恒的真实事物打交道,这种事物立刻就会证明那些不是诚心诚意、实事求是地观察和处理对象的人是不称职的,而将他们加以抛弃。同时,我还确信,许多辩证法方面的病患者将会在研究自然的过程中,得到有效的治疗。'"①

黑格尔和歌德两人根据事物的本质,解决了同一个理论问题:如何认识有机的整体。在关于概念具体化的见解中,黑格尔运用了辩证逻辑学的方法来寻找解决方法。根据他的观点,运动并向其对立面转化的范畴体系,可以让人理解自身发展着的有机体。歌德则是通过另外一种可能性。根据他的"原始现象"说,人们可以在个别中发现一般,在现象中发现本质。虽然带有感性的特点,这种发现要比简单的感知深刻得多。

有一次,歌德给黑格尔赠送了一只波西米亚玻璃做的黄色酒杯,里面放有黑色的丝织品。在阳光的照射下,杯子呈蓝色。歌德认为该现象证明了其颜色学说的正确性。他在随杯子送给黑格尔的名片上这样写道:"原始现象向绝对精神致意。"②

①《歌德和埃克尔曼谈话录》,第374~375页。

②《黑格尔书信集》第2卷,汉堡:梅纳出版社1953年版,第258页。

未尽的故事

黑格尔五十六岁的生日过得非常热闹。往年，他的生日只是在家里过，头一天的午夜开始庆祝。这一年情况有所不同。夫人 7 月份就带着孩子去了纽伦堡娘家，所以家里就剩黑格尔一个人。朋友们于是决定好好给他过一下生日。8 月 26 日晚，他们在勃洛赫赌场玩了半夜惠斯特，等守夜人告诉他们新的一天已经降临之后，他们开始举杯，庆祝黑格尔的生日。

上午，黑格尔开始迎接道贺的客人。朋友、熟人、官员们络绎不绝。警察总监兼枢密顾问冯·坎普茨的驾临可谓让他的生日庆祝活动达到了高潮。午饭之后，黑格尔稍事休息，以便有精力对付晚上的应酬活动。生日宴会设在一家刚落成的饭店，参加宴会的有他的学生弗尔斯特、甘斯和霍托，作曲家卡尔·弗里特里希·策尔特，艺术家勒泽尔等二十余人。在座的有一位黑格尔不认识，马上有人给他介绍说那是雕刻家维希曼教授，受委托来给他雕一座半身像。两个月之后，雕成的半身像送到了歌德那里，放在了歌德的办公桌上。当晚祝寿的还有大学生代表团，他们奏着乐前来祝贺，还送给黑格尔一只银杯。代表团的团长讲话之后，黑格尔致了答词。接下来是朗诵贺词。午夜钟声敲响之后，又一次响起欢呼之声，因为 8 月 28 日又是歌德的生日。一时间，吟诗声、祝酒声，混成一片，都在为歌德和黑格尔献上祝福：

“一尘不染，与世无争，情同手足，浑然一身……”[①]

《福西报》就这两位德国伟大天才的生日盛况做了详细的报道。一些小肚鸡肠的人抓住把柄，把报纸送到了国王那里，说诗人学者受到这样的礼遇，让国王的尊严受到了损害等。于是，报刊检查局奉命加强监督，此后凡是与王室和政府无关的喜庆之事，一律禁止在报刊上大肆渲染。这对黑格尔来说是无所谓的，因为这样隆重的庆贺不会再有了。

因为他的学生甘斯办事利落，策划的《科学评论年鉴》出版了，让黑格尔的愿望得以实现，也算是他五十六岁生日的最好礼物。

1825 年年底，甘斯在巴黎认识了斯图加特的出版商科塔，说服他出钱办一份新杂志。为了提高这份杂志的影响，决定将其办成一份科学团体的机关刊物。1826 年 7 月 23 日，在黑格尔的家里成立了“科学批判社”，该社团下设哲学、自然科学和历史语言学分组，甘斯任干事，同时负责主持该社团和杂志的秘书工作。

经商议，大家认为书刊评论要具科学性，避免临时凑数。该刊物的宗旨是按照最新科学成果研究最现实的问题。要求每篇评论得

①《黑格尔书信集》第 3 卷，汉堡：梅纳出版社 1954 年版，第 402 页。

有作者署名，并经过该社团审定后方可发表，以达到具有示范性的目的。一直以来，黑格尔梦想在首府和大学里刊印一份这样的评论性刊物。该份刊物虽然是私人创办的，但看上去又像一个为民造福的政府机构。黑格尔希望把评论作为向当局献策的一种方式，这当然是普鲁士的作家们不能小瞧的。

"科学评论社"想把持各种信念的人聚集起来。参加该社团的，除了黑格尔及瓦尔恩哈根·冯·恩泽外，还有歌德、里特尔、W.冯·洪堡、A.W.施莱格尔、博瓦塞雷、劳麦等。然而，当提到邀请施莱尔马赫加入时，黑格尔怒不可遏，说如果施莱尔马赫加入，他就退社。这样一来，邀请施莱尔马赫一事便未再提起。然而，就刊物的事，一时间谣言四起，说有一份《黑格尔报》马上出版。报界称，即将要出版的期刊是反对科学自由的，原因是它只维护迎合国家要求的学说；还说，黑格尔主张科学隶属于国家，反对科学和政权机关并驾齐驱；又说，这份刊物有国家做后台；还有的说，让作者署名是压制言论自由等。路德维希·别尔内还散发了一份小册子，列举了许多反对刊物发行的理由。他把矛头指向了评论的示范性质，认为有以检查法取代科学批判的危险，同时反对把批判置于国家理性之下。这样一来，新刊物有面临夭折的危险。

没料想，一切进展顺利。1827年1月，《科学评论年鉴》终于出版了。直到去世之前，黑格尔一直都负责这个刊物。在第7、8期中，黑格尔全面评述了威廉·冯·洪堡的《论〈摩诃婆罗多〉的著名诗篇〈薄伽梵歌〉》一书。该书评的最后部分刊登在10月份的一期《科学评论年鉴》上。

著名语言学家、古代文化专家及柏林大学创始人洪堡兄弟中的大洪堡在1826年发表了一部著作，主题是探讨印度哲学，其中阐述分析了《薄伽梵歌》中一个劝世性的篇章。相传，阿周那的元帅坚战王临阵犹豫不决，放下武器，向克里什纳神请教生的意义。接下来，18 首赞歌阐释了瑜伽派的宇宙观。克里什纳神说，是人的活动束缚了人自己，所以必须努力摆脱这种束缚。但是，人如果不得不活动，那么活动的目的不应是为了活动某样成就。义务的履行必须为了义务本身。从信仰上说，洪堡属于康德派，他不但熟悉而且也珍视这些思想。黑格尔欣赏他的这部著作，并且按照自己的理解将印度哲学阐述了一番。黑格尔称，印度哲学不同于现代思想，只不过属于历史的趣味而已。

当然，作者威廉·冯·洪堡对这篇文章深表不满。在 1828 年 3 月，洪堡写道："它（黑格尔的评论）把哲学与寓言、真与假、古与今混为一谈——这算哪门子的哲学史？整篇文章虽然闪烁其词，但可以看出是针对我的，而且认为我什么都可以算得上，唯独没有资格做哲学家。"[①] 然而，在写给黑格尔的信中，他写的又是另外一回事。信中感谢黑格尔为该书所做的详尽分析，并祝贺《科学评论年鉴》的出版。洪堡并不想挑起争论。

1827 年春，威廉·冯·洪堡的弟弟亚万山大·冯·洪堡到达柏林。多年海外游历之后，这位自然科学家终于重返家园。国王降诏每年赏其 5000 塔拉，并让他在巴黎度假四个月。小洪堡是科学院的革新派、自然科学家格奥尔格·福尔斯特的学生，也是他的朋友。他走遍了南美各国，就连歌德，也对他渊博的学识和广泛的兴趣备感惊叹。他在社会各阶层深孚众望。当年秋天，他开始做自然地理学免费讲座。讲座大厅座无虚席，听众有大学生和教授、艺人

---

①《黑格尔书信集》第 3 卷，汉堡：梅纳出版社 1954 年版，第 406 页。

和部长，就连国王也亲自驾到。听众当中大部分是女士，其中包括黑格尔的夫人，但黑格尔本人从来没有去过。

小洪堡演讲中的世界地理，蔚为壮观、富含诗意、令人赞叹。他畅谈宇宙和地球、稀有矿物和异国植物，娓娓道来，让听众了解了科学史和现代科学的理论与实践。他的演讲中，第六讲是针对思辨哲学的。他不赞成对该哲学做实证主义的攻击，对德意志唯心主义好为人师的态度极为反感。对于黑格尔把自然界贬低为一种消极因素的观点，他是断然不能接受的。虽然在演讲当中没有指名道姓，但他却提到了一种“既无学识、又无经验的形而上学”，说它可能会引发比中世纪的形式主义更为狭隘的形式主义。黑格尔听说之后，极为恼怒。他通过洪堡的朋友瓦尔德哈根·冯·恩泽给他带话，让他把话说清楚。和他的哥哥一样，小洪堡也不想把事闹大，于是想出了一个巧妙的办法。他把准备好的讲义寄给了瓦尔德哈根，并暗示是给黑格尔看的，黑格尔拿到讲义之后，仔细读了一遍，没有看到任何贬损之意。原来，洪堡偷梁换柱，把第五次而不是第六次的讲义转交给了黑格尔。这一点黑格尔万万没有料到。

大学里总是免不了明争暗斗。1827 年 1 月，黑格尔的得意门生霍托申请授课资格。他在考试论文《论艺术史的诸原则》中，复述了老师的观点。黑格尔非常满意，立即写了一份推荐书。没料到，论文没有通过。美学家希尔特说，他花了三个小时来读霍托的论文，但一句话都没有读懂。而且，霍托还大肆攻击了佐尔格教授，让好多人愤愤不平。佐尔格在黑格尔来普鲁士首都任职一事上帮过忙，黑格尔来柏林一年后他就离世了。校长对系委员会的冷嘲热讽做了总结，说系里不会容忍一位二十来岁的温室花朵来教育十八岁的温室花朵的。霍托还没等他们做出全盘否定的结论，就撤回了自己的论文，并于三个月之后重新提交了一篇论述赫拉克利特的新论文。这一次，论文通过了，他获得了授课资格，而且后来证明他的课讲得非常成功。

推荐霍托一事受阻之后，黑格尔亲自认真研究佐尔格的遗作。在《科学评论年鉴》上刊登了他的第二篇评论。主题是评论这位早逝的科学家的遗著和书信。他恭敬地介绍了佐尔格，并指出了他和浪漫主义者、特别是和他的朋友弗里特里希·冯·施莱格尔思想之间的不同。

弗里特里希·冯·施莱格尔曾援引苏格拉底的观点，试图把讽喻作为哲学的中心概念，让“科学之科学”失去积极、通俗易懂的内容。他曾写道，“（讽喻）……含有并唤起这样一种感觉：无限物和有限物之间、不可能性和必然性之间存在着难以调和的矛盾……这一点绝妙地表示出，主张和谐的傻瓜根本不知道自己不得不永远承受这样的自我嘲弄，不得不一再将信将疑，给弄得晕头转向，从而把正经当成玩笑，把玩笑当成正经”[①]。该观点只能引起黑格尔的极度愤慨。黑格尔说“他素来只会对它（哲学）评头论足，却说不出……哲学上的所以然来……”[②] 施莱格尔听了之后，当然也不会高兴。奥古斯特，也就是他的哥哥，专门写了一首打油诗，拿这两位见面就唇枪舌剑的巨匠来取乐：

“……

快快来呀，德国人，打起铺盖卷儿，

---

① E.贝勒主编，安斯塔、艾希纳参订:《弗里德里希·施莱格尔著作评注》第2卷第1章，苏黎世1967年版，第160页。

② 格罗克纳本:《黑格尔全集》第20卷，斯图加特1958年版，第161页。

从塞尔赶到普累盖尔！
来瞧施莱格尔厮打黑格尔！
来瞧黑格尔厮打施莱格尔！”[①]

在评论佐尔格的文章里，黑格尔特别指出，施莱格尔的嘲讽与苏格拉底的嘲讽并无共同之处。前者是消极的、虚无主义的，而后者则是积极的、探寻真理的。佐尔格的嘲讽也是如此，它同辩证的理性相符。虽然没有使他的思想摆脱矛盾性，让其有条不紊地发展，但他阐述哲学的风格和对艺术的态度，有助于和浪漫派划清了界限。

1828年，《科学评论年鉴》又刊登了黑格尔对约翰·格奥尔格·哈曼全集的书评。这是一篇对德国启蒙时期最为引人注目的人物之一的短小精悍的专论。作为作家和思想家的哈曼，丝毫不懂精密科学与系统知识。他既引起了黑格尔的兴趣，同时又让他反感。黑格尔赞赏哈曼著作中的辩证法思想，但是，哈曼是一位非理性主义者，这就让黑格尔感到敬而远之了。他说，“他的哲学推理，或者不如称作他的感觉和意识之神出鬼没的幽灵”并无细心推敲的精神形态，其思想也并不需要科学性。他的语言晦涩难懂，对世界的主观见解掩盖了客观结构。他认为哈曼所使用的是倾向诡辩的辩证法。

哈曼的女儿读了黑格尔的文章之后，怒不可遏地给他写了一封信。信中说：“您对我父亲吹毛求疵，夸大他的缺点，歪曲他的崇高形象，让他在大庭广众之中出丑，让我真有说不出的惊愕和痛

① 恩斯特·贝勒：《弗里德里希·施莱格尔的自白及图片》，汉堡：罗沃尔特出版社1966年版，第166页。

苦。您简直像个居心叵测的强盗，在我没有防备的情况下闯进我青春梦想的天堂，存心想把它给毁掉。虽然对您来说得逞于一时，对我却痛苦万分。我恨不得像父亲一样能说会道，痛斥您的暴行，以解我心头之恨！”[①] 对于这封信，黑格尔并没有回复。今天也难以判断这封信黑格尔是否真的收到了，或者就根本没有寄出。在黑格尔去世之后出版的通信集里也没有将其收录，直到20世纪初才为人所知。

事实上，黑格尔的书信往来往往是另外一种情形。除了朋友之间的书信之外，其他写信者大都是一些向他请教，或把著作或论文送给他，让他指正的年轻科学家。1828年11月底，黑格尔收到了一封来自安斯巴哈的信件，附有一篇拉丁文写的论文《论唯一的、普遍的、无限的理性》。这是一篇经过答辩的博士论文，作者为路德维希·费尔巴哈。他曾在柏林充满激情地听过黑格尔的演讲。在他眼里，“他就是……我当时称之为再生之父的那个人。他是唯一让我体会到并理解到‘老师’的定义的人，因此，他是我感到……唯一应当致以诚挚的谢意的人”[②]。

费尔巴哈信中希望黑格尔能严格指正他的论文，并毕恭毕敬地提出了黑格尔的宗教哲学基础诸原则继续发展的问题。他说，当前最迫切的是克服千百年来的陈旧观念，如宗教真理。他认为，基督教绝不是完美、绝对的宗教，它的有限性和虚无性已被大家所知，一切将会变成理念及理性。当然，费尔巴哈这些初期批判性观点，不可能为黑格尔所理解，所以也就没有得到任何答复。

①《黑格尔研究》第1卷，波恩：博维尔出版社1961年版，第95~96页。

② 卡尔·格吕恩:《路德维希·费尔巴哈哲学性格的发展》第1卷，海德堡和莱比锡1874年版，第387页。

不过，黑格尔对他收到的另一篇论文表现出了更多的兴趣。这部匿名出版的作品叫《与基督教信仰认识相关的绝对知与无知片论》。作者是汉堡法院法官，与黑格尔从未谋面，但把黑格尔的哲学思想确切地应用到了宗教领域。在《科学评论年鉴》上，黑格尔发表了一篇评论，对这部作品非常赞许。他说，“即使看上去有自我偏爱之嫌，也不能不怀着喜悦的心情来肯定这篇论文的内容及其对真理已做和即将要做的贡献，最后更因该文特别有助于思辨哲学，而希望与素不相识的作者先生握手致以谢意”①。后来，当问及哪一部著作表达了他的宗教观，黑格尔的回答便是格舍尔的《与基督教信仰认识相关的绝对知与无知片论》。

几乎在格舍尔的这部著作出版的同时，还出版了另外一部匿名作品《论黑格尔学说，或绝对知识与现代泛神论》。书中谴责了黑格尔，说他既自大又自卑。说黑格尔批判天主教教会，说明他目中无神，瞧不起神表明瞧不起他自己。黑格尔曾在《法哲学》中表示，人有自戕和自残的能力，这是人和禽兽相区别的标志之一。该书的作者便把他的这一思想说成是与基督教教义互不相容的“自戕和自残”。

这种站在天主教的立场对黑格尔发出的攻击已经不是第一次了。三年之前就有人到文教部说黑格尔公开诽谤天主教。起因是黑格尔曾在一次演讲中讲了一个笑话，说如果一个耗子吃了圣饼，就有了主的肉身，因此就该受人朝拜。他的好友枢密顾问舒尔茨奉命前来调查此事。黑格尔做了书面声明，说自己既然是在新教大学里授课的路德派，就有责任揭露天主教的偶像崇拜迷信。舒尔茨对此

① 格罗克纳本:《黑格尔全集》第20卷，斯图加特1958年版，第313页。

解释表示满意。黑格尔还在大学生面前做了同样的口头声明。当时，告密者就坐着大学讲堂里，咄咄逼人地看着黑格尔。黑格尔说:“您就是这样瞧着我，我也不怕。”结果对方在众目睽睽之下离开了。

接下来该轮到黑格尔出击了。在《科学评论年鉴》上，他发表了一篇评论该部作品的文章，说书中的指责是恶意中伤，目的是想通过牺牲黑格尔的著作来取得一种寄生生活。可是，迄今为止，还没有见到哪个寄生虫对施主感恩的先例。

黑格尔还傲慢、尖刻地指出，该书作者修改了他的思想，不但没有真正辩证地理解，而且将它丑化、曲解了。在结尾，他写道，“……我竟然不得不同这样的无赖打交道”[①]。

在同一篇文章里，黑格尔还驳斥了另一部诽谤他的著作《泛论哲学并专论黑格尔哲学全书》。该书两个作者中有一个叫舒巴特。黑格尔曾应歌德的要求帮助过他，没想到他竟然公开诽谤和污蔑自己的恩人。舒巴特特别指出，黑格尔否定灵魂不灭的观点。据说，该书在谈到人的寿命的心理学时，只字未提死或不朽的内容。难道黑格尔会相信自己的肉身升天吗？或者说，他会相信自己像流浪的犹太人一样万劫不复吗？黑格尔非常粗暴地回答:“舒巴特像煞有介事地以虔信基督教自夸，同时含沙射影，恶毒陷害，以至显得荒诞可笑，他的做法即使称不上卑鄙，但也够恶毒的了，只能叫人掩鼻而过。”[②]

他们之间的笔墨官司在1829年打了整整一年。不过，对黑格尔而言，一切还算不错。该年秋天，他打算再次出游。像以前一

① 格罗克纳本:《黑格尔全集》第20卷，斯图加特1958年版，第362页。

② 格罗克纳本:《黑格尔全集》第20卷，斯图加特1958年版，第393页。

样，黑格尔及时递交了一份补助申请，同时还提醒阿尔腾施泰因，提薪一事虽已应允，但至今尚未兑现。信里还提到了一直将其拒之门外的科学院。科学院虽然受国家资助，但有相对的独立性。和大学不同的是，这里没有政府的全权代表，也没有向政府负责的院长，其行政管理的职责由各部门的秘书轮流承担。施莱尔马赫和亚历山大·冯·洪堡对人员任命起着关键作用。11 年以来，阿尔腾施泰因一直都在为黑格尔进科学院而不懈地努力着。虽然科学院非常尊敬阿尔腾施泰因，但在重大问题的决策上依然依据自己的意见。1830 年，就黑格尔进科学院的问题进行了最后一次讨论。当时施莱尔马赫已经和黑格尔修好，同意接纳黑格尔为科学院院士。然而，这次全体会议上，物理学家和数学家对黑格尔持反对意见。因为他们的意见举足轻重，所以黑格尔最终未能成为普鲁士科学院院士中的一员。

在黑格尔提出给他的承诺仍旧没有兑现时，阿尔腾施泰因不得不对他进行安抚，给他批准了一笔差旅费。1829 年年底，黑格尔启程前往布拉格，在那里住了几天之后，又去了卡尔斯巴德。这是一个疗养胜地，当时已经远近闻名。出于好奇，他在那里虽然没有洗澡，但是饮用了那里的矿泉水。令他意想不到的是，谢林也刚好在那里接受矿泉治疗。黑格尔听说后马上去找他。黑格尔的到来也让谢林喜出望外，他们一起共进午餐，共同到附近的山岭游览，他们谈天说地，谈政治，谈其他，唯独不谈哲学。在回国途中，黑格尔在魏玛稍作逗留。在这里，他和歌德见了最后一面。

当年 10 月，黑格尔当选为学校校长（校长每年从大学的教授中选举一次）。政府还依据卡尔斯巴德决议，委派黑格尔担任大学里的政府全权代表。他是第一个同时担任这两个职位的人。可以看出，除了阿尔腾施泰因，普鲁士国家保安机关对他也十分信任。

10月18日，按照惯例，黑格尔用拉丁语做了就职演说，其主题是大学的自由。黑格尔说，大学是宇宙的一面镜子，是一个社会，一个有自由、有纪律的“国家”。大学的纪律是我们自己制定的，是为事业献身的那种纪律。大学里的教学自由与人生意义的发扬光大，是其他所有自由的楷模与源泉。大学自由绝不是盲目听命于权威，同样也不是在言行上采取无根无据的相对主义。大学根植于真理的基础之上，并且以真理为最终目的。大学是把理论与实践、宗教与世俗、人类生活中的普遍因素与个别因素统一在一起的实体。

1830年6月25日，黑格尔以校长的身份，用拉丁语做了一次演讲。当天是宗教改革三百周年纪念日。在这次演讲中，黑格尔讲了新教如何消除天主教在人和上帝之间所设的鸿沟，获得宗教自由。年近花甲的黑格尔再一次称赞路德教派是宗教意识发展的最高阶段。

为了庆祝他的六十大寿，黑格尔的学生特意定制了一种纪念章，正面是他的侧面像，背面是一幅象征画，画正中是守护神，右边是一个手执体现宗教信仰十字架的女性，左边是一位埋头读书的老人，老人头顶上是一只象征智慧的猫头鹰。据传，这幅画的真谛是信仰和智慧的结合。

除了歌德表示不满之外，这枚纪念章在黑格尔的朋友当中很受欢迎。歌德在写给策尔特的信中说，“我简直说不出黑格尔纪念章的背面是如何使我反感。谁知道他是什么玩意儿！我作为一个人，一个诗人，是懂得尊重十字架、歌颂十字架的。这一点有我的诗句为证。然而，一个哲学家，带着他的学生，在本质与非本质的有理与无理这些问题上，拐弯抹角地走了一段弯路，最后把他们引向这样一个枯燥无味的图案，我是并不以为然的”[①]。这种想把哲学和神学调和起来的意图，永远会遭到诗人歌德的反对。歌德对黑格尔关于神的证验的演讲是极为不满的，原因是他认为哲学和宗教二者是风马牛不相及的。

1831 年 1 月，黑格尔获得国家三级红鹰勋章。当时他虽已卸任校长之职，但该项荣誉肯定了他在任期间的成就。他在任校长以来，尽管法国正酝酿并且爆发了七月革命，但柏林大学没有发生一起反政府案件。期间，只有一名大学生因佩戴法国帽徽而遭监禁。后来证实是这个学生弄错了，他以为自己戴的是德国徽章。另外，有 12 名大学生在不准吸烟的场所吸烟，3 名决斗，15 名斗殴，30 名扰乱秩序。然而这些违反纪律的行为，都与政治无关。虽然有些遭到警方的干涉，但是没有引起任何严重后果。只有 14 名学生被关了禁闭，但没有一个被开除。可以看出，黑格尔没有辜负当局对他的信任。

晚年的黑格尔，对现实的政治问题又产生了很大的兴趣。他在一份书信中承认，自己对政治的兴趣几乎超过了其他一切。黑格尔在去世前不久出版的最后一部重要著作是《论英国的改革法案》。当年，黑格尔在评论符腾堡邦议会议员的文章里，攻击了那些维护成就法律和特权的人，可如今他却站到了选举改革反对者的一方。黑格尔对英国的局势表示出担忧。他说，英国国内贫富悬殊，选举改革将会导致政治斗争的激化，对英国十分不利。君主的势力还很软弱，难以在明争暗斗的各党派中间起到调和作用。他在这部可以

①《歌德书信集》十四卷集第 4 卷，汉堡：魏格纳 1967 年版，第 469 页。

称之为政治遗著的结尾写道，“人民则将成为另一种力量。而一个建立在迄今还不知道议会为何物的基础上的反对派，如果在议会里面对敌对党派感到无能为力的话，可能就会导致误入歧途，到人民中间去寻找力量，结果就会引发一场革命，而不是改革”①。

1831年夏，柏林霍乱猖獗一时。黑格尔举家迁往克洛依茨贝格。他们没有回到柏林，连他六十一岁的寿辰也是在城外的“提沃利”剧场办的。因为当时许多人都被霍乱吓坏了，纷纷逃离首都柏林，所以前来道贺的朋友寥寥无几。大家还没有在咖啡桌前坐稳，就来了一场突如其来的暴风雨，让大家抱头四散。这显然不是一个好兆头。

当年夏秋两季，黑格尔忙于《逻辑学》的再版。他对这部著作，除了没有根本性的改动之外，加了许多增补和修订。1831年11月7日，写完新版序言，他想起柏拉图在撰写《论国家》一书的时候曾七易其稿。一位现代作家，倘若有更深刻的原则、更艰难的主题、更丰富的题材，那么他一定得把稿子改上七十七遍才行。这么做，时间当然是不够的。试问，在如此熙熙攘攘、忙忙碌碌的世界里，有谁能有充裕的空间，从事这无动于衷的纯思维的认识活动呢？黑格尔只能在这样的条件下完成自己的著作，所以他便心安理得地将其出版了。

当时，黑格尔已经返回柏林。霍乱逐渐平息，大学也已复课。黑格尔宣布自己在第二学期开设两门讲座：法哲学和哲学史。可是，当他走到系里的时候，发现甘斯出了一份开讲普通法律史的布告，上面还建议学生去听黑格尔的讲座。其中的原委是这样的，黑

① 格罗克纳本:《黑格尔全集》第20卷，斯图加特1958年版，第518页。

格尔已经好几年不讲法哲学了，他把这门课教给了学生甘斯。然而，上面对甘斯感到不满，说他“……把所有学生都给教成了共和主义者”[1]。于是，文教部要求这门责任重大的课程应该由黑格尔亲自承担。1830年，黑格尔宣布和甘斯同时开课，结果却只有25名学生选课，所以他便借身体健康的缘故放弃了，并改由米西勒来讲授。现在，黑格尔重新宣布开设法哲学这门讲座。甘斯怕头一年的情形再一次出现，于是劝告学生们去听他的老师的课。然而，黑格尔觉得他的做法十分恶劣，于是给甘斯写了一封信，内容如下：“最尊敬的教授先生，您想出了这一样一个办法，出一份通告，把我们之间的竞争公布在学生面前，并擅自向他们推荐我的讲座。这显然就会让同事和学生们产生误解，以为您的通告和推荐（虽然没有引用我的原话，但一眼就能看出）是我所希望的，而且是由我引起的，以为我也赞成您这样做。您的这个办法在我看来只能称为歪主意，它造成了一种假象，让我非常难堪。我觉得也应该出一份通告来澄清一下事实真相。不过，为了尽量使认识我的人别把它算在我的头上，同时又不想让您处于新的尴尬境地，我自己的那份通告就不出了，而只写上您的这封信，以表明我自己的看法。”[2]这封信的落款是1831年11月12日于柏林。一天之后，黑格尔便离开了这个世界。

11月13日（星期日），黑格尔一大早就感到不适，胃痛呕吐。应邀前来共进午餐的客人只得回家。医生没有诊断出什么危险，说这样的发病情况以前也是有的。到了夜里，黑格尔难以入眠，他的

① 库诺·菲舍尔:《黑格尔的生平、著作和学说》第2部分，达姆斯塔特出版社1963年版，第1233页。

②《黑格尔书信集》第3卷，汉堡：梅纳出版社1954年版，第355~356页。

夫人在写给妹妹克里斯蒂安娜的信中这样说，“他在床上难受得翻来覆去，还一再恳求我去睡觉，让他一个人折腾。我没有走开，仍旧坐在他的床边，帮他把被子盖好。他的胃痛已经不是一般常见的那种疼痛了，‘而是到了和牙疼一样不可救药的地步，痛起来简直坐立不安’——星期一早晨他想起床，我们就把他扶到了隔壁的起居室，但他的身体实在是太虚弱了，还没有走到沙发跟前，就差点瘫倒在地。我叫人把他的床拖了过来，大家把他抬上了床，盖上暖烘烘的被子。他不断地埋怨自己弱不禁风。这时，疼痛和呕吐已经完全消失，他甚至还说：‘但愿今晚能好好消停一个小时。’他说需要安静，叫我别再接待来客。我想摸摸他的脉搏，他便深情地握住我的手，仿佛要说，放心吧——医生大清早就来了，还是和前几天一样，让在下腹敷上芥末膏（我头天晚上还给他放上了水蛭）。上午他因排尿困难，憋得都哭了。不过，他还是安静了下来，体温不太高，汗也不多，神智十分清醒，我原以为不会有什么危险的。第二次请来的医生霍恩博士，给他全身敷了芥末膏，随后盖上在甘菊煎剂里浸过的法兰绒巾。这一切并没有让他感到烦乱。三点钟左右，他气喘了一阵，接着就安详地入睡了。但是，左半边脸已经冰凉，两手也变得又紫又冷。我们大家在他床前跪了下来，此时他奄奄一息。”[①] 五点十五分，黑格尔与世长辞。这也是115年前，莱布尼茨逝世的日子。

根据医生的鉴定，黑格尔死于一种症状不明显的霍乱。该诊断连黑格尔的夫人也表示怀疑。现在大家趋向于同意黑格尔夫人的看法：他很有可能是死于胃病的恶化。这也是早就可以看得出

① 卡尔·罗森克兰茨：《黑格尔传》，柏林1844年版，第422~423页。

来的。认定他死于霍乱的原因是当时柏林霍乱流行。听到他去世的噩耗，朋友们纷纷赶到他家。黑格尔并没有像其他瘟疫的受害者一样，被葬在特殊的墓地。当然，这让主持公葬的柏林警察局局长颇感不快。

黑格尔的葬礼于11月16日举行。校长马尔海内克在大学礼堂里致了悼词。大学生们列队护送他的遗体前往墓地。在墓地，校长先生又一次致辞。黑格尔的墓地位于现代柏林市中心，他的旁边是费希特和布莱希特。

黑格尔的夫人比丈夫多活了24年。他们最小的儿子伊曼努尔在教会供职，后来成了勃兰登堡宗教法庭的庭长；次子是当时著名的中古史学家，一直活到20世纪初。

然而，他们的长子路德维希生活非常凄惨。他是个私生子，四岁起便由书商弗罗曼的妹妹索菲·博恩靠养老金养大。弗罗曼和黑格尔的弟弟格奥尔格都是路德维希的教父。他所受的教育让他懂得了“待人接物”。在耶拿，大家都称他为“小黑格尔”。歌德还专门给他写过一首诗：“识尔尚孩提，童心迎世界；愿尔历世途，相逢尽青睐。”[①] 十岁的时候，父亲把他带到了海德堡。和黑格尔的其他孩子一样，他在柏林的一所法国文科中学上学，成绩优异，而且很有语言天赋。黑格尔为儿子的成绩和勤奋备感高兴。可是，后来不知何故，路德维希十五岁时便辍学了，在斯图加特一个商人那里去当了学徒。这个本来多愁善感的孩子，变得愈加孤苦伶仃、郁郁寡欢了。关于父子关系的恶化，有两个版本。一种说法是那位商人丢了八枚银币，说是路德维希干的。黑格尔便

①《黑格尔书信集》第4卷，汉堡：梅纳出版社1954年版，第123页。

宣布路德维希不配黑格尔的姓，让他改姓已故母亲的姓；另一种说法是来自路德维希写给父亲的信。信中说，“我本希望得到慈爱和教育，但从耶拿来到海德堡之后，这个希望完全变成了泡影。且不说我的父亲——现在我已不再叫他父亲了，就说我的继母吧，她自己有两个孩子，对外的态度就可想而知了。我对父母谈不上什么爱，成天生活在恐惧当中。在这种环境里，势必会引起不断的摩擦，长此下去总不是事。在柏林的时候，因为孤立无援，所以我才没能离家出走。但凡有一个伙伴，我早就远走高飞了。我的思想和性格在那里已经定型，我酷爱语言，我的拉丁文和希腊文在整整半个学年中在班上名列前茅。我多想学医啊！但是，事实告诉我，这只能是痴心妄想，我只配做个商人！可我在那儿待不下去，因为我生来就不是干这一行的。人家说，如果不安心，就不再照顾我了——果不其然，又一次眼见就要离开斯图加特了，只是每当事到临头，我又泄了气。这一次，我再也受不了店伙计们的虐待，再说，老板是个鼠目寸光、气量狭小的人，逼得我和他大吵了一架，辞职不干了。经过一番周折，终于离开了那个地方。黑格尔先生通过老板正式宣布和我脱离关系，从此再也没有给我写过信。我从美因兹给他写了一封诚恳的告别信，这是他从我这里收到的最后一封信。我们的关系就此决裂了……”①

路德维希十八岁时应征入伍，前往印度尼西亚服役六年。黑格尔一直没有打问儿子的音讯。1828 年，他的学生荷兰高级官员梵·格尔特写信给他，“获悉令郎在为荷兰服役，现驻巴达维亚（现在的雅加达）。我欲助其一臂之力，苦于不知他的具体情况。为

①《黑格尔书信集》第 4 卷，汉堡：梅纳出版社 1954 年版，第 128~129 页。

勿失良机，敬请告知所属部队及需要帮助事项，定当尽我所能”[①]。黑格尔没有答复。不幸的是，服役期满之后，路德维希得了疟疾，1831年父亲去世两个半月之后他也离开了这个世界。

黑格尔的大儿子就这样离开了人世。不过，黑格尔以另外一种精神途径留下了和他联系的纽带。黑格尔去世后不久，他的包括讲演录在内的十八卷集出版了。宗教哲学讲演录是由马尔海内克编订的，美学讲演录是由霍托编订的，哲学史讲演录和历史哲学讲演录是分别由米西勒和甘斯编订的。他们与格舍尔和欣里希斯一道，组成了所谓的“老黑格尔派”小组。这些人都是黑格尔一手培养起来的学生和朋友。格舍尔和欣里希斯两人以保守的观点力图完全用新教的正统观念解读黑格尔的学说，被称之为“右翼”。他们把哲学和宗教相等同，把绝对理想看成上帝，用神圣的三位一体取代了三段论法。

然而，在德国精神领域占统治地位的黑格尔哲学却孕育着各种新动向。黑格尔去世四年之后，出版了戴维德·弗里德里希·施特劳斯的《耶稣传》。该书再版数次，对当时影响极大。施特劳斯通过从历史的角度探本寻源，得出的结论是：福音书不可信，其中关于耶稣事迹的说法都未必可靠；而且由耶稣创造的所谓奇迹是不可能发生的。然而，福音书的故事并非有意编造，而是神话创作。神话创作比无边无际的幻想要好。神话是民族或教区集体无意识创作。在施特劳斯的著作里，黑格尔关于民族精神实体的学说得到了又一次体现。

《黑格尔传》标志着“左翼”黑格尔派或“青年黑格尔派”运

①《黑格尔书信集》第4卷，汉堡：梅纳出版社1954年版，第234页。

动的开始，它和官方的黑格尔传统完全决裂了。他们是无神论者和共和主义者。它的代表人物是布鲁诺·鲍威尔，他对基督教的批判比施特劳斯有过之而无不及。他认为，福音书中的故事纯属作者杜撰。施特劳斯的错误在于将“实体”绝对化，并没有让精神上升为“自我意识”。民族本身不能直接从其实体中创造什么，而只有个别意识才能给思想作品赋予形式和内容的规定性。

在宗教问题上，大家争论不休。但神学的实质乃是哲学问题。那么，福音书的故事是如何来的呢？到底是通过教区无意识的口头神话流传而来，还是福音书的作者想象出来的呢？这一问题最后延伸成了世界历史基本的有效力量是“实体”还是“自我意识”？是民族文化还是批判思维的人？

鲍威尔是一位无神论者，他写过一些很有才华的反宗教小册子，来嘲笑教会向反基督的黑格尔发起的斗争。然而，他的思想没有脱离唯心主义的窠臼。在他的笔下，黑格尔哲学常常带有费希特的特色，争论也没有跳出唯心主义的界限。

1841 年，有一本书的出版使唯物主义作为哲学恢复了本来的面目。后来，恩格斯这样写道：“自然界是不依赖任何哲学而存在的。它是我们人类及自然界的产物本身赖以生长的基础；在自然界和人以外不存在任何东西，我们的宗教幻想所创造出来的最稿存在物只是我们所固有的本质的虚幻的反映。魔法被解除了；‘体系’被炸开了，而且被抛在一旁，矛盾既然仅仅只存在于想象之中，也就解决了——这部书的解放作用，只有亲身体验过的人才会想象得到。”[①] 这本书就是路德维希·费尔巴哈所著的《基督教的本质》。

①《马克思恩格斯全集》中文版第 21 卷，第 313 页。

三年之后，《德法年鉴》发表了卡尔·马克思的《黑格尔法哲学批判导言》一文。马克思在文中断言，在德意志，宗教的批判已告结束。他认为，哲学最为迫切的任务就是将天上的批判转向尘世的批判，将对宗教和哲学的批判转向法和政治的批判。他认识到了政治革命的必要性，并指出无产阶级是唯一能够实现这一革命的物质力量。此后，黑格尔思想遗产的命运就和辩证唯物主义的历史联系在了一起。

在结束之际，有必要对这位伟大的哲学家做一总结。

黑格尔最大的成就是历史感和历史方法。真理和世界一样，是一个进程。辩证法认为，在现实和对现实的认识中，永恒不变的现象是不存在的。

矛盾是运动的源泉。统一体处在分裂状态当中，统一体中的各个组成部分、各方面、各要素之间的矛盾促成了越来越复杂的结构。在发展过程当中，旧事物并没有完全消失，其中的积极因素保存下来，发展并上升到较高阶段。

每一个时期同前一阶段都是有联系的。世界不是机械的集合体，而是一个有机整体。事物及其进程，自然现象和历史事件，都是宇宙统一体的要素。黑格尔哲学的一个十分重要的特点就是体系化。黑格尔一再指出，个别的辩证思想已经为人所知，而且有些很久以前就产生了。黑格尔不但深化了这些思想，赋予其普遍意义，而且最重要的是，他还力图建立一个辩证范畴的、多方面的、能动的概念统一体系。这些概念不断向着其对立面转化，通过其运动及相互依赖性，让发展着的现实得以重现。这种体系是有严格层次的，当然它并不属于形式逻辑意义上的层次。相反，其结构原则是思维从抽象到具体，从单调的内容到各式各样的规定性的统一运动过程。

然而，局限性的根源也在于此。层次有序的体系是有一定界限的。倘若企图思辨地消除这样的界限，就会导致对事实的歪曲。显然，黑格尔的体系和他的方法是不一致的。所以就出现了黑格尔学说的双重性及对它的两种不同评价。A. 赫尔岑将黑格尔的学说称之为“革命的代数学”，而 R. 海姆则将其称为“复辟的哲学”。事实情况是，这两种特点兼而有之。

黑格尔是个矛盾体。在他的学说中，进步的、革命的一面，同保守的、甚至反动的一面混杂在一起。既让人感到惊讶，但又合乎规律。

对此，弗里德里希・恩格斯写道，“但是这一切，并没有妨碍黑格尔的体系包括了以前的任何体系所不可比拟的巨大领域，而且没有妨碍他在这一领域中发展了现在还令人惊奇的丰富思想。精神现象学（也可以叫作同精神胚胎学和精神古生物学类似的学问，是对个人意识各个发展阶段的阐述，这些阶段可以看作人的意识在历史上所经过的各个阶段的缩影）、逻辑学、自然哲学、精神哲学，而精神哲学又分成各个历史部门来研究，如历史哲学、法哲学、宗教哲学、哲学史、美学等——在所有这些不同的历史领域中，黑格尔都力求找出并指出贯穿这些领域的发展线索；同时，因为它不仅是一个富于创造性的天才，而且是一个学识渊博的人物，所以他在每一个领域中都起了划时代的作用。当然，由于“体系”的需要，他在这里常常不得不求救于强制性的结构，这些结构直到现在还引起他的渺小的敌人如此可怕的喊叫，这些结构仅仅是他的建筑物的骨架和脚手架；人们只要不是无所谓地停留在它们面前，而是深入到大厦里面去，那你就会发现无数的珍宝，这些珍宝就是在今天也还具有充分的价值。在一切哲学家看来，正是‘体系’是暂时性的东西，因为体系产生于人的精神的永恒的需要，即克服一切矛盾的需要。但是，假如一切矛盾都一下子永远消失了，那么我们就会达到所谓绝对真理，世界历史就会终结，而历史是一定要继续发展下去的，虽然他已经没有什么事情可做了。这样就产生了一个新的不可解决的矛盾……这样给哲学提出任务，无非就是要求一个哲学家完成那只有全人类在其前进的发展中才能完成的事情……”①

总结便到此为止。

①《马克思恩格斯全集》中文版第21卷，第310~311页。

年　表

1770 年 8 月 27 日　黑格尔出生于斯图加特埃贝哈德街 53 号

1777 年　进入文科学校

1785 年　进入文科中学

1788 年 10 月 27 日　考入图宾根神学院

1790 年 9 月 27 日　通过哲学硕士论文答辩

1790~1791 年冬　黑格尔、荷尔德林和谢林住同一宿舍

1792 年　着手撰写《人民宗教与基督教》一书

1793 年 6 月　神学论文答辩

1793 年 9 月 20 日　神学院毕业

1793 年 10 月　在伯尔尼施泰格尔家做家庭教师

1794 年　暂停《人民宗教与基督教》的撰写

1795 年春　去日内瓦

1795 年 5~6 月　撰写《耶稣传》

1795 年 11 月 2 日　着手撰写《基督教的天启性》（次年 4 月

29日完成）

1796年7月25日至8月初　漫游阿尔卑斯山

1796年秋　离开施泰格尔家，回到斯图加特老家

1797年1月　在美因法兰克福商人葛格尔家当家庭教师

1798年春　翻译法文《关于瓦得州对伯尔尼城的旧国法关系的密信》，并匿名出版，标志着黑格尔的著述首次问世

1798年秋、冬　撰写《基督教精神及其命运》

1799年1月14日　黑格尔父亲去世

1799年2~3月　评论詹姆斯·斯图尔特的《政治经济学原理研究》德文版

1799年3月　逗留斯图加特

1799年春、夏　继续撰写《基督教精神及其命运》

1800年9月14日　撰写《一个体系的札记》

1800年9月29日　《基督教的天启性》新序论完成

1801年1月　在耶拿

1801年春、夏　撰写《论德意志宪法》

1801年7月　《费希特哲学体系与谢林哲学体系的差异》出版

1801年8月　《论行星轨道一文临时提纲》和评论F.布泰韦克的《思辨哲学入门》两篇文章发表

1801年10月18日　印发申请授课资格论文

1801年10月21日　第一次与歌德会面

1801年第二学期　讲授《逻辑与形而上学》和《真正哲学之思想与范围导论》课程

1802年1月　《哲学评论杂志》发行，第1期刊登了黑格尔的《论哲学批判的本质》和《常识如何理解哲学》

1802 年 3 月　《哲学评论杂志》第 1 卷第 2 期出版，刊登黑格尔的《怀疑论与哲学之关系》，并在《爱尔兰根文学报》上发表 4 篇评论

1802 年第一学期　讲授《自然法与国际公法》和《逻辑与形而上学》

1802 年 12 月　《哲学评论杂志》第 2 卷第 2 期出版，刊登黑格尔的《论自然法的科学研究方法》

1802 年冬　撰写《论德意志宪法》和《伦理体系》

1803 年春　继续撰写《伦理体系》

1803 年第一学期　讲授《哲学全书》和《自然法》

1803 年 5 月　《哲学评论杂志》第 3 卷第 3 期出版，《论自然法》续完

1803 年第二学期　讲授《思辨哲学体系》和《自然法》

1803 年秋、冬　撰写《自然哲学与精神哲学》

1803 年 11~12 月　与歌德会面

1804 年 1 月 30 日　耶拿矿物学会聘请黑格尔出任鉴定员

1804 年第一学期　讲授《哲学的一般体系》

1804 年 8 月 1 日　成为威斯特伐自然研究会正式会员

1804 年夏、秋　撰写《逻辑・形而上学・自然哲学》

1804 年第二学期　讲授《逻辑与形而上学》和《哲学全书》

1805 年 3 月　出任大学讲师

1805 年 5 月　第一次提到正在撰写《精神现象学》一事

1805 年第一学期　讲授《哲学全书》和《自然法》

1805 年秋　撰写《现实哲学》

1805 年第二学期　讲授《哲学史》、《现实哲学》和《纯粹数学》

1806 年 2 月 《精神现象学》第一部分出版

1806 年第一学期　讲授《自然哲学与人类知性哲学》、《思辨哲学或逻辑》和《纯粹数学》

1806 年 6 月　首次领取大学年薪 100 塔拉

1806 年 10 月 14 日 《精神现象学》完稿

1806 年第二学期　讲授《自然哲学与精神哲学》、《思辨哲学或逻辑》和《纯粹数学》，预讲《精神现象学》

1807 年 1 月 1 日　当选海德堡物理学会名誉会员

1807 年 2 月 5 日　私生子路德维希诞生

1807 年 3 月　迁居班堡，任日报编辑，《精神现象学》出版

1808 年 11 月　任纽伦堡文科学校校长

1808 年 12 月　迁往纽伦堡

1809 年 9 月 29 日　学年年终讲演

1810 年 9 月 14 日　学年年终讲演

1811 年 4 月　取得与玛丽·冯·图赫尔的婚约

1811 年 8 月 1 日　向国王递呈结婚申请

1811 年 8 月 14 日　结婚申请获得批准

1811 年 9 月 2 日　学年年终讲演

1811 年 9 月 16 日　正式结婚

1812 年春 《逻辑学》第一部分出版

1812 年 8 月　第一个女儿诞生后夭亡

1812 年 10 月　谢林到纽伦堡拜访黑格尔

1812 年 12 月 《逻辑学》第 1 卷第 2 部分出版

1813 年 6 月 9 日　儿子卡尔诞生

1813 年 9 月 2 日　学年年终讲演

1813 年 12 月 15 日　担任纽伦堡市学校事务委员会督导

1814 年 9 月 25 日　儿子伊曼努尔诞生

1815 年 8 月 30 日　学年年终讲演

1815 年秋　到慕尼黑

1816 年秋　《逻辑学》第 2 卷出版

1816 年 10 月　迁居海德堡

1816 年第二学期　讲授《哲学全书》和《哲学史》

1817 年 1 月　评论 F. 雅可比的著作集第 3 卷一文发表

1817 年第一学期　讲授《逻辑与形而上学》、《美学》和《人种学与心理学》

1817 年 6 月　《哲学全书》出版

1817 年 7 月 18 日　和克罗伊策尔将博士学位证书授予让·保尔·里希特

1817 年第二学期　讲授《自然法与国家学》、《哲学史》和《人种学与心理学》

1817 年 11~12 月　《评符腾堡邦议会会议辩论集（1815—1816）》刊登于《海德堡文献年鉴》

1818 年 1 月 24 日　应邀到柏林

1818 年 3 月 12 日　被普鲁士国王任命为柏林大学教授

1818 年第一学期　在海德堡讲授《哲学全书》、《在总体系范围内的哲学》和《美学》

1818 年 9 月 18 日　离开海德堡

1818 年 9 月 23 日　在魏玛歌德家做客

1818 年 10 月 22 日　在柏林大学发表就职演说

1819 年 3 月　撰写《法哲学》

1819年第一学期　讲授《逻辑与形而上学》和《哲学史》

1819年5月2日　参加大学生在皮歇尔思贝格举行的庆祝会

1819年9~10月　携家眷游览吕根岛

1819年第二学期　讲授《自然哲学》和《自然法与国家学或法哲学》

1820年第一学期　讲授《逻辑学与形而上学》和《人种学与心理学》

1820年7月14日　任勃兰登堡省科学考试委员会委员（直至1822年12月）

1820年8月底~9月初　前往德累斯顿

1820年10月《法哲学原理》出版

1820年第二学期　讲授《哲学史》和《美学或艺术哲学》

1821年第一学期　讲授《宗教史》和《逻辑学与形而上学》

1821年9~10月初　前往德累斯顿

1821年第二学期　讲授《实用物理学或自然科学》和《自然法与国家学或法哲学》

1822年第一学期　讲授《人种学与心理学全书》和《逻辑与形而上学》

1822年9~10月　到马格德堡、布伦瑞克、卡塞尔、科布伦茨、波恩、科隆和布鲁塞尔等地旅行

1822年第二学期　任大学评议会委员。并授《历史哲学》和《自然法与国家法或法哲学》

1823年　到莱比锡

1823年第一学期　讲授《美学或艺术哲学》和《逻辑与形而上学》

1823 年 9 月　收到荷兰学者组织“和睦”社社员证书

1824 年第一学期　讲授《宗教哲学》和《逻辑与形而上学》

1824 年 9~10 月　到德累斯顿、布拉格和维也纳旅行

1824 年第二学期　讲授《自然法与国家法或法哲学》和《历史哲学》

1825 年第一学期　讲授《逻辑与形而上学》和《人种学与心理学或精神哲学》

1825 年第二学期　讲授《哲学史》和《自然哲学或实用物理学》

1826 年 1 月　在《柏林快邮报》第 8~9 期发表评劳帕赫剧作《改宗者》的文章

1826 年第一学期　讲授《逻辑与形而上学》和《美学或艺术哲学》

1826 年第二学期　讲授《哲学全书》和《历史哲学》

1827 年 1 月　主编的《科学评论年鉴》开始发行。1 月份第 7~8 期和 10 月份第 181~188 期发表黑格尔评论 W.V. 洪堡的《论〈摩诃婆罗多〉的著名诗篇〈薄伽梵歌〉》的文章

1827 年第一学期　讲授《逻辑与形而上学》和《宗教哲学》

1827 年 7 月　《哲学全书》第 2 版出版

1827 年 8~10 月　到巴黎，回归途中经布鲁塞尔和魏玛，和歌德会面

1827 年第二学期　讲授《哲学史》和《心理学与人种学》

1828 年 3 月和 6 月　《科学评论年鉴》第 51~54 和 105~110 期发表评论佐尔格遗著的文章

1828 年第一学期　讲授《逻辑与形而上学》和《自然哲学或实用物理学》

1828年4月和6月 《科学评论年鉴》第77~80和109~114期发表《论哈曼的著作》

1828年第二学期 讲授《美学或艺术哲学》和《历史哲学》

1828年11月 费尔巴哈向黑格尔寄阅自己的博士论文

1829年1月、2月、6月 在《科学评论年鉴》第10、11、13、14、37~40和117~120期发表书评，评论《黑格尔学说，或绝对知识与现代泛神论》和《泛论哲学并专论黑格尔哲学全书》两篇文章

1829年第一学期 讲授《论上帝存在的证据》和《逻辑与形而上学》(听众达两百人)

1829年5~6月 《科学评论年鉴》第99~102、105和106期发表评论K.F.格舍尔的《与基督教信仰认识相关的绝对知与无知片论》

1829年8月末~9月 到布拉格和卡尔斯巴德旅游

1829年9月11日 在魏玛和歌德最后一次会面

1829年10月 当选柏林大学校长

1829年10月18日 用拉丁文发表校长就职演说

1829年第二学期 讲授《哲学史》和《心理学与人种学或精神哲学》

1830年第一学期 讲授《逻辑与形而上学》和《自然哲学或实用物理学》

1830年6月25日 纪念路德宗教改革300周年演说

1830年10月 《哲学全书》第3版出版。柏林大学改选校长，黑格尔发表演说

1830年第二学期 讲授《历史哲学第一部分》。原定由黑格尔讲授的《自然法和国家法或法哲学》由米西勒代讲

1831 年　授予三级红鹰勋章

1831 年 4 月 《论英国改革法案》部分章节刊登于《普鲁士总汇报》第 115、116 和 118 期

1831 年第一学期　讲授《逻辑》和《宗教哲学》

1831 年夏　在克罗伊茨贝格，修订《逻辑学》第二版

1831 年 6 月 《科学评论年鉴》第 106~108 期刊登评 A. 奥勒特《理想实在论》第一部分

1831 年 9 月 《科学评论年鉴》第 55~58 期刊登评 J. 格雷斯《论世界史分期与编年之基础》一文

1831 年 11 月 14 日　逝世

读史思廉

左连璧◎著

辽宁人民出版社

图书在版编目（CIP）数据

读史思廉 / 左连璧著.—沈阳：辽宁人民出版社，2018.9（2024.1重印）
ISBN 978-7-205-09374-7

Ⅰ.①读… Ⅱ.①左… Ⅲ.①廉政建设—中国—古代—文集 Ⅳ.①D691.49-53

中国版本图书馆CIP数据核字（2018）第180262号

出版发行：辽宁人民出版社
地址：沈阳市和平区十一纬路 25 号　邮编：110003
电话：024-23284321（邮　购）　024-23284324（发行部）
传真：024-23284191（发行部）　024-23284304（办公室）
http：//www.lnpph.com.cn
印　　刷：辽宁新华印务有限公司
幅面尺寸：168mm × 240mm
印　　张：18.25
字　　数：280千字
出版时间：2018年9月第1版
印刷时间：2024年1月第3次印刷
责任编辑：孙婺娇
装帧设计：高政华
责任校对：吴艳杰
书　　号：ISBN 978-7-205-09374-7
定　　价：88.00元

目录

直道为官

甘于清贫

心系百姓

清隽家风

诸葛亮赞

不忘初心

道为官

“包公曾经写过一首明志诗：‘清心为治本，直道是身谋。秀干终成栋，精钢不作钩。仓充鼠雀喜，草尽兔狐愁。史册有遗训，毋贻来者羞。’”

——习近平在中央政法工作会议上的讲话

（2014 年 1 月 7 日）

舟漏而水入　土湿而苔生

“舟必漏也而后水入焉，土必湿也而后苔生焉。”此语出自明代刘基《郁离子·自讳自矜》。说的是，船一定是自身有了漏洞，然后水才会进来；土一定是本来就很湿润，然后苔藓才会长出。

刘基，字伯温，元末明初军事家、政治家、文学家，明朝开国元勋。朱元璋多次称刘基“吾之子房（汉代张良）也”。时人则将刘基誉为诸葛亮，民间广泛流传着“三分天下诸葛亮，一统江山刘伯温”的说法。《明史·刘基传》载，元末方国珍作乱，刘基被任命为元帅府都事，前往平乱。但朝廷上下受方国珍贿赂，反而授予其官职，责怪刘基滥用权力，进而剥夺了刘基的兵权，“基遂弃官还青田（故乡），著《郁离子》以见志”。

“郁离子”是刘伯温的托称：郁，文采丰盛的样子；离，八卦之一，代表火。《易经·说卦传》载：“离，为火，为日。”“离也者，明也。”即离卦为火，是光明的象征；“郁离”两字合起来，就是文明的意思，寓意天下后世若用此书之言，必可成文明之治。《郁离子》思想内容以道为本兼容儒家，立意与行文变幻奇诡，颇得庄子精髓。《刘基传》载：“所为文章，气昌而奇，与宋濂并为一代之宗。”即刘基的文章气势浩大而奇妙，与宋濂同为一代宗师。可以说《郁离子》一书，集中反映了刘基治国安民的主张。此书杀青后，他即出山离家，成为朱元璋的亲信谋士，最终协助朱元璋建立了大明王朝。

“舟漏而水入，土湿而苔生”道出了一个真理：那就是出了问题一定要从自身和内部来查找原因。国语中，类似的经典语言还有许多许多，如“肉腐出虫，鱼枯生蠹”，“物必先腐而后虫生之”，“外疾之害轻于秋毫，内疾之害重于泰山”，“酒香不怕巷子深”，等等。毛泽东也早就教导说“事物发展的根本原因，不是在事物的外部而是在事物的内部，在于事物内部的矛盾性”。然而，却总是有人出现问题之后，就是不愿意从自身查找原因。

有些贪官贪污受贿被送上法庭，还说是“人在江湖，身不由己”，用种种奇葩理由来为自己狡辩。比较典型的如：“我出事，是有人整我”；“我所以犯事，是因为社会风气不好”；“我不收钱，怕冷落了企业家，怕人家以后不再来投资”；“上面有旨意的，不收钱怕得罪了顶头上司”等等。而对于自己在领导岗位上，不好好琢磨着用权来为国干事、为民造福，却总是想着如何用权来为自己牟利，且捞多少都永不知足，这是问题的症结所在，却缄默三分闭口不谈。其实，上述奇葩理由是不值得一驳的。所谓“有人整你”，假如你没事，自身干净清白，还怕有人整吗！社会风气是有些不够好之处，但总不会硬吹着你去干这干那吧。相反，你收了企业家的钱，人家才心生厌恶，真的就不会再来投资了。上司也不会叫你去放手贪污受贿的，在这里也要相信领导和上级。奉劝至今仍有这些奇葩念头的人们，党的十八大以后仍频频伸手不消停的人们，不要再执迷不悟，不要再自欺欺人了。要好好悟一悟辩证法，弄清弄懂内外因的逻辑关系，加强学习练好内功，立志执政为民，毕生廉洁为官，真正做到：将舟堵好漏再下水远航，把土风干断绝苔藓生路。

下属的榜样

明代的广西镇守主将山云，戍边十多年，廉洁干净，办事公道，赏罚严明，深受当地人民的拥戴。他手下的府吏郑牢，以劝主廉洁的义举，也被载入史册。郑牢的言行，足以告诫后人，部属就是应该这样来当的。

《明史·山云传》载："云谋勇深沉，而端洁不苟取，公赏罚，严号令，与士卒同甘苦。临机应变，战无不捷。广西镇帅初至，土官率馈献为故事。帅受之，即为所持。云始至，闻府吏郑牢刚直，召问曰：'馈可受乎？'牢曰：'洁衣被体，一污不可湔，将军新洁衣也。'云曰：'不受，彼且生疑，奈何？'牢曰：'黩货，法当死。将军不畏天子法，乃畏土夷乎？'云曰：'善。'尽却馈献，严驭之。由是土官畏服，调发无敢后者。云所至，询问里老，抚善良，察诬枉，土人皆爱之。"

说的是，山云有勇有谋，沉着冷静，而且品行端正廉洁，赏罚公正，号令严明，与士兵同甘共苦。随机应变，战无不胜。广西镇守将领初到，按惯例当地土官都要来馈赠财物。将领如果收下了，就会被他们所挟持。山云初到时，听说府吏郑牢刚直，便召他来问："土官们的馈赠可以接受吗？"郑牢说："干净的衣服穿在身上，一旦被污染就洗不掉。将军就如同新的干净衣服。"山云说："如果不收下，土官们会生疑，怎么办？"郑牢说："接受贿赂，依法当死。将军不怕天子之法，反倒怕当地土夷吗？"山云说："说得好。"于是把土官们的所有馈赠全部辞掉，依规统御他们。因此土官们都很敬服，对于朝廷的调遣征发，没有人敢落后。山云所到之处，询问乡里父老，安抚贤良，审查受到诬陷冤枉之人，当地的土人都很爱戴他。

应该说山云能始终廉洁为将，本来并非郑牢之功，还是其自身品德规范所致，但郑牢也是好样的。好就好在于上司面前，郑牢没有顺情说好话，而是敢于直言不同意见，并以一件新衣来作比喻，形象生动地说明，接受馈赠就如同新衣染墨，污点是永远除不掉的。好就好在于上司面前，郑牢没有点到为止，还进一步与上司展开讨论，掰扯清楚什么是大什么是小，即国法可畏，人情不足畏，低级庸俗甚至与法相悖的人情更不足畏。正是郑牢的大义之词，使初到此地的山云疑虑顿消，廉洁定力倍增，敢于突破以往新任主将所形成的惯例，成就了一位廉吏的英名。郑牢则为后世立下了如何当好一名部属的标杆。

时至今日，上尊下卑的森严等级，在一些地方和单位，也还严重地存在着，上级批评部属，正常得很，部属别说批评上级，就是提出个不同意见，也往往被看作是不正常了，实践中也很难实行。但一个好的部属，出于对党忠诚，对事业负责，也是对上级负责，真是要对上级敢于说不同意见甚至批评的话，不能一味顺情说好话唱赞歌，甚至是阿谀奉承。各地倒台的那些大老虎，根本原因在于他们自己世界观改造不好，忘记了党的宗旨，有的还专横跋扈霸道得很，阻塞了一切进言之道，但周围少有敢于直言其过的部属，恐怕也是一个原因所在。在有关新闻稿中常见这样的报道，某某人“在担任市、省、部委的领导职务期间，严重违反党的纪律，触犯国家法律，大肆贪污受贿”。这么长的时间和职务跨度，都一直在“严重违反党的纪律”“触犯国家法律”，就没有哪个部属能看出他们的问题，敢于站出来，直言他们的毛病和缺点。是的，他们肯定不是一开始就“严重违反党的纪律”“触犯国家法律”的，一定会有一个逐渐蜕变的过程，这给他们的部属发现他们的问题和错误，带来了困难，但不可能一点蛛丝马迹也暴露不出来，大概还是少说为佳，嘴巴闭得严实点好，成了某些官场的“主流习俗”。反正事实摆在那里，结果就是这个样子，他们最终闹到了头，走向了人民的反面。悲哀，实在是悲哀。时代呼唤敢于向上级陈述不同意见，善于批评上级，且能使上级接受批评并改正错误的部属。这样的部属越多，上级的日子就越好过，人民的事业就越发达，大众的幸福指数就越高。不是吗？当然这是从部属的视角讲的，如果从领导干部自身来看，先有山云后有郑牢，这也是铁律，你喜欢爱提不同意见和批评自己的部属，并把这样的部属真诚地当作益友，这样的部属才会涌现。类似山云与郑牢般关系的上下级多了，领导干部定会少犯或不犯错误，更不至于走上犯罪之路了。那更是人民之福分。

王罴撤宴与反对铺张浪费

习近平总书记曾做出厉行勤俭节约反对铺张浪费的重要批示，要求“浪费之风务必狠刹！”人们形象地称为，反对舌尖上的浪费。至于说到为什么，能摆出许多许多理由。我国确实富裕了，物资多了，粮食也多得吃不完，但尚有为数众多的困难群体和民众，有的刚刚解决了温饱问题，弄得不好随时可能返贫，还远远没到可以忽略节约粮食的时候。何况，对于我们这样一个嘴巴众多的大国，粮食安全永远是个严肃的话题，一时一刻也松懈不得。在确保现有耕地不被侵占，确保粮食稳产高产的情况下，节约每一粒粮食，永远是国家战略，永远是每一个公民义不容辞的责任和义务。这就要珍惜和爱护粮食，不可糟蹋食物，要从细微处做起，从你我他做起，从一日三餐做起，自觉养成爱惜每一粒粮食，勤俭节约过日子的好习惯。

珍惜粮食，是中华民族的传统美德。若数起这方面的名言警句，可以说谁都会张口就来，唐代李绅的那首《悯农》诗：“锄禾日当午，汗滴禾下土。谁知盘中餐，粒粒皆辛苦。”每每吟诵这几句诗，农民劳作的辛苦，立马就会浮现在眼前，爱惜粮食之情便会油然而生。其实，史上还有一个爱惜粮食的典故。它在年代上，比李绅的诗更早，发生在南北朝年间；它在内容上，也比李绅的诗更全，涉及“盘中餐”产生的全过程。因此，读起来也相当有滋味，那是发生在南北朝的西魏、北周时，官至骠骑大将军的王罴身上的事情。

据《周书·王罴传》记载：“尝有台使至，罴为设食，使乃裂去薄饼缘。罴曰：‘耕种收获，其功已深，舂爨造成，用力不少，尔之选择，当是未饥。’命左右撤去之。使者愕然大惭。”这段话里的“舂爨”两字较为晦涩，“舂”是指捣去皮壳，“爨”是指烧火煮饭。直译就是，有一次朝廷派来一位使者，王罴为他设下饭局，使者竟然把薄饼的边缘撕去扔在地上。王罴说：“耕种收获，已经不易，去壳蒸煮，费力不少，你这样吃法，应该是不饿。”命令随从将饭菜撤走。使者大惊，十分惭愧。王罴的话语，说明“盘中餐”要经过耕种、收割、捣皮、蒸煮等四道工序，费力费时，十分不易，正所谓“汗滴禾下土，粒粒皆辛苦”，“盘内一分钟，厨房更多功。”已经足够说服人了。接着，王罴的行动更直截了当，叫人撤了使者的饭菜，竟不许人家再吃了。至此，王罴的言语和行为，构成了一个反对舌尖上浪费的生猛故事。试想，那位使者恐怕一辈子也忘不了，在其人生经历中还曾经吃过这样一顿饭。王罴本是个悍将，号称“熊罴”。曾奉命镇守荆州城，东魏派兵夜袭，已有人偷偷登上城楼，王罴正在睡觉，听见外面乱哄哄的，便抄起一根大棒，披头散发，赤脚光身，大呼而出：“老罴当道卧，貉子那得过。”东魏军士一看王罴凶神恶煞的样子，吓得连忙退到了城外，城池安然无恙。然而，如前所述，王罴又颇具细致入微之处。史书还记载，“又客与罴食瓜，客削瓜皮，侵肉稍厚，罴意嫌之。及瓜皮落地，乃引手就地取而食之。客甚愧色。”“每至享会，自称量酒肉，分给将士。”意为又一次，一位客人与王罴吃瓜，客人把瓜皮削得很厚，把瓜肉削去不少，王罴很讨厌这种做法。等到瓜皮落到地上，王罴从地上捡起来就吃。客人神色很惭愧。每次宴会，王罴都亲自称量酒肉，分给将士。估计王罴是怕吃不了浪费，才这样做的。可以想象，在王罴辖区内，将士们谁还有胆量去浪费一粒粮食。

看来，什么事情，只要领导重视，自身又做得棒，都是可以搞好的。反对舌尖上的浪费，也不例外。大到一个地区、一个单位，领导要把反对浪费厉行节约，认真地当作一项硬指标来办，而不是认为这是全国全民的事，一个地区、一个单位做好了没有多大用处，只是喊两嗓子，整景作秀，应付了事。领导自身还要做出样子来，当好排头兵。小到每一个家庭，父母也要为孩子当好表率，让孩子从小就养成爱惜粮食、勤俭节约的好习惯。这样，从一个家庭、一个单位做起，从每一个人做起，能不很快就见成效吗！同时，厉行节约反对浪费，又是个长期的任务，大家时不时地都来想想王罴的故事，以鞭策和激励自己，做得更好更自觉一点，为根治舌尖上的浪费发挥正能量！

勤于吏治　滋味典籍

自中央提出转变作风的要求以来，历经地方“两会”，春节的检验，别的不说，刹“公款吃喝风”，确实是大见成效：大酒店、歌舞厅、洗浴场，很少能见到官员们的身影了。对此，广大民众拍手称快，官员自身也高兴得很。早年那句“喝坏了党风喝坏了胃”的顺口溜，人们还记忆犹新，现在可好了，再用不着因吃喝问题而左右犯难。只是大酒店生意淡了一些，不要紧，赶快转型，更新服务，向“私款吃喝”要效益。

这种好态势、好局面，可不能像以往那样，一阵风过去，又反弹回来，而且是又一轮更剧烈的“公款吃喝风”袭来。如是那样的话，党和政府的公信度将会大打折扣，民众的怨气和不满会剧增。为此，要做的工作很多，从领导层面上讲，一是高度重视转变作风，刹住“公款吃喝风”，这一关系密切党群、干群关系，凝聚党心民心的重要工程，不能有丝毫的懈怠，要年年抓下去，决不能抓抓停停。二是采取“釜底抽薪”战术，卡死“公款吃喝”的经费来源，对这类开销就是不予核销，看你还凭什么去吃喝。三是年底考核要将刹“公款吃喝风”的情况，当作一项政绩来了解和检查，表扬好的，批评差的，严厉处理过分的。

作为公仆个人，脱离了吃喝玩乐场所，闲暇时间多起来，也该很好地调整安排一下，培养点雅兴，看点史书典籍，丰富业余生活，何乐不为。魏晋年间的杜预有句名言，“在官则勤于吏治，在家则滋味典籍”（引自清朝严可均《全晋文》卷四十三）。他一生“手不释卷”，自称有“左传癖”，用全部业余时间及卸任后的晚年时光，专心钻研经典，撰写了大部头的《春秋左氏经注集解》，是流传最早的左传注解本，被收入《十三经注疏》之中。当然，现在提倡读史，不一定人人都要著书立说。泱泱中华文明，各种历史文化典籍浩如烟海，翻一翻，读一读，不仅仅是其乐无穷，更能大长见识。

其实，这也是党对各级干部的要求和希望。毛泽东同志就曾说过：读史，是智慧的事。就是说，你要增加智慧吗？史书是不可不读的。习近平同志于2011年9月1日，在中央党校就做过“领导干部要读点历史”的报告，要求领导干部不管处在哪个层次和岗位，都应该读点历史，从中汲取有益于加强修养、做好工作的智慧和营养。读史要能钻进去，要读出兴趣来，甚至也像杜预那样钻研典籍成“癖”，由领导要求学，变为自己自愿学。说实话，眼下干部躲酒局，可能有不少还出于怕上网曝光抓典型，如读史读得着了迷，占据、充实、丰富了业余时间，久而久之，干部们的心态就会发生变化，就会对“公款吃喝风”心生厌恶。这样就犹如沙漠变绿洲，沙尘飞扬的基础消失了，“公款吃喝风”还能再刮起来吗？答案是：不可能。

常读古代廉吏的名言警句受益深

粗翻典籍古书，发现历史上的廉洁官吏，都十分看重品性，始终坚守节操，遵行仁义礼智信的“五常之道”，恪守礼义廉耻这四项基本准则，安于清净少私寡欲，并具有强烈的知耻感，这是他们能廉洁为官的根本原因所在。廉吏们往往对金钱财产不太执着，能却赠拒贿，对子孙后代，都有着自己的独到见解，且视角新颖，认识到位，言简意赅，让人读了就能记住，甚至一辈子也忘不了。诵读这些廉吏的名言警句，大致可以从中找出他们在官宦生涯坚守清廉的思想脉搏来。当然，从大的方面说，无外乎文中开头提到的那些国粹精华，但也有一些沁人心脾的小道理和家常话，读起来还是很有味道的。把廉吏们的这些鲜活见解，与中华传统文化伦理规范，结合起来加以思索，犹如我们今天经常说的要大道理与小道理一起来讲，定能更快地入心入脑。

一、“既然当官就不要再去干捞钱的勾当”

官商本是两条不相交的平行之道，为官者应追求的是两袖清风、服务民生;商人应追求的是生意兴隆、财源广进。当官与发财，理应分道扬镳。为官者既想做官又想发财，而且想通过做官来发大财，那就大错特错了。廉吏们都恪守“想当官就不要想发财”的戒律。央视综合频道热播的电视剧《大秦帝国之纵横》，秦相张仪屡屡连横重创六国，给人印象深刻，他就主张名利分开。《史记·张仪传》载，张仪曰：“臣闻争名者于朝，争利者于市。”即张仪说，我听说，争功名的，应去朝廷；争实利的，应去市集。历史上有这种主张的廉吏还有公仪休等人。如《史记·循吏列传》载，春秋时期鲁国宰相公仪休，说：“使食禄者不得与下民争利，受大者不得取小。”即当官享受俸禄的人不得再去干别的事情和老百姓争夺利益，得了大利的人不能指望再去得小利。《史记·越王勾践世家》载，范蠡曾感叹：“在家为民就能积起千金，在朝为官就能位至卿相，作为一个平民，这已经达到顶点了。”又如《元史·刘斌传》载，刘斌，作战勇敢，屡立功勋，多次受到提升，直至元仁宗时，升为济南新旧军万户。刘斌临死的时候，对儿子刘思敬说：“居官当廉正自守，毋黩货以丧身败家。”即：当官的人应该廉洁公正，严持操守，不要因为贪财而丧身败家。

二、“遗财不如遗德”

廉吏们对于自己身后给子孙们留些什么，颇有独到的见解，概括说就是“遗财不如遗德”，无形胜过有形，软件重于硬件。最宝贵的是留下奋斗的精神，做人的本领，而不是身外的多少财产。正所谓“留下千垛干柴，不如留下一把斧头”。可不像今天有些富豪和官员那样，就知道一个劲地给子孙们留钱留币子，弄得一些富二代、官二代深陷钱涡，不可自拔，以致胡作非为，不可救药。廉吏们这方面的名言就太多了，不妨一一罗列如下。《后汉书·杨震传》载，杨震官至司徒，始终以“清白吏”为座右铭，人称“四知先生”。亲朋好友劝杨震为子孙置办些产业，他说：“让后世人都称他们为清白吏子孙，这样的遗产，难道不丰厚吗！”《汉书·疏广传》载，疏广也不为家人和子孙积攒财富，他说：“贤而多财则损其志，愚而多财则益其过。”“家里本有旧田老宅，让子孙勤于耕作，应该能够供其衣食，与普通人相同。”《史记·萧相国世家卷》载：“何置田宅必居穷处，为家不治垣屋。曰：‘后世贤，师吾俭；不贤，毋为势家所夺。’”即萧何购买田地房屋时，总是挑最穷困最偏僻的地方，而且不修高楼大屋。他说：“后代子孙们，如果是好的，那么他们就应该效法我的俭朴；如果他们不成器，也省得叫那些权势之家夺了去。”《汉书·韦贤传》载，韦贤，于汉宣帝时官至大鸿胪、丞相，后因年老多病请求免职。史书记载，做丞相辞官归居的，就是从韦贤开始的。其四子韦玄成也官至丞相。所以在韦贤家乡邹鲁，流传着一句谚语：“遗子黄金满籯，不如一经。”即给后代留下黄金满箩筐，不如留下一部经书。《南史·徐勉传》载，徐勉于梁武帝时，被授予中书侍郎，参与掌管吏部选官，后任吏部尚书。徐勉虽然身居要职，但不经营产业，家里没有积蓄，将俸禄都分送出去以供养穷困的亲属。门客、老友有人随口进言，徐勉回答说：“人遗子孙以财，我遗之清白。子孙才也，则自致辎軿；如不才，终为他有。”即“别人把财产留给子孙，我把清白留给他们。子孙如果有才，就会自己取得财物；如果没有才，财产终究要为他人所有。”

三、“以不贪为宝”

珍贵的东西为宝，被人们统称为宝物，喜爱宝物乃人之常情。然而，人所皆知的“子罕不受玉”的故事，子罕心中的宝物却与众不同。《左传·襄公十五年》载，子罕以司城身份在宋国执政时，有人得到一块美玉，把它献给子罕，子罕不接受。子罕说：“我把不贪当作宝，你把玉当作宝，如果你把美玉送给我，我们两人就都失了宝，倒不如各自保存好自己的宝物。”在子罕眼里，视不贪的品格为宝，比玉珍稀，比金贵重，比钱价更高，有了这个无价之宝，自然就会对世上其他任何宝物，尤其是那些来路不正的所谓宝物，不会再心仪心动，因为唯恐失去了自己身上的无形之宝。看来，只有心中视廉为宝，手中才能常持此宝，永生享用，以一宝御万宝。

四、“并非怕人知道才不受贿”

慎独，在独处中谨慎不苟，清廉如玉，是个人修养的最高境界。廉吏们都特别看重这一点，他们拒贿却赠的举动，往往发自内心深处，出于严格的自律，而非依靠什么外在的约束和监督。《新唐书·李尚隐传》载，李尚隐，性格刚直。唐玄宗开元中年，官至广州都督、五府经略使。任满还朝，有人送李尚隐一些黄金，并说没有人会知道这件事的。李尚隐坚辞不肯受，说：“吾自性分不可易，非畏人知也。”即这是我性分如此，不可移易，我并非怕人知道才不肯受。

五、“取之在义不在官大小”

有些官员贪污受贿的托词之一就是，我不是什么多大的官，对官场风气的好坏也起不了多大作用。这不对。不论你的官位大小，你所代表的都是公共权力，你的一言一行，民众都会看在眼里记在心上，甚至还会据此来评价政权的优劣和政治的清浊。只要官帽在身一天，就丝毫懈怠不得，就要如履薄冰，如临深渊。《新唐书·钱徽传》载，钱徽，曾任太子庶子。宣武军行营兵马使韩公武，欲在朝中求得内助，以重金贿赂公卿，送给钱徽二十万钱，钱徽不受。有人对他说："你不是执政当权大臣，没有必要谢绝。"钱徽说："取之在义不在官。"即取人之物，在于义与不义，不在官之大小。钱徽又任江州刺史，州中存有牛田钱一百万，是原任刺史拟作宴客与送礼用的。钱徽对官属说："这钱本是用来备耕的，岂可挪作他用？"遂命代农户交租税。

六、"以贿赂护身吾不忍为"

知耻，也就是知道羞愧和荣辱，是一个正常人所具有的最基本的道德感，知耻又是自尊的重要表现，唯有知耻才有自尊。而禽兽是没有羞耻感的，完全依靠其本能生存。孟子曾说过"人不可以无耻"。即一个人不可能没有羞耻。可见知耻对于人来说，是极其重要的，对于官吏来说，那就更为重要了。康有为说："人之有所不为，皆赖有知耻心。"《菜根谭》也说："盖愧悔二字，乃吾人去恶迁善之门。"正因为有着强烈的知耻感，廉吏们才能有所不为，对别人能却赠拒贿，自己更不会去行贿。《南史·袁湛传附袁宪传》载，袁君正，南朝梁武帝时，官至吴郡太守。袁君正有一子，聪明好学，年仅十四岁，就已经为当时名流所称道，皆劝他送子策试博士。当时生徒参加策试，惯例须行贿赂。门客中有人劝袁君正为考官准备钱物，袁君正说："我哪能用钱替儿子买科第！"《新唐书·杜佑传》载，杜希望，唐玄宗开元中年，为鄯州都督，知陇西节度留后事。宦官牛仙童奉使巡边，别人劝杜希望厚赠金帛，以结其欢心。杜希望说："以贿赂护身，吾不忍为。"牛仙童还朝，便奏杜希望不称职。于是，杜希望被贬官至恒州刺史。后牛仙童受诸将贿金事发，论罪处死，而送金诸将皆获罪，唯有杜希望无事。

七、"一衣虽微不可不慎"

人若要修行道德，就要时时处处谨慎，必须在人所不注意的极其细微的事情上加以留意。只注意大的方面不出问题，小的地方错误毛病重重，且认为小事不至于妨碍大体，那就错了。"千里之堤，溃于蚁穴"，说的就是这个理。而且大凡以权谋私、贪污受贿之类，犹如吸食毒品，最易上瘾，有了第一次，便有第二第三乃至更多次，吸得越多，欲壑就越难填满，一旦东窗事发，则悔之已晚。有些廉吏就特别注意这一点。《明史·王溥传》载，王溥，洪武末年为广东参政，以廉洁闻名。其弟由老家来看他，有一属吏与其弟同船，赠送其弟一件布袍。王溥命弟弟退回去，说：“一衣虽微，不可不慎，此污行辱身之渐也。”即：受人一件衣裳是小事，但玷污品行、玷污身体，往往是从这些小事上逐步发展起来的。王溥居官数年，僚属馈赠皆不受，就是受诬告入狱时，对部属给的用作打点的钱物仍不要，说：“吾岂以患难易其心哉！”即我不能以患难为由就改变秉性，受收别人的钱物。

八、“吏人之物一毫也不敢侵犯”

《菜根谭》中有句话：“人只一念贪私，便销刚为柔，塞智为昏，变恩为惨，染洁为污，坏了一生人品。”把它用在官吏收受僚属的贿赂上，最恰当不过了。吃人嘴笨，拿人手短。即使你原来是一个多么公正无私、睿智进取的人，再也无从施展了，因为下属们对你的尊崇感、信任感不在了，而是心生厌恶。廉吏们对此都特小心谨慎。《北史·儒林传》载，石曜，居官清俭。北齐后主时，为黎阳郡守。时丞相咸阳王世子斛律武都出为兖州刺史，性贪暴。先过卫县，自县令、丞尉以下，聚敛绢帛数千匹相奉送。至黎阳，斛律武都令左右叫石曜及县官也前来奉送。石曜乃手持一绢，往见武都说：“此是老石机织所出，聊以奉赠。自此以外，皆须出自吏人。吏人之物，老石一毫不敢侵犯。”武都素知石曜清廉纯儒，内心虽老大不愿意，也不好指责什么。

九、“唯恐辱没祖先及家乡父老”

人的心中要有所敬畏。所谓敬畏，其实就是严肃认真，小心谨慎，防止出错。人不能没有敬畏，试想对什么都满不在乎，整天大大咧咧，行为马虎草率，能干成事吗？更有甚者无所畏惧，随心所欲，放肆胡来，早晚会变成社会渣滓。廉吏们往往敬畏父老乡亲，敬畏祖宗先人，唯恐自己不够检点，犯了罪过，给乡亲和先人抹黑。按今天的话讲，这就是心中时刻装着民众。官员的是非功过，不能“王婆卖瓜，自卖自夸”，最终是由民众来评说的，敬畏民众是必需的。《新唐书·韦夏卿传》载，韦夏卿，唐德宗贞元中，官至吏部侍郎。韦夏卿的从弟韦执谊，为翰林学士，尝受人金，有所干请，密以金置夏卿怀中。夏卿毁怀中衣而不受，说：“吾与尔赖先人遗德，致位及此，顾当是哉？”即我与你凭借祖先遗德，才有了今天这样的地位，哪能做这等事呢！于是韦执谊大惭。《明史·周玺传附涂祯传》载，涂祯，初为江阴县令，明武宗正德初年为御史，巡按长芦盐场。时宦官刘瑾纵容私人贩卖官盐，又命其党羽毕真托人私自捕捞海物，侵夺国家商业之利。涂祯依法予以制裁。刘瑾大怒，假传圣旨，将涂祯逮捕入狱。在京中的江阴同乡人商议凑钱向刘瑾行贿，以解救涂祯。涂祯得知此信，坚辞不可，说："死耳，岂以污父老哉！"即我不过一死罢了，哪能以此污辱家乡父老呢？涂祯竟受重杖三十，死于狱中。《周书·裴侠传》载，魏正光年间，裴侠任义阳郡守，追随太祖征战，被任命为河北郡守。裴侠生活俭朴，为民着想，百姓官吏都很感激他。按河北郡旧制，应有渔夫、猎人三十人供奉郡守，还配有三十人为丁夫，供郡守驱使。裴侠说："以口腹之欲来役使别人，我是不干的。"于是，裴侠全部撤掉这些人，不让他们为自己干活，而为官府买卖马匹。日积月累，马匹竟然多得成群。离职之时，什么也不要。百姓颂扬他："肥鲜不食，役税不取，裴公清惠，世上典范。"裴侠曾和众多牧守一起拜见太祖，太祖令裴侠站在一边，对其他牧守说："裴侠清廉谨慎，一心为公，为天下第一，今天众人中如有同裴侠一样的，可以同他站在一起。"众人都黯然无声，没人敢接话。太祖于是厚赏裴侠。朝廷内外都表示叹服，称裴侠为"独立君"。当时有些同朝为官的族人讥笑他说："人生仕进，应当生活富裕，名望又高。像你这样清苦，究竟想干什么？"裴侠答道："夫清者莅职之本，俭者持身之基。况我大宗，世济其美，故能：存，见称于朝廷；没，流芳于典策。今吾幸以凡庸，滥蒙殊遇，固其穷困，非慕名也。志在自修，惧辱先也。翻被嗤笑，知复何言。"即裴侠说，"清廉是为官之本，节俭是修身之基。况且我们是大族，世代都能成就美名，所以应当做到这样：活着，被朝廷称赞；死后，流芳千古。如今我侥幸以平庸之才，承蒙特殊的恩遇，我安于穷困，并不是为了追求虚名，而是志在自我修养，恐怕有辱先人。我这样做反而被讥笑，还有什么话说？"讥笑裴侠的族人都惭愧而退。

十、"安身存正在于无私寡欲"

人不可能没有欲望，但要节制。荀子就说过："欲虽不可去，求可节也。"即人的欲望虽然是不能消灭的，但对欲望的追求是可以节制的。否则就会像程颐所说的那样"一念之欲不能制，而涡流于滔天"。就会贪得无厌，奢侈挥霍，声色犬马，纸醉金迷，精神颓废，人格低贱，到头来必然是"欲而不知足，失其所有欲”。因为贪欲过多而招致毁灭。要有意识地将自己置于社会的风俗、道德、法律、习惯、规范、纪律的管治之下，强化自我约束，做到少私寡欲。《晋书·潘尼传》载，潘尼，西晋文学家，以文章知名，生性稳静恬淡，不与人争利，安心研读，专志著述。著有《安身论》，以铭其志，其中有这样的句子：“盖崇德莫大乎安身，安身莫尚乎存正，存正莫重乎无私，无私莫深乎寡欲。”简言之就是，“安身存正，在于无私寡欲”。即要想保全自身的正直，关键在于无私寡欲。潘尼所处时代正值“八王之乱”，朝廷多变故，身为侍中、中书令，职居显要，能从容应对，后病归故里，得以善终。

整治“四风”也要提倡官员相互监督

读《汉书·萧望之传》，被一段文字所吸引：“丞相司直繁延寿奏：知御史有令不得擅使，望之多使守吏自给车马，之杜陵护视家事。少史冠法冠，为妻先引，又使卖买，私所附益凡十万三千。受所监赃二百五十以上，请逮捕系治。”讲的是，丞相司直繁延寿上书弹劾御史大夫萧望之说：身为御史大夫不能擅自行动，就多次指使留守御史的官吏自备车马，去他的杜陵老家照看家事。少史们头戴法冠，给他妻子牵着车马去办私事，还指使少史们帮助买卖东西，这些官吏们私下贴钱给他妻子，数额达十万三千钱。接受属官贿赂达二百五十万钱以上，请逮捕惩治。于是汉宣帝斥责萧望之“廉声不闻”，将其降为太子太傅。

所谓丞相司直，是丞相属官，“掌佐丞相举不法”。时任丞相为丙吉。萧望之是一代名臣，后来还是受遗诏辅政的重臣，因私用官吏、官车妻用、变相受贿，也就是类似今天触犯“四风”禁令的那些行为，遭到小官吏的举报。一方面说明繁延寿尽管可能有对萧望之不尊敬自己的顶头上司丙吉的不满因素，但却是忠于职守，职责所系；另一方面也说明丞相、御史大夫之间，包括他们的属官之间，相互比较了解，甚至对家庭琐事也了如指掌，因此举报起来才言之有物。这使我联想到现在的整治“四风”，应该说群众监督、媒体监督及上级监督，都已经很到位了，也有很可喜的成效，最近中纪委又开通网上纠“四风”举报直通车，更加大了这方面的力度，但似乎欠缺一点的是官员同僚之间的相互监督。倒不是要求官员都像丞相司直那样，动不动就对同僚搞举报什么的，当然对问题严重构成贪腐的，本着对党对事业负责精神，该举报的也要举报，现在强调的是，要提倡官员相互之间多拉拉袖子。因为官员同僚之间，毕竟接触多了解深，尤其是对规章制度全都清楚，甚至对以往搞过的“打擦边球”，“上有政策、下有对策”的那一套，以及在今天可能出现的变异，也都略知一二，如能在工作生活中，见到谁有违反“四风”或变相违反“四风”的苗头及行为，及时提个醒，打打招呼，使其不至于深陷下去不可自拔，肯定是对官员本人和其家庭，对工作和事业都是好事幸事。实际上这也是党内开展批评和自我批评，实行民主监督的应有之义。也许有人会说这样做是要得罪人的。答案是非但不得罪人，反而能结交人，交下真正的诤友、深交。人在困惑迷茫之际，有人猛喝一嗓子，他会一辈子记忆犹新的。见面吹吹拍拍，动辄你好我好，大交酒肉朋友，事实证明没有几个是靠得住的，只不过是互相利用一阵子罢了。人们相信，官员同僚的监督得以强化，加之其他方面的监督，再给予有效的综合治理，根治“四风”的目标，一定能够达到。

戒利远名为国忧

刘大夏，官至兵部尚书，是明朝孝宗皇帝时期的著名清官。《明史·刘大夏传》载：“居心行己，磊落光明，刚方鲠亮，有古大臣节概。”刘大夏有两句名言：“居官以正己为先。不独当戒利，亦当远名”；“人生盖棺论定，一日未死，即一日忧责未已”。即为官首先要正己，不单要警惕金钱的侵蚀，还应当远离功名的诱惑；人死了才能对其一生的功过做出总结，一天没死，就要忧虑这一天的责任尽到了没有。两句话概括起来就是六个字：“戒利、远名、忧责”。多么好的为官箴言，拿到今天来照样管用。

刘大夏在40余年的官宦生涯中，也正是这样做的。在“戒利”方面，刘大夏从不为家庭和子孙经营产业。孝宗死后，刘大夏被武宗所宠信的近臣所害，被判戍边，只带着一个仆人前往。有人问他为什么不带子孙，他说：“我为官时，不为子孙捞好处。现在年老被罚，怎忍心令子孙同我一起死在戍所呢？”刘大夏晚年被解除戍边回家后，教子孙种田谋生，稍有些盈余，就全部赠送给故旧宗族。

在“远名”方面，朝廷要升任时为右都御史的刘大夏为兵部尚书，他却屡次推辞不肯接受。孝宗召见他说：“朕数次任用你，你为什么数次称病推辞？”刘大夏回答得实实在在：“臣年老又有病，看见国家民穷财尽，倘若有所不测，责任在兵部，自己估量力不从心，恐难胜任，因此推辞。”刘大夏不仅生前不去争名争爵，死后也不要人家加以赞誉，为此预先自作墓志铭，说：“无使人饰美，俾怀愧地下也。”

在“忧责”方面，刘大夏更是尽其一生，为国为民鼓与呼，从不曾懈怠过。有三件事最过硬：一是刘大夏受命前往河套以东的宣府处理兵饷事宜，有人对他说：“塞上有权势家族的子弟以买卖粮草谋取私利久矣，你不要因刚直而招惹祸端。”他却说：“处天下事，以理不以势。”当初，塞上购买粮草必须粟千石、草万束方能买入收进，那些宦官、武臣及其家人得以据此低价收购囤聚，操纵市场获取暴利。刘大夏下令凡家有粮草的，草百束、粟十石以上都准许原价买进，权势之家无利可图，不到两个月府仓粮草就已蓄足，民众也大受其利。二是刘大夏就南北方的军队陆路水路轮流值班运粮的劳苦，以及边防军人困倦疲惫、边将侵占军饷的情况全都奏报给皇帝。孝宗不理解为什么会“天下民穷财尽”。刘大夏据理解释：“朝廷向广西每年取铎木，从广东取香药，花费都以万来计算，其他的花销就可想而知了。”孝宗又问到军队，刘大夏回答：“与百姓一样穷。”孝宗更不理解：“军队居有月粮，出有行粮，为什么会穷？”刘大夏答道：“其帅侵克过半，安得不穷。”孝宗于是下诏对那些导致民穷兵困的行为严加禁止。三是刘大夏在孝宗去世、武宗即位后，奉遗诏请求撤去非定额内的四方镇守宦官，以节省开支，并具体地列出应撤去镇守宦官 24 人，应淘汰传奉武臣 683 名。武宗先是准许，后因阻力大没有执行。刘大夏再三争辩，列举出镇守宦官中如江西董让、蓟州刘琅、陕西刘云、山东朱云等人，贪婪残暴尤其厉害，应对他们审查惩处。武宗很不高兴。刘大夏后来就是因此奏折被宦官刘瑾等人所害，被判戍边，直到刘瑾之流被诛，才得以获赦返乡。

可以说，今天倒下的那些大小贪官，有一个算一个，全都距刘大夏为官六字箴言远去了，他们贪婪无比，视钱如命，卖官鬻爵，争名抢功，养尊处优，玩忽职守。因篇幅所限，今天单拿“远名”两字来说说。如今的官场上不乏这类人，刚到手的位子还没等坐热乎，就亟不可待地琢磨爬向更高一级的位子，在追求升官的道路上，似乎永远没有尽头，永远没有满足，且折腾起来没完没了，不在官位上弄到更大更高，决不收手誓不罢休。整天价把功夫下在拉关系、交朋友、找门路上，不择手段地算计着怎么做，才能在群众测评中往前排，如何能混进预提对象名单。自己一旦得到提拔，就满口赞颂组织人事部门和党委的“眼睛都睁开了”，反之若得不到提拔，就大骂组织人事部门和党委的“眼睛全都瞎了”。这种官场风气，对有些年轻的公务员影响极大，有人就搞了精心的“人生规划”，“30 正处，35 副厅，40 正厅，45‘进部’（副省或副部）”，甚至大言不惭地说：“副部以上的官才活得有点意思。”至于当官的本质是为人民服务，工作中是要如履薄冰、如临深渊的，早就忘掉脑前脖后去了，一门心思想的是升官发财享福。这是万万要不得的。想当官应追求为民的政绩和民众的口碑，而不能今天想提拔明天盼高升。诚然，国家需要官员管理，部分官员也会得到提升，没有官员来实施管理、没有官员正常晋升渠道的国家，整日处于无政府状态之下，不可能是个健全完美的国家。党和国家会根据需要，经常提拔使用一些官员，由于越往上位子越少，对于基层多数无法得到提拔的官员，最近还规定“县以下机关建立公务员职务与职级并行制度”，在薪金待遇上给予倾斜。作为官员个人，就是要立足现有岗位干到底，贡献一生的聪明才智。好的官员，无论职务大小，人民会记住他，国家会记住他，历史会永远记住他，所谓青史留名。早年，孙中山就曾说过：“要立志做大事，不要做大官。”所谓大事，当然是指要把眼前的工作和事情做好，做深，做精，做透，做到极致，这就是利国利民、就是惊天动地，就足够了。看来要真正做到刘大夏所说的“远名”，首先要摒弃做大官之念才成。

小议领导干部肩负的共同责任

从时下揭露出来的贪腐分子的种种恶行看，他们往往都把领导职务当作了实现乐趣、享受和特权的平台，沈阳曾有个因贪污被判处死缓的人说得更直白：“当官要是没有好处，谁还去当啊！”其实，各级领导职务的本质是什么，答案中肯定少不了“责任”二字，而且是职务越高，责任越重，这本是天经地义的命题。“爵高者忧深，禄厚者责重。”即爵位高的人其忧患也深，俸禄厚的人其责任也重，承担着对国家、对百姓的重大责任。三国时蜀汉的许靖给曹操上书中的这句话，把位高责重的道理讲得一清二楚了。法国大文豪雨果也讲过：“我们越往上升，正直的良心受到的压力也越大。位子越高，责任也越重。权力增加了，责任也跟着加重了。”总之，领导就是责任，这种责任不仅是指那些分内应做的事，如职责、尽责任、岗位责任等，还理所当然地承担着一些共性的责任，即只要职务在身一天，这种责任就自然而然地存在着。过去似乎对此种责任宣传得不够，讲得不够多，加之贪官们对此又各有自己的胡乱解释，有必要加以正本清源，大张旗鼓不厌其烦地讲清领导干部身上肩负的这种共性责任。

首先是胜任本职。各级领导干部无论出身、经历如何，一经被任命为现职，就要尽快摸透情况，熟悉岗位，早日成为行家里手。德国的歌德说过：“责任就是对自己要求去做的事情有一种爱。”俄罗斯的托尔斯泰也说过：“一个人若是没有热情，他将一事无成，而热情的基点正是责任心。”以百倍的热情和不懈的努力，去钻研业务，学习专业知识。千万不能不懂装懂，权力大嘴也大，无论是对是错动辄说一不二。如果就是不能进入情况，懵懵懂懂一锅粥，还不如早点辞职了事，无官一身轻嘛，千万别占着位子耽误了事业。常见有的倒台贪官抱怨，过去都是这么干的，人家没出事，就我倒霉出事了。完全不是这样的，除了贪欲外，不能有效依法依纪驾驭局面，对本职工作中那些容易被人玩猫腻搞名堂的细节全然不知，愣是糊涂官一个，才是问题的症结之一。胜任本职，是领导干部责任中的重中之重。

其次是为人师表。七情六欲，人皆有之。但身为领导干部，天然的会成为部属和民众心目中的榜样，必须对欲望有所克制，要向古今的道德模范看齐，决不能做无耻小人，那些以情以理以法不能去做的事情，压根就不要去想更不要去做。不仅自己做得好，还要约束好配偶及家人。决不能台上讲得头头是道天花乱坠，台下吃喝嫖赌样样不落。已经揭露出来的贪官属于这种类型的不在少数。印度的普列姆昌德说过：“责任感常常会纠正人们的狭隘性。当我们徘徊于迷途的时候，它会成为可靠的向导。”美国的爱默森也说过：“我们最高的责任岂不是在自己身上保持‘人’的尊严？”有了为人师表的强烈意识和自觉行动，领导干部与民众就会同呼吸共命运，直至不分彼此，同甘共苦，水乳交融，在位受到民众的尊敬，退休后仍能受到民众的好评，不至于让人们背后戳脊梁骨，更不至于像近年来多地多次发生的高官因贪腐被查处，民众奔走欢呼燃鞭相庆了。

再次是勇于承担。遇到权力往里揽，遇到责任往外推，是万万要不得的。古今中外，领导干部敢于担责的榜样多得很。诸葛亮第一次北伐，因错用马谡导致街亭失守而败北，上表“请自贬三等”，成为千古佳话。前法国总理拉法兰，是曾在我国发生“非典”不长时间后，第一个到访北京的外国政要，他对劝其不要在这个时候去北京的人说：“我们告诫那些为了游玩而想去亚洲的人推迟他们的行程，但是当旅行与责任相关时，就必须把责任承担起来。”只有勇于担责，才能尽职尽责全心全意地去干事，才能以“如履薄冰，如临深渊”的心态，去对待工作和任务，也才能赢得部属和民众的信任和拥戴，上下团结一致，共同去迎接和战胜任何挑战。法国罗曼·罗兰的经典语言：“一切责任的第一条：‘不要成为懦夫。’”应永远成为领导干部勇于担责的自勉。

把当官与发财掰开

范蠡，可谓大名鼎鼎：辅佐越王勾践完成灭吴雪耻的千古伟业；“飞鸟尽、良弓藏，狡兔死、走狗烹”的绝世佳句；功成而退成为纵横商海的商圣，国人几乎无人不晓。然而，笔者更看重的是，范蠡把当官与发财的界限区分得特清楚，是“当官就不要想发财，发财就不要去当官”的典型代表。今天开展反腐败斗争，在“打虎灭蝇”不断取得胜利的基础上，必须引导公务人员破除“当官发财”的陈旧观念，把“当官”与“发财”彻底掰开，使其都回归到本来的轨道上，再也不能合二为一了。这一天的早日到来，就是预防腐败思想和制度建设的巨大胜利，广大民众对此都热切地盼望着。如果连将“当官”与“发财”的剥离术，都做不到做不好，民众是不会满意的。有鉴于此，重读一下范蠡是必要的。

《史记·越王勾践世家》载，范蠡辅佐越王勾践，千辛万苦竭尽全力，奋斗了二十多年，终于灭掉了吴国，洗雪了当年被困会稽山的耻辱，并出兵向北进军，压倒齐、晋等国，号令中原尊崇周室，勾践成为天下霸主，范蠡自己也做了越国的上将军。回国后，范蠡以为盛名之下，难以长久，况且勾践的为人，可与之同患难，难与之同安乐，便给勾践写封辞书，带着亲信仆从和轻便的金珠玉器，乘船渡海走了。范蠡到了齐国，自称鸱夷子皮，在海边耕田劳作。父子几个人辛辛苦苦创置家业，没过多久就积累起了几十万的家产。齐国人听说范蠡能干，就请他做了齐国的宰相。范蠡叹息说：“在家为民就能积起千金，在朝为官就能位至卿相，作为一个平民，这已经达到顶点了。过久地享受这种荣誉，是没有好处的。”于是他交回了相印，把家财全部散发给了朋友和乡亲，又携带着一些贵重财宝，悄悄地离开了齐国，来到宋国的陶县。他认为这里是天下的中心，是贸易往来货物集散的枢纽，在此做买卖肯定可以发财。于是他自称陶朱公，父子几个人重新耕种畜牧，买进卖出，以获得十分之一的利润，过了不久，又积累起数以亿计的家产。陶朱公的名声传遍天下。

纵观范蠡的一生，他所追求的人生目标，为官就要做到卿相，经商就要成为富翁，为此他两度入朝为相，都专心从政，丝毫也没有利用卿相的职权，为自己攫取不义之财，一心一意辅佐君王，克敌制胜，治国安邦；两度辞官经商，都埋头苦干，发财致富，以致成为人们至今还顶礼膜拜的商圣。把当官与发财区分得如此清晰，各走一路，互不干扰，互不越界，并且都能做到极致，可以说，范蠡是史上有文字记载以来做得最好的。当然，与范蠡几乎是同时期的名人中，主张当官与发财分开的还大有人在。如《史记·张仪传》载，张仪曰："臣闻争名者于朝，争利者于市。"即张仪说，我听说，争功名的，应去朝廷；争实利的，应去市集。又如《史记·循吏列传》载，春秋时期鲁国宰相公仪休，说："使食禄者不得与下民争利，受大者不得取小。"即当官享受俸禄的人不得再去干别的事情和老百姓争夺利益，得了大利的人不能指望再去得小利。

这样的好主张，为什么在漫长的封建社会却实现不了，范蠡的好榜样，达官贵人中也没有多少人能照着去做，相反"当官发财"历来都是连在一起讲的，逐渐成了官场的主流意识，国民心态的重要组成部分，甚至连民间都有以此为祝福语的。对此可以做出多种解释，但最基本还是传统社会是宗法家族制度的社会，一人做官全家受益，所谓"一人得道，鸡犬升天"，仅靠正当俸禄是不可能的，利用职权贪赃枉法收取贿赂，那是必须的；儒家思想主张"学而优则仕"，做官为求富的正道，奠定了读书人当官发财的心理基础；传统吏治又无力遏制和根除官场腐败，也促使当官发财越演越烈，当官被看成发财的手段，当大官发大财，当小官发小财。总之，中国人历来看重的是步步高升，高官厚禄，光宗耀祖，衣锦还乡的做人标准。可以说"当官发财"，是中国封建社会思想残余中危害最烈的毒瘤。共产党领导人民翻身得解放，犹如换了人间，对于当官到底是为了什么，毛泽东在中央警备团追悼张思德会上的演讲中，最先定位"为人民服务"。后来"为人民服务"这五个字，成为中国共产党的立党宗旨，被各级党政机关及其工作人员作为座右铭和行动口号。在北京的中南海，其正门新华门内的影壁上嵌有毛泽东的手书"为人民服务"几个大字。新中国的建立，共产党人的崇高追求，为将"当官"

与“发财”成功剥离开来，提供了极好的契机，在相当长的一段岁月里，广大公职人员做得非常好，民众也很满意。然而，“当官发财”的封建残余思想，岂止是一朝一夕就能消灭干净的，遇有适当机会就会再出来兴风作浪，眼下官员贪腐多发，尽管原因是多方面的，从思想深处讲，它的“贡献”不可小觑，“毒瘤”仍在继续恶化和转移。不少腐败分子已经不满足于“当官发财”，即利用职权贪污受贿了，还官商勾结，大肆插手经济活动，利用自己的权力影响和所掌握的资源优势，大把大把地挣钱捞钱。他们或自己亲自出面，又当官又暗地里经商做买卖；或由家人亲属来搞所谓的皮包公司、影子公司，自己在背后提供支持，轻轻松松赚大钱；或插手大的工程建设，插手项目的招投标，插手城镇动迁拆迁，插手大宗土地出让，插手大笔银行信贷；或纵容子女和亲戚朋友垄断某一利好行业，甚至不惜采取打砸抢，干起黑社会的勾当；或退休后直接转入其在职时常年给予“关照”的经济实体，混个高薪的董事干干。因此，深入反腐败必须两手抓，必须千方百计从思想上批臭“当官发财”的观念，使其再也不能兴妖作怪。

当官与发财，是人生道路的两种选择，一个是向往社会地位，一个是追求财源滚滚。国家需要官员管理，没有官员管理的国家，整日处于无政府状态之下，不可能是个健全完美的国家；社会需要财富发展，没有一定数量的财富，社会也不会发展进步。两者相互补充，都是不可或缺的。当官追求的是地位和名声，所谓青史留名，好的官员，国家会记住他，人民会记住他，历史会永远记住他。商人追求的是生意兴隆、财源广进。官、商本是两条不相交的平行之道，理应分道扬镳。习近平就曾告诉基层的官员，“如果觉得当干部不合算，可以辞职去经商搞实业，但千万不要既想当官又想发财”（原载 2012 年 12 月 4 日《大河报》）。在浙江工作时，习近平也说过：“想当官就要切实做到不贪不腐，一心为民，造福一方；想发财可以在法律允许范围内走经商路线，不同的道路一样可以抒写精彩的人生。”2014 年青年节，习近平到北大校园，再一次告诫大学生说：“当官就不要想发财，想发财就不要去做官。”公职人员既然选择了当官这条路，就是选择了为人民服务之路，为民执政之路，也就是选择了远离发财致富那条路。国家对公务人员有严格的管理规范，公务员的收入是公开透明的，也完全可以保证温饱。要甘于做人民的公仆，要守得住清贫和廉洁。简而言之，要当官，莫发财；想发财，莫当官。

进一步从当前可操作的层面上探讨，是否可采取以下三招：一是在党内举办的各类领导干部培训班中，都要安排专题学习与讲座，从理论上弄清当官与发财的区别，大讲特讲共产党的宗旨就是为人民服务，别无其他目的和企图。也要毫不隐晦地讲明做官的好处只有一条，就像朱元璋说过的那样，国家俸禄就像一口井，井水虽不多，却总也抽不干，但永远发不了财。在广大干部中逐步形成当官就是人民公仆，就是不能发财致富的强烈意识，在思想上牢固树立起不想腐的钢铁长城。二是适当搞一搞任职宣誓之类的仪式，担任一定的公职，就要在任职时公开搞宣誓就职，邀请社会各界人士参加，发誓只为人民，不搞贪腐。使其在今后任职过程中即使起了贪心欲念，也轻易不好意思自食其言搞贪腐。三是实行官员任职和离职时的个人财产公示制度，让社会各界及广大群众监督，看任职期间财产的差距大小，差额部分是否合情合理合法。原有的一年一度领导干部述职，也要注重实效，不流于形式，将个人廉洁状况当作重要内容，加以报告，让班子成员和广大民众去审查与评说。只要这样做了，就足以震慑那些心存不轨者，使他们不敢腐。当然，要彻底根除“当官发财”的毒瘤，光侧重思想建设是远远不够的，还要有一系列使官员不能腐的制度和规章。广大民众对此寄予了无限的期望，千万不能让民众失望啊！

百里相送与燃鞭相庆

近读《后汉书》，三个廉吏离任时，百姓或是苦苦挽留，或是百里相送，真是感人至深。不妨罗列如下：

《循吏列传》载，刘宠，任会稽太守，郡中大治，百姓安定，当他调任京官时，百姓争相送行，有五六位长者每人奉上一百钱，非让他收下不可。刘宠一再推辞，后来实在没有办法，只好象征性地从每人手里拿一钱受之，以作纪念。

《第五伦传》载，第五伦，被拜为蜀郡太守，惩奸除恶，统一衡器，平衡买卖，百姓悦服，虽为二千石官，亲自锄草养马，妻子下厨烧饭，所领俸禄仅留一月粮，其余皆资助百姓中的贫困者。后第五伦被征返京，百姓拦住他的车辕，不让前行。第五伦夜晚乘船走，百姓便跳入水中，加以拦截。

《孔奋传》载，姑臧是富县，这里与胡羌通商贸易，每天都有集市，以往每一任县令，没有几个月便都先富起来。孔奋任职多年，把姑臧治理得非常好，而自己却带着妻子儿女以普通饭菜为食，因此被众人所讥笑，都说他“置脂膏中，不能自润”。后来陇蜀地区的太守、县令都被征召入京，官员的财物连车满载，塞满了山川。只有孔奋没有资财，乘一辆空车上路。姑臧的官员百姓都说，孔君清廉，仁义贤明，全县都蒙受他的恩惠，他如今离去，要报答他的恩德。于是共同凑集了价值千万的牛马器物，追了数百里，要送给孔奋。孔奋只是拜谢而已，一点都不接受。

看来民众的眼睛是雪亮的，只要官员行得正、做得好，民众就会看得清、记得牢，投之以桃报之以李嘛。相反官员要是贪腐受贿，民众也绝不会买他的账，这一点不会因斗转星移而有丝毫的改变。近年来，各地民众庆贺贪官落马的事情屡见不鲜，有燃放鞭炮的，有从建筑物下拉大条幅的，有打着横幅扭腰鼓的，更有舞龙舞狮的，就是铁证。如郴州市一纪委书记被查，庆贺民众的腰鼓队前，就拉一横幅“感谢党中央为郴州人民除害！”市区里的鞭炮声则此起彼伏。云南省一副省长被查，普洱市一公司门前，成卷的鞭炮被摆成“V”字形，民众还打出“贪腐分子被查处，罪有应得，大快人心”的横幅。成都、雅安、南京、重庆、太原等地的贪官落马，也都出现过这类庆贺的场景。

古时廉吏离任民众百里相送，那是因为廉吏太少太少；现今贪官倒台民众燃鞭相庆，其原因就没有那么简单了，需要做出深刻的反思和应对。当然，应该肯定民众的庆贺，首先是对党中央加大反腐力度，能迅速并不断地揪出“老虎”“苍蝇”的坚决支持和拥护。但分析起来这种民众自发的庆贺中，似乎还蕴含着很多别的情结在里面。现在没有必要去考究国人燃放鞭炮的历史动因，只从人们现实的习惯上看，一般来讲逢年过节、结婚大典、公司开张等极其喜庆，又来之不易的日子，当然也有喜极而泣的时刻，往往就要用燃放鞭炮这种最顶级的庆贺方式来宣泄情感，不然就总觉得不过瘾。按说贪官倒台，民众自然心里高兴，拍手称快，奔走相告也就足够了，犯得上还要燃放鞭炮，好好地庆贺一番吗？恐怕全都是因为这些贪官为官掌权太久，贪污数额太大，将其扳倒又太难。如果贪官一伸手就被捉住，不至于由小贪演变为大贪；如果民众平素对领导干部是非功过的评价，能进入到党委和上级对该干部考核的视线；如果举报反腐轻而易举，各级查处腐败都坚强有力；如果扳倒贪官的程序简单明了，贪官有一个就能被揪出一个。做到了这些，倒台一个贪官，就属于再正常不过的事情了，民众还用得着去燃放鞭炮来庆贺吗！这正是应该从贪官倒台民众燃鞭庆贺的现象中，所能感悟和反思的。当然从根本上说，只有官员做得好，公职在身一天，就要敬畏民意，敬畏权力，敬畏法纪，像习近平总书记要求的那样“堂堂正正做人，清清白白为官，老老实实干事”，大力减少和根除贪腐现象，才能从根本上消除一有贪官落马民众就欢呼雀跃的图景。

为“介然独立”者点赞

骨仪，隋末京兆郡丞，虽然在《隋书》中有传，但只有二百字左右，读者稍不注意就翻过去了，因此估计知道他的人不会很多。然而，就是这个小传，所传达出的人物形象却丰满鲜活，让人赞叹不已。

《骨仪传》载，骨仪“性刚鲠，有不可夺之志。开皇初，为侍御史，处法平当，不为势利所回。炀帝嗣位，迁尚书右司郎。于时朝政渐乱浊，货赂公行，凡当枢要之职，无问贵贱，并家累金宝。天下士大夫莫不变节，而仪励志守常，介然独立。帝嘉其清苦，超拜京兆郡丞，公方弥著。时刑部尚书卫玄兼领京兆内史，颇行诡道，辄为仪所执正。玄虽不便之，不能伤也。及义兵至，而玄恐祸及己，遂称老病，无所干预。仪与（阴）世师同心协契，父子并诛，其后遂绝”。这段话大意是，骨仪性格刚强耿直，有一股子不可动摇之志，执法公平正派，不被权势和利益所左右。隋炀帝继位后，朝政逐渐昏庸浑浊，贿赂公行，凡在朝廷当个一官半职的，无论官职贵贱大小，个个都家藏万金。当时全国上下的士大夫们，都放弃了操守，卷入到贪贿大潮中。唯有骨仪保持廉洁的气节不变，不去随波逐流，甘于贫穷清苦，介然独立于官场上。隋炀帝嘉奖了骨仪，破格提拔他为京兆郡丞。骨仪任职后，对惯于搞歪门诡道的卫玄，加以打压限制。后来骨仪与另一位将军阴世师，率兵保卫京师，抵抗李唐义兵，城破兵败后被杀。

上述传记所载，骨仪身上起码有三种优秀品格：一是不惧强权，公平执法；二是忠于朝廷，以身殉国；三是励志守常，介然独立。最后一点尤为可贵可敬，出污泥而不染，居于群而不流俗。“介”字和“介然”一词，在国学中是蛮有分量的。人字下面有两直为“介”，就是一个人站在那里两只脚立正的姿势，顶天立地，上顶天下通地。“介然”，指的是专一，坚定不移，永不动摇。如介然守节，介然有常，介然独立。骨仪何以能做到介然独立？

传记也给出了答案，取决于他有定力，即“有不可夺之志”，“励志守常”。这正应了荀子的名言。《荀子·修身篇第二》载：“善在身，介然必以自好也。”即自己若是具备好的品行，一定要坚定不移地加以珍视。用今天的话来解释，当一个人确立正确的世界观之后，才有可能做到介然独立，有为有守，有所为，有所不为。

从政为官的人，应树立什么样的世界观，本来是一清二楚的，那就是一心为民，廉洁干净。然而看看那些倒台的众多贪官，人都已经四五十岁了，甚至马上就要退休或已经退休了，早已过了中年该看透的光景，正确的人生观都还没有确立和固定下来，往往人云亦云，随波逐流，头脑发热，见钱眼开，利令智昏，以致跌进犯罪的深渊而不可自拔。他们中有人会说，以前有些地方的官场环境就是那个样子，作为个人又有什么好办法自善其身。不对，关键还是看自己的定力如何。从戴上官帽的那一天起，就要想明白是当一名清官好官，还是甘愿堕落成贪官昏官。只要“官念”正确，心里就会念念不忘为人民服务的宗旨，就会自觉抵制那些为自己服务的歪门邪道，因为毕竟还没有人强迫你、绑架你，做什么而不做什么。为官有了正确的世界观主导，自然就会两袖清风干干净净，就会做到：有些地方不是当官要花钱买吗，宁可不当那个官也不去买；官再大权再重，也不做卖官鬻爵的买卖；办事批文不是有人硬是要给好处费吗，抹下脸来就是不要；下级下属年节送物送钱，一律婉言谢绝；亲戚朋友圈子请托整事，违法违纪的一概推辞掉；遇有红白喜事，自己毫不声张的就办了。实际上，能这样做的官员多的是，只是他们远没有那些贪官更吸引人们的眼球而已。当然，世界观的确立也不是一劳永逸的，有毛病有问题了，就要通过学习充电，随时修正解决，以保持它的纯洁性。现在人们为反腐支招，好像在人的世界观上做文章的不是很多，甚至连贪官们总结自己的犯罪原因，说到世界观改造不好时，往往都会引来一片嘘声。这太过偏颇，按照哲学内因外因相互影响转化的观点，不可以忽视内因内心的作用，确立正确的世界观，是一生一世的事情，一时一刻也放松不得。在官场环境尚未彻底清新洁净，有的潜规则还在明里暗里地起着作用的情况下，官员能够做到洁身自好廉洁如玉，在一定范围内甚至是“介然独立”，心中没有一定之规，是万万不行的。当然，随着反腐斗争越来越深入，党风政风必将极大好转，把权力关进“笼子”，让官员不能腐不敢腐的制度和规矩，也必将会建立健全起来。到了那个时候，清廉的好官员自然就会成为主流主体。但是即使这样，官员自觉做到“不想腐”，也是至关重要的。这或许是骨仪给予今人的一点启示吧。

四德为本　一生无求

三国时代，可谓英雄辈出，谋臣猛将如云如雨，数不胜数。然而无论是名著《三国演义》，诸多三国题材的影视剧，还是一点即现的博客网站，都没有提到东吴孙权手下的是仪。《三国志·吴书》有“是仪传”，虽然只有一千来字，却把一个做事勤勉、与人谦恭、廉洁公正的形象，立在了史上，以照耀后人。本人以为，“是仪传”，足以列入今天的廉政教材；是仪，足以成为现代人做人做事做官的榜样。

是仪，文武兼备，早年曾建议孙权采纳吕蒙袭击关羽的建议，也曾参与抗击魏国曹休来犯，更多是以文见长，受命长期辅佐太子和鲁王，官至尚书仆射，享年81岁，为国家服务数十年，未曾有过过错，死前遗命家人，丧事“务从省约”。孙权感叹：假使人们都像是仪一样，还用得着法令科条吗！

“是仪传”全篇，没有更多写是仪的文治武功，更多笔墨写了他有“四德”：一是“忠不谄君”。长期在孙权身边，从不献媚阿谀，也从不说别人之短，发现朝廷有什么不妥，就上书规谏，甚至三番五次地进谏。二是“勇不慑耸”，即虽然勇敢但不欺负弱者。“可谓忠勇公正之士”。三是“公不存私”。不置家产，不受贿赂，满足于简朴生活，不吃讲究的饭菜，不穿精美的衣服，能够忍受清贫，家中也没有积蓄，住的房子也不大。邻居盖起了大宅，孙权看到后问盖大宅者是什么人，左右说可能是是仪家。孙权说，“仪俭，必非也”。左右一问果然是别人家。孙权还亲自到是仪家，来看看他家吃的饭菜，并亲口尝过，非常感慨，当即增加他的俸禄和赏赐，扩大他的田地宅邸。是仪多次推辞，对这样的恩宠深感不安。四是“正不党邪”。不结党营私，也不屈从于邪恶势力。一段时期，典校郎吕壹得宠，诬陷不少将相大臣，弄得东吴政坛人心惶惶。吕壹诬告江夏太守刁嘉诽谤孙权，孙权将刁嘉收监，询问他人都说刁嘉有诽谤语言，唯独是仪据实回答，说刁嘉没有诽谤语言。孙权才释放了刁嘉。是仪，“资此四德”，为官为人，一生无求无过，难能可贵。

国人历来讲究德性如何，以德治国还被写入党的决定之中，倡导以德治国与依法治国相辅相成的治国方略。现在官员腐败出问题，多数都是出在德上，人民群众对官员有意见，也往往集中在德上。当今经济社会向市场经济急速转轨，又处在社会矛盾凸显期，人们对“利”的追求，直接导致拜金主义泛滥、“物欲症”成灾，浮躁和庸俗盛行，不再重视自身的修养与道德如何，传统道德堤防在一步一步失守，当然官德也在其中。这种状况亟待改变，也必须改变。中央领导同志曾讲过：“一个社会是否和谐，一个国家能否长治久安，很大程度取决于全体社会成员的思想道德素质。”纵观历史，凡盛世，人们的道德水准都非常高。反之，人们的道德水准不高，就不可能出现什么盛世。当前需要多措并举，综合治理，运用法律的、宣传的、教育的力量和文化的熏陶，从根本上提高人们的道德水平和文化修养。各级领导干部、公务人员，更要立德修身，为人民大众做出样子来。应抽空读一读“是仪传”，对照他的“四德”，扪心自问，我有几德？一德，二德，抑或是更多，没有就照着学，照着做，总会有的。

位高责重者忧

官大招风，位高责重。面对官职升迁，在内心深处是受宠若惊还是欣喜若狂，是对一个人的严峻考验。若能秉持一个受宠若惊的心态，可能对日后的履职，甚至余生都会大有好处。若是欣喜若狂眉飞色舞，那会有什么样的结局，可就不好说了。唐代宰相岑文本为后人立了标杆。

《旧唐书·岑文本传》载："俄拜中书令，归家有忧色，其母怪而问之，文本曰：'非勋非旧，滥荷宠荣，责重位高，所以忧惧。'亲宾有来庆贺，辄曰：'今受吊，不受贺也。'"说的是，岑文本被封为中书令即宰相，回家后面带忧色，他的母亲很奇怪，问他这是为什么，岑文本说："我既没有显赫功勋，也不是秦王旧部，枉蒙如此恩宠，官位高责任重，所以忧心忡忡。"亲戚朋友有来庆贺的，文本就说："现在只接受慰问，不接受庆贺。"

岑文本之所以被提升反而忧心忡忡，从传记的资料分析，大体上理由有三：一是无功受宠心有不安。岑文本不止一次地说过"我没有显赫功勋"之类的话。如有人劝他置办产业，岑文本叹息说："我是南方一介平民百姓，空手进京，当初的愿望，不过做个秘书郎、县令而已。没有战功，仅仅凭着文章官至中书令，这已经到了极点了。承受那么重的俸禄，已经很不安，哪里谈得到为自己再置办产业呢！"二是担心才低不能胜任。唐太宗新立晋王为皇太子，满朝的名士多兼任太子的属官，想让岑文本也这样做。岑文本却说："我凭借平庸的才能，所居官职早就超过了自己的能力，只担任这一个官职，还担心错误多得数不清，怎么能再辱没太子的属官，来招致舆论的非议呢？请您允许我一心侍奉您，不再希求太子的恩泽。"唐太宗见岑文本如此坦诚，便放弃了让其兼任太子属官的想法。三是为位高责重而担忧。职位高权力大责任重，那是需要以如临深渊如履薄冰的精神，来尽职尽责的，这还不足以让人担忧吗！《资治通鉴》第一百九十七卷载，唐太宗东征时，将军中的物资粮草、器械、文书簿录等，全部委派给岑文本管理。岑文本夙兴夜寐，勤勉不怠，亲自料理调配，计算用的筹码、书写用的笔纸从不离手，心力耗竭，终于累倒，暴病而死。

岑文本被提升为高官不喜反忧的缘由，还是值得后人深思的。以这样一个心态去履新，还能干不好吗！当然他最终被累死在岗位上不大可取，按照现在的观点，应是既勤勉敬业又张弛有度才好，才能坚持得更长久些。实际上，古有明训“福兮祸所伏”，一个人受到荣宠不是受宠若惊，而是欣喜若狂得意忘形，就已经埋下了灾祸的根子，身败名裂那是迟早的事。汉代刘向《说苑·说从》载，“先忧事者后乐，先傲事者后忧”。即做事之前就忧虑的人，事后会得到快乐；做事之前就骄傲的人，事后就会有忧患。看看现在那些腐败的高官们，恐怕没有几个人会因提升而受宠若惊，欣喜若狂可能是他们唯一的外在心态反映。不是吗，有的刚刚升迁，就大言不惭地说，“早就该用我了”；有的自己没有得到提拔时，就埋怨组织部门的眼睛全都没睁开，自己得到提拔了，就说组织部门的眼睛睁开了；至于吃请请吃，大摆筵席大肆庆贺者，也多得很。哪里还会想到自己还有什么不足，尤其是与新任职务要求上的差距，流露出哪怕是一丁点忧愁的情绪。

说到底，被提升后表现的心态如何，还是世界观、人生观所决定的。如果把职务等同责任，官职越高责任越重，负担和压力也就越大，受到提升以后肯定是受宠若惊、临事而惧的感觉。如果把职务看作是享受、索取的平台和阶梯，职务越高待遇越厚，人生越有乐趣，那一定就会表现为欣喜若狂的样子。以这种心态当底垫，就会渐渐地迷失自我，摆不正自己的位置，心安理得地去享受“首长”级待遇，习惯于被人前拥后戴，久而久之就会经受不住金钱美味女色的诱惑，走上贪腐之路，成为人民的罪人。因此，越是位高权重的人，越是要认清自己责任的重大，承担着对国家对党对老百姓的重大责任。这种责任不仅是指那些分内应做的事，如职责、尽责任，岗位责任等，还理所当然地承担着一些共性的责任，比如早日成为本职工作上的行家里手，为人师表，勇于担责等。从任职的那天起，就要看到自己能力和水平上的差距与不足，看到肩负的沉重责任和义务，严于律己，时时自重自省自警自励，永葆共产党人政治本色，牢记为人民服务的宗旨，时刻不忘忧国忧党忧民，处处保持吃苦在前享受在后的好传统，永远当一个廉洁勤政为民的好官。

称职的主政者要能使自身和下属都清廉

姚璹是武则天朝的重臣，曾任文昌左丞，同凤阁鸾台平章事，代理宰相。他不仅自身清廉，还能约束下属也做到清廉，受到武则天的高度赞誉。《旧唐书·姚璹传》载："则天又尝谓侍臣曰：'凡为长官，能清自身者甚易，清得僚吏者甚难。至于姚璹，可谓兼之矣。'"即武则天对侍臣说："凡为长官，能使自身清廉很容易，能使下属清廉却很难。而姚璹，可以称得上二者兼有。"在强调主政者反腐败主体责任的今天，重读"姚璹传"，还是有所启发的。

《姚璹传》载："神功初左授益州大都督府长史。蜀中官吏多贪暴，璹屡有发擿，奸无所容。则天嘉之，降玺书劳之曰：'夫严霜之下，识贞松之擅奇，疾风之前，知劲草之为贵。物既有此，人亦宜哉。卿早荷朝恩，委任斯重。居中作相，弘益已多，防边训兵，心力俱尽。岁寒无改，终始不渝。乃眷蜀中，甿俗殽杂，久缺良守，弊于侵渔，政以贿成，人无措足。是用命卿出镇，寄兹存养。果能揽辔澄清，下车整肃。吏不敢犯，奸无所容，前后纠擿，盖非一绪。贪残之伍，屏迹于列城；剽夺之俦，遁形于外境。讵劳期月，康此黎元，言念德声，良深嘉尚。宜布琅邪之化，当以豫州为法。'"说的是，姚璹于神功初年（697），被任命为益州大都督府长史。蜀中官吏多贪婪残暴，姚璹多次进行严厉打击，使奸邪无所容身。武则天对其下玺书慰劳："严霜之下，才识青松的高尚；疾风之前，方知劲草的可贵。物既如此，人也是一样。卿早荷朝恩，委以重任。在朝中做相，成绩很大；防边训兵，操尽心力。岁寒不改，始终不渝。又眷顾蜀中，民俗很乱，久缺好的地方官，在侵吞民利上成为官吏之弊，搜刮民财成为政务，人无所措手足。因此命卿出镇，果然能驾驭得当，政风澄清，治政整肃，吏不敢犯，奸无所容，前后纠偏打击犯罪，致使贪残的人躲藏，抢夺的人逃遁。未用一月，安定了世俗百姓，人民念卿之德，很是赞扬。应当作为全国州郡治理的榜样。"武则天御批之后，又说了本文开头盛赞姚璹的那些话。

至于姚璹是怎样做到自身清和僚吏清“兼之”的，传记没再细说，对于其自身清只提到一句话“神龙元年卒，遗令薄葬”，但从上述记载中能看出，为确保僚吏清，姚璹还是颇下一番功夫的。他毫不手软，敢于严惩贪官污吏，做到“吏不敢犯，奸无所容”，同时也严打盗窃抢夺的犯罪活动，消除贪官污吏的社会基础，确保民众的经济利益和社会安定。须知，这不是件容易的事情，起码你自身要干干净净做好样子，否则就极易打到自己头上来；要有智慧有魄力，能打得狠打得准，不能打不着狐狸惹一身臊；在摧毁官衙旧积习后，澄清是非整肃政风，迅速建立起让黎元百姓念好的新官府。姚璹的这些确保僚属清的做法，还是值得点赞的。

各地各单位主政者，即俗称的一把手，本身就具有自身要正，所带的班子也要正的双重责任，这是不言而喻的。然而从许多反腐败的大案看，有的主政者做得并不好，除那些本身就是贪官，自己正忙着搞贪腐，还哪有精力去抓班子的以外，有几种情况也阻碍着主政者抓班子的廉政建设。有的主政者以为独善其身就行，下属违法乱纪与己无关，不想主动去抓；有的主政者则不会抓，不知道从哪里下手，反腐失之于宽和软，致使问题不能及早发现；有的主政者不敢抓，怕得罪人，丢掉选票，影响自己的提升，使小问题逐渐拖成了大问题。中央巡视组到哪里入驻，哪里就会有“老虎”入笼，就是这种状况的典型写照。这样不成，要强化各地各单位主政者的主体责任，叫响“班子成员出了腐败问题，你班长逃不脱干系”的口号，把班子廉政建设摆到重要位置，抓实抓细，常抓不懈。主政者要坚持高标准，严要求，在“三严三实”专题教育中站排头，自觉做清正廉洁的表率，以自己的模范行为，感染和带动班子成员；要管好亲属和身边工作人员，解决“灯下暗”的问题；要严格落实中央八项规定，见微知著，盯死年节假日红白喜事，看住小事小节严抓严管，防止“四风问题”的反弹；要畅通民众监督、媒体监督的渠道，还要提倡班子成员间的相互监督，对出现问题苗头的及时拉拉袖子提个醒；要从实际出发，定出规矩立好制度，靠制度的威力，解决不能腐的问题。当然作为上级党组织，还要抓好检查问责，对反腐败主体责任落实不好，班子成员频出腐败问题的，要严肃追究主政者的渎职失职之责。相信，像姚璹“二者兼有”的主政者多起来，风清气正的政治生态就会早一天到来。

人贵自知

严畯与马谡，都是三国人物，一个在东吴任职，一个在蜀国为官，既没谋过面，又未交过手，如何 PK？笔者仅想就两人是否具有自知之明的品德方面比较一番。

严畯年轻时酷爱读书，擅长《诗经》《尚书》《礼记》，喜好研读《说文解字》，性格质朴忠厚。跟随孙权后，任骑都尉，从事中郎，直至卫尉。《三国志·严畯传》载，建安二十二年（217），横江将军鲁肃病故，孙权打算让严畯接替其位，率领军队一万人，驻守要地陆口。鲁肃之位，何等重要，那是周瑜之后总督东吴兵马的，按《三国演义》说法，就是“大都督”。众将当然都为严畯感到高兴。这也从一个侧面说明，孙权想起用严畯，也是众望所归。可是，严畯很有自知之明，知道自己没有能力对抗近在荆州的关羽和远在北方的曹魏，便一再推辞说：“朴素书生，不闲军事，非才而据，咎悔必至。”即我本来是一介书生，不熟悉军事，不是将帅之才而占据其位，一定会招来过失和悔恨。严畯说话时言语慷慨激昂，泪流满面，真诚至极。后来，孙权又试试严畯的骑术，结果严畯上马后竟堕鞍。武将哪有不善骑马的！孙权这才答应了严畯的请求，遂任命吕蒙接替了鲁肃之职。众将又都称赞严畯，能根据自身实际情况进行推让。吕蒙不负孙权厚望，白衣渡江，击败关羽，夺得荆州。严畯则仍在卫尉职位上，也能发挥自己的长处，曾出使蜀国，颇受诸葛亮的赞赏。此外，严畯还著书立说，著有《孝经传》《潮水论》，“皆传于世”，成为东吴有名的学者之一。严畯最后官至尚书令，以 78 岁高龄辞世。

与严畯情况差不多的，是蜀汉的马谡，自幼就熟读兵书，从军后好论军计，有时竟能跟诸葛亮对上夹，“每引见谈论，白昼达夜”，但却没有真枪真刀上阵厮杀过。刘备曾说过，“马谡言过其实，不可大用”。诸葛亮初次北伐，选拔马谡为先锋，结果被魏将张郃所破，失掉街亭要地，诸葛亮不得不退军汉中。当时魏延、吴懿等一批宿将均在，哪一个拿出来不比马谡强。可惜马谡没有自知之明，不知谦让为何物，如能也像严畯一样，真诚相让，毅然辞掉本无能力担当的先锋重任，诸葛亮还能强迫不成，何苦最后闹个兵败被杀的可悲下场。

严畯辞让要职，表面上讲的是怕自己将来有过失和悔恨，求的是自我保护，其实质是怕由于自己的才能不济，而危害到东吴的国家利益。那些把自己的官职地位、功名利禄看得无比重要，心中全无民众利益和国家安危的人，是不可能做到这样的。如此看来，严畯的自知之明，虽不是安邦治国的大才，也不是可有可无之才，如果没有了它，都像蜀国的马谡一样，特定时刻也会误国殃民的。

“自知之明”，源自老子《道德经》第33章的一句话：“知人者智，自知者明。”后演变为成语，即对自己的优点和缺点都有透彻的了解，尤其是知道自己的不足之处，对自己有个正确的估量。但是，现代人的一个通病是，喜爱听好听的话奉承的话，甚至不加分析就信以为真，昏昏然飘飘然，忘乎所以，觉得自己多么有能耐多么了不起，往往就不能自知了，不知自己为何人，犹如人的眼睛可以看到百步以外的东西，却看不到自己的睫毛，所谓“目不见睫”。常言道“人贵有自知之明”，把人的自知称为“贵”，可见人是多么的不自知，把自知的结果又称为“明”，可见自知又是何等的智慧。实际上，要真正了解自己，必须变换角色多角度地看自己，客观加以审视，正反面照镜子，发现亮点更不漏掉瑕疵，真正了解自己的长处与短板，以便对人生坐标进行准确定位。当然，也不能将自己看死看透看到老，看成一成不变。认识到自己的不足，就是进步的开始，就能知其不足而后改之，就能战胜自己，驾驭自己，自勉自励，不断创造人生的奇迹和辉煌。现在，很少能见到和听到类似严畯推辞要职式的故事。不客气地说少数地方，各类安全事故频频发生，环境监测几近失控，食品安全老少皆忧，大小刑事案件多发，以致民众缺乏安全感，幸福指数趋向下滑，固然原因是多方面的，但也不能说与这些地方的一些官员才小责大、力不从心，执行力差，没有一点关系吧。果真是这样的话，有关的官员就应大大方方地向党组织提出辞呈，请求换个自己能够胜任的岗位来干，不要等出了问题有了损失挨了处罚，再不情愿地离开那个官位。愿现代官场上，也能涌现出自感德才不够，真诚辞掉组织上的提拔任命，或任职后自感不能胜任及时提出辞呈的人。对这样的勇敢者，具备自知之明美德的人，人们一定会刮目相看，高看了又高看。

秉公绝私藉“五德”

“王翱还珠”，即王翱卸任辽东提督，返还京都时，有一同事官吏馈赠数颗明珠，王翱固辞不受。那名官吏说：“明珠是先朝皇上所赐，你莫不是以为赃物而拒绝我吧。”王翱不得已，“纳而藏焉”。后来那个官吏死了，王翱又把明珠如数还给了他的儿子。这个经典拒贿故事，因屡屡见诸各类媒体，人们对此都很熟悉。其实，王翱是明代的重臣，历经七朝，辅佐过六位皇帝，仅吏部尚书一职就干了近二十年。《明史·王翱传》称其秉公绝私，“正直刚方”“名德老成”。明英宗的首辅李贤还说：“皋陶言九德，王公有其五：乱而敬，扰而毅，简而廉，刚而塞，强而义也。”王翱正是凭借着这五德，为官才做到了秉公绝私。

所谓皋陶言九德，出自《尚书》“皋陶谟”，主要记述了皋陶与禹，讨论如何实行德政治理国家的言论。原文为：皋陶曰：“都！亦行有九德。亦言其人有德，乃言曰：‘载采采。’”禹曰：“何？”皋陶曰：“宽而栗，柔而立，愿而恭，乱而敬，扰而毅，直而温，简而廉，刚而塞，强而义。彰厥有常，吉哉！”说的是，皋陶说：“啊！大凡有善良行为，都来源于九种美德。”禹说：“什么是九德呢？”皋陶解释说：“既恢宏大度又小心谨慎，既柔和温文又特立独行，既忠厚诚实又严恭庄肃，既卓有才识又敬业守勤，既柔顺驯服又刚毅果决，既正直耿介又温和可亲，既简大豪放又廉约严谨，既刚正坦荡又谦谨求实，既强雄豪迈又仁义善良。应当表彰那些有常德的贤人，这可是一件很大的善政啊！”皋陶还说，公卿、诸侯和天子，要按照具有三六九德的标准严格要求自己。

李贤称王翱具有“五德”，评价可谓不低。细数一下王翱的“五德”，还是颇有启示的。首先是“乱而敬”，既才高又敬业。王翱在吏部任职时，公事之余总是住在官衙之中，不是过年过节拜谒祖先祠堂，就不回到宅第，以谢绝别人的私访请托。而每次选用官员，有时正赶上王翱被皇上召见，由侍郎代为挑选，他回来后仍要到官署逐一查看所选的对象，唯恐有不当之人混入其中。王翱推荐人才还从不让人家知晓，他说："吏部岂快恩怨地耶！"即吏部不是个讨好人惹人欢心之地！

其次是"扰而毅"，既正直又温和。吏部主事曹恂升为江西参议，后因患病擅自回京。王翱命他以主事之衔回原籍。曹恂很愤怒，趁王翱入朝时，揪住王翱的胸部，打他耳光，并大声辱骂。此事传到明英宗那儿，英宗下令把曹恂关进牢狱。王翱上书说曹恂确实有病，训斥一番就可以了。结果曹恂得以免去牢狱之灾。人们都钦佩王翱的度量。

三是"简而廉"，既简率又清廉。王翱的生活非常俭朴。连明代宗都知道他贫穷，特意为他在盐山建了宅第。王翱的女婿贾杰在京外为官，王翱的夫人想女儿就得出京接回，往来劳顿很是麻烦，贾杰便说："岳父掌管选官大权，把我调到京师，易如反掌，何必这么麻烦。"王翱夫人找机会吹枕边风时，王翱大怒，把书案一推，还打伤了夫人的脸部。贾杰始终没能调回京师。王翱的孙子因他的功勋而入太学读书，王翱却不许他去参加科举考试，理由是"勿妨寒士路"。

四是"刚而塞"，既刚正又谦谨。王翱年近八十，记忆力已经很差了，而皇上又时常把他召到便殿议事。王翱便让令郎官谈伦随他入宫，皇上问是什么原因，王翱叩头说："臣老了，怕圣谕有所遗误，所以令这个郎官全记下来，此人诚实谨慎，是可以信任的。"皇上听了非常高兴。

五是"强而义"，既强直而又仁义。王翱任辽东右副都御史时，指挥孙璟鞭杀一名戍卒，戍卒的妻子和女儿也都哭死了。别的士卒便状告孙璟杀死了一家三口。王翱说："戍卒因违法而死，妻子为丈夫而死，女儿因父亲而死，不是被杀死的。"命孙璟为戍卒家赔偿埋葬费，孙璟很感动，戍卒们的怨气也得以平息。后来孙璟升任辽东参将，成为勇敢杀敌的一员名将。

王翱以"五德"为支撑，做了一辈子的清官好官，死后被谥号"忠肃"。看来，为官必须有德，要知敬畏，明底线，德越厚越高，官才能当得够格，当得好。历史发展到了今天，各级领导干部仍然要厚德载官。否则，官大而少德无德甚至缺德，早晚是要栽跟头的。那些因贪腐落马的大小老虎、苍蝇，究其道德水准，无一不是低得可怜。受篇幅所限，今天姑且不去泛论领导干部应具备哪些方面的道德，从古至今的圣贤和领袖，对此论述得太多太多了，而毛泽东说得最简洁：共产党员最大的道德就是为人民服务。因王翱长期担任吏部尚书即“组织部长”，其优秀品德主要体现在选贤任能上，凝聚在那句“吏部岂快恩怨地耶”的铿锵话语上，就掰扯几句与此有关的话题吧。看看当今个别负有这方面责任的人，又干得如何？他们往往看不到别人的长处和优点，起码是优点看得不够不全，一有个合适的位子，就来个“毛遂自荐”，近水楼台先得月，自己抢前往上走一步再说，可别影响了以后的进步和提拔。他们往往为预提对象通风报信，表白自己为其提拔如何卖力使劲，以捞取这些人的好感直至贿赂。他们往往对最后没能提拔使用的对象，也竭尽讨好之能，把责任都推给领导或党委，撇清漂白自身，把自己总是打扮成活菩萨一样。更有甚者，他们往往还在相关领导和预提对象之间充当“皮条客”，为行贿者受贿者搭桥牵线，对买官卖官之风推波助澜。党的十八大以来，在反腐力度空前加大的情势下，上述现象理所当然地得到了整治，那些隐藏在各级“吏部”的坏蛋正在被揪出查办。愿各级都要从严挑选管人的干部，挑选那些德高才大的人士，为党和国家掌管好选才用人大权，使中国梦的实现，有层出不穷的为人民的好干部以为接续。

德高身正威自来

“杨绾入相数日，遽致移风易俗”。这是《旧唐书·杨绾传》结尾处对其的赞语。所谓“遽”，意思是急速。这句话是说，杨绾当宰相才几天，就迅速导致官场上的不良风气得以改变。是什么使杨绾有如此能耐，本传给出了答案，那就是德高身正威自来。

《杨绾传》载：“绾素以德行著闻，质性贞廉，车服俭朴，居庙堂未数月，人心自化。御史中丞崔宽，剑南西川节度使宁之弟，家富于财，有别墅在皇城之南，池馆台榭，当时第一，宽即日潜遣毁拆。中书令郭子仪在邠州行营，闻绾拜相，座内音乐减散五分之四。京兆尹黎干以承恩，每出入驺驭百余，亦即日减损车骑，唯留十骑而已。其余望风变奢从俭者，不可胜数，其镇俗移风若此。”这段话说的是，杨绾素以品德行为著称，质朴忠贞，生活俭朴，居相位不到几个月，官吏们都被其感化。御史中丞崔宽，是剑南西川节度使崔宁的弟弟，家境富有，在皇城之南建有别墅，布满园林溪池，在当时被称为第一豪宅，崔宽就在杨绾上任后立即暗中派人将别墅拆毁。中书令郭子仪在邠州驻守，听说杨绾为相后，便将府内供其听曲玩乐的人员减少五分之四。京兆尹黎干，仗着皇上的恩宠，每次出入府衙驱使的马匹都上百，也在当日减少车马，只留十匹而已。其余大小官吏闻风而动，由奢入俭的不可胜数。杨绾为相所带来的官场风俗转变竟如此之巨。

可以说，杨绾是聚众多优秀品德于一身，几近完美之人，堪比汉代大儒、廉吏杨震。一是孝敬母亲，他早年孤苦贫寒，以孝敬母亲而闻名，时常为其母吃不到可口饭菜，而忧愁满面。二是好学不倦，对经史典籍无所不读，擅长文辞，崇尚玄理，沉静寡欲，思想明晰，见识过人，经常独处一室，左右摆满经书，久久地加以凝视沉思，所结交的朋友，都是社会名流，天下雅正之士都争着投奔其门下，还有从数千里外来的人。大家终日高谈阔论，谁都不曾追逐名利。三是忠于朝廷，天宝末年安禄山反叛时，杨绾正在安的军中，他冒死逃出长安，风餐露宿，赶到在灵武即位的唐肃宗那里，皇帝非常赞赏杨绾的忠诚，立即任命他为中书舍人。四是公道用人，任吏部侍郎期间，根据法度推举选用官吏，精心考查人才，以办事公道受到盛赞。有些人到杨绾那里，本也想谋求个一官半职，看见杨绾举止风雅，器宇轩昂，言谈豁达，便都心生惭愧感而自化，不敢提出而退下。五是清贞守节，当大贪官元载任宰相执掌大权时，公卿大多委身依附，唯杨绾恪守正道，从未私下拜谒过元载，被元载贬斥为国子监祭酒。随着元载贪贿案发，天下人士纷纷对杨绾加以赞扬。元载伏法后，皇帝立即升杨绾为宰相，朝野人士都相互祝贺。杨绾当宰相后，就裁减庸员、考核官员等，提出和实施了好多建议，为朝中政治屡屡增色添彩，可惜的是不到半年他就去世了，不然朝政还会有更大的进步。六是廉洁俭朴，从不留意自己家产，不过问生计，多次担任朝中的要职，竟无一处好房宅，所得的俸禄，每月都分发给亲友。试想，像杨绾这样的人，能不“威风八面”吗！

其实，美德横溢、身正自带威的人才，放在任何地方、任何战线上，都是能产生奇效的。因为只要有这样的人坐镇，对于想搞歪门邪道甚至黑道的人来说，都是极大的震慑，足以让他们望而却步、退避三舍。现在的各级领导，都要加强修养磨练品格，使自己都能成为德高身正自带威式的人物。比如，在一个地方当纪委书记，就应当让那些贪欲横流的人，心里害怕打怵，不敢放肆地贪污受贿；当公安局长，就应当镇住那些黑帮恶霸，使他们不敢在当地肆虐作案；当食品药品监管局长，就应当让造假贩假者心里哆嗦，起码不敢明目张胆地坑人害人；当环保局长，就要使那些欲牺牲青山绿水，赚取黑心赃钱的人，不敢有所动作。有人会说，那是理想主义，个人哪有那么大作用。这是托词。不是“为官一任。守土有责，守土尽责”吗，要把你那里的一亩三分地管好，争不上最佳最好，起码也要压得住歪风邪气。如果小单位、小地方都搞好了，全国的风气不也就逐步好转了吗！还有人说，都什么年代了，上哪去找“一本正的领导”啊。要坚信党和政府，坚信广大官员，那些大小贪贿之辈，平庸混日子之辈，永远成不了干部队伍的主流。随着反腐败斗争的日益深化，“三严三实”教育的有效开展，党规党纪的从严细化，一系列关键岗位终身责任追究制的建立实施，以德为先干部任用原则的更好落实，现代官场上，德高身正自带威型的官员，定会大量涌现出来，党和人民正热切地期待着。

知足知止快乐多

因《说呼全传》《呼家将》等小说、评书的广泛传播，人们一提起呼延赞，脑海中就会浮现一个戴红头帕，骑黑战马，背上插满破阵刀降魔杵，手舞双鞭，驰骋疆场的神武形象。其实，历史上的呼延赞不仅是个武夫悍将，还是一位知足知止的谦谦君子，他的道德水准，一点也不逊于他的盖世武功。

《宋史·呼延赞传》载：“咸平二年，从幸大名，为行宫内外都巡检。真宗尝补军校，皆叙己功，或至喧哗，赞独进曰：‘臣月俸百千，所用不及半，忝幸多矣。自念无以报国，不敢更求迁擢，将恐福过灾生。’再拜而退，众嘉其知分。”说的是，咸平二年（999），呼延赞跟从宋真宗巡幸大名，担任行宫内外都巡检一职。宋真宗想要增补军中将校，结果众将都争相叙述自己的功劳，以致闹得喧哗不已，只有呼延赞说：“臣每月领薪百千，但我所花费的还不到一半，所以我已经为自己薪酬之多而感到受之有愧。我自问没有做过什么报国的事情，不敢再求职务上的升迁了，我恐怕福气过多反生灾祸。”再拜而退，所有人都称赞呼延赞知足知止的精神。

呼延赞缘何能有如此高风亮节，从本传看，首先出于浓浓的爱国情怀。呼延赞戎马一生，热爱国家，忠于朝廷，他全身都纹了“赤心杀贼”四字，又在每个儿子耳背刺上“出门忘家为国，临阵忘死为主”的字样，为北宋统一事业和抵御契丹入侵做出了重大贡献。第二是颇有自知之明。既不求奢靡不图富贵，满足于俸禄所得够花够用就成，知足常乐，又深知自己是谁，能胜任什么角色，不能胜任什么官职。本传载：呼延赞“出为保州刺史、冀州副都部署。至屯所，以无统御材，改辽州刺史。又以不能治民，复为都军头、领扶州刺史，加康州团练使”。就是说，对于自己长于上阵厮杀，短于统御下属，更缺少治民之术，呼延赞颇为自知，因此对高官厚禄不再有任何奢望。第三是大彻大醒悟懂人生。虽然本传没有对呼延赞如何读书的叙述，但从其辞去晋官加俸的话语中，可以看出已经悟到人生真谛，明晰祸福互变之理，惧怕所享福分太多，反遭至不测灾祸。

“祸莫大于不知足。故知足之足，恒足矣。”老子《道德经》第46章所载的这句话，告诉人们最大的灾祸是不及时终止无穷的欲望。只有知道满足而获得的富足，才是长久的富足。孔子在《大学》中也说过：“知止而后有定。”而“大智知止，小智唯谋”，则是隋朝中文子王通的一句名言。看来知足、知止，是一种修养，更是一种智慧。只有拥有充足的知识和无比的智慧，把快乐建立在对事物通透的认识和理解上，看透事物发展的规律，明白无穷欲望带来的恶果，及时终止自己的欲望而免遭损失和灾祸，才会获得长久的平安富足和快乐，而不是把快乐定义在所得到和所满足的无穷欲望上。从倒台的大小老虎、苍蝇们的恶行上看，他们往往在两点上特不知足，一是在官职爵位上不弄它个更大更高，永不收手誓不罢休。好多地方的官场上，一旦出了个重要岗位空缺，“毛遂自荐”的人多的是，“我行”“我能”的噪音声声刺耳，且折腾起来没完没了，永不停歇，永无止境，至于自己的德才是否胜任该岗位，那才不去合计呢，而捞到“顶戴花翎”后干得如何，那更是另一码事了，无非是搞以权谋私、以权谋钱那一套罢了，直到镣铐加身才算终结。二是在攫取金钱积累财富上更是没完没了，多多益善，什么钱都敢伸手去贪，什么人送的都敢收，贪贿千万元甚至过亿元，已经屡见不鲜了。党的十八大以来，“打虎拍蝇”的高压态势，给贪官们以极大震慑，即使在官位和财富上不知足的，也只好止步收手。当然，什么时候都有顶风作案的，发现了一查到底就是了。对于广大干部来说，也要弄清楚两个小道理：第一，不是能力越高越大，官职相应也要越高越大的，道理很简单，越往上走位置越少，被提拔使用的永远是少数人。然而官位无论大小，都需要能力超强的人，为人民服务是永远没有止境的，在现今的条件下，谁敢说“我的工作已经十全十美，再没有努力和奋斗的空间了”，即使有也是他自己的看法，不可能是人民大众的意愿。谁也不能说，我的能力实在是强，现有的官位已无法容得下我了，必须马上提拔，这就弄颠倒了当官究竟是为了什么，共产党人要立志做大事，不要立志做大官，这应成为所有干部的座右铭。二是既然当了国家干部，按月花着国家发给的薪水，虽不是很多应该也够用，就永远不要再做发大财之梦，更不能脱离群众，硬往先富那拨人群里钻，要与广大民众同呼吸共命运，带领群众苦干实干加巧干，为中国梦的早日实现贡献自己全部的光和热。只有在官位和待遇上知足知止，才能拥有和享受那种发自于内心的快乐。

“不识五侯门”赞

人称“不可不常看”的《呻吟语》，是明代思想家吕坤的代表作。吕坤，历任知县、布政使、巡抚和刑部侍郎。他这部箴言体的小品文集，立足儒学，谈修身治国，论处事应物，言简意赅，影响极大，是中华传统文化经典宝库的一个宝藏。近日看了其中的两段文字，颇受启发。

其一，“权贵之门，虽系通家知己，也须见面稀、行踪少就好。尝爱唐诗有‘终日帝城里，不识五侯门’之句，可为新进之法”。说的是，对于做官的人家，即便是至爱亲朋，也要少见面、少来往才好。我很欣赏唐诗中“终日帝城里，不识五侯门”那样的句子，可以作为新入仕之人的处世方法。文中的诗句出自唐代诗人张继的《感怀》：“调与时人背，心将静者论。终日帝城里，不识五侯门。”诗的大意是，处事的调子与大家不同，没有一般仕宦者逢迎权贵的习气。整天待在京城，却不认得王侯们的家门。

其二，“仕途上只应酬，无益人事，工夫占了八分，更有甚精力时候修正经职业？我尝自喜行三种方便，甚于彼我有益。不面谒人，省其疲于应接；不轻寄书，省其困于裁答；不乞求人看顾，省其难于区处”。说的是，仕途上只靠应酬，对处理人事都没有好处，这里费了工夫八分，哪里还有精力和时间去做正经事？我自己常常喜欢三种方法，对人对我都有益。一是不去拜访人，省得别人疲于应对；二是不轻易写书信，省得双方为回信的事困扰；三是不乞求别人照顾，省得别人难以处理。

这两段话概括起来讲，就是要求仕宦者做到“二不”：不巴结权贵，不过多应酬，以求凭真本事立身，专心致志干好正经事。

可以说，人生在世少不了迎来送往的应酬，这里面有必要的，也有没必要的，对此自古以来就褒贬不一。宋代陆游《晚秋农家》诗：“老来万事懒，不独废应酬。”则是赞同应酬交际往来的功效。而明代王锜《寓圃杂记》卷下：

“或冗中为求者所迫，辄取旧改以应酬。”则视应酬为勉强应付的无奈之举。细想一下，必要的应酬，自古有之，人之常情，本无可厚非。但应酬一旦远远超出了必要的范围，变得越来越膨胀无度，甚至成为腐败的衍生物，某些腐败滋生的直接载体，就必须对它刮目相看了。在一些领导干部之间，诸如同学会、老乡会、战友会，多得数也数不清楚，这届那届的论来论去，热衷于搞小团伙、小圈子、小山头那一套，隔一段时间就聚一下，有时甚至一整天都泡在酒桌上，看似漫无目的，实则醉翁之意不在酒，是要结交情谊，大交所谓的“铁杆朋友”，以联络感情，也好相互提携，关照有加，互通有无，巧于上下打点，有的甚至因此形成了封建人身依附关系。更有的领导干部特别喜欢与商人交朋友，今天聚明天聚后天还是聚，形成利益共同体，结商以营私，收受商人贿赂更加“顺畅便捷”。这样看来，一些领导干部过滥的应酬，不仅仅是吕坤所抨击的浪费时间和精力的问题了，还涉及了反腐倡廉的大课题。对那些热衷于通过应酬搭桥，大肆牟取钱财中饱私囊的贪官，无论是大老虎还是小苍蝇，发现一个严惩一个就是了。对有应酬过滥这类毛病的领导干部，则要以思想教育为主，使他们懂得应酬要有个度，要尽量少应酬，能拒绝应酬，甚至不应酬。人生有很多应酬，是在无端浪费自己的生命。这完全靠自己有一颗平常心，平静而理智地珍惜自己宝贵的时间，用自己可以控制的时间去学更多的知识，去做更多的正经事。凭借自己的好品德真本事在官场上去打拼，不要总是指望通过应酬广交酒肉朋友，以期献媚头头，上边有人罩着，讨好下属，下边有人捧着，一团和气，同级满眼哥们儿，甚至消费都有人争着买单。要知道这种“友谊的小船说翻就翻”，更要知道欠账迟早是需还的。要在生活中找到自我，认识自我，不要在应酬中被别人所左右，失去做人的风度，有意无意地充当大小腐败行为的“皮条客”。从健康角度看，应酬过多还极易引发“酒精肝”，这已是不争的事实。看来无论是于公于私，都必须把时间和精力从过滥的应酬中解放出来。心中时时都装着老百姓，精神饱满地为民众的福祉多干正事好事，这才是人民大众对当今各级领导干部的热切期盼啊。

倚楼长歌旷达情

近日读宋词，被黄庭坚《南乡子·诸将说封侯》所深深吸引，词中描绘的画卷很美，传达出的那种以旷达情怀，对待功名富贵的人生观，更是启人心智。还是先欣赏这首词吧。

“诸将说封侯，短笛长歌独倚楼。万事尽随风雨去，休休，戏马台南金络头。

催酒莫迟留，酒味今秋似去秋。花向老人头上笑，羞羞，白发簪花不解愁。”

这首词是黄庭坚晚年的作品，是他对自己风雨坎坷的官宦生涯之总结，可谓是旷达意境写人生。他很小诗文就超凡绝尘，名声震动四方，从仕后任太和县知县，宋哲宗时为校书郎，受命编修《神宗实录》，完成任务后被提为起居舍人，出任宣州、鄂州的知州。后遭人诬陷《神宗实录》写作失实，被贬为涪州别驾，安置在黔州。宋徽宗即位被起用为太平州知州，上任仅九天因有人谗言又遭罢免，被送至宣州管制三年，当再次要被流放到更远的永州时，黄庭坚就去世了。

这首词有三个点：一是开头两句“诸将说封侯，短笛长歌独倚楼”。描绘了截然对立的形象：诸将围绕立功封侯的话题，侃侃而谈，互不相让，因为在封建社会中，封侯以求显贵，历来是从仕者追求的目标。作者却介然独立，和着笛声，倚楼长歌，借助短笛所具有的从容舒缓的意象，长歌所带来的醒人神志的作用，超然之情全在这不言之中，颇有一股子“举世皆浊我独清，众人皆醉我独醒”的味道。

二是中间两句“万事尽随风雨去，休休，戏马台南金络头”。“金络头”，是马笼头的美称，诗中则代指功名。这两句说的是，一切是非得失、升沉荣辱，都淹没在时光流逝的波涛中，算了吧，即使是像宋武帝刘裕在彭城戏马台，与诸将欢宴重阳的盛会，也成为历史的陈迹而一去不复返了。对功名富贵予以强烈鄙弃，也流露出消极虚无人生观的一面。

三是后几句“催酒莫迟留，酒味今秋似去秋。花向老人头上笑，羞羞，白发簪花不解愁”。作者立马转而为开朗达观，过去的就让它过去吧，不因处境的凄惨和年事的增高而消沉，还是开怀痛饮，莫辜负这大好秋光和杯中酒，表现出开朗豁达的胸襟，人老心不老，热爱生活的不服老精神跃然纸上，插黄花于白发之上自寻其乐，而花却笑他偌大年纪还要簪花自娱，表达了笑傲人世的旷达之情。

翻翻典籍，旷达一词的由来有三：一是出自晋朝哲学家裴頠的《崇有论》：“是以立言藉于虚无，谓之玄妙；处官不亲所司，谓之雅远；奉身散其廉操，谓之旷达。故砥砺之风，弥以陵迟。”即因而就以虚无立言，称为玄妙；做官不亲自司职，称为雅远；做人放弃廉洁操守，称为旷达。因此，修身养性的风气逐渐衰微。这里没有正面回答什么是旷达，但驳斥了将不廉洁自律视为旷达的论调。

二是《晋书·张翰传》载：“翰任心自适，不求当世。或谓之曰：‘卿乃可纵适一时，独不为身后名邪？’答曰：‘使我有身后名，不如即时一杯酒。’时人贵其旷达。”这里的旷达含有放任不羁之意。

三是晚唐诗人司空图，著有诗论专著《二十四诗品》，对诗歌的风格和意境加以细化，其中专有“旷达”：“生者百岁，相去几何。欢乐苦短，忧愁实多。何如尊酒，日往烟萝。花覆茅檐，疏雨相过。倒酒既尽，杖藜行歌。孰不有古，南山峨峨。”即人的一生不过百年，从生到死相去几何？欢乐的日子苦于太短，忧愁的岁月实在太多。还不如每天携带美酒，漫游烟绕藤萝的处所。鲜花覆盖茅草屋檐，微微细雨飘忽而过。待到饮酒已尽，持杖且行且歌。人生向来谁无死，唯有南山永巍峨。这里的旷达绝非颓放一族，指的是人生充满了苦难和伤痛，苦难需要调节，伤痛需要抚慰，必须对自己的精神追求、生活态度来一次大的改造，创造出一种优雅、舒适、充满美感的境界，不把世俗的功名富贵看得太重，只有把它置之度外，获得精神上的自由和解放，才能更好地享受生活。

看来心胸豁达，性格开朗，胸中自有定见，眼前自无抱怨，这就是旷达。进亦旷达，退亦旷达，喜亦旷达，忧亦旷达，这就是旷达的人生观。《南乡子·诸将说封侯》这首词表明，黄庭坚面对官场上诸多的不如意，做到了始终以旷达情怀泰然处之。然而今日的官场上，不乏这类人，人生一回，唯有仕途一条路，不论自己的能力、素质、品德如何，一个位子没干上多久，椅子还没有焐热乎，就整天想着要功、要官、要赏，达不到自己很快升迁的目的，就怨声载道，牢骚满腹，怨天尤人。直至不惜以身试法，送礼行贿，花巨资来买官，当然最后必然是落得个鸡飞蛋打身陷囹圄的下场，实在是可悲可叹。人们往往痛恨那些卖官者，其实买官者也同样可恨，如果买者都不买了，卖者还能张狂几时！一个想进步的干部，最紧要的是干好工作，积累经验；加强学习，提高素质；陶冶情操，修身育德。当然也要以适当方式，向组织表明自己想进步、想多做工作的愿望，仅此而已，就此打住，也就足够了。即使一时没有用起来，或几个回合也没有被提拔使用，也要有耐心再等，就是宣布不可能再提拔了，也要好生对待。人生一回，千万不要把官位大小作为自己唯一的终极追求，更不要把物质利益、红尘中的美艳，也作为重要的追求，而以旷放通达的胸襟态度超越官欲，转而进入一种超然的人生，及时扳好人生的道岔，选好选准适合自己的事情，把欣赏自然，养花种草，著书立说，热心公益事业，生命本身的舒适度等，作为生命中追求的重要目标，享受更大更高的人生乐趣。

羞于自炫求进

所谓“自炫求进”，即自我炫耀求得升职，语出自《北史·崔挺传》：北海王详为司徒、录尚书事，“详摄选，众人竞称考第，以求迁叙，挺终无言。详曰：‘崔光州考级并未加授，宜投一牒，当为申请。蘧伯玉耻独为君子，亦何故默然？’挺曰：‘阶级是圣朝大例，考课亦国之恒典，至于自炫求进，窃以羞之。’”说的是，北海王详担任司徒、录尚书事，主管官员的选拔，很多官员争着夸大自己的等级成绩，希望借此升官，崔挺却一句话也不说。王详说：“崔光州你的考级并没有提升，你也应该递上一份东西，我理应为你申请。连蘧伯玉都以独做君子为耻，你为什么默不作声？”崔挺说：“官阶品级是皇朝的大事情，考核官吏政绩也是国家的恒久法典，对于夸耀自己的成就以求晋职的做法，我感到羞耻。”

翻翻《魏书》有关篇章得知，王详是北魏宣武帝元恪的宠臣和首辅，官至录尚书事，又是个大贪官。《王详传》载，其“贪冒无厌，多所取纳。公私营贩，侵剥远近”，“贪侈聚敛，朝野所闻”。《高道悦传》记载，清河太守高双，给录尚书事王详送去很多金宝，得以升任司空长史。就这样一个龌龊的王详，他与崔挺的对话，其实是在向崔挺点步，让其向自己送礼行贿来买官。王详反用“蘧伯玉耻独为君子”的典故，意思是说你崔挺不要一个人当君子了，你也随波逐流吧，也证明了这一点。崔挺却偏偏不买王详的账，硬是给顶了回去。

蘧伯玉是春秋时卫国大夫，有贤能的美名，受到过孔子的盛赞。《孔子家语·弟子行》载，孔子曰：“外宽而内正，自极于隐括之中，直己而不直人，汲汲于仁，以善自终。盖蘧伯玉之行也。”即“外表宽容而且内心正直，能自己矫正自己的行为，自己正直而不要求别人，努力地追求仁义，终身行善。这是蘧伯玉的品行”。而“蘧伯玉耻独为君子”，这句话并非其本人所说，是叙述蘧伯玉的人格品行，是说做君子也不要一个人来做，还是物以类聚、人以群分。正如孔子在《论语·里仁》所说："德不孤，必有邻。"即有道德的人不会孤单，一定有相邻的伙伴。后来这句话进一步引申为，还要影响和带动他人也能成为君子。《资治通鉴》第五十六卷就记载了有这种含义的一个故事：汉灵帝时党人案要犯张俭亡命，望门投止，藏于李笃家。外黄县令毛钦手持兵器来到李家。李笃对毛钦说，张俭是个名士，难道你非要捉拿他不可？毛钦抚摸着李的肩膀说："蘧伯玉耻独为君子，足下如何专取仁义！"李笃说，而今就想和你分享，你已经获得了一半。于是，毛钦告辞而去。李笃便引导张俭逃出了塞外。

崔挺不仅不自炫求进，也不去拉关系搞圈子，更不去巴结权贵。本传载："散骑常侍赵修得幸宣武，挺虽同州壤，未尝诣门。"即散骑常侍赵修被宣武帝宠信，崔挺虽然和他籍贯是同一个州郡，但从不上门拜见。崔挺任昭武将军、光州刺史后，专心从政，恩威并举，州郡之内民风大为好转，百姓安居乐业。皇帝视察之后说："拥有兵权的人如果都像崔挺这样，我还有什么可忧虑的呢。"

崔挺为官还特廉洁。担任官员三十多年，没有多余家产，饭食简单，不穿戴丝绸，家里的女子们和睦相处，要求孩子恭敬谦让，都以孝为字号。掖县有一人九十多岁了，叫人抬着到州里拜访崔挺。自称少时曾在林邑充当官差，得到一块美玉，一尺四寸长，非常有光彩，藏在海岛，接近六十年了，遇到崔挺美政，如今愿意送给他。崔挺说："吾虽德谢古人，未能以玉为宝。"即我虽然德行不如古人，但还是不能把美玉当作宝贝。派船跟随老人去寻取，玉的光彩果然像老者说的那样温润，崔挺最终还是不肯接受，于是上表送到京城。景明初年（500），崔挺离任到代州时，老百姓哭着追随，送给他丝绸礼物，他全都不接受。崔挺去世后，光州人无不悲痛怀念他，大家一起筹钱铸一尊八尺高的铜像，立在城东广固寺，供人祭祀。

其实，居功不自傲反而谦虚有加，是中华民族传统美德的重要组成部分。《论语·雍也》载，子曰："孟之反不伐，奔而殿。将入门，策其马，曰'非敢后也，马不进也。'"即孔子说：鲁国大夫孟之反，不夸耀自己，军队往回逃奔，他却殿后掩护。将进城门，一面鞭打马匹，一面说："不是我大胆殿后，是马匹不肯向前跑啊！"看来崔挺是坚守了这一美德。然而在今日有些地方的官场上，却出现了会干的不如会说的，会说的不如会吹的现象。有的领导干部信口开河，满嘴跑车，习惯吹牛，热衷于夸大自己的政绩，总是把 GDP 数字往大了说，将民生困难向小处讲，本没有做好做完的诸如保障房建设、扶贫攻坚、农民工工资保障等，都往已经高标准完成了的筐里装，有的竟然敢在人大会上吹牛皮，以彰显个人所谓的施政和领导能力，欺世盗名以求早日升职。这种现象也是严重的腐败行为，它败坏的不仅仅是领导干部个人的形象，而是党风和政风，丧失的是宝贵的民心，必须予以狠刹。要从规章制度上铲除“官出数字”“数字出官”，吹牛造假反而受益的弊端，创造条件不让领导干部讲假话说大话，加大基层干部和群众参与政务活动的力度，重视民意调查，规范选举程序，逐步向“民意出官”“实绩出官”方向努力。要彻底改变吹牛不上税的局面，一经发现严肃处理，加大吹牛撒谎的成本与代价，让那些吹牛皮说大话的干部没有市场，不仅颜面扫地还要身败名裂。努力营造出一个领导干部不敢吹、不能吹的政治生态。

以诗言志拒索贿

南北朝时期梁朝的到溉，官至吏部尚书、侍中，特别受到梁武帝萧衍的欣赏与重用，后因病以散骑常侍身份回家养病，人们还为他没有当上仆射即宰相而感到惋惜。《南史·循吏传》在序言中称“溉等居官，并以廉洁著”。《到溉传》则讲述了一个以诗相赠、妙拒索贿的故事。

到溉自幼家贫，与其弟到洽，经常受到时任义兴太守的任昉的赏识和提携。任昉还经常邀请到溉兄弟两人到义兴郡，三人一同游览山泽。任昉既是地方大员又是散文大家，回京任御史中丞后，受到当时年轻文人的推尊，如刘孝绰、刘苞、刘孺、陆翱、张率、殷芸，当然还有到溉、到洽兄弟俩，这些人是齐梁时代重要的文学集团成员，对当时文学的兴盛做出了不可磨灭的贡献。他们几乎天天都到任昉处，作诗饮酒，号称“兰台聚”，名垂当时。《梁书·任昉传》载，任昉也是个廉吏，天监二年（503），出任义兴太守。在任期间清正廉洁，妻室儿女只吃粗米饭。“昉不事生产，至乃居无室宅。”“家虽贫，聚书至万余卷。”任昉离任上船时只有七匹布、五石米的家当，回到京城竟没有衣服换，镇军将军沈约只好派人带了裙衫去接他。当朝大诗人、藏书家、兰陵太守王僧孺这样评价任昉：“学问超过董仲舒、扬雄。以他人之乐为乐，他人之忧而忧，其行为可以激励风俗，其品德可以淳厚人伦，能使贪夫不妄取，懦夫有所为。”到溉更是个廉吏。《南史·到溉传》载：“所莅以清白自修，性又率俭，不好声色，虚室单床，傍无姬侍。冠履十年一易，朝服或至穿补。”即所在职位都是以清白自修，性格朴素节俭，不好声色，室内只有单床，旁边没有姬妾服侍。鞋帽十年一换，朝服有时穿到破烂缝补。可以看出，任昉是到溉的师长，两人同朝为官，又都是文人廉吏，相互可谓是挚友。

到溉当了建安（即福建）太守后，任昉想向到溉索要当地特产“二衫段”，即两件锦绸制作的上衣，遂以诗赠之：“铁钱两当一，百易代名实。为惠当及时，无待凉秋日。”大意是，我了解您平时的节俭，尤其是对名节的全力维护，望能及时馈赠我“二衫段”，不要等秋后天凉了再送就有些晚了。到溉也以诗相答：“余衣本百结，闽中徒八蚕。假令金如粟，讵使廉夫贪。”说的是，我本是吃百家饭穿百家衣长大成人的，虽然当地一年内收蚕丝八次之多，当太守也有购买锦绸衣衫的条件，即使金钱多得如粟粒但我的心性没有变，怎么能让我由清官蜕变成贪官呢。衣服没有，赠诗一首，到溉硬是将有恩于他的师长的小小索贿的要求给回绝了。

写到这里感慨万千。按理说，任昉与到溉的关系那么铁，又曾有大恩于到溉，张回嘴只要当地特产的两件上衣，可能是确实没有换季的衣服穿，也可能是喜欢“二衫段”的牌子，但不管怎样，实话说要求并不高，也不算过分，更不能因此就说他有失廉吏的身份。用今天的标准来评判，还属于朋友之间正常交往的范畴之内。然而，到溉却用一首诗词就给打发了，是他太小抠小气吗？是他不重朋友感情吗？不是，都不是。从史料分析，一是到溉家贫，连鞋帽都十年一换，朝服也要补了又补，自己确实拿不出钱来购买价格不菲的“二衫段”送给任昉；二是如果要送那就只能占公家便宜，挪用公款来购买，这样做又违背了到溉清白自修的本色，会毁掉一世清廉的名节，是万万不能的；三是到溉还确信，虽然没能及时送上“二衫段”，任昉也不会怪罪自己，因为任昉本身就是地道的廉吏，他应该知道自己是因为家贫买不起，而无法相送索要之物。衣服虽没送，友谊仍长存。任昉去世后，到溉在悼念文章中深情地写道：哲人谢世，楷模长逝，借鉴安在？指途觅谁？

今天有些地方的官场上，颇有那么一些下级官员，整天琢磨着给上级领导首长送点什么，大方得体能拿得出手，以讨得其欢心和赏识，而根本就不用上级领导开尊口，更谈不上费劲写诗来相求了，当然所谓关系铁的就直接以币子相赠了。有的领导喜欢艺术作品，竟有人不惜花高价购买名画相送。难怪有的大老虎入狱后还抱怨说，是众多的手下人把我给送进来的。可以说，这些人与到溉相比，差就差在本身就不是个廉洁的官员，他们或从下级手中收受钱财，再往上头领导兜中塞，源源活水不断线；或是一门心思往上爬的官迷，政绩如何、民众评价都可以不去管它，上级首长可得媚住，这样晋职晋级才不能落在别人后头。党的十八大以后，上述现象得到了很好的整治，上级领导不敢收、下级官员不敢送的氛围已经初步形成。作为一名下级官员，是要维护好和上级领导的关系，但底线是必须做到“亲”与“清”，对上不献媚，不送礼，不勾肩搭背，往来关系清澈透亮。要把心思都用在干事业上，用在为人民服务上。更要切记公家账上的钱再多，也不是自己的，绝不是可以随便就拿出来，给上级领导当作贿选买官资金的。想进步想上进，修好思想品德，拿出过硬的政绩来，千万别再指望搞歪门邪道，取悦上级领导来升官。

五不州官显操守

何远，南北朝南梁时期当过武康县令、武昌太守，也任过朝廷的要职，一直都清正廉洁，想百姓所想，为百姓谋利，恪守为官正道，尤其是在面对诸多诱惑的时候，却能始终不改自己的廉政之心，与家人一道甘愿忍受清贫之苦。《梁书·何远传》，向人们展示了这样一个州官的感人形象。

不占百姓一点便宜。何远迁任武昌太守。武昌民间都饮用长江水，盛夏时节，何远嫌江水热，便经常用钱买百姓家里井中的凉水，如有人不收钱，则将水还给他。其他事情也多是如此。他的车辆与服饰尤为简陋，所用器物没有铜制或漆器。江南盛产水产品，十分便宜，但何远每顿饭不过吃干鱼数片而已。

作为封疆大吏的父母官，饮用民众的一点井水，算不上什么事，但何远还要小题大做非交钱不可，似乎有点过了，但这正是其最大的长处，他是想以此堵住哪怕是一点小小的缺口，不给贪占的欲望一丝可乘之机。因为他深知这道门一打开，就会从占小便宜开始，发展到无所不敢贪占，一发不可收拾，后患无穷，直至想堵也堵不住了。

不媚上。何远被提为镇南将军、武康县令，廉洁为公，深受百姓赞赏。太守王彬巡察属县，诸县都以盛宴款待王彬。到武康后，何远只为王彬准备下干粮和饮水而已。王彬离去时，何远送他到县境，送上一斗酒、一只鹅作为临别赠礼。王彬与何远开玩笑说："你的礼物超过东晋时的吴兴郡太守陆纳，他招待朝廷首辅谢安仅设茶果而已，临别毫无所送，你这样做恐怕会被古人所讥笑吧！"

上司来视察，摆宴席好招待送大礼，古今都一样。这是因为下级认为此时是讨好上司的绝好机会，其目的不外乎是以求日后得以官运亨通；或自己有贪腐问题，需要上司加以袒护；或生怕招待不好导致检查中被横挑鼻子竖挑眼；更有的借此机会大肆向民众摊派以据为己有。还有一个重要因素，反正所花费的全是公款，又不用掏自己的腰包，何乐而不为。何远以俭素待上，送斗酒只鹅，实在是难能可贵。

不积财。何远在任时，喜欢开辟街巷，修整墙屋，小至百姓住宅、交易市场，大至城墙堑壕、马厩仓库等，他都像经营自己家业那样来加以修治。他应得的田秩俸钱，一概不取，到年底时，选择最穷困的百姓，作为他们的税款，长期坚持这样。他轻财好义，周济别人的窘急。何远所到之处，百姓都为他建立生祠。

为官只有自己不贪不占不积财，才能更好更多地为百姓利益着想，何远在这两方面都做到了。如此先人后己，且常年坚持，确非一般人所能为。当然，指望为官者都来用自己的薪水去扶贫济困，在当今社会很难做到，也不现实，但主政者要像经营自己家业那样，用好权花好钱办好事，尽心尽力全心全意，想百姓所想，为百姓谋利，那是必须的。

不受赠。何远为人耿直清高，不徇私情，在人世之间，杜绝请谒，也不拜访别人，就连亲朋之间的馈赠，也丝毫不受。他的清廉公正，确实是天下第一。他先后出任数郡的太守，见到的各种诱惑可谓不少，却始终不改变自己的廉洁之心。他的妻子儿女饥寒交迫，如同社会上最贫穷的人一般。

官员要想做到不受贿，不是嘴上喊喊口号，纸上写点保证文字，就能办到的，必须像何远那样，面对诱惑，心有定见，不生贪欲，甘愿清贫，从拒绝私人宴请请托，拒绝来自亲朋的馈赠，拒绝拜访他人等具体事情上做起，形成习惯，并以此为常态。

不说假话。何远经常与别人开玩笑说："你如果能抓住我有一句假话，我就给你一匹细绢作为酬谢。"大家都十分注意他的一言一行，却始终没有发现他说过假话，失过信，说话从无虚妄，都是出于他的天性。

俗话说，泥人经不起雨淋，假话经不起对证；一次说了谎，从此人不信；说谎是堕落的开始。这些讲的都是说假话的危害。但是，现实中有些地方的官员说套话大话空话官话，甚至假话的大有人在，究其原因，可能是官场待久了习以为常，可能是不大会说贴近百姓的话，可能是为掩盖某种事实真相，也可能是"假话出官、官出假话"使然。其实，党员领导干部要讲实话真话，决不能说假话，这是基本的政治要求、纪律要求，也是对党忠诚、敢于担责的体现。如果连这一点都做不到，还何谈取信于民、执政为民！

位高责重为国忧

李愚，字子晦，出生于唐朝末年的动荡时期，经历了唐朝、后梁、后唐三个朝代，后唐时期官至宰相。尽管后唐朝廷只延续了十几年，李愚担任宰相也不到十年时间，但他做官清廉，秉公尽职，直言敢谏，刚正不阿，尤其重视儒家经典的传播，是后唐出现“政皆中道，时亦小康”中兴局面的助推者，堪称乱世中难得的一位贤相。

一、少年好学德高尚

李愚出生在世代儒生之家，还是儿童时，就谨慎持重和一般孩子不同，年纪稍大便立志学习，遍读经史著作。他非常仰慕春秋时期齐国宰相晏婴的学识和为人，起初为自己取名叫晏平。写文章崇尚大气，有韩愈、柳宗元之风。平素举止端庄，风度峻严，为人谨慎寡言，非礼的话不说，行为也不苟且随便。

李愚其后的从宦经历，无不与深厚的学识和高尚的品德有关。后梁乾化三年（913），末帝朱瑱即位。朱瑱非常欣赏有学问的人。有大臣推荐李愚，称其学问深、熟知经史，并且有春秋卫国大夫史鱼的秉直、敢谏和蘧瑗自觉检讨过失、不畏强暴、力求上进的品行。末帝召见后，非常高兴，封李愚为左拾遗，不久加封为崇政院直学士，直接参与咨询谋划朝政大事。

后唐取代后梁，仍有多位朝臣向后唐庄宗李存勖称颂李愚的节操气概，并说李愚所写的文章《仲尼遇》《颜回寿》《夷齐非饿人》等，北方人见了都叫好。后唐庄宗便征召李愚为翰林学士。到后唐明宗李亶即位后，很快就拜李愚为中书侍郎、平章事，转集贤殿大学士。

二、公允处事显直道

李愚为官庄重正色，不畏强暴。一次，衡王朱友谅入朝，朝中重臣李振等都向他磕头，唯独李愚仅仅拱手作揖而已。后梁末帝责备李愚："衡王是我的哥哥，我还要向他下拜，崇政使李振等人都下拜，你竟这么傲气！"李愚答道："陛下以家庭礼节待兄长，李振等人是私臣。我位为朝官，与衡王素不往来，怎么敢献媚行事。"李愚就是如此不屈从有权势的人。

晋州节度使华温琪在任期间，违法乱纪聚敛民财，没收一户老百姓的家财，被这家人告到朝廷。朝廷派人查办，证据确凿，李愚要按律治罪。后梁末帝念华温琪是后梁政权草创时期的大臣，不忍责罚，急召李愚说："朕若不予追究，会说我不把百姓当回事；若按法律行事，会说我不念及功臣。当你们的君主不也是很为难吗？华温琪所得赃物，由官府代为偿还给告状的老百姓。"但李愚还是据理力争，使华温琪受到应有惩罚。

贞明四年（918），通事舍人李霄的用人殴打宫人致死，法司按照刑律得出结论：罪在李霄。李愚说：李霄没有亲手殴打死者，是用人打死了人，怎么能牵连主人呢！于是多次上奏末帝，终使李霄免于刑罚。

后唐闵帝李从厚即位，立志施行德政，刚刚改了年号，就请学士读《贞观政要》《太宗实录》，有意在政治上有所作为。李愚私下对同事说："吾君延访，少及吾背，位高责重，事亦堪忧，奈宗社何！"即我们的国君寻访学士，很少找到我们这些人，我们"位高责重"，国事让人担忧，国家可怎么办呢？因当时政局动荡，同僚都害怕祸及自身而不敢说话，唯有李愚忠心为国为君敢于直言。

三、雕版"九经"永传世

李愚与冯道等人，于后唐长兴三年（932），一同奏请雕版印刷儒家经典，开创了中国大规模官方印刷儒家经籍的先河。

虽然早在隋朝后期，就已产生了雕版印刷术，即在木板上粘贴书稿，用刻刀削去无字部分，再涂上墨汁覆纸其上，字迹就印在纸上了。但当时文人的普遍看法是，手抄一遍胜过日读十次，因此经籍仍以手抄本为主在流传，雕印虽已发明，却未能得到很好的运用和发展。到了唐代，对于儒家经典的传播，采用了刻制石经的做法。太和四年（830），唐文宗接受国子监郑覃的建议，由艾居晦等人用楷书书写，花费七年时间，到开成二年（837），刻成《开成石经》，立于国子监内，由 114 块巨大的青石组成，每块石碑有两米多高，碑上共刻了六十五万多个字，内容包括《周易》《尚书》《诗经》《周礼》《仪礼》《礼记》《春秋左氏传》《春秋公羊传》《穀梁传》《论语》《孝经》《尔雅》等十二经。其目的就是纠正由于用传抄方式记录经典文字造成的混乱和笔误，防止影响科举考试的严肃性，保证经典的准确性。对这件事，《旧唐书·郑覃传》记载较细："时太学勒石经，覃奏起居郎周墀、水部员外郎崔球、监察御史张次宗、礼部员外郎温业等，校定《九经》文字，旋令上石。"

而《旧五代史·冯道传》的记载："时以诸经舛缪，与同列李愚委学官田敏等，取西京郑覃所刊石经，雕为印版，流布天下，后进赖之。"说的是后唐明宗时，宰相冯道、李愚，请示让国子监田敏，以唐朝郑覃的《开成石经》的十二经为据，采用雕版印刷术，印制出售《九经》，称"刻印儒家经书是有利于千秋万代的大业，不然年久失散，对朝廷来说就是莫大的罪过。"后唐明宗同意。雕印儒经工作，从后唐长兴三年（932）开始，到后周广顺三年（953）才全部完成，历经后唐、后晋、后汉、后周四个朝代，用了二十一年的时间，共印经书十二部。《资治通鉴》卷291记载：刻板完成，进献朝廷。从此，虽然世道大乱，但《九经》的传布仍然很广。后人称赞，此举以后"天下书籍遂广"。

四、"布衣"宰相廉洁情

《旧五代史·李愚传》载："愚初不治第，既命为相，官借延宾馆居之。尝有疾，诏近臣宣谕，延之中堂，设席惟管秸，使人言之，明宗特赐帷帐茵褥。"（《职官分纪》云：长兴四年，愚病，明宗遣中使宣问。愚所居寝室，萧然四壁，病榻弊毡而已。中使具言其事，帝曰："宰相月俸几何？而委顿如此。"诏赐绢百匹、钱百千、帷帐什物一十三事。）说的是，李愚生活十分俭朴，以身作则。被封为宰相后，不是急着为自己建造相府大宅，而是借住于馆驿。被朝野人士称之为"布衣"宰相。有一次，李愚得病时，后唐明宗李亶派近臣前去探视问候，看见李愚的屋里四壁根本就没有什么装饰，病床上也仅仅是一条破毯子，官宦之家常见的雕梁画栋、锦衣绸缎、山珍海味，在李愚家里一点也见不到，回去后便向李亶如实回报。后唐明宗听了很受感动，下诏赐李愚绢100匹、钱10万、床上的铺陈之物13件。

李愚还辅佐后唐明宗改革了后唐庄宗时的一些弊政，撤销了"诸道盐运使、内勾司、租庸院大程官”等，一些有名无实、可有可无的机构。在检查耕地时，发现各州县官吏敲诈勒索、欺压百姓的现象很多，在整肃吏治的同时，采取了一些利民措施，如颁布敕令：“州府不得科率百姓”，废除“纽配”“省耗”等变相增加的税赋，对高利贷的盘剥，也下令加以限制。这些改革措施，有力地推动了当时社会的发展，使得后唐明宗在位的近十年里，是五代五六十年中最安康、老百姓得实惠最多的一段时期。

李愚那句“位高责重”的感慨叹息，让人读了就不会忘记，时至今日仍然是各级领导干部必须牢记的名言警句。越是位高权重的人，越是要认清自己责任的重大，承担着对国家对党对老百姓的重大责任。这种责任不仅是指那些分内应做的事，如职责、尽责任，岗位责任等，还理所当然地承担着一些共性的责任，比如早日成为本职工作上的行家里手，要为人师表，要勇于担责等。从任职的那天起，就要看到自己能力和水平上的差距与不足，看到肩负的沉重责任和义务，严于律己，时时自重自省自警自励，永葆共产党人政治本色，牢记为人民服务的宗旨，时刻不忘忧国忧党忧民，处处保持吃苦在前享受在后的好传统，永远当一个廉洁勤政为民的好官。

要学韦睿哪些作风

韦睿是南朝梁武帝当政时的名将，他有智有谋，能攻善守，为人谦虚，不谋私利，关爱士兵，作风务实，是梁武帝征讨四方平定天下的有力助手。毛泽东对韦睿称赞有加，读《南史・韦睿传》时，竟批注二十多次，特别是还写道“我党干部应学韦睿作风”。近日读了《毛泽东评点二十四史》和《南史・韦睿传》，发现韦睿的过人之处不仅在于军事上，更在于他的品格和修养，毛泽东最看重的，也是他的人品和德行，笔者围绕应学习韦睿的哪些作风，做了一点浅显的思考。

从思想作风上看，韦睿是个实干家，从不夸夸其谈，注重调查研究，一切从实际出发。他一生指挥过很多战斗，每次都亲临战场进行视察，摸透敌情，权衡筹措，然后再指挥作战。如天监四年（505），韦睿率军伐魏，攻打小岘城。“睿巡行围栅”，战前韦睿亲自到魏军城防栅栏处探察敌情。城中忽然出来数百人列阵。韦睿认为，魏军人少本应坚守，现在突然出城，一定是一些勇悍的士卒，击败他们，敌军的士气也就垮了，城池将不攻自破。于是挥兵出击，打败了出城的魏军，次日便攻克了城池。进攻合肥时，“睿案行山川”，韦睿又考察山川地势，决定实施以汾水淹灌城池的战术，迅速拿下合肥的东西两座护城，使合肥更加孤立无援。毛泽东对韦睿亲临战场进行探察的做法非常赞赏，在《韦睿传》“睿巡行围栅”处画圈，批注：“躬自调查研究”，在“睿案行山川”处又一次写下批注“躬自调查研究”，并在“躬自”两字旁画了双圈，以加重“躬自”在调查研究中的重要性。

从工作作风上看，韦睿冲锋在前，退却在后，团结将领，关爱士兵，忠心耿耿，尽职尽责。在攻打合肥的战斗中，魏军五万人杀来，欲解救被围困的城池。梁军将士多有所畏惧，纷纷想撤退。韦睿说“将军死绥，有前无却”，即军队败退将领治罪，今天只能前进不能后退，命令取来他的旗帜仪仗，立在前沿，表示绝无退意。在他的号令下，众将士奋力作战，最终大获全胜。毛泽东在《韦睿传》“督励众军”等处，两次批注“将在前线”。韦睿的部将胡景略和赵祖悦关系紧张，虽一同参战，但经常相互陷害，两人生气时，胡景略曾狠咬自己的牙齿，弄得血流满嘴。韦睿认为将军不和，将会招致祸患，便亲自斟酒劝解二人，希望他们俩不要再为个人而争斗。因此，两人在整个攻取合肥的战役中能够相安无事。毛泽东在《韦睿传》“且愿两虎勿复私斗”处批注“干部需和”。韦睿所到之处，营房都井井有条，馆舍和防务工事都标准规范，每天白天接待宾客忙于军务，夜里处理军事文书，三更就起身点灯直到天亮，常常表现得好像自己做得还不够，因此吸引了很多人才到他这里来。毛泽东在《韦睿传》“故投募之士争归之”处批注“劳谦君子”。韦睿身上有世人少有的风度，待人以仁爱恩惠为本，到哪里任职都有很好的政绩。带兵仁爱，士兵的营帐没搭好，他就不去睡觉，井灶没有挖成，他也不肯自己先去吃饭。穿戴像个书生，即使是临阵交锋，也是穿着宽松的官服，乘车而行，手执竹子做成的如意，来指挥大军的进退。“我党干部应学韦睿作风”，就是毛泽东在《韦睿传》“亦不先食”处所批注的。

从生活作风上看，韦睿淡泊名利，豁达大度，廉洁为公。韦睿年少时，他的表兄杜幼文担任梁州刺史，邀请韦睿一起赴任，也好使其历练历练。而杜幼文是个大贪官，贪污受贿吃喝玩乐无所不干。韦睿每日跟随在他身边，却能出污泥而不染，以清廉自守而知名。合肥之战，梁军大获全胜，缴获大量辎重布帛，韦睿将其毫无保留地充作军饷，不取分毫。钟离之战大胜，缴获物资堆得像熊耳山一样高，韦睿依旧将其列于营门之前，交予劳军使者如数上报朝廷。毛泽东在《韦睿传》“无所私焉”处批注“不贪财”。韦睿功高盖世，但他却从不恃功自傲，相反总是见了功劳就躲，见了利益就让。钟离之战胜利后，曹景宗和其他诸将争先恐后地向朝廷请功邀赏，只有韦睿独居其后，默不作声。钟离守将昌义之十分感激韦睿，宴请曹景宗和韦睿之后，又拿出二十万钱作为赌注，让他们二人掷骰子。曹景宗掷了个“雉”，韦睿掷的是“卢”，按理“卢”该赢“雉”，二十万钱本该归韦睿，但他却赶紧拿过骰子，又掷出了一个“塞”这个输彩，钱自然装进了曹景宗的腰包。韦睿生性慈爱，抚养其哥哥的遗孤比自己的儿子还经心，历次做官所得的赏赐，都分给亲朋故友，家无余财。毛泽东在《韦睿传》“性慈爱”处批注“仁者必有勇”。

时至今日，韦睿“躬自调查研究”的精神，仍然值得各级领导干部学习效法。“躬”就是恭恭敬敬，放下身段，虚心地向实践、向群众、向基层学习；“自”就是亲自出马上阵，不是动不动就请秘书或下属代劳，自己用现成的；“调查研究”就是既要调查又要研究，靠求真求实来求招。现在有的领导干部下去调研，或目的不明确，抓不住重点，满足于一知半解；或人虽下乡了，却连老百姓家的凳子都不愿意坐一下，到哪里都是官腔十足，满嘴官话套话空话，根本就不会说老百姓能听得懂的话，又怎么能听到看到真实情况呢；或只看“盆景式”的东西，蜻蜓点水，浅尝辄止；或出发之前就已拟好此次调查研究报告的草稿，下去只是应付上级检查，做做样子，走走过场，填填数字和事例，自欺欺人而已。其实，只要心里装着人民群众，确实要为民众解决困难，就自然会注重调查研究的，也会放下架子，扑下身子，深入田间地头、厂矿车间和农家院，与老百姓拉家常唠实嗑，进而找到解决民生问题的最好途径。

决不掺和鸿都之事

裴昭明，是为《三国志》加注的大学者裴松之的孙子，南北朝时期宋、齐的州郡长官，学识渊博，廉洁为官，《南齐书》本传，虽然没有记载他有什么了不起的政绩，但所记录的他的两段话，既富有哲理又清廉透亮，还是让历史和后人记住了他。

一段话是："昭明历郡皆有勤绩，常谓人曰：'人生何事须聚蓄，一身之外，亦复何须？子孙若不才，我聚彼散；若能自立，则不如一经。'故终身不治产业。"说的是，裴昭明历任过好几处郡官，都有勤劳的政绩，他常常对人说："人生有什么事需要积蓄财物呢？除了自身之外，你还需要些什么呢？子孙如果没有才能，我积蓄财物会让他们给散失殆尽；子孙如果能够自立，则不如使他们精通一种经书。"所以裴昭明一辈子都不经营积聚产业。裴昭明不管在那里任职，等到任满还都，都贫困得几乎一无所有。对此，连齐世祖萧赜都感叹："裴昭明罢职回来，连住宅也没有。我不太熟悉历史，不知道古人中有谁能和他相比？"看来在这位皇帝的眼中，裴昭明就是有史以来、南齐以上，最为廉洁的官员了，评价可谓不低。

另一段话是："元徽中，出为长沙郡丞，罢任，刺史王蕴谓之曰：'卿清贫，必无还资。湘中人士有须一礼之命者，我不爱也。'昭明曰：'下官忝为邦佐，不能光益上府，岂以鸿都之事仰累清风。'"说的是，元徽三年（475），裴昭明出任长沙郡丞，卸职时，刺史王蕴对他说："你很清贫，一定没有回去的路费。湘中人士中如果有馈赠礼物给你而求职的，我是不会吝啬的。"裴昭明说："下官我愧为郡的辅佐，不能够对长官您有所帮助为您争光，怎能因为卖官鬻爵的事情连累您清正的名声呢。"

这里涉及一个典故：鸿都之事，现特指卖官鬻爵以求财货。主要是依据《后汉书·崔寔传》得来："灵帝时，开鸿都门榜卖官爵，公卿州郡下至黄绶各有差。"

其实，翻翻《后汉书》《资治通鉴》等史籍的有关部分，发现东汉灵帝刘宏不是在鸿都门，而是在御花园设立“西邸”机构来卖官鬻爵的。《后汉书·灵帝纪》载：“始置鸿都门学生。”“是岁，卖关内侯，假金印紫绶，传世，入钱五百万。”这里没有写明卖官爵的具体地点，并没有把卖官鬻爵与鸿都门直接联系起来。《资治通鉴》卷五十七载，“光和元年（178），灵帝设鸿都门学校，学生全都命各州、郡、三公推荐征召，有的被任命为州刺史、郡太守，有的入皇宫担任尚书、侍中，有的被封侯。有志操和有学问的人，都以和这些人为伍感到羞耻。”“尚书令阳球上书说：鸿都门的文学之士，怪诞诈伪花样百出，请废止鸿都门文学的推荐和选拔，以解除天下的谴责。奏章呈上后，灵帝不理。”“同年，又在御花园中开设‘西邸’机构，公开出卖官爵，按照官位高低收钱多少不等。俸禄为二千石的官卖钱二千万，四百石的官卖钱四百万。有人曾到宫里上书，指定要买某县的县令、长官职。凡是卖官所得的钱，在西园另外设立一个钱库贮藏起来，作为皇帝的私人积蓄。”从以上三处记载看，鸿都门学校，不是什么好地方，所收的人也不是正儿八经的学者，而卖官鬻爵却不在此地，是在后来新开设的“西邸”机构。由于鸿都门学校本身的龌龊，加之《崔寔传》又有“开鸿都门榜卖官爵”的字样，后人干脆就将卖官鬻爵之事贴在鸿都门身上了。

裴昭明的上述这两段话，是互为因果关系的，正是有“人生何事须聚蓄”的情怀和定力，才会“终身不治产业”，更不会去掺和“鸿都之事”了。古人所称的卖官鬻爵，今日被人们直呼为“买官卖官”，它是所有腐败中的最大腐败，广大民众对其恨之入骨。然而，各地的官场上却有一些人对此乐此不疲。有选人用人权的直接往外卖官，从零售到批发，实行明码标价，收入全部归己。没有选人用人权的，便投机专营充当掮客，帮人上下打点使钱通融，自己则从中捞取好处。裴昭明拒绝的“鸿都之事”，其实就是这种角色，刺史王蕴手中有权，有资格卖官，而裴昭明仅仅是刺史的下属，本无权卖官，但却可以无缝对接刺史，能替人拉线搭桥说情送钱。这部分为买官卖官的邪火加薪煽风的人，同样可耻可恨，也必须在反腐败斗争中给予充分揭露和严厉打击，以缩小买官卖官的人群基础，使热衷于买官卖官的那些官员被彻底孤立起来，成为孤家寡人，生意凋零直至“破产”。

一身正气威自生

尹翁归，西汉著名的廉吏，无论是当小狱吏，还是郡太守，都清廉自守，所在“皆大治”。《汉书·尹翁归传》称：“翁归抱公洁己，为近世表。”“元康四年（前68）病卒。家无余财，天子贤之。”而本传记载尹翁归与当朝廷尉于定国的一次交往，更让人看到了他身上所具有的超凡的人格魅力。

尹翁归被“征拜东海太守，过辞廷尉于定国。定国家在东海，欲属托邑子两人，令坐后堂待见。定国与翁归语终日，不敢见其邑子。既去，定国乃谓邑子曰：‘此贤将，汝不任事也，又不可干以私。’”

说的是，尹翁归受征召拜为东海太守，赴任前去拜访辞别廷尉于定国。于定国老家就在东海郡，他想把两个同乡的孩子托付给尹翁归，以便给予关照，便让这两个晚辈藏在后堂等待出来见尹翁归。于定国与尹翁归谈论了一整天，始终未敢让这两个人出来拜见尹翁归。尹翁归离开以后。于定国对这两个同乡晚辈说：“他是个贤良的好郡守，你们没有能力在他手下任职，他也是不能用私情去请求的。”

于定国时为廷尉，九卿之一，最高司法官，后官至丞相，可谓当朝重臣。就是这样一位高官，却没有敢于或是不好意思，向尹翁归一个刚要上任的小小郡太守，张口言请托之事。这到底是为什么？除了于定国本身就是一个好官的因素外，应该说还是尹翁归身上所放射出的咄咄逼人的正气，加之对尹翁归以往为政风格的了解，才使得于定国始终没能张开尊口。因为，于定国与尹翁归谈话足足一整天，尹翁归一直都“语不及私”，所谈论的都是忠君报国、治郡安民的事情，向如此“一本正”的尹翁归谈私情走后门，于定国自然感到不合时宜，很难启齿。尹翁归的更多政绩虽然是发生在东海太守的任期中，但在此之前，也已崭露头角，优秀品格初显。本传中记载了这么几件小事，很能说明问题：

一是不畏强权。尹翁归幼年丧父，依靠着叔父过活。成年后他当了一名小狱吏，通晓法令条文，又练得一手好剑术。当时大将军霍光主持朝政，霍家人住在平阳，家奴门客经常手持兵器进入街市殴斗闹事，原来的主管官员对他们无可奈何。尹翁归做了街市的主管官员后，法治严明，吓得这些不法之徒都老老实实，不敢再来捣乱。

二是廉洁自守。尹翁归为官清廉公正，谁送礼也不收，那些商人和市井无赖之徒都畏服他。

三是治县有方。尹翁归被提升担任督邮职务。当时河东郡二十八县分为汾北、汾南两部。尹翁归主管汾南一部。尹翁归检举揭发他人时都符合法律规定，掌握违法者的犯罪事实，那些受到惩处的官吏自知都罪有应得，个个都心服口服没有怨言。他被推举担任缑氏县尉、太守，任职的地方都治理得很好。

以上三种品格，即不畏强权、廉洁自守、治县有方，加之语不及私，形成了尹翁归一身正气，光明磊落，刚正不阿，以正压邪的人格魅力。它足以让人生畏。正所谓一身正气龙虎惧，不畏强权鬼神惊。在这样的官员面前，于定国只好选择沉默；在这样的官员面前，那些恶吏和恶霸，自然也会恐惧万分。尹翁归到东海后，迅速将郡中的恶吏及奸猾之徒的情况了解清楚，按他们各自所属的县一一登记在册，亲自处理各县作奸犯科的奸邪之事。东海郡下属的郯县有个富豪叫许仲孙，势力很大，经常扰乱吏治，为害乡里。前几任太守几次想治他的罪，都被他凭借着势力关系狡猾地逃脱了。尹翁归查明许仲孙累累罪行的铁证后，不畏强势，将其论罪斩首。人们敬畏尹翁归的威名，佩服他秉公办事，不敢再违犯禁令，下属官吏及民众还纷纷效法太守的品行，整个东海郡风气大为改观。

尹翁归的事迹影响很大。晋朝郑默，历任廷尉、太常、大司农等职，为官清廉自守，被人誉为“似尹翁归”。《晋书·郑默传》载，郑默任廷尉后，当时朝廷因鬲令袁毅犯有勾结、串通贿赂罪，大力发动刑狱。在朝官员多受牵连，只有郑默因洁身自好而没有事。当时仆射山涛想举荐一个亲戚任博士，对郑默说：“卿似尹翁归，令吾不敢复言。”

看来，一个官员的人格魅力就是一种自然征服力，它是领导者权力影响之外的，既能让下属和群众敬佩信服，也能让上级领导佩服与认可的内在力量。

靠这种人格魅力树立起来的威望是长久永恒的，仅靠手中握有的权力形成的威望只是暂时的。而领导者的这种人格魅力，绝不是仅仅靠嘴皮子吹出来的，当然说话也很重要，尹翁归不就是一整天的“语不及私”，才给了于定国一个“贤将”的直观印象吗？更重要的是行动上要做得好。尹翁归如果没有那些从政过硬的事迹跟着，于定国绝不会以“贤将”对待之。今天强调各级领导干部要忠诚、干净、担当，要清廉、务实、为民，哪一条不是要做出来且要坚持做好的，光靠嘴上说说，不见诸行动，对于人格魅力的形成，是一点用处也没有的。更不用说那些“两面人”的领导干部了，台上说得天花乱坠，台下搞得乌七八糟，连起码的人格、脸面都不要了，还谈什么人格魅力！

李下无蹊

李下无蹊，既是成语，又是一句唐诗。古谚称“桃李不言，下自成蹊”，是说桃树李树虽然不会说话，但桃子李子成熟了，人们会不期而至，树下自然就被踏出了一条路。唐朝时人们反用此古谚语，改李下成蹊为“李下无蹊”，以称颂李至远等人，秉公选举，无人敢走私门。《全唐诗》载，《时人号李至远语》：“至远知选，胥吏肃然敛迹，时人号云：‘李下无蹊。’”

李至远，唐朝人，官至吏部侍郎、州刺史，为人正直，嫉恶如仇，公道用权，正派选人。《新唐书·循吏传》记述了他的事迹：李至远，“迁天官侍郎，知选事，疾令史受贿谢，多所绌易，吏肃然敛手。有王忠者，被放，吏谬书其姓为‘士’，欲拟讫增成之，至远曰：‘调者三万，无士姓，此必王忠。’吏叩头服罪”。说的是，李至远于长寿二年（693）被任命为吏部侍郎，因武则天将吏部改为天官，称为天官侍郎，主管官吏铨选事务。所谓铨选，指选官制度，唐五品以上官员由皇帝任命，六品以下官员除员外郎、御史及供奉官外，文官由吏部，武官由兵部，按规定审查合格后授官。李至远憎恨吏员受贿卖官，贬退更换不少这样的吏员，吏员有所收敛。有位叫王忠的官员，被从京师调往外地任职。吏员却将其王姓写成“士”，意欲批复后再改成“王”，也好仍留在京师。李至远审查后说：调动职务者三万人，根本就没有士姓，此人一定是王忠。吏员叩头承认所犯罪行。

李至远的这件事影响很大很远，后世有多部典籍给予记载，只是情节略有不同。《太平广记》第185卷《铨选一》载：如意元年（692）九月，天官郎中李至远署理侍郎职务。当时有待选的人姓刁，还有一位王元忠，一起被外放。于是他们私下跟令使相勾结，重新填报，减少姓氏笔画，刁改成丁，王改成士。打算在批示任官之后，添上笔画再改过来。李至远一看就明白是作弊，便说：“今年待选官员超过万人，我都记得，哪有姓丁和姓士这两个人，这不是刁某和王某吗？”吏部的官员们都认为李至远神明。宋代桂万荣写的古法医学书《棠阴比事》，共记述144个诉讼案例，均以四字为题，专有《至远忆姓》故事，以赞美李至远记忆超群。南宋郑克的《折狱龟鉴》也以李至远《视调者姓，察令史奸》为题，记述了这个故事。

今天读这个故事，自然要探讨李至远为什么能够做到如此。从史料上看，大体上原因有三：一是出于公心，为国为民。李至远从小就饱读诗书，作《左氏春秋》编记，虽没看到晋代杜预的释例，竟与之“大趣略同”，入仕后几次奏章，其浓浓的忧国忧民情结，深得高宗李治的赏识。《全唐文》载李至远所作“唐维州刺史安侯道碑”，有这样的赞语“至公至平者”。纵观李至远的所有政绩，至公至平应该是其一生的不懈追求，主管选官任官事项，当然要公道公平看人用人了。用人不公，是最大的不公，以贿取人，卖官鬻爵，更是腐败之首。贻害无穷，一旦钱财胜过德才，坏人必然压倒好人，官场环境就会污秽不堪，政治生活就将陷入极度混乱之中。从古到今，概莫能外。

二是自身干净，敢抓敢管。李至远自己做到了凭本事当官，由小官升至大官，也不去低头向提拔自己的大员致谢，当然更是无比厌恶那些买官卖官之徒了。《旧唐书·良吏传》载，李至远“长寿中（693—694年）为天官郎中。内史李昭德重其才，荐于则天，擢令知流内选事。或劝至远谢其私恩，至远曰：‘李公以公见用，岂得以私谒也。’竟不谢”。李至远主持选官事项后，敢抓敢管，严抓严管，立即罢黜了一批利用选官之机搞各种名堂，以谋私利的属下吏员，以纯洁选人的工作班子，对仍在顶风作案的则严加惩处。由此联想近年来所揭露的湖南衡阳、四川南充、辽宁省系统性贿选案，有人明目张胆拉票贿选，有人堂而皇之收受财物，有人穿针引线充当掮客，违犯法律纪律的严重程度令人震惊。检查起来，哪个不是主要领导和主管领导本身就在卖官受贿犯罪，也就无法防止拉票贿选问题了。

三是认真过细，一丝不苟。官当得再大，工作也不能完全放手，当个甩手掌柜可不成。李至远，堂堂吏部副长官，竟对涉及调动的三万人的情况，做到心中有数，有什么姓氏，没有什么姓氏，都弄得一清二楚，甚至对搞名堂的是何许人也，也心里有数，实为不易。这并不是李至远有多么神明，而是他工作认真过细，不当“甩手掌柜”，对选人用人的任何一个环节，都明明白白，清清楚楚，唯有记忆力确实有些超群罢了。再看看涉及人大代表贿选案的几个省、市，恐怕当时的主管领导们，即使自身没有受贿问题，是个清廉的干部，可能也是个糊涂官、懒散官，失职失察，往往只是大概其地看看名册，粗略地知道一点情况，不认真核实审查把关，对私底下的金钱贿选交易更是全然不知，只会台面上哼哈点头按表决器而已。官当到这个份上，悲哀，实在是悲哀！

于成龙屡荐廉能吏

随着央视鸡年开年大剧《于成龙》的热播，“天下廉吏第一”的于成龙，成了人们热议的话题。笔者翻翻《清史稿·于成龙传》及有关传记，发现于成龙在为官生涯中，采取多种途径和方法，频频向朝廷和皇上举荐廉能官吏，史料记载有名有姓的就达十人之多，后来这些人好多都成了朝廷的中坚力量。屡荐廉能吏，无疑是于成龙身上诸多优秀品格之一。

不妨从典籍中罗列一二，供读者欣赏：

《邵嗣尧传》载，邵嗣尧于康熙十九年（1680）为直隶柏乡令，因严格执法受人诬告，被以酷刑为由罢官。后经巡抚于成龙反复推荐，复职为清苑知县，感恩自励，屡断疑狱，人们以宋代包公孝肃比之。后来升职很快，直至被康熙皇上任命为江南学政，专司培养选拔人才的重任。

《卫立鼎传》载，卫立鼎于康熙十九年（1680）任卢龙县令，两袖清风，县内大治，得到直隶巡抚于成龙的推荐，将其与直隶灵寿知县陆陇其并列，奏举为循吏。卫立鼎后来官至福州知府。

《于成龙传》载，直隶巡抚于成龙，于康熙二十年（1681）觐见皇上，“上褒为‘清官第一’”。当皇上问属吏中有无廉吏者时，于成龙推荐知县谢锡兖，同知何如玉、罗京三人。于成龙任两江总督时，又先后推荐直隶守道董秉忠、阜城知县王燮、南路通判陈天栋。

另一个《于成龙传》载，康熙二十年（1681），直隶巡抚于成龙升任两江总督，上疏推荐通州知州于成龙可大用；会江宁府缺员，“疏请敕廷臣推清操久著与相类者”，皇上即命于成龙补缺。很快，于成龙便升为直隶巡抚，河道总督，负责治理大江大河，“成龙主治海口，及躬其任，仍不废减水策”，为清初治河诸臣中最优。

于成龙频频举荐廉能吏，是他饱读诗书，早就怀有“修身齐家治国平天下”的远大抱负，熟读顾炎武《日知录》，将“天下兴亡，匹夫有责”视为自己的精神支柱，有着“为官一任、造福一方”的深远志向，深知父母官的内涵和真谛的结果；也是他本身就是一个廉能吏，当然希望廉能吏都能得到重用的必然结果。他自身的廉洁就不用多说了，电视剧里已有足够的体现。《于成龙传》载：“于成龙秉刚正之性，苦节自厉，始终不渝，所至民怀其德。”“卒时，将军、都统及僚吏入视，惟笥中绨袍一袭、床头盐豉数器而已。”“朕博采舆评，咸称于成龙实为天下廉吏第一。”“复制诗褒之。”于成龙去世时，木箱中只有一套官服，别无余物。连康熙皇上都被于成龙的清廉感动得赋诗加以赞扬，并破例亲为于成龙撰写碑文。

另外，很大程度上与于成龙特殊的出身与经历有关。于成龙 45 岁才出仕，长期底层的艰辛生活，对民众疾苦了如指掌，尤其是对民众期盼廉吏能吏，厌恶贪官昏官的心理，更是明明白白一清二楚。哪里的廉能吏多了，哪里民众的日子就好过，反之遍地贪官污吏，民众的日子就会苦不堪言。于成龙的官越当越大，手中有权了，当然就要尽可能多地为民众推荐和选拔廉能吏了。

再就是受几位顶头上司举贤荐能行为的影响所致。于成龙在顺治十八年（1661），任广西罗城知县，一干就是七年。总督金光祖举荐其为“卓异”。康熙六年（1667），于成龙任四川合州知州。巡抚张朝珍举荐其为“卓异”。康熙十七年（1678），于成龙任福建按察使，巡抚吴兴祚举荐其为“廉能第一”。于成龙转任三地，三地的主官都欣赏和举荐于成龙，于成龙得以很快升职，康熙十九年（1680），升任直隶巡抚，两年后又升为江南江西总督，后又受命兼摄安徽、江苏巡抚事。应该说，这些顶头上司的举贤荐能行为，对于成龙影响很大。于成龙成为他人的顶头上司后，当然也要尽心尽力举荐手下的廉能吏了。

当然，举荐有用，举荐能用，才会有人来频频举荐。客观上康熙皇上澄清吏治，拔选廉明，励精图治，为廉吏的健康成长创造了好环境。

今天落马的那些大老虎们，哪个不是在卖官鬻爵、贪污受贿，指望他们举荐廉能干部，根本不可能，因为他们是以送钱多少为唯一荐人用人标准的。可悲，实在是可悲！但愿有党的十八大以来的一系列党规党纪护航，能使更多的廉能者走上地方主政者的位置，并能像于成龙那样频频举荐廉能者，这是党之幸事，国家之幸事，人民之幸事！

“鲁铁面”二三事

“鲁铁面”，是民众给予鲁穆的赞誉。《明史·鲁穆传》载，鲁穆，于宣德年间升任福建佥事（按察使的属官，相当于副职），“理冤滥，摧豪强”，接连办了两起案件，立马获得民众的交口称赞。

有一个泉州人李某，调动官职赴广西上任，他的姻亲富人林某，派遣仆人在途中用毒酒把李毒死了，并霸占了李妻。李家族人到官府告状，衙门收受了林某的贿赂，竟判告状的李家族人有罪，把其关进监狱，时间已经很久。鲁穆明察暗访，弄清了真相，立即把杀人夺妻的罪犯林某逮捕归案，判罪正法。

漳县人周允文没有子嗣，便过继一个侄子为后，晚年妾生了一个儿子，周允文把家产分了一份给侄子，并嘱托他照料妾生的小儿子。后来周允文去世了，侄子便说小儿并不是叔叔骨血，把其赶出家门，夺取了全部家财。妾于是到官府告状。鲁穆召集县中父老及周氏宗族，预先把妾生小儿和一群儿童混在一起，然后叫大家辨认，大家都指认出这个小儿同周允文相像，于是判侄子把夺取的家产归还给周妾。从此，民众都称鲁穆为“鲁铁面”。

鲁穆入仕先为御史，最后官至右佥都御史（略低于右副都御史），包括在福建任佥事，都是干监察性质的活，负责监察朝廷、诸侯官吏。从百姓送其“鲁铁面”的美誉看，鲁穆是相当称职的。本传载，鲁穆为官有三个特点：

一是执法不惧权贵。鲁穆刚当上小小的御史，就屡屡向监国的太子朱高炽，举报和弹劾汉王朱高煦纵容手下官校的违法行径。汉王朱高煦是明成祖朱棣之子，勇力过人，在靖难之役中立过战功，颇受朱棣宠爱。当然，这个汉王也是被称为中国历史上最擅长作死的人，活生生地将自己从皇位候选人之一，作成了藩王，又作成了叛逆、囚徒，最后被处死。而鲁穆上奏章弹劾之时，汉王朱高煦正如日中天。结果，监国的太子朱高炽，都不敢将鲁穆的奏章上报给皇帝。但鲁穆刚直的名声却由此震动了朝廷。到福建任职，鲁穆又依法惩治了杨荣的家人。杨荣官至文渊阁大学士、翰林侍读，是明成祖的首辅，主持国政，直至明英宗继位，仍居于首辅之位。当时，杨府的家人犯了法，鲁穆依法治罪，一点也不宽恕。杨荣却据此称赞鲁穆正直贤能，把他推荐给朝廷，明英宗立即将鲁穆升为右佥都御史。

二是清贫廉洁干净。鲁穆小时在家中，布衣素食，从不入州府之门。将要以进士身份进京选授官职，州府官吏送给他路费和物品，鲁穆说："我将要入仕，还没有为众人谋利，竟先危害州里吗？"一概不予接受。以后不论在哪里任职，都清廉自守。等到鲁穆入朝任右佥都御史时，随车行装只有一包衣服。鲁穆的好友，也是负责营建北京宫殿的工部尚书吴中，实在看不过去，便送给他一些器物用品，他不接受。后来鲁穆病逝，因家里太穷，还是吴中替其家人购置棺木寿衣，方才得以使出殡下葬较为顺利。

三是教子颇有成效。本传称，鲁穆之子鲁崇志，"廉直有父风"。成化九年（1473），鲁崇志升任应天府尹，大力赈灾救民，打击不法豪强，拒纳一切贿赂，"以公廉自持，虽一介不苟取予"。即以公正廉洁严格自律，从未为自己谋取过一点的私利。鲁崇志九年任满，朝廷本打算将其调任，应天百姓万人苦苦挽留，遂将他的品级升为正二品，继续留任。次年，鲁崇志死于任上，南京全市罢市三天，为其送葬。明宪宗派遣专使为他营葬，命地方官每年祭祀。

"鲁铁面"何以铸成？说来其实也很简单，心底无私无欲即可。一个今天想发大财，明天又想升大官，整天奢靡浑浑噩噩之人，是无论如何也成不了铁面的，只能是泥捏面、软柿子而已。愿当今肩负"御史"职责的公职人员们，多涌现出一些"鲁铁面"式的人物，让那些大小蛀虫老虎苍蝇，无论背景有多硬多复杂，统统原形毕露无以藏身，那无疑是党、国家和人民之幸事。

余玠设计惩巨贪

余玠是南宋的名将，官至四川总领、兵部尚书，事迹多多，尤其是抗击蒙古军，可谓战功累累。笔者今天不去全面介绍余玠，只想说说他设计惩巨贪的故事。

南宋后期，宋理宗嘉熙二年（1238），任四川利州路司都统的王夔，身为镇守一方的统兵将领，却凶悍残暴，贪婪无比，人称“王夜叉”。他恃功骄横，恣意妄为，桀骜不驯，不受节制，所到一地必大肆抢劫掠夺，遇到富豪之家，便千方百计折磨其主人，如把中间有洞的竹箕加于富人的颈上，弄成四面像箕的样子，称之为“蛤蟆蚀月”；用弓弦系于鼻子下，高悬于格上，称之为“错系喉”；缚住人的两条腿，用木头交相压在上面，称之为“干榨油”，以至于用酸醋灌人的鼻孔，恶臭的脏水灌人的耳朵、嘴巴等，采用多种办法狠毒地虐待富人，以此勒索人家的金银财帛，稍不如自己的意思，就弄断人家的手。巴蜀的人以此为患，感到很痛苦。更过分的是，他还将部将、副官的战马全部占为己有，将要与蒙军打仗的时候，就把马的价格弄得高高的再卖给马的原主人。朝廷虽然知道王夔的种种劣迹，不守法律，但因远离朝廷，朝廷也不能诘问、处罚他。前几任四川的将帅处理问题，稍微不合他的意思，就阻挠和破坏将帅的行动，使其毫无作为。

余玠因多次率军大败蒙古军，被任命为四川安抚制置使、四川总领、兵部尚书。在余玠到四川之前的十几年里，四川总领多易其人，均不称职，结果造成四川东、西部没有统一的律令，而像王夔一样的将领、郡守、知县，各自发号施令，毫无纪纲的约束，蜀地日益穷困败坏，当地的老百姓都不能维持生存。人们见余玠入蜀掌政，人心才稍有安定。余玠在重庆总领府衙门，亲手书写门联：“一柱擎天头势重，十年踏地脚跟牢”，不负众望，“大更敝政，遴选守宰”，并决心惩处王夔，以彻底整顿吏治。

余玠首次前往嘉定视察，王夔就来了个下马威。他先以二百名老弱病残的士卒列队，队伍很不成形，士卒也无精打采，以此来愚弄和糊弄余玠。他看到余玠对此惊诧的样子，马上一声令下，成千上万名士卒呼啦一下列队完毕，口号声震天动地，刀枪剑戟威风凛凛，虽然余玠神态自若，但余玠手下的人都被这阵势吓得颤抖失色。余玠越发坚定了要整治王夔的心思。

余玠与亲信将领杨成商量妥当后，便召集王夔来府商量事情，暗中以杨成来代替他统领部众。这边，王夔刚刚离开军营，杨成便一个人乘马进入了王夔的军帐，将士们都惊愕相顾，不知道做什么好。杨成以新任主帅的身份指挥将士，并说明原委，于是将士们都向杨成拜谒祝贺。那边，王夔一到余玠帅府就被伏兵杀掉了。后来，杨成根据巡察，把几个与王夔勾结一起作恶多端的贪将，也都杀掉了。就这样，余玠不费吹灰之力，就惩治了巨贪王夔，防止他将来尾大不掉，不听从命令，危及四川全局的稳定，酿成更大的祸端。

除掉王夔后，余玠又屯兵积粮，率军与蒙古军大小打了三十几仗，将蒙古军击退。余玠入蜀至去世，整整奋斗了十年。《宋史·余玠传》载，“玠之治蜀”，“治军旅”，“治财赋”，“接宾客”，“皆有常度”，“修学养士，轻徭以宽民力，薄征以通商贾。蜀既富实”。“其功日月可冀。”余玠入蜀前曾向朝廷和皇帝承诺“手挈全蜀还本朝”，他确实做到了。余玠去世后，“蜀之人莫不悲慕如失父母”。于右任先生曾高度评价余玠：“十年西蜀，至臻上理；宋室屏藩，惟公是倚；功德在民，哀深考妣；仪型百世，精神不死。”

进入21世纪，在余玠故里——浙江省衢州开化县的村头镇小溪边村，这个位于钱塘江源头白云山下的美丽小村庄，每年八月都要搞“余玠文化节”，人们到余氏宗祠祭拜先祖，诵读祭文，还有现代元素的歌舞表演，吸引了八方游客前来，场景真是热闹非凡。看来，一个人只要为民众做了好事，后人是永远不会忘记他的。

从《风里蝉赋》说开去

蝉，以其“居高饮露”，象征高洁人格，又“淡泊无为”，虽然幼虫在土中会待上几年甚至十几年，但钻出地面为成年蝉，却仅能存活两三个月，是患难失意的化身之特性，早早就进入了古代文人骚客的法眼，咏蝉抒怀的诗赋真是太多太多了。唐代虞世南的绝句《蝉》：“垂緌饮清露，流响出疏桐。居高声自远，非是藉秋风。”可能是最为人们所称道的咏蝉诗。有学者说，“蝉”诗中的大部分要素出自南北朝南陈褚玠的《风里蝉赋》，如秋风、高树、垂緌、乱响、饮露等，不同的是虞世南把蝉放在秋天的梧桐树上，而不是放在柳树上，以此强调秋色的统一；一改蝉声远传借助秋风的认知，强调由于蝉的居高，它的声音便能致远，蕴含着一个真理：立身品格高洁的人，自能声名远播。

褚玠的《风里蝉赋》，载于严可均的《全陈文》:“有秋风之来庭，于高柳之鸣蝉。或孤吟而暂断，乍乱响而还连。垂玄緌而嘶定，避黄雀而声迁。愁人兮易惊，静听兮伤情。听蝉兮靡惓，更相和兮风生。终不校树兮寂寞，方复饮露兮光荣。”诗的大意是，每当秋风来临的时候，寒蝉就出现在高高的柳树上。或是独自吟咏时而暂时中断，或是多蝉鸣唱时而连成同声。垂下触须而发出凄切幽咽之声，因躲避黄雀而鸣声远去。人们靠近它又容易受到惊吓，细心静听蝉鸣很是伤感。有时听蝉鸣会精力分散心闷疲乏，但蝉鸣彼此一致会合集中时气氛会相当活跃。蝉自始至终不计较栖身于高树的无奈，反以一生重复饮食露水为莫大的荣耀。

在《风里蝉赋》中，褚玠重点刻画了蝉的鸣声，以清新朗俊的笔法，描写起伏不定的鸣叫声，如“孤吟”“嘶定”“声迁”，实际上是借蝉鸣写出了自己的困厄，表达对蝉的无比羡慕之情，抒发自己感时伤世却不悲观哀叹，清净自守而不同流合污，高洁独立的人格。

《陈书·褚玠传》载，褚玠生于乱世，又早年丧父，由叔父养大，仪容风采甚好，善于应对，博学能文，词义典雅，不喜好艳丽绮靡的格调。陈文帝陈蒨天嘉元年（560），褚玠被任为兼通直散骑常侍。陈宣帝陈顼太建七年（575），山阴县多豪强奸民，前后几任县令都因贪赃罪被罢免。陈宣帝颇为忧虑，对中书舍人蔡景历说：“会稽山阴是个大县，但很久没有一个好县令，你在文士之中，考虑一下适于担任此职的人。”蔡景历说：“褚玠廉洁俭朴，而且有才干，不知他能否入选？”陈宣帝说：“很好，你说的正与我的想法相同。”于是任命褚玠为戎昭将军、山阴令。

山阴县民张次的、王体达与诸奸吏互相贿赂勾结，把丁口多的大户都隐匿起来，不交纳国家的赋税。褚玠就将张次的等人关押起来，将情况向朝廷尚书台汇报，陈宣帝下手诏加以慰劳，并派遣使者帮助褚玠进行检查，共检出原来不在册簿的军民八百余户。当时舍人曹义达正受到陈宣帝的宠信，山阴县民陈信家中财产甚多，他用钱财贿赂、巴结曹义达，陈信的父亲陈显文仗势横行乡里，无恶不作。褚玠就派遣使者捉住陈显文，打他一百皮鞭，于是县中官吏与百姓都吓得两腿发抖，无人再敢触犯法令。陈信后来通过曹义达诬告褚玠，褚玠竟因此而被罢免。褚玠在山阴任职一年余，只是花用自己的俸禄，被免职后，没钱返回京都建康，就留在山阴县境内，种蔬菜以自给。有人讥讽褚玠“非百里之才”，褚玠回答说：“吾委输课最，不后列城，除残去暴，奸吏局蹐。若谓其不能自润脂膏，则如来命。以为不达从政，吾未服也。”即我输送租税，不比其他县少，而且除去贪残暴虐之人，使奸吏心惊胆战。如果说不能搜刮民脂民膏，以供自己享用，则确实如您所讲的；如果说我不懂从政之道，我不服气。当时人们都认为的确如此。皇太子陈叔宝知道褚玠没有钱返回京城，亲自写信给他，并赐给粟米二百斛，于是褚玠才得以返京。太建十年（578），褚玠被任命为电威将军、仁威将军淮南王长史，后迁任御史中丞，直到去世。褚玠担任御史中丞时，“甚有直绳之称”。

“终不校树兮寂寞，方复饮露兮光荣”。这两句是褚玠《风里蝉赋》中的点睛之笔，它把对蝉“居高饮露”的赞美圣洁化、人格化。可以猜想，正是在褚玠等前人对蝉高度赞誉的基础之上，才产生了虞世南的《蝉》诗中，突出强调人格的美、人格的力量和高度自信的两句神论：“居高声自远，非是藉秋风。”是否如此，还待见仁见智。

“画一之法”不可废

“画一之法”，是指全体遵行、无一例外的法令，语出自《后汉书·王充王符仲长统列传》后的议论：“平阳循画一之法”。唐代则出了一个强力维护“画一之法”的循吏——韦澳。虽《旧唐书·韦澳传》只有一句话：“出为京兆尹，不避权豪，亦师璟惮。”宋代王谠在专门记述唐代史实轶事的《唐语林》卷二中，详细描述了韦澳维护法典一体遵行的故事。

唐宣宗李忱因为京畿地方很久得不到治理，便任命翰林学士、户部侍郎韦澳为京兆尹。国舅郑光庄园的一名庄吏骄横无比，多年不向官府交税。韦澳将这个庄吏逮捕关押起来。唐宣宗于延英殿召见韦澳询问情况。韦澳将逮捕郑光庄吏的原委全部向唐宣宗陈奏，唐宣宗说：“你怎么处置他？”韦澳回答说：“将依照法律处置。”唐宣宗又说：“郑光特别喜爱这位庄吏，怎么办哪？”韦澳回答说：“陛下从宫禁内廷的翰林院任用我为京兆尹，希望我清除京畿地区多年的积弊；如果郑光的庄吏仗恃为非作歹，却能得到宽大免受惩罚，那么陛下所制定的法律，看来只是用来约束平民百姓，我实在是不敢奉陛下的诏命办事。”唐宣宗说：“你说的确实合乎道理，但朕舅舅郑光的面子，不能不顾；你可以狠狠地处罚庄吏，但免他一死，可以吗？”韦澳回答说：“我不敢不听从陛下的当面诏告，请求陛下让我关押那个骄横的庄吏，等他税金交足之后再释放他。”唐宣宗说：“就照你说的办。朕为母舅郑光的缘故阻挠你依法行事，很是惭愧呀。”韦澳回到京兆尹府，即重杖庄吏；督促他交满数百斛租税后，才将他交还给郑光。

韦澳之所以敢在皇帝面前，一而再、再而三地坚持己见，维护法令的一体遵行，最终还能成功说服皇上，得以严肃执法，惩霸除恶，应该说与他的人品、性格和素质是密不可分的。从本传看，韦澳身上有三个特点：

一是自身正，不“呈身”求官。韦澳早早就考中了进士，然而愣是十年都未能入仕为官。韦澳的叔伯兄弟韦温和御史中丞高元裕是好朋友，一次闲谈中，韦温求高元裕用韦澳为御史。韦温对韦澳说：“你去和高中丞见个面，就可以谋个御史来当了。”韦澳像没听到一样，一点反应也没有。韦温郑重其事地说：“高中丞是一个很正直的人，你不应该轻视他。”韦澳回答道：“然恐无呈身御史。”所谓“呈身”，指的是自荐求仕。韦澳说，哪有亲自登门、自我推荐成为御史的！为此，韦澳一直没有迈进高家的门槛。人到无求品自高。韦澳耻于自荐求官的背后，是不为外物所羁绊，不为浮云遮望眼，是一种超然物外的淡然与宁静。后人往往以“昔人耻呈身御史，今岂可呈身相门”，来讥讽那些低三下四跑官要官之徒。

二是有见解，看问题深邃。本传载：“周墀镇郑滑，辟为从事。墀辅政，以澳为考功员外郎、史馆修撰。墀初作相，私谓澳曰：‘才小任重，何以相救？’澳曰：‘荷公重知，愿公无权足矣。’墀愕然，不喻其旨。澳曰：‘爵赏刑罚，非公共欲行者，愿不以喜怒憎爱行之。但令百司群官各举其职，则公敛衽于庙堂之上，天下自理，何要权耶？’墀深然之。”说的是，周墀出任郑滑观察使，表举韦澳担任从事。后来，周墀升任宰相，他私下里对韦澳坦言，深感自己才能有限责任重大，不知韦澳有什么见教。韦澳开出的方子却是“愿君无权”。一句话说得周墀不知所以然。韦澳解释说，封官、奖赏、量刑、惩罚，按照统一的准则去作，不要以自己的喜恶爱憎为转移，让各部寺的官员们各行其职，你就可以整理衣襟安坐在相府之上，天下自然会得到治理，还要握有什么权力呢。周墀拜服韦澳的见解。

韦澳为周墀支招的话语，在后世颇受推崇。《元史·史天泽传》载，元朝名将史天泽，“拜相之日，门庭悄然。或劝以权自张，天泽举唐韦澳告周墀之语曰：‘愿相公无权。爵禄刑赏，天子之柄，何以权为！’因以谢之，言者惭服”。凭借于此，史天泽“出入将相五十年，上不疑而下无怨，人以比于郭子仪（唐代）、曹彬（宋代）云”。

三是办法多，曲线进谏有成效。韦澳被提升为翰林学士，户部侍郎、兵部侍郎，与同僚萧寘，深为唐宣宗所倚重，每遇重大事项无不召见询问。有时，遇有邦国行政大事，唐宣宗来不及与韦澳面商，便派中使将草词送给韦澳，韦澳凡觉得需要进谏的，便说：“此一事，须见到皇帝的书札或手书，方敢施行。”于是，将草词迟留在自己手中，当夜想好应谏之策，第二天向皇上加以陈述，皇上多收回原旨意而依从韦澳的劝谏意见。

韦澳如此睿智，点子多又善于说话，自然懂得如何向皇上进谏才会更有效果了。当然，皇上对韦澳信任有加，又能够纳谏，也是韦澳维护“画一之法”的进谏成功的一个重要因素。

不饰“意气”赞

“不饰意气”，语出自《三国志·邓芝传》：邓芝“性刚简，不饰意气”。所谓“意气”，除指意态、气概、情谊外，古文中还特指馈赠财物。如东汉政论家王符《潜夫论·爱日》载，“非朝晡不得通，非意气不得见”。《隋书·礼仪志四》载，“人事意气，干乱奉公”。清代大藏书家汪继培，曾说过“以馈献为意气，汉晋人习语也”。《邓芝传》中的那句话，说的是邓芝刚直高傲，不馈赠礼物给别人，以此和别人联络感情。

邓芝，本为东汉司徒邓禹的后代，但一直没有被人赏识礼遇，仅仅被任命为郫县邸阁督。当时称粮食物资仓库为邸阁，负责看守仓库的就为邸阁督。刘备巡行到郫县，与邓芝交谈后，对他的才识大为惊异，便提拔邓芝为郫县县令，很快又升其为广汉郡太守。邓芝在所任岗位上，清廉严明有政绩，被召入朝中任尚书。邓芝最出彩之处，也是人们最熟悉他的，是他在蜀、吴夷陵大战后，奉诸葛亮之命，出使东吴，说动孙权，与蜀汉重新和好结盟，达四十年之久。诸葛亮去世后，邓芝被任命为前将军、车骑将军，总督江州，为蜀汉政权镇守东大门，直至去世。时人有“南有马忠，东有邓芝，北有王平”之说。

“不饰意气”，不馈赠礼物给别人，以此和别人联络感情。用今天的话说，就是在官场上不给任何人送钱送物，不以此拉关系、套近乎、赚人脉，进而发展到拉票贿选谋上位，而是完全凭本事凭政绩去打拼。这就是邓芝的美德，真是难能可贵。当下，公务人员如何能做到“不送”，再加上个“不收”就更加完美了。当然，牢记党的宗旨，不忘廉洁誓言，严守党规国法，那是必须的。从《邓芝传》看，邓芝身上起码也有三点可资借鉴：

一是不怕“不得士类之和”。邓芝坚贞正直，对蜀汉后期官场的龌龊现象十分反感，对同期的官吏少有崇敬的，唯独器重大将军姜维，从来不给这些官吏赠送什么礼物，因此，邓芝与同僚的关系一直不是很融洽。对此，邓芝根本不在乎，仍然我行我素于庙堂，尽职尽责于公务。看来，要做到“不饰意气”，就要耐得住寂寞与孤独，不怕被戴上“不合群”、没朋友的帽子。须知靠拉拉扯扯、送钱送物、吃吃喝喝，是交不下孔子所说的“益者三友”的。

二是“不苟素俭”“不治私产”。《邓芝传》载，邓芝任将军二十多年，自己的衣食所需全靠公家供给，他不勉强自己做到朴素节俭，然而始终不经营自己的家产，所以妻子儿女免不了要忍饥受冻，他去世的时候家中没有多余的物资。如果整天想着当官发财还要发大财，硬是往先富起来那一拨人堆里钻，那就只能是今天送，明天送，后天还是送，以求换来更大的官，现在的送是为了将来的收，一旦谋得高官，必然是“给就要”，来者不拒。如此循环往复不停歇，不见棺材不落泪。

三是“赏罚明断，善恤卒伍”，“临官忘家”。邓芝在哪里任职，都能做到赏罚分明，处事果断，优待抚恤士兵，任职公而忘私。为官只有心无旁骛，处事公正赏罚严明，一心为公，一切为民，才能从根本上切断送钱送物、收礼行贿的祸根。为官一日，就要全心全意地为人民服务一天。一切公职人员，无论在什么岗位上，都要一丝不苟、老老实实地践行这句话。

漫话石经

在北京孔庙里，“乾隆石经”的块块石碑，完整无缺地排成数列纵队，于长廊内铺陈开去，俨然就是一片碑的战阵，碑的丛林。其规模之巨，书法之精，保存之善，令人赞叹不已，且又心生敬畏。在这里看到了中华文化宏大的历史源头之一，看到了儒家文化如同碑石般的厚重，更看到的是那令人尊敬的儒者，一拨又一拨的儒者，始终坚守自己的文化，一刻也没有丢掉自己的文魂，为后人留下了如此稀世之宝。相信凡是看过石经的国人，文化自信与自豪之感，都一定是满满的。

清代江苏金坛的贡生蒋衡，自幼喜好书法，经常云游四方，在西安碑林见唐代“开成石经”出于众手杂书，不仅书写杂乱又有失校核，便决心重新手写经书，前后用了十二年时间（1727 年—1738 年），以楷书手写“十三经”的全部文字。这中间朝廷曾两次任命蒋衡为官吏，其都辞而不去上任，埋头书写经文。经文写成后，由河南道总督高斌于乾隆五年（1740）呈报朝廷，被收藏于懋勤殿。乾隆五十六年（1791）起，以此为底本，朝廷组织人力，其中包括蒋衡之孙蒋和，用四年时间于乾隆五十九年（1794）刻成石经，史称“乾隆石经”，立于国子监。石碑均为圆首方座，高 305 厘米，宽 106 厘米，厚 31.5 厘米，额篆书：“乾隆御定石经之碑”，碑文楷书，两面刻字，共 189 块，约 63 万字。同时以墨拓本颁行各省。

前面提到的唐代“开成石经”，是唐太和四年（830），唐文宗接受国子监郑覃的奏议，由艾居晦、陈珍等人用楷书书写，花费七年时间，刻成“开成石经”，立于国子监内，由 114 块巨大的青石组成，每块石碑有两米多高，碑上共刻了 65 万多个字，内容包括《周易》《尚书》《诗经》《周礼》《仪礼》《礼记》《春秋左氏传》《春秋公羊传》《穀梁传》《论语》《孝经》《尔雅》等十二经。其目的就是保证经典的准确性，防止由于很多人用传抄的方式来记录经典文字，造成各种混乱和大量笔误，影响科举考试的严肃性。“开成石经”成为当时读书人的必读之书，同时也是读经者抄录校对的标准。它是中国最早的高考教材。遗憾的是，明代关中大地震之后，藏于西安碑林的“开成石经”损毁严重。现有的拓本多有残缺，就是例证。

其实，刻制石经，最早起于东汉后期。《后汉书・蔡邕传》载，熹平四年（175），负责东观校书的议郎、大儒蔡邕，有感于经籍距圣人著述的时间久远，文字错误多，被俗儒牵强附会，贻误学子。于是与五官中郎将堂溪典，光禄大夫杨赐，谏议大夫马日磾，议郎张训、韩说，太史令单飏等人，奏请校订改正《六经》的文字。汉灵帝予以批准，蔡邕于是用红笔亲自写在石碑上，让工人刻好，有碑石四十六块，刻写了儒家经典七部：《周易》《尚书》《诗经》《仪礼》《春秋》《公羊传》《论语》，立在太学的门外。这就是中国第一部石经——“熹平石经”。后来的儒者学生，都以此为标准经文。这部石经，董卓之乱时开始散佚，碑石现已全部毁坏，仅剩下一些残石。汉代以后至唐代以前，也有的朝代沿袭了刻石经的习惯，但却鲜有保存下来的。唯有唐代和清代的石经一直保存到现今。

我国各朝各代之所以屡次刻制石经，源于它的巨大作用：一是有助于烘托和树立经典之神圣形象。使人们见而敬之。二是保存经典永不流失。消除了经书的腐败之虞。三是提供皇家认可的儒家经典的标准版本，防止出自各门，不尽统一。四是便于经典的广泛流传。《蔡邕传》载：“及碑始立，其观视及摹写者，车乘日千余两，填塞街陌。”就是例证。五是儒家经典刻石又是图书版本的源头。《旧五代史・冯道传》载，后唐明宗时，宰相冯道、李愚，请示让国子监田敏，以唐朝郑覃的“开成石经”的十二经为据，采用雕版印刷术，印制出售《九经》。后唐明宗同意。雕印儒经工作，从后唐长兴三年（932）开始，到后周广顺三年（953）才全部完成，历经后唐、后晋、后汉、后周四个朝代，用了二十一年的时间，共印经书十二部。《资治通鉴》卷 291 记载：刻板完成，进献朝廷。从此，虽然世道大乱，但《九经》的传布仍然很广。后人称赞，此举以后“天下书籍遂广”。“乾隆石经”一经完成，朝廷也是立即拓本印书发至各省。

现在，石经的上述实用价值早已失去，然而它所传递出的精神力量，尤其是古代学者的敬业与执着，诸如对经典完整性准确性的精心呵护，钻研学问年复一年心无旁骛的劲头，凡出成品定要精益求精、尽善尽美的精神，为历史为民族为后人负责的浓烈使命感等等，作为中华文明的重要组成部分，必将永远发挥着巨大作用，激励着国人奋勇向前!

丝路养护者赞

敦煌，自汉代张骞出使西域，打开通往西域的丝绸之路，汉武帝正式设郡，修筑长城并设置玉门关、阳关之后，就一直是交通要道和中西方贸易的中心，可以说是丝路上的一颗璀璨明珠。东汉时期，丝绸之路虽阻断过多次，但都能重新开通，敦煌延续了这种繁荣盛况。《后汉书·西域传》载，“商胡贩客，日款于塞下”，即外族大商人和小贩子，天天行走在边塞之下。到了三国时期，由于魏、蜀、吴三国的争斗，哪一方势力都无暇顾及西北边郡敦煌，太守职务竟空缺二十多年，后来曹魏虽然一统北方，也给敦煌派去了太守。但由于长期的无政府状态，当地的豪强恶霸横行自立，随意兼并农民土地，对途经此地的往来客商更是百般刁难，任意欺凌和掠夺，来往的商人，无不受到疯狂敲诈和勒索，有的性命都难以保全。商人们纷纷退避三舍，繁荣的丝绸之路上的敦煌，顿时冷清下来。曹魏的新太守因惧怕豪强势力，根本无力改变这种混乱局面。直到曹魏太和四年（230），仓慈被任命为敦煌太守后，敦煌才又焕发出往日的勃勃生机。

《三国志·仓慈传》载，仓慈到任后，干了三件大事：一是抑制打击豪强势力，救济照顾贫弱的百姓。过去豪强大户族所占田地有剩余，但是普通百姓却没有立锥之地。仓慈割取大户族多余的田地，按人口都分配给贫弱的百姓，只让老百姓逐渐偿还土地的成本价钱。二是从前郡所属县城的讼诉案件大量堆积，县令不能判决，多数都集中推到郡太守这里。仓慈都亲自去审阅卷宗，斟酌挑选轻重，如果不是犯了严重的死罪，只处以鞭笞杖责就予以释放。积案处理完毕后，一年当中新判刑的还不超过十个人。三是对西域各族人，仓慈加以安抚慰劳，凡是来纳贡的，来经商的，要去洛阳的，就为他们出具过关的凭证并封盖官印；想在敦煌郡交易后返回西域的，官府和他们公平交易，还常常用官府库存的现成的货物和他们进行交易。交易结束就派官吏和百姓沿路护送他们。汉人、胡人安定融洽，都称赞仓慈的仁德恩惠。

后来，仓慈死在官任上，郡里的官吏和百姓悲伤痛苦好像死了亲人一样，用画图绘制他的形象，怀念他生前的容貌。西域各族胡人听到仓慈的死讯，都聚会在主管西域的将军戊己校尉的驻地高昌（新疆吐鲁番市东）及各县令的衙署前吊唁致哀，好多胡人放声大哭，有的竟用刀划破面容，以表明出自内心深处的血诚。还为仓慈建立祠堂，在遥远的西域进行祭祀。

曹魏继任敦煌太守的皇甫隆等人，发扬光大了仓慈的做法，并教会百姓使用耧犁（畜力播种机）、水利灌溉，大力为民兴利，使得敦煌在后三国时期保持了往日的繁荣，丝绸之路再次畅通起来。今天，谈起“一带一路”来，可不能忘怀史上那些为治理敦煌，确保丝绸之路畅通做出过贡献的人们。

受仓慈卓越政绩的启发，建议今日那些新任的县、市长们，在调研县、市实情，考虑发展思路时，是否把所辖县、市恢复到历史最好时期的状况，当作一项优先的硬任务硬指标来完成，在此基础上再谈创新、改革、发展的话题，以求更上一层楼。当然这两者有时是一致的，但也有很大的区别。若不是仓慈把敦煌治理回了往日的繁荣状态，那么丝绸之路在三国时期就等于被拦腰斩断一般。不知此议妥否？还望见仁见智。

至论不如清

“至论不如清”，语出自晚唐诗人杜荀鹤的一首诗《送人宰吴县》，前面还有一句“字人无异术”。所谓“字人”，即抚治百姓；“至论”，即高明的理论，美好的言论；“清”，即清正廉洁。这两句诗的意思是，抚治百姓没有什么特殊的办法，任何美好与高明的言论都不如为官清正廉洁。欣赏一下全诗，对这两句话则会有更深的理解。正如同为唐代诗人，极有文采，著作颇丰的顾云，在为杜荀鹤的《唐风集》作序中所说：杜荀鹤的诗，能使“贪夫廉，邪臣正”。而《送人宰吴县》，便是其诗中具有这种魅力的代表作。

全诗共八句：“海涨兵荒后，为官合动情。字人无异术，至论不如清。草履随船卖，绫梭隔岸鸣。惟持古人意，千里赠君行。”

大意是：诗人告诫这位到吴县去当县令的友人说：你是在社会久经动乱连年兵荒马乱之后到吴县赴任的，在这种情况下当官的应该更多地考虑老百姓所遭受的灾难与疾苦。抚治百姓没有别的什么办法，为官清正廉洁比任何高明的大道理都解决问题。水上船家一边行船一边出卖草鞋，对岸则传来纺线织布的机梭声。希望县宰能够具有历史上那些政绩卓绝的清官的仁民爱物之心，这就是我不远千里送君行赠君诗的本意呀！

杜荀鹤出身寒微，又逢黄巢起事之乱世，曾数次赴长安应考，总是不第，长期不能入仕，后来虽得中进士，授翰林学士、主客员外郎，却因患重疾，很快就去世了。可以说，身处乱世，有志难伸，怀才不遇，走投无路，是杜荀鹤一生的真实写照。然而，杜荀鹤并没有因此消沉下去，他的诗词，反对浮华，语言通俗，风格清新，被后人称为“杜荀鹤体”。且一直都在关心人民的疾苦，反映唐末军阀混战局面下的社会矛盾和人民的悲惨遭遇，自称“诗旨未能忘救物”，即吟诗作赋时念念不忘济世救物。杜荀鹤的一首七言律诗《自叙》，就再清楚不过地交代了他的这种境况和心绪，因为自叙者，自我言志也。

诗的原文是："酒瓮琴书伴病身，熟谙时事乐于贫。宁为宇宙闲吟客，怕作乾坤窃禄人。诗旨未能忘救物，世情奈值不容真。平生肺腑无言处，白发吾唐一逸人。"其中"乐于贫"的"乐"字，表现了诗人的耿直性格和高尚情操；"诗旨未能忘救物"，则反映了诗人虽不能入仕，但不消极避世，而是始终不忘国家和人民所遭受的灾难，并为此屡屡大声疾呼，表现出济世救物的极大热忱。在另一首《送人宰清德》的诗中，也有"能依四十字（泛指清廉等品格），可立德清碑"的句子。因此时人都称赞他的诗，多是"言论关时务，篇章见国风"。

《送人宰吴县》，就一反同类送别诗的或惜别伤离，或愤慨不遇的消极情绪，立意高远，持论正当，明白无误地表达了自己"未能忘救物"的"诗旨"，希望这位新县宰到任后，能将"至论不如清"视为座右铭，在政务上清正廉洁，秉公处事，在生活上做到"草履布衣"，朴素简俭，注重关心民众疾苦，努力恢复发展当地的生产，以重现古代那种男耕女织、百姓安居乐业的社会局面。

为官须如镜

《执镜诫》，是唐代四大贤相之一，辅佐唐玄宗开创开元盛世的姚崇，所写的“五诫”中的一篇，载于严可均的《全唐文》。此文虽只有四十多句，二百二十多字，然而却主题突出，论证严谨，用典精当，读后感触颇多，受益匪浅。笔者以为完全可以将此文，作为当今廉政教育的辅助材料来使用。

《执镜诫》大体上说了三层意思：一是“执镜”具有明亮洁净、永不疲倦的特点。文章开篇写道：“执镜者，取其明也。夫内涵虚心，外分朗鉴，物不可以匿诈，体无得以逃形”。这里的“执镜者”，指的是拿着镜子自照或照人者。自照好理解，而照人者就是执镜为主人服务的，如汉代出土文物中就出现过专门服侍主人的执镜陶俑。“朗鉴”，即明照，它是镜子的功能。心无成见，虚怀若谷，从不自满，是镜子的内在品格。用镜子一照，任何物体都无法隐瞒欺诈，无论何人也都会原形毕现。“秦楼明镜，鉴有馀晖”。传说秦始皇有一硕大的方镜，人来照之则影倒见，以手扪心则见五脏，人有疾病则能知底，更能照见人心之善恶。而“不疲屡照，君子是效”，是镜子的另一特色。《世说新语》记载，晋代的袁羊曾经说过“何尝见明镜疲于屡照？”多次明照而从不言疲劳，这也是君子应当效法镜子的品格。

二是经常照镜子，好处多多。君子要将镜子“置于座隅，盖将照奸回之心，绝险诐之路也”。即要将镜子放在座位旁边，经常对照对照，以纠正和杜绝奸邪之念、贪渎之态。这是作为个人照镜子的益处。而皇帝和握有选吏重责的大臣，经常照镜子的好处更是多多。“握在帝心，则宇宙融朗；悬诸铨目，则翘楚瞻仰”。即如果皇帝心中有明镜，天地则会变得异常通亮；如果明镜高悬在选吏大臣的眼中，杰出的人才就会喷涌而出。

三是为官者须如镜，做到冰清玉洁。作者最后得出结论：“嗟尔在职，为代作则，刑不可滥，政不可贼。”“当须如镜之明，断可以平；如镜之洁，断可以决。敢告后来，无忝前哲。”说的是，哎，你们在职的官员，治理州县的一言一行都要成为民众效法的榜样，刑罚不要随意滥用，权力不可用来残害百姓。当今做官之人，必须如镜之明察，决断可求公平；如镜之清洁，处事可得决断。谨告知后来之人，不要辱没先圣先哲的英名。

姚崇能写出如此美文，与其丰富的从政经历密不可分。他曾历仕三朝，做过州刺史，两度拜相，还兼任过兵部尚书，亲身感受到贪吏、懒吏、冗吏充斥官场，对朝政、对民生、对稳定的巨大危害。因此当他以刺史身份与唐玄宗初次见面时，就提出实行仁政、息兵休战、公平执法、虚怀纳谏等“十事要说”，全都被采纳实行。毛泽东曾评说：“大政治家、唯物论者姚崇”，“如此简单明了的十条政治纲领，古今少见”。姚崇拜相后，佐理朝政，革故鼎新，兴利除弊，罢黜贪冗，选才任贤，发展生产，为开元盛世奠定了政治和经济基础。他还亲自撰文，写出《执秤诫》《弹琴诫》《辞金诫》《冰壶诫》和《执镜诫》，托物寓意，严于律己，并劝诫官员，进谏皇帝，以求一统思想，更好的推开新政。

时至今日，还是要叫响“为官须如镜”的要求，要经常自我照照镜子。记得在前些年党的群众路线教育实践活动中，党就曾提出“照镜子、正衣冠、洗洗澡、治治病”的四句话、十二个字的总要求。当然照镜子，主要是以党章为镜，要敢于照镜子，勤于照镜子，多往深处照、细处照，使之纤毫毕现，找出差距，修身正己。虽然此项活动早已结束数年，但镜子还是要经常照的，要使之常态化。要时时刻刻使自己保持如同镜子一般明亮洁净，办事公道透明，不夹私不搞假，不欺上不瞒下，勤勤恳恳为民众；且明察秋毫，不放过可能导致出现过失的任何蛛丝马迹，认真过细地干好手中的每一件工作，最大限度地满足广大民众对幸福指数的新期盼、高要求。

鹭鸶与“两面人”

鹭鸶与“两面人”，可谓风马牛不相及。鹭鸶，水鸟也，主食鱼、蛙，因其头顶有细长的白羽，胸、肩、背的羽毛皆纯白色，又称白鹭，素白高洁、亭亭玉立的样子甚是养眼，可说是水鸟中的佼佼者。而“两面人”，即伪装者，以表演作秀见长，表里不一，言行不一，说一套做一套，台上讲廉政，台下猛捞钱，对党不忠诚不老实、阳奉阴违自行其是。这类人古时被称为“国妖”。《荀子·大略》载：“口言善，身行恶，国妖也。”治国者务要“除其妖”。是唐代罗隐的一首讽刺诗《鹭鸶》，硬是将这两者粘贴在了一块。

“斜阳澹澹柳阴阴，风袅寒丝映水深。不要向人夸素白，也知常有羡鱼心。”诗的大意是，淡淡的斜阳照耀在绿树成荫的柳树上，鹭鸶头顶白色的羽毛随风摆动倒映在水中。不要再向人们夸赞自己如何如何洁白，你自己也经常有想吃鱼的念头哇！诗人以拟人写法，明里是在数落白鹭，暗里却在讽刺那些贪婪无比而又正人君子的“两面人”，道貌岸然，衣冠楚楚，但灵魂未必像衣衫那么素净，心底未必如画面那样美丽，虽然有鹭鸶“素白”的外表，但也如鹭鸶那样有捞钱财的“羡鱼心”，且比谁都严重。

把白鹭比作“两面人”，何其精当！白鹭身上特点突出：一是外表洁白，素雅玉立。另一位唐代诗人杜牧，也写了一首名为《鹭鸶》的诗作，赞美白鹭的洁白无瑕，“雪衣雪发青玉觜”，即全身羽毛雪白犹如穿着一个雪白的绒衣，衬托着青玉般的长嘴。明代刘羽在《白鹭图》的诗中，有“芳草垂杨荫碧流，雪衣公子立芳洲”。即清清溪流，小洲耸立，芳草离离，鲜花怒放，一个洁白美好的白鹭高傲地站立其间。而“两面人”，哪个不是把自己装扮成圣洁无比、清廉干净的模样。二是口中不断地自我表白：“我有多么的‘素白’与廉洁。”白鹭无论是在水中还是在岸上，无时无刻不在抖动着头顶上的洁白羽毛，更会展示其全身素白的艳美。这如同“两面人”在台上，在人前，在白天，声嘶力竭地叫喊着，要廉洁从政，要干净干事，要全力为民，“我保证一毛钱也不会贪，一根火柴棍也不会收”等等，什么狠话大话都往外扔，生怕别人不信。三是根植于内心深处的“羡鱼心”比谁都重。白鹭或站在水中或立于水边，都只有一个想法，那就是千方百计地弄到鱼虾来吃，这才是它摇头晃羽、展示美艳的终极目的，且永远不会改变。而“两面人”隐藏于内心深处的贪欲，也往往是极度膨胀，从没有满足的时候，更不知道收手。四是白鹭一旦见了鱼虾则会捕食得更欢实。正所谓“群捕鱼儿溪影中”（杜牧《鹭鸶》）。“两面人”，在暗地里哪个不是在折腾着捞取钱财，自己忙不过来，就让身边工作人员与家属子女齐上阵，好一个“贪污受贿真忙”之景象。看来，导致白鹭和“两面人”贪得无厌的，关键是“羡鱼心”，它像永不停歇的发动机，它会驱使白鹭和“两面人”不惜一切地向猎物——鱼儿、钱财，发起不停的攻击，且没有一个尽头。

当然，鹭鸶与“两面人”终究不同。“两面人”的危害太大了，各级党委和组织人事部门一定要千方百计地识破“两面人”，不给这类人以任何机会，让他们去欺骗党，欺骗群众，污染政治生态环境。为此，考核各级领导干部时，首先是，要注意听其言更要观其行。三国时魏国名士刘廙所写的《论治道》载：“长吏之所以为佳者，奉法也，忧公也，恤民也。”即严守国家法令，一心为公为国，以民为本为民谋利。如何考察这三项标准，刘廙又提出了三项具体指标：户口率及其垦田的多少，盗贼发生的多少，民众逃亡叛逆的多少。应该说，这三项具体指标，完全符合治理三国那般乱世的实际与需要。借鉴刘廙的《治道论》，以对县区级干部考核为例，起码要看绿色经济总量的增幅多大，危害治安的刑事大要案的增减，生产、食品、饮水等公共安全保障措施的落实状况，民众就业率、收入率、住房率、就医率的涨幅多少等。当然，地区贫富不同，人口多寡各异，发展也有先后，统一的政绩标准，确实不好制定出来，但总能找出一些共同点来，一些大家都服气认可的东西来，把它加以细化量化数字化，使参与考核的群众和被考核的干部，心里都有一把尺子，再经过本来就已经非常严格的一整套程序，谁能谁不能，谁行谁不行，不就一目了然了吗，还容得“两面人”呼风唤雨吗！其次是，要认真听一听群众对其的看法。群众的眼睛是雪亮的，领导干部是好是坏，是廉是贪，是不是“两面人”，民众看得一清二楚。现在急需解决的问题是，群众的意见如何才能顺利地进入考核者的法眼中来。相信，好办法好措施会有的。“两面人”定会在严格而有效的考核考察中，在党和人民的“火眼金睛”面前，原形毕露体无完肤，败下阵来的。

去名者无忧

“名”的本义，无非就是对一个人的称谓，但是它一旦加上后缀儿，如名声、名誉、名望、名利、名人等字眼后，名的身价顿时倍增，“一举成名天下闻”，会给人带来物质和精神上的无尽的好处，以致追名与逐利历来就是孪生兄弟，使得多少人为之疯狂，直至不惜丧失身家性命。先哲们早就料到了这一点，告诫人们万万不能这样做。“莫言名与利，名利是身仇”（杜牧《不寝》）。说的是，刻意地去追求名利，不管最终得到与否，都会被它所绑架所奴役。

然而，在诸多类似的名言警句中，较早出现的应该是“去名者无忧”这句话。它载于清代严可均《全上古三代文》中的《鬻子》二卷：“鬻子曰‘去名者无忧’。”鬻子，即鬻熊，于商朝末年投奔周文王，成为周文王的火师。《史记·楚世家》载，“鬻熊子事文王”，意为“鬻熊如同儿子般侍奉文王”。《文心雕龙·诸子篇》载：“鬻熊知道，而文王咨询，余文遗事，录为《鬻子》。子自肇始，莫先于兹。”如何理解“去名者无忧”？仅从字面上讲，这里的“去”字应该是去除、去掉的意思，舍弃对名声的刻意追求者，定会是快快乐乐、无忧无虑的。其实，人的一生，就该是这个样子，不以名而立己，不以名而取利，在自然规律下专心于自己的时间和空间，让生命在自然的时空里发挥到极致，名于无求，名于自然，把名释放在自己的心怀里。它与“沽名钓誉”不会有半毛钱的关系。犹如颜之推《名实篇》所说：“名之与实，犹形之与影也。德艺周厚，则名必善焉；容色姝丽，则影必美焉。”即名声与实际的关系，好似形体与身影的关系，一个人如果德才兼备，名声一定美好；一个人如果容貌色泽漂亮，身影一定美丽。

然而，由于名声可以体现德行，又可以带来巨大实惠，能够折算成相应的经济利益，在市场经济的海洋中待价而沽，以致求名心切必作伪，求利心重必趋邪者大有人在。在这种氛围下，要做一个“去名者”谈何容易！耐得住寂寞与清贫，那是必须的。要明确“好事者未尝不中，争利者未尝不穷也”（《淮南子》卷一《原道》），即放纵情欲的人没有不损害自身的，争名夺利的人没有不走上绝路的；要有“看尽人间兴废事，不曾富贵不曾穷”（陆游《一壶酒》）的定力，即人生之间起起伏伏再正常不过了，最终没有谁富谁穷，有的只是对生命价值的体现；也要有“宠辱不惊，闲看庭前花开花落；去留无意，漫随天外云卷云舒（《菜根谭》）”的宏大气度。总之，欲望要约束，虚荣要打磨，行为要检点，否则，不但成不了大事，也成不了大写的人，离无忧无虑、幸福快乐就更远了。

而共产党人的名与利，更是与党和人民的事业紧紧地联系在一起的，要视个人名利淡如水，超脱世俗的追求和困扰，实实在在地对待职务、地位、名誉，豁达客观地看待自己的一切。要做到信仰至上，人生总要有所追求，如果心中没有远大志向，必然会看重眼前的利益。要视人民事业重于山。习近平总书记多次说过，“领导干部要干干净净为国家和人民工作，必须以淡泊之心对待名利”。领导干部淡泊名利，却不能淡泊事业，面对纷繁复杂的各种诱惑，要心如止水，恬淡不躁，不为名所累，不为利所趋，不为钱所动，不为色所迷。但也不能走向极端，认为把什么都看透了，无所谓了，当一天和尚撞一天钟，甚至撞没撞响都不去管了。那不是真正的淡泊名利，而是消极麻木，发展下去就是失职渎职，是万万要不得的。

名节重泰山

名节，即名誉和节操，古人把它同道义、忠信并列，今天似应也包括多种，如人格尊严、信仰坚定、诚信无欺、见义勇为、忠贞报国、民族大义等。对于党员领导干部来说，清正廉洁则是一种重要的名节，也是保底的名节，更是广大民众最为看重的名节。党员领导干部清正廉洁的名节一失，其他的品德与操守即使再耀眼夺目，也会顿时黯然褪色直至荡然无存，立马就会被广大民众归入贪官、坏官一类。细读明代名臣、诗人于谦的《无题》一诗，更加觉得党员领导干部，一定要把保持清正廉洁的名节，看得比泰山还重才成。

“名节重泰山，利欲轻鸿毛。所以古志士，终身甘缊袍。胡椒八百斛，千载遗腥臊。一钱付江水，死后有余褒。苟图身富贵，朘剥民脂膏。国法纵未及，公论安可逃？作诗寄深意，感慨心忉忉。”

此诗，语言质朴自然，一气呵成，不事雕琢，感染力极强，又犹如白话，好读易懂，可能只需解释一下“缊袍”与“忉忉”两个词语，说清两个典故“胡椒八百斛”与“一钱付江水”就成。“缊袍”是以乱麻为絮的袍子，古为贫者所服。“忉忉”形容忧愁的样子。“胡椒八百斛”，说的是唐朝宰相、巨贪元载，爱财如命，“外方珍异，皆集其门，资货不可胜计”，被杀后抄家，仅胡椒就抄出八百石（十斗为一石，亦为一斛）。“一钱付江水”，说的是东汉会稽太守刘宠，治理得法，郡中大治，社会安定，当他调任京官时，百姓争相送行，有五六位长者每人奉上一百钱，非让他收下不可。刘宠只好象征性地从每人手里拿一钱受之，以作纪念，后又投到江中去了。故人们称其为“一钱太守”。

现在可以概括一下此诗的要义，诗人告诉官员应该视自己廉洁的名节为泰山，而自私自利贪图物欲则比鸿毛还要轻，因此自古至今凡有志之士都终身甘于清贫俭朴。如像元载那样贪婪奢侈，只能遗臭万年，而像刘宠一生清廉，就会永远受到世人的褒奖。身为官吏如利用自身权力来盘剥民众，纵然国法一时还来不及追究，社会公论也是逃不脱的。

砥砺操守，磨练自己，以永远保持清正廉洁的名节，是党员领导干部的终身任务。近年来，习近平总书记在不同场合多次指出：党员领导干部“要像珍惜生命一样珍惜名节和操守”。因为只有珍惜名节，崇尚名节，才能守住清正廉洁的名节，为党和人民干出一番事业来。当然，对党忠诚，一心为民，严守规矩，秉公用权，那是必须的。仔细琢磨于谦《无题》的诗中深意，实际上他也为官员如何保持清正廉洁的名节开出了方子：一是俭朴为荣。以甘愿终身穿着与贫苦人同样的衣服来说事，隐含着无论在吃、穿、用、住各个方面，都要向贫苦人看齐，做多大的官也要像平常人一样过日子，切记“由俭入奢易，由奢入俭难”的道理，决不可一朝为官便奢靡无度，滑向堕落的泥潭。二是牢记史鉴。以元载、刘宠，历史上一反一正的典型事例，告诫官员要不忘史鉴，廉洁为官就会得到后人不尽的赞美，贪得无厌则必然是“千载遗腥臊”。元载家中被抄出的八百石胡椒，就成了千秋万代没完没了的笑柄。宋朝罗大经《鹤林玉露》载：“元载败时，告狱吏乞快死。狱吏曰：‘相公今日不奈何吃些臭。’乃解袜，塞其口而卒。余尝有诗曰：‘臭袜终须来塞口，枉收八百斛胡椒。’”清人丁耀亢《天史·元载聚货杀身》载：“极意温饱，亦不至食胡椒八百石也。惟愚生贪，贪转生愚。”三是敬畏民意。官员要切记，如果心生贪念，四处伸手，盘剥百姓，捞取钱财，就是还没有受到国法的追究，也会被民众戳脊梁骨，被淹没在民众谴责的舆论大潮之中。民意不可违，国法不可触，这一点要永记心间。

写到这里，不禁又想起于谦另一首著名诗篇《石灰吟》：“千锤万凿出深山，烈火焚烧若等闲。粉身碎骨浑不怕，要留清白在人间。”这不就是以石灰喻人，告诫人们砥砺名节，必须历经千锤百炼，最终才能把一身清白留在人世间。

甘于清贫

“要教育引导全党同志特别是各级领导干部坚持‘两个务必’，自觉为党和人民不懈奋斗，不能安于现状、盲目乐观，不能囿于眼前、轻视长远，不能掩盖矛盾、回避问题，不能贪图享受、攀比阔气。”

——习近平在中共中央政治局第十六次集体学习时的讲话

（2014 年 6 月 30 日）

不可一毫妄取

宋代官箴《州县提纲》，尽管至今对到底是不是陈襄（理学家）所写仍有争议，但却被完整地收入《四库全书》之中。元代儒学大师吴澄为该书作序：“愿州县亲民之官，人人能遵是书而行之民。”此书共四卷，有116条治政要点，其中开篇“卷一”的首条便是“洁己”，读了受益匪浅。

“居官不言廉，廉盖居官者分内事。殊不知廉可以服人，然中无所主，则见利易动。”“况明有三尺，一陷贪墨，终身不可洗濯。故可饥可寒、可杀可戮，独不可一毫妄取。苟有一毫妄取，虽有奇才异能。终不能以善其后。故为官者当以廉为先。”

这段话大体上说了三层意思。一是廉洁可以使人心服口服，为官者务必要做到廉洁。为官者不要经常说自己廉洁，因为廉洁是为官者应该做到的。二是廉洁的标准，为官者可以受饥、可以受冻、可以杀头、可以陈尸，唯独不可以非分获取一丝一毫的东西。三是不廉洁危害极大，为官者如果思想上没有确立廉洁的正确观念，那么一见到利益就容易动摇，只要非分获取了一丝一毫的东西，就会陷入贪污受贿的泥坑，终身都洗不干净，即使有奇才异能，最终也得不到好下场。

笔者尤其欣赏这段话中给为官者开具的廉洁标准：“不可一毫妄取。”所谓“一毫”，除指一丝一毫外，还有一点一滴之意，似乎也隐含着一次、一切之意，即不可妄取一次，一切财物均不可妄取。这个标准，言简意赅，好懂好记，既便于践行，更容易自检自查。一句话，照着去做准没错。陈襄所以能写出如此传世警句，姑且先认定《州县提纲》为其所写，是与他的为官经历与优异政绩密不可分的。

《宋史·陈襄传》载，陈襄为官有三个特点：一是陈襄被授予浦城主簿一职，因没有县令，代行县令职责。因县里多世族大家，以往诉讼中以请托行贿来挟持长官不能秉公办案，已成常态，几任县令均不能制。陈襄到任后，审案听讼必让数名官员、士卒环立于前，使欲行贿者无处下手，也使府内那些奸邪官员无法再干以案谋钱的勾当。百姓都拍手称快。二是陈襄在哪里任职，都兴办学堂，教授生员，浦城县追随他学习的达五百余人。升任仙居县令后，继续办学，学生中有疑问的，甚至利用他处理公务的间隙，纷纷跑到他的后院来求教。三是陈襄为民解忧排难的事就更多了。任河阳令时，当地人不懂得种水田，陈襄便割田二百亩为示范田，手把手地教民众种水稻；出知常州，发动民众开渠引水，使二百里土地受益。陈襄平时还注意观察和收集民众的急需与疾苦，精心探索解决办法，并都逐一写成条幅积累起来，但没来得及梳理成形就去世了。本传载：陈襄“平居存心以讲求民间利病为急。既亡，友人刘寻视其箧（箱子），得手书累数十幅，盈纸细书，大抵皆民事也”。

其实，“不可一毫妄取”，这句警世名言，早已被我党我军吸收过来，作为对人民军队和党员领导干部的明确要求。中华人民共和国成立前夕，即1949年4月25日，毛泽东主席、朱德总司令签发的《中国人民解放军布告》中就赫然写明：“人民解放军纪律严明，公买公卖，不许妄取民间一针一线。”作为党员领导干部，就是要把这一古训与党的要求，牢记于心，铭刻在胸，内化为自己的自觉行动，以廉洁干净、勇于担当、锐意创新的形象，出现在所有的公务活动当中。当然还要教育身边人员和自己的家人，也都要这样去做。可能有人会说，这未免要求太严格、太过理想化了，不容易做得到。答案是必须严格、必须做到，只要全心全意为人民服务的宗旨不变，党员领导干部就必须这样做。当然，对那些无论如何也把控不住自己，做不到“不可一毫妄取”的，犯了哪一条党规国法就按哪一条予以惩处就是了。相信，随着党的十八大以来，“打虎”“拍蝇”的强悍震慑，“四风”整治空前深入，“八项规定”日趋落实，能够自觉做到“不可一毫妄取”的党员领导干部，一定会越来越多。这是党、国家和人民的福分。

心中一定要有敬畏

全国“两会”期间，习近平同志参加江苏省代表团审议时讲，公务人员和领导干部，心中要有敬畏，要守得住底线。同样道理，法院的法官们，手握审判大权，时刻都面临廉洁办案的考验，心中更要有所敬畏，要经常提醒自己：耐得住寂寞，守得住底线。

所谓敬畏，其实就是严肃认真，小心谨慎，防止出错。说得文一点，敬畏又是面对一切神圣事物时，所产生的带有恐惧和尊重的一种情绪。比如人在浩瀚的宇宙面前，都会感到自己的渺小，便不能不对宇宙油然而生敬畏之心。否则就是狂妄，就是无知与愚蠢。人不能没有敬畏，试想对什么都满不在乎，整天大大咧咧，行为马虎草率，能干成事吗？更有甚者无所畏惧，随心所欲，放肆胡来，早晚会变成社会渣滓。公务人员一旦失去了对组织的敬畏感，就会失去对组织的尊重，进而放弃职守，亵渎职务。可以说那些贪腐官员，多是敬畏缺失所致。当然，公务人员由于职业要求有所不同，敬畏的对象也有所区别。法官，要敬畏的起码要包括：审判员是人大任命的，神圣的审判权力是人民给的，要时刻想到自己是人民的勤务员，要努力为人民多办案办好案，敬畏权力；法律是准绳是天平，更是一把尺子，既以它为依据来衡量所办理的案件，更要依它来匡正和约束自己的行为，敬畏法律；程序正义是公正公平的前提，要一丝不苟，严格执行，敬畏程序；人民的评价，大众的呼声，就是常讲的“人言可畏”，敬畏人民；对伸手被捉的那些反面典型与案例，要做到警钟长鸣，时刻保持高度警觉，敬畏教训；对史上廉吏也要给以足够的崇拜，以求学习效法，发扬光大他们的美德，敬畏前贤。被誉为“室书‘四知’，黎庶扳辕共挽”的南北朝时西魏北周的申徽，就足以让人佩服和崇敬。

据《北史》和《周书·申徽传》记载，申徽一生勤勉为政，事必躬亲，官至右仆射、骠骑大将军、开府仪同三司，卒于隋朝建立前夕。申徽曾一度离京，出任泛荆州地区的襄州刺史。这一地区原属南朝，刚刚归附北周，按旧日风俗，官员们相互交往都要馈赠钱财。申徽廉洁谨慎，于是就画了汉代廉吏、丞相杨震的像，并书写“四知”条幅，挂在自己的寝室，来自我告诫，并警示他人勿来送礼。等到申徽被征调回京，老百姓和官吏送他的人，延续几十里不绝。申徽自以为对百姓没有什么恩德，内心感到惭愧，于是写了一首小诗，题在清水亭上。不管老人少年，听说这事，都争着前来阅读，互相称赞说“这是申使君的手迹”。纷纷抄写吟诵这首诗。可惜，史书没有录下这首小诗，定会是很感人的，不然怎么会有那么多的“粉丝”。西魏、北周虽属于鲜卑族建立的政权，但统治者推行汉化改革，倡导发展儒学，促进民族融合，想必官场人士，对闻名天下的 “四知先生”杨震的故事，都了如指掌。当年杨震赴荆州上任，途经昌邑小城，县令王密夜里怀揣十斤黄金来送给杨震，并说“暮夜无知者”。杨震说“天知，地知，我知，子知。何谓无知者！”王密惭愧而退。申徽所去的襄州，官员之间交往讲究送钱送财，用现在的话说大环境不够好，虽然史书没有写，估计申徽对此也改变不了多少，但他自己却做到了清廉如玉，洁身自好。可见“四知”足畏，足以警戒自己，足以震慑贪吏。

当今的法官们要常怀敬畏之心，去工作去办案去生活，这样做实质上也是敬畏自身，这样才能实现自身的价值和权利。要使敬畏扎根在心头，就要选准适合警戒自己的对象，辅以必要的形式，类似申徽画杨震像、书“四知”字，挂在寝室，使之能看得见摸得着，随时对比对照扪心自问，排除杂念净化心灵，自觉践行对法官的各项廉洁办案方面的要求，严格遵守《法官行为规范》，确保落实“五个严禁”的规定不走样，远离权钱交易、以权谋私，当事人的钱物馈赠一概不受，请吃请喝的邀请予以回绝，不该去的娱乐场合坚决不去，认认真真办案，干干净净做人。听说有个法院的一位领导，写了篇论述历史上若干廉洁官吏的稿子，发表在有关报刊上，结果与他打交道的当事人，私下都议论说，可不能给这个人送礼，他是地道的“一本正”。看来以文明志，也是对自己对他人的一种警戒和宣示，似乎还挺有效。只要心存敬畏，肯动脑子，真心想做，还会有很多方法可用管用。心中有敬畏的法官多了，才能永葆人民法院为人民的本色；这样的法官，也必然会成为被人们所崇敬的对象。

《东观汉记》记载的廉吏也很出彩

《东观汉记》是东汉官修的本朝纪传体史书，从东汉第二帝即汉明帝时开始编写，以后累朝增修，直至汉献帝时仍在修撰，共一百四十三卷，参加撰述者有刘珍等一大批人。因东观是洛阳宫中殿名，即当时修史之处，故以此为书名。魏晋时，《东观汉记》很流行，与《史记》《汉书》统称为“三史”。《三国志·吕蒙传》裴松之注引《江表传》载：孙权曾劝导吕蒙蒋钦等人“宜急读《孙子》《六韬》《左传》《国语》及‘三史’”。后来范晔取材于《东观汉记》，集诸家之大成的《后汉书》开始流行，问津《东观汉记》的人越来越少了，官方藏本也开始散失，自元朝以后，《东观汉记》基本上没有完整的篇章了。清代有人曾搞过两次《东观汉记》的辑本。在此基础上，当今学者吴树平于2008年又搞成二十二卷本的《东观汉记校注》，为愿意研究此书和那段历史的人提供了方便。看了《东观汉记校注》，发现该书中记载的廉吏不少，他们的事迹也很过硬，而所有这些，《后汉书》有的有记载有的没有记载。笔者把《东观汉记校注》记载这些廉吏事迹的文字抽出来，与《后汉书》相关传记的记载做些比较，并略加些议论，提供给读者参考。

一、宋弘：不与民争利

《东观汉记》卷十三载：“司空宋弘，尝受俸得盐豉千斛，遣诸生迎取上河，令粜之。盐贱，诸生不粜，弘怒，便遣，及其贱，悉粜卖，不与民争利。”说的是：宋弘得到的俸禄是数百斗的盐豉，即加盐后的豆制品，吩咐下属将其卖掉。下属因市场盐豉价钱低而没有卖。宋弘知道后很生气，让下属就是再贱也要卖掉，不要去与民争利。

东汉初年的大司空宋弘，为人正直，做官清廉，直言敢谏，所得租俸分养九族，家里没有资产，以清廉著称；更以“贫贱之交不可忘，糟糠之妻不下堂”为由，辞掉光武帝刘秀为公主求的婚，而闻名天下。《后汉书》虽有《宋弘传》，但却没有上述那个小故事的记载。

二、闵仲叔：不劳县令关照

《东观汉记》卷十七载：“闵仲叔居安邑，老病家贫，不能买肉，日买一片猪肝，屠者或不肯为断。安邑令候之，问诸子何饭食，对曰：‘但食猪肝，屠者或不肯予之。’令出敕市吏，后买辄得。仲叔怪问之，其子道状，乃叹曰：‘闵仲叔岂以口腹累安邑耶？’遂去之沛。”说的是，闵仲叔带全家到安邑居住，由于没有丰厚的收入，加上年迈多病，生活变得愈加困顿，平时连猪肉都吃不起，只能买来一片猪肝做菜。见钱眼开的屠夫觉得一片猪肝不值得一卖，便拒绝了这个贫寒的顾客。有一天，闵仲叔看到餐桌上又有了猪肝，便追问缘故。儿子告诉他，是安邑县令特意命令屠夫，不许难为闵仲叔。闵仲叔长叹道：“我闵仲叔怎么能因口腹之欲给安邑令增添麻烦？”于是，全家再度迁居至沛县。

闵仲叔是一方名士，气节高尚。东汉新建百废待兴，值此用人之际，刘秀命司徒侯霸辟召天下贤良方正之士入朝效力。闵仲叔便应召做了官，但侯霸迟迟不用政事来问，他一气之下辞去官职走了。后来，皇帝再度征召闵仲叔担任博士，他依然不为所动。上述《东观汉记》所记载的故事，就是闵仲叔闲居在家时发生的。《后汉书》没有闵仲叔传，但在卷83序中对此事有所记述。

三、廉范：“石生坚，兰生香”

《东观汉记》卷十四载：“廉范，字叔度，京兆人也。父客死蜀汉，范与客步负丧归。至葭萌，船触石破没，范持棺柩，遂俱沈溺。众伤其义，钩求得之，仅免于死。太守张穆持筒中布数箧与范，范曰：‘石生坚，兰生香，前后相违，不忍行也。’遂不受。”说的是，廉范的父亲廉丹遭遇战乱，死在蜀汉地区。廉范回到故乡欲接回父亲的灵柩。廉范和他的门客徒步背着灵柩回到葭萌。所乘的船碰到礁石沉没，廉范抱着灵柩，一起沉到水中，众人被他的孝心感动，用杆子把他钩出来，才幸免于死。蜀郡太守张穆听说以后，派人骑马带着财物追赶廉范，廉范说：“石生坚，兰生香，前后的行为不一致，怎么能行呢？”坚决推辞了。

《后汉书·廉范传》载，蜀郡太守张穆，是廉丹的老部下，知道廉范回家处理丧事，便两次派人送给廉范许多财物，一次是廉范刚回到家乡时，一次是廉范翻船险些遇险后，廉范都没有接受；但没有廉范说话的记载。因为是两次送物，两次拒收，对上述小故事中廉范说的“前后相违”的话，才更好理解，对“石生坚，兰生香”也才能深得其义，更能理解廉范借此语表明自己保持高尚节操不变的决心。

四、孔奋：置脂膏中，不能自润

《东观汉记》卷十四载：“姑臧称为富邑，通货胡羌，市日四合，每居县者，不盈数日，辄致丰积。”“孔奋，字君鱼，右扶风茂陵人。守姑臧长。七年，诏书以为奋在姑臧治有绝迹，赐爵关内侯。奋素孝，供养至谨，在姑臧唯老母极膳，妻子饭食葱芥，时人笑之。或嘲奋曰：‘置脂膏中，不能自润。’而奋不改其操。”说的是，姑臧被人们称为富县，这里与胡羌通商贸易，每天有四次集市，每一任县令，没有几个月便都富裕起来。孔奋任职多年，把姑臧治理得非常好，皇帝下诏赐其为关内侯。孔奋侍奉母亲极孝，寻求珍膳给老母，自己带着妻子儿女以普通饭菜为食，因此被众人所讥笑，都说他身处富庶地区，却不能使自己富裕起来。而孔奋听了仍不改其廉洁的节操。

孔奋是东汉初年的著名廉吏，在哪里任职都为政清平，深得百姓爱戴。《后汉书》有《孔奋传》，对他的事迹记载得比较详细。陇蜀地区被平定后，河西地区的太守、县令都被征召入京，官员的财物连车满载，塞满了山川。只有孔奋没有资财，乘一辆空车上路。姑臧的官员百姓以及胡羌都说，孔君清廉，仁义贤明，全县都蒙受他的恩惠，他如今离去，要报答他的恩德。于是共同凑集了价值千万的牛马器物，追了数百里，要送给孔奋。孔奋只是拜谢而已，一点都不接受。对此，范晔赞为“奋驰单乘，堪驾毁辕”。

五、第五伦：“反腐”绝不手软

《东观汉记》卷十六载：“第五伦，字伯鱼。京兆尹阎兴召为主簿。时长安市未有秩，又铸钱官奸轨所集，无能整齐理之者。兴署伦督铸钱掾，领长安市。平铨衡，正斗斛。其后小人争讼，皆云‘第五掾所平，市无奸枉’。”“第五伦性节俭，作会稽郡，虽为二千石，卧布被，自养马，妻炊爨，受俸禄常求赤米，与小吏受等，财留一月俸，余皆贱粜与民饥羸者。”“第五伦为会稽守，为事征，百姓攀辕扣马呼曰：‘舍我何之！’第五伦密委去。百姓闻之，乘船追之，交错水中，其得民心如此。”说的是，第五伦于东汉初年，被京兆尹阎兴召为主簿，后任铸钱掾，领长安市，惩奸除恶，统一衡器，平衡买卖，百姓悦服。后被拜为会稽太守，虽为二千石官，亲自铡草养马，妻子下厨烧饭，所领俸禄仅留一月粮，其余皆资助百姓中的贫困者。后第五伦因事被征返京，百姓拦住他的车辕，不让前行。第五伦夜晚乘船走，百姓便跳入水中，加以拦截。足见其深得民心。

第五伦正直清廉，所任皆有政绩，官至司空，敢于谏上，当时人们将他比作西汉的贡禹。《后汉书·第五伦传》记载较为详实，其中第五伦“反腐”的事迹尤为可嘉。蜀地肥沃，民众富裕，蜀郡的掾吏们便聚敛财富，家财都多至千万，皆乘坐好马好车，并以此为荣。第五伦任蜀郡太守后，将这些掾吏全部辞退，专选那些贫穷而有志向的人担任掾属，当地的索贿之风立马得以杜绝，官场风气为之一振。第五伦还将其中的优者，推荐给朝廷，后来这些人好多都官至九卿。

六、王良：教导家人过常人生活

《东观汉记》卷十四载：“王良，字仲子，东海人。少清高。为大司徒司直，在位恭俭，妻子不入官舍，布被瓦器。时司徒吏鲍恢以事到东海，过候其家，而良妻布裙徒跣曳柴，从田中归。恢告曰：‘我司徒吏也，故来受书，欲见夫人。’妻曰：‘妾是也。’恢乃下拜，叹息而还。”说的是，王良是东海郡人。少年时爱好学习，也很清高。后来为大司徒司直。在位谦恭而且节俭，不携带妻子同住官舍，盖着布制的被子，用着粗糙的瓦器。当时司徒吏鲍恢因为有事情去东海，到王良家里去看望，而王良的妻子却布裙赤足，拉着一捆柴，从田中归来。鲍恢告诉她说：“我是大司徒府的佐吏，特来接受夫人捎给司直大人的家书，想见夫人。”王良的妻子回答说：“我就是，辛苦你了，我没有书信可捎。”鲍恢就向她下拜，叹息着返回去。听到这件事的人没有不称赞的。

《后汉书·王良传》很短，但对上面的故事却记载得很完整。范晔还评论说：“王良处位优重，而秉甘疏薄，良妻荷薪，可谓行过乎俭。”

七、李恂：不接受馈赠

《东观汉记》卷十六载："李恂为兖州刺史，所种小麦、葫蒜，悉付从事，一无所留，清约率下，常席羊皮，卧布被，食不二味。""为西域副校尉。西域殷富，多珍宝，诸国侍子及督使贾胡数遣恂奴婢、宛马、金银、香罽之属，一无所受。"说的是，李恂任兖州刺史，带领大家耕种的小麦等物，一律归公，以清廉俭朴为下属作出表率，一张极普通的羊皮是席上垫的褥子，盖的是麻布被子，吃饭则只有一个菜。后被委以持节出使西域副校尉的重任，西域这个地方很富庶，出产奇珍异宝，各小国的君主和官吏们按照惯例派人赠送给李恂以奴婢、大宛良马、香料毛毯、金银玉器等物品，可是李恂一样也没有接受。

《后汉书·李恂传》记载得较为简单，没有"所种小麦、葫蒜，悉付从事，一无所留"及"食不二味"等细节的描述。范晔称赞李恂："李叟勤身，甘饥辞馈。"

八、郑均：劝兄为官要清廉

《东观汉记》卷十四载："郑均，字仲虞，任城人也。治尚书，好黄老，淡泊无欲，清静自守，不慕游宦。兄仲，为县游徼，颇受礼遗。均数谏止，不听，即脱身出作。岁余，得数万钱，归以与兄，曰：'钱尽可复得，为坐吏脏，终身捐弃。'兄感其语，遂为廉洁，称清白吏。""章帝东巡，过任城，乃幸均舍，敕赐尚书禄，以终其身，故时人号为'白衣尚书'"。说的是，郑均，字仲虞，任城人。喜好黄老之书。兄为县吏，接受别人礼物甚多，郑均多次谏阻，兄不听。郑均就脱身为人打工，一年多，得到数万钱帛，回来交给其兄。说："钱用完了可以再得，为官吏贪赃犯罪，一生都完了。"兄感激其言，以后就廉洁奉公了。汉章帝刘炟东巡过任城，亲临郑均家，命赐尚书禄以终其身，所以当时人称郑均为"白衣尚书"。

郑均官至尚书，"数纳忠言，肃宗敬重之"。《后汉书》有郑均传，但很短，对上述故事也有记载。人们后来用"白衣尚书"，形容那些辞官归乡仍享受官爵俸禄的人。

九、魏霸：永远不忘本

《东观汉记》卷十三载："魏霸，字乔卿，为钜鹿太守，妻子不到官舍。

常念兄嫂在家勤苦，己独专乐，故掌服麄粝，不食鱼肉之味，妇亲蚕桑，服机杼，子躬耕农，与兄弟子同苦乐，不得有异。乡里慕其行，化之。”“魏霸延平元年仕为光禄大夫，妻死，长兄更为娶妻。妻至官舍，霸笑曰：‘年老，儿子备具，何用空养他家老妪为？’即自入拜其妻，手奉案前跪。霸曰：‘夫人视老夫复何中空，而远失计义，不敢相屈。’即拜而出。妻惭求去，遂送还之。”说的是，魏霸虽身为太守，但不忘本，常思念兄嫂在家之辛苦，因此自己穿粗布衣服，吃粗米饭菜，不食鱼肉之味，教育家人与兄嫂一家同甘共苦。魏霸妻子死了，兄欲为其续弦，他却说：“我年已老，儿子也已经有了，为何还要凭白无故地养一个老妇呢？”魏霸说完，还到妻子的灵位前祭拜，说“我不敢再娶而委屈夫人”。兄只好作罢，打发那个女人走了。

魏霸于汉和帝时为巨鹿太守，以简朴宽恕为政。掾吏有了过失，魏霸先批评其错误，不改的才罢其官职。官吏有的互相毁诉，魏霸总是表彰官吏的长处，始终不言及人家的短处，于是毁诉者感到惭愧，说坏话相互诬告之风得以平息。范晔称赞：魏霸临政，“亦称优缓”。《后汉书》有魏霸传，但却没有上述故事的记载。

十、祭遵：克己奉公

《东观汉记》卷十载：“祭遵奉公，赏赐与士卒，家无私财，身衣布衣韦袴，卧布被终身，夫人裳不加缘，士以此重之。”说的是，祭遵一心为公，皇帝给他的赏赐，他尽数分给士卒，不置产业，家无余财，一生穿着朴素盖布被，夫人也裳不加缘，简朴至极。人们都非常敬重他。

祭遵少爱读书，后为县吏，投奔刘秀后，讨伐陇蜀，协助刘秀建立东汉政权，是东汉的中兴名将。《后汉书·祭遵传》，对他的事迹记载详实。“克己奉公”的成语，“死而后已”的语言，都出自该传：“遵为人廉约小心，克己奉公。”“任重道远，死而后已。”称他“清名闻于海内，廉白著于当世”。祭遵病逝于军中，临终前再三叮嘱左右，只用牛车运载灵柩，薄葬于洛阳。而左右随从问及家事，祭遵却没有一句话。祭遵死后，汉光武帝刘秀经常向群臣叹息：“怎样才能再得到像祭遵那样忧国奉公的大臣呢？”

李沆不营私宅的启示

宋朝的宰相李沆，位极人臣，极其简朴，廉洁如玉，德操甚高，受到世人敬仰。《宋史·李沆传》载，“李沆为相，正大光明”，“世称沆为‘圣相’”。尤其是他对待住宅的认识和所取的态度，堪称人生真谛，读起来真是让人耳目一新。

据《李沆传》载，“治第封丘门内，厅事前仅容旋马。或言其太隘，沆笑曰：‘居第当传子孙，此为宰相厅事诚隘，为太祝、奉礼厅事已宽矣。’至于垣颓壁损，不以屑虑。堂前药阑坏，妻戒守舍者勿葺以试沆，沆朝夕见之，经月终不言。妻以语沆，沆曰：‘岂可以此动吾一念哉！’家人劝治居第，未尝答。弟维因语次及之，沆曰：‘身食厚禄，时有横赐，计囊装亦可以治第，但念内典以此世界为缺陷，安得圆满如意，自求称足？今市新宅，须一年缮完，人生朝暮不可保，又岂能久居？巢林一枝，聊自足耳，安事丰屋哉？’”说的是，李沆的住宅，大厅前只容下一辆马车掉头打转之地。有人说这里太狭窄，李沆笑着说：“这座宅子是传给子孙的，这里作为宰相议事厅确实窄了，作为居住和祭祀、行礼的大厅已经够宽敞的了。”至于对墙壁损坏倒塌，他也不介意。堂前的小花园栏杆坏了，他的妻子告诉管理的人不要修缮来试探李沆，李沆每天从此经过，却不提起此事。妻子告诉了李沆，李沆说：“怎么能拿这事来分我的心呢！”家人劝他好好修缮住宅，他从不理睬。他的弟弟李维又提起此事，李沆说：“我享受朝廷丰厚的俸禄，还经常有很多的赏赐，用这些钱财也可以修缮住宅，但是想到人世间总是会有缺陷的，怎么能全都圆满如意，追求满足称心呢？现在修缮新的住宅，须一年才能弄好，人一生早晚都没法保全，又怎么能长久居住呢？鸟在林中树枝上做个窝，姑且就已经很满足了，干吗要修华丽的住宅呢！”

笔者妄自概括一下，从李沆的上述言行中，可以看出：一是他十分清楚住宅的性质和用处。住房不是宰相府，不是议事大厅，不用那么宽敞，更不用摆阔气讲排场；住房是要传给子孙继续居住的，能够居家过日子、行使正常礼仪就足够了。二是他知足常乐不追求所谓的圆满。无论他是尊崇儒学的“外典”还是信奉佛教的“内典”，总之是认为人世间的一切事情，都没有所谓的圆圆满满和称心如意，人生没有完美，幸福没有一百分，既如此又何必非要在住房上，去追求圆满如意呢。三是他寻求与之相比较的对象独特。他不与官宦的住房比，不与富豪的住房比，也不与普通民众的住房比，却偏偏与鸟儿的巢穴来比，如此比法，即使住房再破旧再狭小，也必然会好于鸟巢，还能有什么不满足之处。李沆的“住房观”，是何等的开明豁达、清廉节俭，又“绿色环保”，值得今人特别是那些领导干部们去深思和效法。

而眼下揭露的贪官，“房爷房叔”，“房姐房妹”为数不少，动辄坐拥几套、十几套，甚至几十套房产，当然其中不乏豪华的别墅，有的甚至跑到国外置办高档花园城堡，似乎房子越多身价越高。在贪官们的眼里，房子原本是供人居住的属性，早已荡然无存，房子成了他们受贿洗钱的工具，捞个房子后随便写上名字起房证就成了，行贿者也认为送什么都不如送房子实惠和显得有诚意，两相情愿助推了贪官收受房产之势越演越烈；房子成了他们为大量赃款升值保值的工具，币子多了放哪都不放心，于是乎炒房成了一个不错的选择，既购置了不动产，又在房价飙升后获得独特的快感，可谓是“物质精神双丰收”；房子还是他们炫耀的重要资本，时下如没有更多的房产，与普通民众一个样，那不是白当一回官了吗！岂不知，尽管贪腐分子不乐意去想，房子还有另外一个重要作用，那就是成了他们暴露自己罪行的重要突破口，有数不清的贪官因房子而身败名裂就是铁证。毋庸多言，贪腐分子聚敛房产，于党于国于民危害极大，影响民众住房问题的正常解决，影响房价的合理波动，影响房地产业的经营发展。根治这一问题，当然要多管齐下综合治理，在继续“打虎”“拍蝇”保持强势威慑的前提下，还要在今后常态化的党的群众路线教育实践活动中，加大关于如何正确认识房产问题的内容，不妨好好读一读李沆的“论居第”，品一品其中的味道，弄明白房子就是供人居住的，无论是大小高矮新旧，舒适方便够用就行了，“广厦千间、夜眠七尺”，何必非要搞那么多套，不愿意与鸟儿相比也不能与富豪们去比，千万不要把房子当成别的什么东西了，免得反受其累其害。从治本的角度看，公职人员公示财产是必不可少的措施之一，当然目前全面推开好像时机尚不成熟，加之细节操作还需技术支持和精心筹划，对此急不得，是否可先搞公职人员的单一房产公示制度，借助不动产登记制度的建立，依托全国各地房产管理部门，日益成熟的强大信息联网系统，以核实公职人员自报房子数质量的真伪，既能使腐败分子更多的房子无藏身之地，又能便于广大民众的监督，消除由于贪腐官员大量囤积房子，而给房地产业带来的一系列羁绊和隐患，使房地产业今后能够正常发展，原本购房困难的民众面对多房闲置的官员的怨气，也就自然会得以消除。愿这一天能早日来到。

日夕师拜话张田

《宋史·张田传》很短，只有六百多字，却记述了一个有包拯之风，欧阳修荐其才，苏轼欲向他看齐的廉吏——广州知州张田。之前，张田还做过湖州和庐州的知州，皆“治有善迹”。本传对张田任广州知州的事儿记载较为详细，读了给人以很大启示。

《张田传》载：“临政以清，女弟聘马军帅王凯，欲售珠犀于广，顾曰：‘南海富诸物，但身为市舶使，不欲自污尔。’作钦贤堂，绘古昔清刺史像，日夕师拜之。苏轼尝读其书，以侔古廉吏。”这段话说了三件事：

一是张田的妹妹托付时任“武胜军节度观察留后、侍卫亲军马军副都指挥使”的王凯，想在广州出售珍珠犀角等宝物以赢利。张田却说，南海确实富有这类宝物，但我身为朝廷在广州专设的市舶使，职责就是向前来贸易的船舶征收关税，代表朝廷采购舶来品，经管商人向皇帝进贡的物品，并对贸易市场进行管理和监督，如果自己或亲属染指这类买卖，就难以说清楚是压价购买还是收受贿赂所得，我不能往自己身上泼污水。断然回绝了妹妹的要求。

二是张田为使自己始终保持廉洁定力，专门搞了个“钦贤堂”，绘制古代清廉刺史像悬挂其中，“日夕师拜之”。堂内的画像究竟仅仅是广州刺史中的清廉者，如晋代饮贪泉而不贪的吴隐之等人，还是泛指的那些古代清廉刺史，已不得而知；“日夕”虽在古汉语中既指傍晚又指日夜，估计张田还是每天傍晚都要拜一拜古廉吏像，以反思自己一天的行为有无不廉之处。

三是张田著有《边说》七篇，还有诗作传世，有名的诗篇是《龙隐岩》：“龙隐晦冥时莫考，龙骧拿攫迹堪惊。孔明久卧养全德，老子忽飞归太清。溪上一天常气胜，洞中六月自寒生。至人不得无情处，甘泽年年洒百城。”大文豪苏轼常常阅读张田的作品，以求得向廉吏看齐。

其实，张田最大的贡献、最好的作品，是编辑整理了《包拯集》。张田早年进入应天府当差后不久，欧阳修就欣赏其才华，推荐其升任驻扎在瀛洲的广信军通判，也就是广信军的副职。当时朝廷于边关要冲驻扎军队，以控制形势，广信军就属于这类性质，与州相比虽同级但略低一些。此时包拯恰好任瀛洲知州。张田为人耿直，不畏强权，敢说真话，对边防之策研究颇深。当朝宰相夏竦等人，建议增挖边防七个郡县的水塘，以备御敌之用，召集各军通判商议。张田说："此非御敌策也，坏良田，浸冢墓，民被其患，不为便。"直接将权贵们脱离实际的馊主意给否定了。还在张田为冀州通判时，太监张宗礼出使经过冀州，打着为皇上办事的幌子，大耍淫威，酗酒闹事，违法乱来，连太守都不敢管，张田却无所畏惧，径直上书朝廷进行举报，使张宗礼受到了严厉处罚。包拯对张田十分赏识，多次向宋仁宗进行举荐。在交往之中，张田也逐渐成了包拯的忠实门生。包拯去世后，其亲属将包拯生平所有奏议谏章的底稿，交给已升任广州知州的张田。张田经过整理，将一百七八十篇奏章文稿，按内容性质分为应诏、致君、任相、择官等门类，编成《孝肃包公奏议集》流传于世，即今日读者所见到的《包拯集》。包拯夫人董氏去世后，应包拯女婿文效之请，张田还为包夫人撰写了墓志铭。可以说，包公完美形象得以千年流传，这里面也有张田的一份功劳。

张田受知于欧阳修和苏轼两大文豪，被包拯视为门生，仅此三点就足以使其青史留名而不朽。而张田制作"钦贤堂"之创举，更表明其守住清廉完全是出于自觉自愿，系志趣本性使然，按今日的话语说，已经超越"不敢腐"达到了"不想腐"的高度。看来，自律自省自警，确实是官员拒腐防变的一大法宝，古今概莫能外。当然，像张田这样以一种看得见摸得着的形式，面对古廉吏画像，来进行自我反省自我检讨，更使内心自律有了一个外部载体，着实令人敬佩。古希腊哲学家毕达哥拉斯，就曾说过："不能约束自己的人不能称他为自由的人。"各级领导干部从披上官袍那一天起，就要下定决心廉洁从政、为民服务，要把严格自律的生活方式、从政方式当成目标，天天时时这样做才成，而不是喊喊口号作作秀；要向影响和挑战严格自律的种种借口坚决说不，什么别人都在做就你不干不合时宜，自身太干净就不会有铁哥们儿，久而久之会被所有圈子边缘化的，更会因此而得罪众人丢选票等，看似颇有道理的歪歪经；自律也要有一定的形式做支撑，因为内容与形式是辩证的统一，形式是内容的存在方式，又作用和影响着内容，当前除积极参加“三严三实”“两学一做”教育外，个人也要像张田那样，创造出一些适当的载体，如书写条幅、桌几上摆座右铭、每天写廉政日记、设置手机语音提醒等，从而养成自律的美德，保持心灵洁净，意志无比坚强，全心全意地为人民服务。

民众眼里的清官第一

张埙，清康熙十七年（1678）被选为河南登封县知县，在任五年，整肃吏治，兴办学堂，勤恳为民，深得民众爱戴。辖区内呈现一派“官清民乐”的景象。大儒者耿介感叹：“近年来登封一带，仿佛变成另一个世界了。”张埙离任时，百姓拦路哭送，后来又在多处建起纪念祠堂，称其为“天下清官第一”。

“不取一钱，不枉一人”。张埙被任命为登封县令后，便单骑赴任，途中与登封县衙的几名吏员同宿一个旅店，吏员们竟不知道他的身份。到任后，张埙发誓“不取一钱，不枉一人”，并在衙门前竖碑勒石：“永除私派”。所谓“私派”，是指按旧例，登封的官吏要经常向百姓征集珍禽异兽、名贵药材，以便上送。百姓对此苦不堪言。张埙对这种剥削百姓，讨好上司的做法十分反感，上任伊始就加以铲除，并设立检举和收集意见的箱子，让百姓自己封好投进去。几年来，此箱子里的信件，张埙从来都件件过目认真处理，“私派”的顽症在登封县内得以杜绝。

“大修学宫，复嵩阳书院”。张埙在全县大力兴办学校，从县城到边远地区，共建立学校二十一所。他还按时巡视，考查学生，亲自校验学生诵读经典的正误，用揖让进退的礼节来教导他们。尤其值得一提的是，张埙修复了明末毁于兵火的嵩阳书院，广纳学生，引进大儒耿介任院长，教授程朱之学。嵩阳书院，中国古代四大书院之一，宋代尤盛，“二程（程颢、程颐）”、司马光、范仲淹都曾在此讲学，司马光的巨著《资治通鉴》有一部分就是在此写作的。《清史稿·耿介传》称：“时任河南按察使的耿介，辞官回归故里登封，笃于志向亲身实践，兴复了嵩阳书院。”这里没标明年月，按《清史稿·张埙传》的记载，应该是张埙修复嵩阳书院后，“延耿介为之师”，即请来清初中州著名学者耿介主持嵩阳书院。耿介在嵩阳书院一干就是二十多年，书院得以名震中州，影响全国。书院的讲堂门楹两侧至今还有一副对联：满院春色催桃李，一片丹心育新人。今日的嵩阳书院已是世界文化遗产，每年都是游人如织。不知人们可曾记得复兴嵩阳书院的功臣张埙否？

“督之耕种”，“郊问所苦”。张埙招集流亡的人，督促他们耕种田地。他认真考察土地的状况，看适宜栽种什么作物，然后督促百姓种植木棉及各种果树。空闲时间，他还骑着毛驴到各地访贫问苦，遇有民间的小诉讼，就在田间地头给解决了。县西边吕店这个地方，人们一向好打官司。张埙发现里长张文约贤能，便推荐他制定乡约乡规，引导教化老百姓，这里的民风慢慢变得淳厚朴实了。有个里长申尔瑞，自身欠税将受杖刑，路上拾到别人用来交税的税金，仍归还给人家，宁愿自己受责罚。张埙认为他品德高尚，亲自登门表扬他。县衙门里过去有很多差役，由于诉讼官司越来越少，小官吏大多回家拿起农具做农活了，因为在官府里没有办法挣到钱。张埙在任五年，老百姓都勤劳致富，家里的积蓄一天天多起来，好多人家都在门额上写下“官清民乐”四个大字。

清官，是自封建社会迄今，民间百姓对好官的称呼，估计还会一直这样叫下去。因为清官就意味着一身正气、勤勉从政、敢于谏诤、秉公执法、爱民护民、严于律己、家教严谨。具有如此特征的官员，哪怕只具有其中的一两个特征也好，任何年代都会受到民众的真诚爱戴，今天当然也不能例外。还因为清官的对立面是贪官，清官为民，贪官为己，是贪是清，是贪官还是清官，一目了然，一清二楚，老百姓的心头总有个浓浓的厌贪思清的情结。党和政府的各级公务员、人民的公仆，从担任公职的那天起，就要立志当一名好官清官，切记想发大财别入公门。习近平总书记多次说过：“当官就不要想发财，想发财就不要去做官。”要甘于做人民的公仆，要守得住清贫和廉洁，切不可嘴上喊着为人民服务，手上干着谋私利勾当，要多为人民群众做好事办实事，排忧解难送温暖，把百姓称呼自己为清官当作最高奖赏。

“三不”刺史李幼廉

李幼廉，是南北朝时北朝割据政权北齐的官员，当过州刺史、大理卿，死后获赠吏部尚书，一生都洁身自好，嫉恶如仇，廉洁从政，在佞臣充斥、腐败透顶的北齐政坛上，显得异常光彩耀眼。《北史·李幼廉传》，为读者展示了这位“三不”刺史的事迹。

拒收贿赂不改惩恶决心。李幼廉从小聪明好学，十五岁就已经熟读了五经章句，清心寡欲，还是儿童时，从来不对人家提出什么请求。有人曾经故意给他金元宝，他却始终不要，强塞给他，他就扔到地上。州牧认为他“蒙幼而廉”，便为他取名叫幼廉。后来，李幼廉当了南青州刺史，州“主簿徐乾富而暴横，历政不能禁。幼廉初至，因其有犯，收系之。乾密通疏，奉黄金百挺、妓婢二十人，幼廉不受，遂杀之”。说的是，李幼廉一到任就拒收巨额贿赂，严惩了前几任都惩办不了的犯罪官吏。

这里涉及一个量词：徐乾向李幼廉行贿的“黄金百挺”，到底是多少？初查有关资料，“挺”，本为挺直物的量词，如十挺脯，即十条干肉；古时黄金都铸成一定形状，名为“锭”，或三五两不等，在元朝以前一锭也称一挺；也有将“两”称“挺”的记载，在宋代，林亿校定东汉张仲景的医书《伤寒论》，曾在“三两”下注“三挺”。综合上述，“黄金百挺”，应该是百两，或是百锭，或是百条，总之数量可观、价值不菲就是了。李幼廉硬是清廉的初心不改，将贿赂顶回去，依律斩了徐乾。

自尊自爱不去巴结权贵。先介绍北齐政坛上的两个大人物：祖孝征，后主高纬继位后，大受宠信，官至尚书左仆射、宰相，聚敛贪财，骄奢淫逸；和士开，也是后主高纬时的尚书右仆射，堪称北齐头号奸臣，执政以来导致官场迅速腐败。李幼廉任朝廷大司农二卿时，正值和士开得宠至极，百官尽数设法向其献媚，唯有李幼廉见到和士开，只是双手抱拳高举过头作揖而已。

结果，李幼廉被和士开发配到南青州任刺史。李幼廉到南青州后，祖孝征向李幼廉索要当地特产——紫英石（矿石，亦是中药，溶解后具有暖宫温肺镇心惊的功效）。李幼廉回答说没有好的，祖孝征坚持索要，于是，李幼廉只给了祖孝征二两紫英石。祖孝征自然相当不满意，有人将此情况告诉给了李幼廉。李幼廉大声说："本人自结发而冠为官，从来就不会曲意求人，上天把此德赋予我，祖孝征能把我怎么样，如对我摧折损伤，无非就是发配并州罢了。"祖孝征真就把李幼廉打发到并州，任并省都官尚书去了。

介然独立不与浊流合污。北齐立国仅 28 年，建都邺城（今河北临漳），历经六帝，后被北周攻灭。北齐佞臣之多，是历史上很突出的问题。北齐诸帝只有孝昭帝高演德才兼备，可惜在位仅二年，因坠马而死，其余五帝均荒诞无耻。《资治通鉴》载，后主高纬宠信奸佞，一些卑鄙小人整天在后主周围侍候取乐，后主便给这些人封王封侯，封为开府仪同三司，连斗鸡的也被封开府，甚至狗、马、猎鹰等也有仪同的封号，当时开府的竟有一千多人，封为仪同的不计其数。本传也记载，"齐末官至三品已上，悉加仪同，独不沾此例"。李幼廉时为并省都官尚书。所谓并省是北齐在陪都并州晋阳（今山西太原），设置的另一套中央机构，主官就是并省都官尚书，最早是文宣帝高洋，于天保元年（550）建立的，一直保留到北齐灭亡。因北齐核心人物大都起自晋阳，后来虽然定都临漳，但一直重视此地。李幼廉的官阶肯定是三品以上，却没有被授予仪同开府。对遭此不公平待遇，李幼廉不悲反喜，称"我不作仪同，更觉为荣"。彰显了李幼廉誓不与那些奸佞之人为伍的高尚节操和独立傲骨。

受李幼廉"蒙幼而廉"，即还处于蒙昧幼稚的儿童时，就已经能做到清廉寡欲的启示，重温邓小平同志"法制教育要从娃娃抓起"的教诲，看来廉洁教育也要从娃娃抓起才成，家庭的、学校的、社会的力量要齐动手，形成教育的合力，力争从小就打好基础，定准清廉做人做事的初心，并且牢记"不忘初心，方得始终"的道理。当然，这样说一说容易，做起来可能很难，但再难也要做，必须做好才行。

平实当中见性情

李怀远，虽贵为武则天朝后期的宰相，但《旧唐书·李怀远传》却很短，只有四五百字，事迹也不多，但评价很高："守道安贫，怀远当仁。"特别是他还有段名言，让人读了就不会忘掉。

本传载："怀远虽久居荣位，而弥尚简率，园林宅室，无所改作。常乘款段马，左仆射豆卢钦望谓曰：'公荣贵如此，何不买骏马乘之？'答曰：'此马幸免惊蹶，无假别求。'闻者莫不叹美。"

所谓"款段"，是行走缓慢的马，古人早就有这样的说法了。《后汉书·马援传》载，吾从弟曰："士生一世，但取衣食裁足，乘下泽车，御款段马，……斯可矣。"即"我堂弟说，人生一世，只要衣食足，乘便利的车，骑迟缓的马，就可以了"。在唐代，"款段"的使用频率就更高了。李白的《江夏赠韦南陵冰》一诗中，也有"昔骑天子大宛马，今乘款段诸侯门"的诗句。

本传那段话说的是，李怀远虽然久居高位，但仍然崇尚简朴率直，他的园林住宅，没有改扩建过。他常常骑着一匹行走缓慢的马。同朝为相的左仆射豆卢钦望对他说："公荣贵如此，何不买匹骏马来乘坐？"他答道："这匹马稳当，可以免除受惊颠簸之苦，此外别无所求。"闻者没有谁不感叹赞美李怀远朴素美德的。

"此马幸免惊蹶，无假别求"。《新唐书·李怀远传》则写成"吾幸其驯，不愿它骏"。这就是李怀远身居高位而不买骏马的理由，说得多么平易朴实。就是嘛，文官骑马，代步工具而已，如果不是刻意讲究排场，"结驷连骑"摆谱，马的优劣是完全可以忽略不计的，远不比武将骑马，需要驰骋疆场，劣马是万万不行的。李怀远的这个理由，虽没有华丽的辞藻，然而却源于真心、发自肺腑，让人感到可信可亲，因为平实最真实，真实又往往最见性情。那么，李怀远又是有着什么样性情之人呢？

从本传看，李怀远身上有三个特性：一是拒绝攀附高枝。邢州是李唐皇室的祖籍地，李怀远作为李氏家族的一员，随便找一找，便可攀上有用之人。他幼年成为孤儿，但好学不倦，善做文章。有同族人劝他早点依附于有地位的人家，以求今后的发展。李怀远断然拒绝，说“凭靠他人势力，高士不为；借庇护求官，怎么能是我的志向”。后科考中榜，被任命为司礼少卿。

二是拒绝出任家乡高官。一般来讲，当上高官衣锦还乡，是件人生快事，能在家乡当“一把手”，更是求之不得的美事。李怀远入仕不久被授予在家乡邢州当刺史。李怀远认为邢州是其家乡，在故里掌政，难免落入人情之累，便辞而不受邢州刺史一职，诏命改任冀州刺史，后又任过同州刺史。

三是拒绝奢侈保持俭朴。在任两州刺史期间，李怀远以清廉俭朴受到世人称赞。后入朝为官，“大足年（701），迁鸾台侍郎，寻同凤阁鸾台平章事”。李怀远当上了宰相，却仍保持俭朴清廉的本色，不为自己修建豪宅不说，还骑着一匹行走迟缓的马，以至于引起另一位宰相的好心相劝。李怀远于神龙二年（706）去世，唐中宗特别赐给他锦被来充当安葬用，并且停止上朝一日，还亲自写吊文来祭奠。

在物欲横流的当下，读一读《李怀远传》，还是颇受启发的。其实，古代不贪图丰厚物质的廉吏，劝诫人们远离物欲的俗语，多得很。《说苑·臣术》载，齐景公把一个拥有千户人家的县邑的税收全部赐给晏子。晏子辞而不受，说：“八升之布，一豆之食，足矣。”即穿粗布衣服，一盎食品，足够了。所谓“家财万贯，日不过三餐；广厦万间，眠不过三尺”。所有这些，都告诫人们，人的一生衣食住行，有所保障就应该知足知止。一个人过多地沉湎于物欲追求，一定会被物欲牵着鼻子走，永远都会没有个尽头，永远都会缺乏应有的幸福感。要战胜自己的物欲，这的确很难做到，但要人生有所起色有所作为，就必须取得彻底的胜利才行。

操守一贯是本色

徐邈，是曹魏阵营中的干将，武帝曹操时任魏国的尚书郎，陇西和南安的太守，文帝曹丕时任过几个郡的太守，后升任为抚远大将军司马懿的军师，明帝曹叡时任凉州刺史，齐王曹芳时回京任大司农，司隶校尉，光禄大夫，被提为三公之一的司空时，坚持推辞不接受，最后以 78 岁的高龄辞世。徐邈在哪里任职，政绩都十分突出，在西凉得到民众“信服畏威”，“州界肃清”；回京任司隶校尉，百官们都敬畏他；生前身后，多次获得皇帝的嘉奖。徐邈更是以永葆本色、操守一贯著称。陈寿的《徐邈传》，没有过多地写徐邈的文治武功，多的却是写其清廉高尚、宽宏通达的气节操守，盛赞其“是世人之无常，而徐公之有常也”，“国之良臣，时之彦士矣”。

“不能自惩，时复中之。”魏国刚建立时，徐邈任尚书郎。当时法令禁止饮酒，而徐邈却经常偷着饮酒直至沉醉不醒。一次，校事赵达向他询问府中的公事，徐邈醉中便所答非所问：“中圣人。”赵达将此事报告了曹操，曹操大怒。度辽将军鲜于辅进言说：“平常人们喝醉酒把清亮的酒称为圣人，浑浊的酒称为贤人，徐邈本性谨慎重节操，只是偶然喝醉酒才说出这样的话。”徐邈因此才得以免于刑罚，还晋升为太守，活干得出色，但嗜酒的习惯却没有改。魏文帝到许昌视察，问徐邈说：“经常作中圣人吗？”徐邈回答：“过去子反因喝了家臣谷阳竖的酒而兵败自杀，御叔因饮酒失言而受罚，我的嗜好如同他们两人一样，‘不能自惩，时复中之’，却不能引以为戒，还时不时地要‘中圣人’啊。然而齐国的采桑女宿瘤正是因为长得丑才被齐王听说迎立为王后，我也正是因为醉酒才为陛下所识啊。”曹丕听了大笑，看着左右的人说：“名不虚立。”（后演变为成语“名不虚传”）徐邈是这样的诚实坦荡，几句话里竟涉及三个典故，怎能不引起身为大文人的曹丕的好感。据《春秋左传》载，晋、楚鄢陵大战正酣时，楚军统帅子反因喝了侍从谷阳竖给的酒，楚共王紧急召其商量军事，子反却大醉不醒不能前来，共王说：“看来上天要楚国失败啊！”连夜率军逃走了，子反则引咎自杀。《春秋左传》又载，使臣臧武仲出使晋国，因为下雨，就到鲁国御邑大夫御叔那里看望，御叔正在饮酒，对臧不礼貌，还说：“圣人有什么用，我只知道饮酒。外出遇到大雨，还算什么圣人。”结果，御叔因此语被国君罚加倍缴纳贡税。战国时期齐国采桑女宿瘤，脖颈长一大瘤，所以人称宿瘤女，因聪明睿智、形象特殊，被齐闵王娶之为后。不久，曹丕迁升徐邈为抚军大将军司马懿的军师。晋朝袁宏在《三国名臣赞》中写道：“景山恢诞”，“遇醉忘辞，在醒贻答”。

“进善黜恶”“弹邪绳枉”。徐邈任过五六个郡的太守，史书以“所在著称”一笔带过，主要写了他任凉州刺史的事迹，概括起来就是“进善黜恶”“弹邪绳枉”，即劝善抑恶、惩治邪恶、纠正冤枉。比如，黄河西部地区少雨，经常被缺少谷物所困扰。徐邈在武威和酒泉修建盐池，用盐来换取少数部族的谷物，广泛开辟水田，招募贫民租佃，从而使这一地区家家丰衣足食，官府的仓库也装满了谷物；又购买金帛和马匹，以供应中原地区；逐步收缴散在民间的私人兵器，保存在官府之中；宣讲仁义，劝导百姓，建立学校，推行教育，禁止厚葬，取缔不合礼制规定的祭祀，良好的社会风气逐渐树立起来。百姓都衷心拥护徐邈。西域地区同中原发展了关系，蛮荒地区的部族也前来进贡。徐邈对待羌人和胡人，不过问小的过错，若罪行严重，他便先通知其所部首领，使他们知道，然后再将犯死罪者斩首示众，所以少数部族信任和畏惧他的威严。他在任期间，凉州界内清静安宁，一片太平景象。

“忧国忘私，不营产业。”徐邈任职期间得到朝廷的赏赐，都分发给部下将士，从不拿到自己家中，他的妻子儿女经常衣食不足。皇帝听说后，予以嘉奖，并随时供给他家衣食物资。徐邈去世后，朝廷追念清廉有节操的官员，下诏书予以表彰：“彰显贤良，表扬德行，为圣明的帝王所重视；尊崇善行以推行教化，为孔子所赞美。已故的司空徐邈、征东将军胡质、卫尉田豫皆在前朝任职，为四代君王服务，不论出外统率兵马，入朝协助处理朝政，都忠心清廉，一心为公，忧国忘家，不置办家产，去世后，家中没有多余的财产，朕对此深表嘉奖。现赏赐徐邈等人家属谷物二千斛，钱三十万，布告天下。”

“雅尚自若，不与俗同。”这是徐邈最突出之处，活得自在潇洒，一生保持清高的境界，从不趋炎附势，且干啥像啥特有样。画画太逼真，画假的竟能引来真的。据《太平御览》卷 750 载，《魏氏春秋》曰，徐邈善画，作走水獭，标于水滨，群獭集焉。曹操当年重用毛玠、崔琰，这两个人都看重清高廉洁的人，以致人们都改变服饰车子来求得清高的名声，以获得仕途进步。可是徐邈不改变他习惯常用的车子服饰，以致人们认为徐邈行为放纵而不拘礼法。后来社会上挥霍浪费成风，大家互相模仿效法攀比奢靡，但徐邈仍坚持平素朴实的风尚，不与世俗同流合污，以致人们误认为徐邈这样做是不合群的孤傲。其实，这正是徐邈有一贯的操守，保持自己的本色，而他人却没有。当时就有人著书，称赞“徐邈志向高尚，品行纯洁，才能广博，气质威猛。这些气质表现出来时，就是志节高尚却不过分洁身自好，品行纯洁却不孤傲，才能广博却能抓住要害，气质威猛却又宽厚待人。圣人认为做到清高的境界很难，对徐邈来说却是一件很容易的事”。徐邈高龄时，朝廷要拜其为司空，徐邈感叹说：“三公是讨论国家大政的官员，没有合适的人选就应当空着位置，怎么能让我这样又老又病的人充任呢？”于是坚决推辞不接受。徐邈讲究实际，不图虚名，直到晚年还是如此。

分清官烛与私烛

南宋文学家周紫芝，号竹坡居士，著有诗话著作《竹坡诗话》，全书共一卷记载了 80 则故事，其中有一个关于小小蜡烛的事，很是发人深省：

“李京兆诸父中，有一人尝为博守者，不得其名，其人极廉介。……又京递至，发缄视之。中有家问，即令灭官烛，取私烛阅书。阅毕，命秉官烛如初。当时遂有‘灭烛看家书’之句。廉白之节，昔人所高。”

说的是，李京兆尹的伯父或叔父中，有一个人曾任山东博州的太守，但却不知其姓名。这个人极其清廉耿介。一日夜里，京城邮件到了，他便剪掉书信封口阅看，发现内有家书一封，即刻命人灭掉官烛，点燃自己家的蜡烛阅读，家书阅读完毕再点燃官烛，继续阅看其他公文。当时就有“灭官烛看家书”的赞誉。他廉洁清白的节操，已经远远超过从前的人了。

这位李太守的行为，真是让人肃然起敬。然而，也许有人会说，这纯粹是小题大做，未免太过做作。就连周紫芝自己在故事的最后也写有“矫枉太过”，易生弊端。其实，完全不是这样的，李太守的行为无可厚非，不应对其评头品足、说三道四。是的，一根蜡烛，细微小事一桩，确实不足挂齿，是完全可以忽略不计的，但这里却体现了公与私的分明和操守。北宋二程曾说过：“一心可以丧邦，一心可以兴邦，只在公私之间尔。”公职人员没有公心，一切从私心私利出发，竟会使国家灭亡。可见克服私心杂念，培养和树立公心，是多么的重要与迫切。然而，这又是需要从一点一滴入手，才可以养成和做到的。以现实情况来说，如果认为用公家电话唠一次闲嗑，开公车办一次私事，用公款宴请一次私人朋友，用公家打印设备为子女复印一次教材，甚至报销一次私事花销的发票，等等，都不算什么事。久而久之，国家损失当然会增大，个人也会滋生更大的贪念，滑向违法犯罪的深渊。

公务人员尤其是领导干部，要做到公私分明，先公后私，克己奉公，公而忘私，这既是一种美德，也是自律规范。一是无论大事小事都要公私分明，尤要注意从小事做起，养成习惯。当官做人，不贪不占才是根本，要注重从小节来约束自己，在公与私之间，拉上电网画出红线，不管何时何地，牢记公款姓公，一分一厘都不能取之私用，公权为民，一丝一毫都不能为己谋利。二是无论公开场合或私下里都要公私分明，独处时更要高度自觉。始终做到有人监督时与无人监督时一个样，就是不占公家一点便宜。像李太守那样，即使是深夜里、在自己的家中，依然泾渭分明公私不混。三是无论是任要职还是当小吏都要公私分明，官越大越要不忘初心。人往往是官小位微时，尚能做到谨小慎微，也容易做到公私分明。一旦官当大了，说话有人捧了，办事有人帮了，就往往放松警惕和要求，在不知不觉中，模糊了公与私的界限，该享受不该享受的都享受了，该往家拿不该往家拿的都拿了，须知这是最危险的信号，发展下去就会跌进“天下为私”的泥潭。愿“天下为公”成为所有公仆们的终生信仰与不懈追求。

细说戒石铭

“尔俸尔禄，民膏民脂，下民易虐，上天难欺”。即：你们做官所得的薪俸，都是人民的血汗膏脂；虽然百姓容易被残害，可是天地的主宰者却难以被欺骗。这十六字被称为“戒石铭”，为宋太宗赵光义首倡，颁令州县刻成石碑，立于官衙的大堂上，称为“御制戒石铭”。到了元代，更有廉吏将宋太宗的“戒石铭”改为：“天有昭鉴，国有明法，尔畏尔谨，以中刑罚。”以突出国法的威严。明代朱元璋也明令各州县，俱立“戒石铭”于衙署堂前并建亭保护，称“戒石亭”。清代则将“戒石亭”改为牌坊，故又称为“戒石坊”。总之，宋代以后至清代，“戒石铭”遍布全国大小衙门，这“十六字”诀，堪称官箴中的极品。

其实，“戒石铭”源于割据于四川的蜀主孟昶的《颁令箴》。南宋洪迈《容斋续笔》中的短文《戒石铭》，说清了这一点：“‘尔俸尔禄，民膏民脂，下民易虐，上天难欺。’太宗皇帝书此，以赐郡国，立于厅事之南，谓之《戒石铭》。按，成都人景焕，有《野人闲话》一书，乾德三年所作，其首篇《颁令箴》，载蜀王孟昶为文颁诸邑云：‘朕念赤子，旰食宵衣。言之令长，抚养惠绥。政存三异，道在七丝。驱鸡为理，留犊为规。宽猛得所，风俗可移。无令侵削，无使疮痍。下民易虐，上天难欺。赋舆是切，军国是资。朕之赏罚，固不逾时。尔俸尔禄，民膏民脂。为民父母，莫不仁慈。勉尔为戒，体朕深思。’凡二十四句。昶区区爱民之心，在五季诸僭伪之君为可称也，但语言皆不工，唯经表出者，词简理尽，遂成王言，盖诗家所谓夺胎换骨法也。”

孟昶，系五代十国时期后蜀的末代皇帝，鉴于前朝国君因吏治腐败而亡国的教训，于后蜀广政四年（941），亲自撰写了24句96字的《颁令箴》，颁于郡国各府衙，使官员们能“历历在目”，时时警惕提醒自己，以促进邦国的长治久安。尽管后世学者认为《颁令箴》“语言皆不工”，但在用典上还是很有讲究的，如“政存三异”“留犊为规”等，足见其良苦用心。

“政存三异”说的是，东汉和帝时，鲁恭任中牟令，他勤于政事，专以德化进行教育，不用和少用刑罚，官吏与百姓都非常敬仰他，甚至连蝗虫都不飞入县境。河南尹袁安怀疑所闻不实，派属下肥亲去察访。鲁恭与肥亲两人走过田间小路，坐在一棵桑树下，正好有一只野鸡落在树旁，这时有一个小孩也在。肥亲便问小孩：你为什么不去捉这只野鸡呢？小孩说：它将要生养小鸡呢！肥亲站起来说：蝗虫不入县境，是一异；教化及到鸟兽，是二异；儿童怀有仁心，是三异。肥亲将情况报告给袁安。袁安赞赏鲁恭的政绩，上奏朝廷对鲁恭加以重用。

“留犊为规”则说的是，汉献帝建安十八年（213），寿春县令时苗，赴任时不骑马不坐轿，乘坐一辆母黄牛车前往。当地老百姓称他为“黄牛令”。他在任期间一身正气，两袖清风，为百姓办了很多好事，受到民众的赞扬。在任一年多时间里，母黄牛生下一牛犊，他离任时，群吏和百姓都说“六畜不识父，自当随母”，力劝他将牛犊带走。但他却对众人说：“这头小牛是在你们的土地上生的，非我所有，我不能带它回家。”说毕，就将小牛留下，仍乘坐来时的牛车而归。老百姓深受感动，纷纷跑来夹道送行。

孟昶如此引经据典，苦口婆心，就是希望属下官吏能如鲁恭、时苗那样，清廉为政，不贪不占，不虐待百姓，确保国泰民安。其实，孟昶还是个地道的文人，对儒学经典也有特殊贡献，主持刊刻“十一经”，即在唐朝“九经”基础上，收入《孟子》等经典，使《孟子》首次跨入诸经之列。其后，经南宋大儒朱熹以《大学》《中庸》《论语》《孟子》并列，并为官方所认可，形成了今天人们所熟知的“四书”。据说，孟昶还是春联的首创者。现今的学者们通常认为春联始于五代。《宋史》列传第二百三十八·世家二载：孟昶“每岁除，命学士为词，题桃符，置寝门左右。末年，学士幸寅逊撰词，昶以其非工，自命笔题云：‘新年纳余庆，嘉节号长春’。”这大概是史书记载最早的春联吧。

孟昶亲政后，着力整顿吏治，煞费苦心对下属谆谆告诫，也确实为国为民办了些好事。但帝位巩固后不久，他骄奢淫逸的本性便膨胀起来，整日跑马打球，沉溺迷恋女色，不理朝政要务，导致国力急剧下降。965 年，北宋派兵仅用两个月就攻下成都，孟昶出降，传位两代，偏安一隅，享国四十年的后蜀就此亡国。

然而，源于孟昶的“戒石铭”，却永久传承了下来。

清廉方为七分人

《芙蓉镜寓言》，是明代江东伟（字清来，号壶公），以《世说新语》体写作成书的，“寓言如镜，照尽历来掌故”，不同之处是每个典故之后，均有自己精当简略的评语，自序此书“既扫理障（邪念障碍真知），又绝绮语（花言巧语），一棒一喝，令人当下了悟”。笔者以为此书确实值得一读。

书载:“杨伯子言:‘士大夫清廉,便是七分人了。盖公忠仁明,皆自此生。’壶公曰：不清不廉，便没半分人了。”

杨伯子即杨长儒，是著名诗人杨万里之子，字伯子，历任永州零陵主簿，庾州节度使、敷文阁直学士。其父爱国忧民、耿直刚正的美德，给了他很大影响。他为官清正廉洁，政绩斐然，生活俭朴，节衣缩食，粗茶淡饭，却十分同情贫苦民众，把自己节约的七百万俸金“代上户输租”，深受百姓爱戴。当时就有人写诗：“两年枉了鬓霜华，照管南人没一褂。七百万缗都不要，脂膏留放小民家。”其父在老家留下的一栋祖宅，陈旧破损，“仅能避风雨”，他却不肯花一分钱修缮，并且做到了“三世不增饰”。杨伯子的清廉品格受到朝野的一致赞誉。宋宁宗皇帝因他管理湖州成绩显著，要赏赐财物给他。杨长儒坚决不肯接受，宋宁宗皇帝称他为“不要钱的好官”。《宋史·真德秀传》载：“言崔与之帅蜀，杨长儒帅闽，皆有廉声，乞广加咨访。”即真德秀对皇帝说，崔与之治理川蜀，杨长儒统辖福建，都有廉洁之名声，希望皇帝对他们加以重用。陆游作诗《次韵和杨伯子主簿见赠》：“谁能养气塞天地，吐出自足成虹蜺。”戴复古也写诗《访杨伯子监丞自白沙问路而去》：“龙不为霖出，凤于何处藏。”两位大诗人以龙凤之质，养浩然之正气，来赞美杨伯子高洁清廉的人格魅力。杨长儒又是个有名的诗人，陆游曾称赞他：“大篇一读我起立，喜君得法从家庭。”

就是这样一个杨伯子，说出“清廉便是七分人”，“公正、忠诚、仁义、明鉴都由清廉而生”，这一惊世骇俗之语，是有其敦厚高尚的气节德操做底蕴的。而江东伟的一句“不清不廉，连半分人都不是了”的评语，与宋代罗大经“士大夫若爱一文，不值一文”（语出自《鹤林玉露》卷十四）的说法如出一辙，更是从反面印证了杨伯子的论点正当。可见，古时的儒者是何等看重为宦者清廉的品格与操守。

怎样理解“七分人”与“半分人”？笔者以常人之心揣摩，似乎有两点解释，一是清廉是做人为官的基础，基础不牢，地动山摇。古人早就有“至论不如清”（出自唐代诗人杜荀鹤《送人宰吴县》）的论述，说的是任何美好与高明的言论都不如为官清正廉洁。有了清廉做保底，为官应具备的种种美德，诸如公正公平，爱民为民，敢于担当，洞察秋毫，等等，就会应运而生，为官也才不至于为自己为家庭为积财，最终走到邪路上去。为官如能做到如此，虽然杨伯子说才算得上是七分人，其实已经是得了满分，“七分人”在这里就等同于“十分人”。二是金无足赤，人无完人，没有人能够一贯正确，能做个七分人，人生能给个三七开就已经是很不错了。所谓三七开，即七分是成绩，三分是缺点错误，它宏观意义上肯定了一个人的本质、主流和基本成绩，既指出缺点错误，又说明其成绩是基本的方面，防止以偏概全，抹杀主流，夸大缺点错误。在现今的社会环境下，作为一名党员领导干部，能争取到人民和自己都打出及格分，已经很不容易了，最重要的是以平常之心态，甘当普通人，耐住寂寞与清贫，任何情况下都不搞行贿受贿，凭真才实学去打拼，以踏实干成事为荣，保住自己的人格底线，先讨得算个“七分人”的美誉，再去争取另外的“三分人”。正如有个名联所说：“清廉便算七分人，公生明要到十分地步”。宋代哲学家邵雍的诗作《十分吟》也称：“所谓十分人，须有十分真。”而“半分人”“不值一文”，就不成了，那就没多少人味了，就会立马被打入贪官坏人之列。这全要归咎到不清不廉的恶行之上。党员领导干部都须当个“七分人”，万万不能去充当那个“半分人”啊！

要敢打送礼行贿者

粗翻典籍，可以看到古代廉吏却礼拒贿的行为，其外在表现大体上有四种情况。一是坚决不收。如人尽皆知的公仪休拒鱼、子罕拒宝、杨震拒金“四知”的故事。

二是震慑送者。明末刑部尚书范景文在衙门口立一牌子：“不受嘱、不受馈”，以警示那些想来送礼行贿者。清代福建巡抚张伯行撰写《禁止馈送檄》：“谁云交际之常，廉耻实伤，倘非不义之财，此物何来？”贴于居所院门及巡抚衙门。清代张鹏翮任吏部尚书近十年，在府邸的厅堂，竖了一尊关圣帝君塑像，周仓持刀威严旁立，每逢有人以私事请托时，他便指着塑像说：“关帝君在上，岂敢营私徇隐？”以打消登门请托者的邪念妄想。

三是收而封存。对家人不知情而收下的，情况特殊无法拒收的，则予以封存不用。如苏琼悬瓜、周新悬鹅、羊续悬鱼、山涛悬丝、刘温叟封钱，这些廉吏的拒贿佳话，人们至今仍记忆犹新。

四是惩罚送者。此类廉吏也不乏其人。《三国志·胡质传》载，胡质担任荆州刺史时，其子胡威自都城前来探望，告辞返京时，胡质帐下的一名都督，在胡威未出发前，就请假回家，暗中在胡威必经之路置下所需物品，并在百余里外等候胡威，邀胡威作为旅伴，事事都帮助胡威，一起行走数百里。胡威心中疑惑，就引他说话以探求实情，得知其是父亲帐下的都督，善于逢迎，为博得胡质的好感，在胡威归家途中曲意巴结，并辗转地让胡质知道此事。胡威给了那名都督相应酬金后立即与其分手，并在信中将此事告诉了胡质。胡质责打那名都督一百杖，革除了他的官职。《梁书·顾协传》载，顾协任廷尉正期间，严于律己。他的属下看他“冬服单薄”，想送他衣服也不敢轻举妄动。他的一位门生“知其廉洁，不敢厚饷，止送钱二千”，顾协还是怒不可遏地将这个门生重打二十杖，以后吏员们再也没人敢送礼给他了。

《南史·郭祖深传》载，郭祖深担任南津校尉时，他“常服故布襦，素木案，食不过一肉。有姥饷一早青瓜，（郭）祖深报以疋帛。后有富人效之以货，鞭而循众”。同样是送礼，老妇人送瓜，他收下了，并用重礼予以回报；富人送货，他却对富人施以鞭刑，并且加以示众。因为老妇人送瓜并非行贿，是出于对他的关心爱护；富人送货则是行贿，意有所图。

此外还有收后上缴等表现形式，就不一一赘述了。上述廉吏却礼拒贿的行为，无疑时至今日仍值得党员领导干部学习和效法，在强调“受贿行贿一起查、一起打”的今天，尤其要借鉴古代廉吏惩罚送礼行贿者的做法和经验。这就要大力破除“当官不打送礼的”旧观念。不可否认，中国是个礼仪之邦人情社会，如果局限在礼尚往来范围内，有人给为官者送点小礼，作为受礼方确实用不着大惊小怪，拒收或退回也就算了。问题是，时下的送礼者都与行贿者画了等号，其目的性极其明确，那就是谋求高位与非分利益，称之为送礼行贿者最为贴切。为官者对这样的送礼行贿者，要恨起来，要喊打，且要予以重打，不能只拒收了之。

道理很简单，既是送礼行贿者，往往为谋求各种非法利益，不走正路走邪路，说明其道德品质极差；送礼行贿者的钱财，一定是来路不清，多属贪贿所得，因此才出手大方而又不心痛；送礼行贿者一旦得逞而晋升高位，必然会在更大的平台上去贪贿，利用手中的权力，把送出去的所谓损失疯狂地捞回来，祸害百姓，为害一方。当然，要打送礼行贿者，也不能像古代廉吏那样直接予以鞭打和其他惩罚。有效的办法是，将送礼行贿者的行径，如实地报告给组织和党委；在自己管辖和职权范围内，将送礼行贿者列入黑名单，不予提拔重用；对送礼行贿者中情节严重有可能构成违纪违法的，直接转报监察或政法部门，力争早日予以查办，以消除隐患，防止带病提拔问题再现。其实，我党早就有这方面的优良传统。罗瑞卿大将对送礼之人的通常做法是：礼退回，人处分。一旦党员领导干部都能对送礼行贿者既喊打又敢打善打，那么送礼行贿者就会立刻没有了市场，“山清水秀”的政治生态就不再是一种奢望。

为官清廉贵在养成

清代陆陇其的《莅政摘要》卷下《根柢》中有一段话，给人以很大启示：“州县最为亲民，服是官者不惟关系民生，我辈终身事业俱托于此，故持身欲清，事体欲练，处事欲平。然非仓卒可至，必平时以苍生名教为己任，躬率妻孥，崇尚俭朴，则资于官者必少。凡事关吏治民生，一一留心则得之，闻见有素，随事反观变化气质，然后能清、能练、能平。若求之当官，晚矣。”

从字面上看，这段话似有三层含义：一是要把当个州县官作为自己的终身事业和寄托。州县官员与百姓最为亲近，做州县官员不仅关系到民生大计，我辈的终身事业都寄托在这里。因此，做官持身要清廉，办事要干练，处事要公平。

二是要当好州县官贵在平时的观察与积累。如何能做到“欲清、欲练、欲平”？这些并非一时即可办到，功夫在平时，在平时的学习与积累。一定要平时以关心民众疾苦、推行教化为己任，凡有关国计民生的事情，一一留心就会知道怎么办理，听到的见到的就会越来越多，随时随事加以考察其发展变化，然后才可能做到清廉、干练、公平。

三是指望当官以后再提高本事为时已晚。如果平时不注意，不思索，只等官位到手，指望能力与水平自然而然地就有了，那是不可能的，那也就晚了。

笔者以为，陆陇其那段话的精华在于这句：“持身欲清”，“然非仓卒可至，必平时……躬率妻孥，崇尚俭朴，则资于官者必少。”说的是，要做到为官清廉，这并非一时即可办到的，一定要平时亲自带领妻儿崇尚俭朴，那么需要依托官方的事情必定不多。在这里，陆陇其说出了一个极其深刻的道理：为官清廉，决不是当官以后自然而然立马就能做到的，它需要平时的养成，需要与妻子儿女共同崇尚俭朴的美德，习惯于过常人的日子，习惯于清贫与寂寞，总之要积久养成清廉的生活方式，并以此为习惯为常态，根本不寄希望于入仕以后能有多大的改变，如此才能防止当官以后由俭入奢滑向腐败的深渊。正所谓为官清廉贵在平时养成，贵在尚未当官时的习惯养成，完全指望为官以后的学习与教育，当然这也是必不可少的，是远远不够的。

陆陇其有如此见解，与其学识渊博与为官经历分不开。陆陇其于康熙九年（1670）考中进士，后官至嘉定知县、四川道监察御史。陆陇其做学问，专以朱熹为宗师，一生的著作颇丰，常记载廉吏的言行为座右铭，并汇编成《莅政摘要》，供自己公余阅读补过参考，是清代以名臣从祀孔庙东庑的大儒之一。

陆陇其做官崇尚实政，生性恬淡清高，不为名利所拘，“以兴利除害、移风易俗为己任”，“以德化民”。遇到父亲告儿子不孝，便含着泪进行劝说，以致儿子搀扶着父亲而归；遇到弟弟告哥哥，便调查出挑唆者施以杖刑，以至兄弟二人都感动悔恨；遇到财产官司，不用差役去逮人，属于宗族内部争讼的，便以其族长去治办，有时也让原告、被告都到县衙来进行调解，称为“自追”。陆陇其多次被推荐为清廉官，几次离任，都只有图书几卷及妻子的织布机一部，百姓都是含泪相送。《清史稿·陆陇其传》载：“陇其官止御史，而廉能清正，民爱之如父母。”嘉定县百姓歌颂陆陇其，直到清末也没有停止。时人称赞他“有官贫过无官日，去任荣于到任时”。

受陆陇其上述名言的启示，有志为国为民做事做大事的人，不管外边世界有多么精彩，诱惑有多么强烈，自己内心一定要养成，并带领家人养成过俭朴生活的习惯，打牢清廉为官的初心与底色，无论走到哪里行至多远，都以过常人俭朴生活为荣，以奢侈腐化为耻，扎扎实实地践行为人民服务的宗旨。

去时还似来时贫

卸职或离任，对于官员来说，是个重要节点，因为任职结束了，好与差都已成了过去，可以盖棺定论了。官员此时敢不敢在发表离职感言时，为自己的廉洁状况打满分，也是个很大的心理考验，更是对其是否保持初心，是否按上任宣誓中关于“廉洁奉公”誓词那样去做的最好检验。笔者曾听到过一些官员的离任讲话或简短感言，其中不乏感人至深的，但明白地讲清楚自己在任期内，钱包没鼓财产未增，一如既往宛如来时，却凤毛麟角极其罕见。原因无外乎，目前上级还没有这方面的硬性要求，既然别人没讲自己也不好带这个头；有些人恐怕是做得不够好不便讲；至于那些在职期间贪占受贿忙得不亦乐乎之辈，就更没办法讲了。然而，找个适当机会和场合，让离任官员把任期廉洁状况讲清楚，让属下和治下的民众听得明明白白，还是十分必要的。免得人前脚刚离开，有人就对其是否清廉议论纷纷，且往往又负面说法居多。

史上这样说清楚的廉吏不少，他们纷纷以诗言志，有的以贫富状态说事。明代河南信阳知州胡守安，自律甚严为官清廉，任期结束到城隍庙拜谒。所谓城隍，传说中守护城池之神，明代以后，各地的城隍由殉国而死的忠义之士或是正直的历史人物担任。胡守安等于是向神灵做离职汇报，他当即作诗一首《任满谒城隍》：“一官到此几经春，不愧苍天不负民。神道有灵应识我，去时还似来时贫。”全诗气势劲拔，率真流畅，无一难字，无一用典，平平淡淡，明明白白，却耐人寻味。看似向城隍表达衷心，实则是向朝廷、向治下的百姓表明心迹：坦荡做人，清白为官，来去轻松。这几句诗，是一种宣言，更是其自身从政的真实写照，保持和坚守了初来时的那份清醒、清白、清廉和清正。

来时贫穷去时仍旧贫穷，与“三年官衙府，十万雪花银”，“千里做官只为钱”的封建为官信条相比，这是何等的境界，也足以让近来揭露出来的那些大老虎们汗颜。他们哪个不是几年任期下来，不但自己捞得脑满肠肥藏金匿银，家人与亲戚各个都富得流油，真可谓“不亏自己不负家”。

有的用行装形态来说事。明代苏州知府况钟，他到任身居简室，未铺设奢华之物，三餐佐饭，仅一荤一素；严惩污吏，平反冤狱，兴修学府，关心民众疾苦，被誉为“况青天”。在饯别苏州父老的《离任》一诗中，况钟写道：“检点行囊一担轻，长安望去几多程？停鞭静忆为官日，事事堪持天日盟。”明代还有一位叫刘庆麟的巡抚，为官清廉自守，直到退休时也未收受过一份馈赠。在他卸任归隐时曾在衙中题诗一首述怀：“来时行李去时装，午夜清天一炷香。描得海图留幕府，不将山水带还乡。”

“检点行囊一担轻”，“来时行李去时装”，多么形象的说法，上任时的行装便是离职时的全部家当，一点也没有增加，清廉状况一目了然。而今的大老虎们，待到被查抄查封之际，各个都家藏万贯，珍宝多得数不清，现金堆得查点时甚至要烧坏多部点钞机，洋房别墅则遍布于一线城市之中，到头来却身陷囹圄一场空。

古代清官，有的连当地的土特产都不带走一点点。清代的蔡信芳，道光年间任陕西蒲城知县，重士爱民，颇有善政，离任回乡时，曾写留别绅民诗四首，其中一首写道：“罢郡轻舟回江南，不带关中一点棉。回看群黎终有愧，长亭一别心黯然。”三国的时苗，于汉献帝建安十八年（213）任寿春县令，赴任时不骑马不坐轿，乘坐一辆母黄牛车前往。当地老百姓称他为“黄牛令”。他在任期间一身正气，两袖清风，为百姓办了很多好事，受到民众的赞扬。在任一年多时间里，母黄牛生下一牛犊，他离任时，群吏和百姓都说“六畜不识父，自当随母”，力劝他将牛犊带走。但他却对众人说：“这头小牛是在你们的土地上生的，非我所有，我不能带它回家。”说毕，就将小牛留下，仍乘坐来时的牛车而归。老百姓深受感动，纷纷跑来夹道送行。

元代张养浩《为政忠告》中有句名言：“为政者不难于始，而难于克终也。”每一名党员领导干部都要始终绷紧党纪国法这根弦，克服“船到码头车到站”的麻痹心理，可以松口气了的放松心理，大风大浪都过来了不会出事的自负心理，内心要永远坚信遵纪守法、端正作风、抵制腐败没有休止符，只要在任一日就要严于自律，就要做到清廉二十四小时，在离任之际，向党和人民交上一份满意的答卷。

古代廉吏拒贿却赠的招数赏析

粗翻典籍古书，发现历史上的廉洁官吏，都十分看重品性，始终坚守节操，这是他们能廉洁为官的根本原因所在。再就是他们往往对金钱财产，有着自己的独到见解，视角新颖，认识深刻，语言过硬，让人读了就能记住，甚至一辈子也忘不了。比如，认为“既然当官就不要再干捞钱的勾当”。《史记·循吏列传》载，春秋时期鲁国宰相公仪休，说：“使食禄者不得与下民争利，受大者不得取小。”即当官享受俸禄的人不得再去干别的事情和老百姓争夺利益，得了大利的人不能指望再去得小利。又比如，以不贪为宝。《左传·襄公十五年》载，子罕以司城身份在宋国执政时，有人得到一块美玉，把它献给子罕，子罕不接受。子罕说：“我把不贪当作宝，你把玉当作宝，如果你把美玉送给我，我们两人就都失了宝，倒不如各自保存好自己的宝物。”再比如，认为对于子孙而言“遗财不如遗德”。《后汉书·杨震传》载，杨震官至司徒，始终以“清白吏”为座右铭，人称“四知先生”。亲朋好友劝杨震为子孙置办些产业，他说：“让后世人都称他们为清白吏子孙，这样的遗产，难道不丰厚吗！”《汉书·疏广传》载，疏广也不为家人和子孙积攒财富，他说：“贤而多财则损其志，愚而多财则益其过。”“家里本有旧田老宅，让子孙勤于耕作，应该能够供其衣食，与普通人相同。”此外，这些廉洁官吏，有的还有一些却赠拒贿戒贪的好办法、小招数，简便易行，操作性强，内外双刃，十分管用。这也是古代廉政文化的组成部分。正是小招数大效果，廉吏们才得以做到洁身自好、廉洁如玉。笔者不揣浅陋，将这些招数归纳为以下十种，供读者来见仁见智。现在看来，这些招数并没有完全过时，有的拿过来就可以用，有的可以启迪人们的思路，愿能为今天的反腐倡廉提供些许借鉴。

一、基本的方式还是批评开导说服对方

却赠拒贿，最大效果和最终目的，还是让送礼者将钱物拿回去，因此就要想方设法说服送礼者，并使其能受到教育，自觉打消送礼行贿的念头，话要说得诚恳，实心实意，语重心长，理要摆得透彻，有情有义，无可辩驳，一般情况下对方还是易于接受的。这方面的廉吏不少，说服送礼者的语言，都相当精彩，有的也很有趣味。如公仪休拒鱼的故事，可谓人人皆知。一个客人给公仪休送来一条鱼，他不要。客人说：我听说你爱吃鱼，所以送你一条鱼，你为什么不要？公仪休说："因为我喜欢吃鱼，所以才不要你的鱼。现在我是宰相，我自己买得起鱼；如果我因为要了人家的鱼而被免了官，那么以后谁还能再给我鱼呢？所以我不能要。"收了礼连官都做不成了，这样重的话都说出来了，人家还能再强迫你收吗？

而晏子的说法，更是让人无可反驳。《说苑》卷二《臣术》载，晏子上朝，乘坐劣弱的马驾的破旧的车。齐景公派梁丘据送给晏子一辆高大的车子和四匹健壮的马，送了多次，晏子都不接受。景公说："先生如果不接受，我也不乘车了。"晏子回答说："君王命令我管理文武百官，我节省衣服饮食的俸养，为齐国人民作出表率，即使这样还是担心人们奢侈浪费而不考虑自己的品行。如果我接受了高大的车子和四匹健壮的马，君王乘坐它，我这个臣子也乘坐它，对那些没有行为准则、在衣服饮食上奢侈浪费不顾及自己品行的人，我就没有办法制止他们。"于是景公不再坚持了。

对于拒绝同僚之间的馈赠，袁聿修的话，说得最解渴。《北史·袁聿修传》载，袁聿修原任北魏都官尚书，在清正廉洁的官员中，他的行为最检点，后任吏部尚书，干了十年，没接收过别人一杯酒的馈赠。尚书邢邵正称他为"清郎"。袁聿修奉命以太常少卿的身份，巡察各地，考核官员的为政情况，经过兖州时，正好邢邵当刺史，分别时送袁一段白绸子，袁没有接受，写信给邢："今天从您那里经过，您的行为失常。瓜田李下，古人都很慎重，希望我的想法，不要受到您的责怪。"邢也欣然解悟，回信说："老夫匆忙间没有想到这些，敬读来信，我很理解。老弟您过去是清郎，现在是清卿了。"

理说得透亮，特别是讲清送礼的危害性，莫过于廉希宪了。《元史·廉希宪传》载，廉是元初的宰相，没有贪私之物，走到哪都是一张琴和几箱书，

人称“廉孟子”。归顺元朝的宋朝官员，带金银去见他，他说：“你们送我的这些东西，如果是自己的，我收了便是不义，如果是公家的，你们拿来送礼，就是盗窃国财，我收了就是贪赃，如果是从老百姓那里搜刮来的，就要罪加一等了。”说得送礼的人无地自容，惭愧得不知说什么好。

二、教育亲属管住家人，是至关重要的

官当大了，想巴结的人必然就多了，直接向官员送礼困难，有的就走夫人、家眷路线，搞所谓的“曲线送礼”。廉吏光管住自己是远远不够的，必须千方百计地教育和管好自己的妻子，管好所有的家人。明成祖年间的监察御史周新，在这方面就做得非常有特色。《明史·周新传》载，有人给周新送来一只烤鹅，他不在家，家人推辞不掉就留下了。周新为杜绝此类事再次发生，便把那只烤鹅高高地挂在家中显眼之处，让家里所有人一抬眼就能看到它，以警示家人不许再收别人送的礼物。以后再有人送礼，周新也指着烤鹅说，如执意要送，照挂不误。从此再没有人敢给周新送礼了。周新的家人也勤俭自持，不论周新做官前后，官做到了多大，其妻子始终一身布衣，直到去世。“偶赴同官妻内宴，荆布如田家妇。”即偶尔参加官员家属们的宴会，穿戴就如同农家妇女一样。

三、不便推辞便登记上缴，不失为上策

有时送礼者虽面对的是个体官员，但并不一定是纯粹的个人对个人的关系，可能是公私兼顾，或于公于私难以分辨，面对这种情况如果还是一味地拒绝，不一定就是正确的。先收下，再登记，然后如数上缴，应该是最为明智的选择。《三国志·田豫传》载，田豫，历经魏武帝、魏文帝、魏明帝及魏齐王四世，被任命为九卿之一的卫尉，但生活却俭朴清贫，朝廷给他的赏赐都分发给部下将士。田豫曾长期驻守北部御狄前线，每次胡人给他个人送来礼品，都登记好收入官府，从不拿到家里，因此他家里生活常常十分贫困。鲜卑素利等人数次来见，多以牛马赠送田豫，田豫都转送官府。胡人以为田豫不肯自己收留，是因为牛马等太过显露，不如秘密送给田豫金子，便于他自己收留。于是，胡人怀藏金子 30 斤，对田豫说：“请左右回避，我有话要说。”田豫让手下人全都出去，胡人恭敬地跪下说：“我见你贫穷，故多次送牛马给你，可你全部交与了官府，今天我带金子偷偷地给你，你就留家里自己用吧。”田豫张袖以受之，并感谢胡人的厚意。可是等胡人离去后，田豫就将金子全部交付官府，并用文书记载清楚。魏文帝曹丕意识到，田豫受胡金，将起着化解鲜卑与魏国矛盾的积极作用，从长远看有利于稳定边防，于是下诏给予褒奖，还赏赐田豫绢五百匹。田豫将所得赏赐，分一半给了胡人，另一半则像往常一样都分发给了部下将士。

四、挂廉吏像、书“四知”幅，足以戒人戒己

廉吏们都怀有敬畏之心，为官小心谨慎，生怕出现差错，他们敬畏的对象，除了天、地、神和民众外，现在不好再具体考究了，但对历史上清廉守正的官吏，都给以足够的崇拜，以求学习效法，发扬光大其美德。敬畏前贤是必须的。据《周书·申徽传》记载，申徽一生勤勉为政，事必躬亲，官至右仆射、骠骑大将军、开府仪同三司。申徽曾一度离京，出任泛荆州地区的襄州刺史。这一地区原属南朝，刚刚归附北周，按旧日风俗，官员们相互交往都要馈赠钱财。申徽廉洁谨慎，于是就画了汉代廉吏、司徒杨震的像，并书写“天知，神知，我知，子知”的“四知”条幅，挂在自己的寝室，来自我告诫，并警示他人勿来送礼。等到申徽被征调回京，老百姓和官吏送他的人，延续几十里不绝，“黎庶扳辕共挽”。申徽自以为对百姓没有什么恩德，内心感到惭愧，于是写了一首小诗，题在清水亭上。不管老人少年，听说这事，都争着前来阅读，互相称赞说“这是申使君的手迹”，纷纷抄写吟诵这首诗。可惜，史书没有录下这首小诗，定会是很感人的，不然怎么会有那么多的“粉丝”。申徽所去的襄州，官员之间交往讲究送钱送物，用现在的话说大环境不够好，虽然史书没有写，估计申徽对此也改变不了多少，但他自己却做到了清廉如玉，洁身自好。可见“四知”足畏，足以警戒自己，足以震慑贪吏。《清史稿·张鹏翮传》及《张鹏翮趣闻轶事》载，清康熙年间，张鹏翮任吏部尚书近10年。在清代，吏部居六部之首，凡全国官吏的任免、考课、升降、调动等事务，均归吏部负责。为了对付有人来说情、请托，张鹏翮在府邸的厅堂，竖了一尊关圣帝君塑像，周仓持刀威严旁立。神座的侧面，摆一书案。每逢亲朋好友有私事请托时，他便指着塑像说：“关帝君在上，岂敢营私徇隐？”有些交谊甚厚的人，硬要求得一好的差使，张鹏翮微微一笑，诙谐地说：“周将军手中的青龙偃月刀很锋利，你不惧怕吗？”打消登门请托者的邪念妄想。

五、不看私信不写私信，以绝送礼者悬念

频繁书写私人信件，联络感情增进友谊，恐怕是古时官吏之间私下来往的基本手段。可不比现在了，相互来往手段多多，又是电话、手机，又是短信、微信、QQ，还有传统邮件、电子邮箱，可谓五花八门，叫人眼花缭乱，想堵住所有联络渠道，须下大气力才成，但关键还是想不想真心这样做。凡清廉为官的，有时也会是很孤独的，要耐得住寂寞，守得住清贫。古时的廉吏，往往以断绝与他人的私人书信来往，来封杀他人送礼行贿的念头，从链条的源头上堵死送礼行贿之门。《史记》卷62《酷吏列传》载，汉景帝时的郅都，官至掌管京城治安的中尉、抗击匈奴的雁门太守，刚正廉直，“不发私书，问遗无所受，请寄无所听”。即谁给他私下写信他都不看，谁送东西他也不要，不接受任何人说情。他经常自勉说：“我既然离开父母出来做官，那就应该奉公守法以身殉职，无论如何不能再过多顾及妻子儿女。”

六、以公对公拒绝私访，不给他人以缝隙

送礼行贿的事，无论地点是家里还是官府，多发生在私人往来之中，一般情况下不会发生在以公对公之际。如能把严私下会面的关口，官员之间拒绝或尽量少搞私人会晤，就等于把送礼行贿者从空间上挤了出去，使其没有了办坏事的时空。古代廉吏有这方面的实例。《史记》卷36《张丞相列传》载，汉文帝时的丞相申屠嘉，司马迁说他缺乏治国理政的谋略，与萧何、曹参、陈平三任丞相，简直无法相提并论，但“刚毅守节”，“嘉为人廉直，门不受私谒”。即申屠嘉为人刚毅守节，清廉正直，拒绝私人访问。

七、原样封存压根不动，促送者醒悟

有时送礼者的身份特殊，特别是遇有直接上司来送钱送物，直接拒绝或却赠很困难，但收下又损害了一世清廉的名节，廉吏们也有好招法，既然没办法拒收，就权且先收下，然后予以封存，钱不花、物不用，时间长了，让送者自己发觉后而醒悟，将钱物拿回去，以达到却赠拒贿目的，保持清廉本色。宋朝初年的御史中丞刘温叟，做得就非常好。《宋史·刘温叟传》载，

宋太宗赵匡义担任晋王时，听说刘温叟清节，派人送给他五百钱，刘温叟接受下来，存放在厅西舍屋中，命令来人封好后离去。第二年重午节，赵匡义又派人送去一些物品，所派的人正好是去年送钱的那个人，看见西舍封记还在，回来告诉赵匡义。赵匡义说："我的钱他尚且不用，何况是他人的钱。从前接受下来，是不想拒绝我，现在过了一年还不启封，他的清节很是明显。"命令官吏把所送钱、物载回。赵匡义与宋太祖赵匡胤议论起此事来，宋太祖赞叹不已。以至刘温叟去世后，宋太祖再三叮嘱，选继任者一定要"如温叟者"才可以。

八、先打招呼先说丑话，"先礼后兵"

下级官员向新来的上级官员送礼行贿，以求熟悉、关照、提携，似乎早已司空见惯，人们对此往往见怪不怪。有的廉吏为杜绝此类事情，上任伊始，便打招呼，严禁给他送礼行贿。《清史稿·汤斌传》虽没有记载下面的轶事故事，但在商丘，在商丘博物馆，却是人人皆知的。清初，苏杭富甲天下，上边的官吏经常向在那里做官的索贿逼贿，以致当地官员因挪用库金而进狱者很多。康熙年间的江苏巡抚汤斌，刚出任江苏巡抚时，就向所属的道、府、县等地方官打招呼，说："你们挪用库金讨好上司，无非是为了做官，现今好多人为拖欠库金所牵累，那还有什么希望了！我愿和你们相约，日后能够称职，我自然会提拔你们，要是不称职，任职期满就顺利归家，太太平平地回乡，不也很好吗！"还告诫府衙所属官员，切切不得接受下属贿赂。汤斌说到做到，苏州得以大治。

九、"决心"上门广而告之，挡来者于门外

有的廉吏为达到却赠拒贿的目的，直截了当，干脆利落，将自己保持清廉的心声，以清清楚楚的形式，明明白白地喊出去，产生犹如现代广告语般的效应，少了许多不必要的麻烦，也减少了那些不该有的烦恼。《明史·范景文传》载，明末，范任兵部尚书、工部尚书，兼东阁大学士，参与军机。明朝不设丞相，范景文实际上是首辅。当时有许多同僚下属巴结逢迎，亲属好友更是请求提携，而范景文则一概拒绝。后来他干脆在大门口张贴"不受嘱，不受馈"六个大字，广而告之，再也没有人来为请托事项而叩门了。人们赞

誉范景文为“二不尚书”。

十、象征性收受，权当纪念，美名永传世

历史上的廉吏，久为一方大员，诚心为民谋利，深得民众拥戴，或高升离任，或高龄退职，老百姓真心实意要送点礼物，在这种情况下完全拒绝也不容易。有的廉吏拿捏得非常有分寸。《后汉书·循吏列传》载，刘宠，任会稽太守，郡中大治，百姓安定，当他调任京官时，百姓争相送行，有五六位长者每人奉上一百钱，非让他收下不可。刘宠一再推辞，后来实在没有办法，只好象征性地从每人手里拿一钱受之，以作纪念。故人们称刘宠为“一钱太守”。

子罕的“折冲千里”与品德修养

近来看《吕氏春秋》，被一个故事深深吸引。

该书“恃君览第八·召类”载：士尹池为楚国出使到宋国，司城子罕在家里宴请他。子罕家南边邻居的墙向前突出却不拆了它取直，西边邻居家的积水流过子罕家的院子却不加以制止。士尹池询问这是为什么，司城子罕说：“南边邻居是做鞋的工匠，我要让他搬家，他的父亲说：‘我家做鞋谋生已经三代了，现在如果搬家，那么宋国那些要买鞋的，就不知道我的住处了，我也将不能谋生。希望相国您怜悯我。’因为这个缘故，我没有让他搬家。西边邻居家院子地势高，我家院子地势低，积水流过我家院子很便利，所以就没有制止。”士尹池回到楚国，楚王正要发兵攻打宋国，士尹池劝谏楚王说：“不可攻击宋国，它的君主贤明，它的相国仁慈。贤明就能得民心，仁慈别人就能为他出力。楚国去攻击宋国，大概不会成功，而且还要为天下所耻笑。”楚国遂放弃了进攻宋国，转而去攻打郑国。孔子听到这件事后说：“夫修之于庙堂之上，而折冲乎千里之外者，其司城子罕之谓乎！”即在朝廷上修养自己的品德，却能制胜敌军于千里之外，这大概说的就是司城子罕吧！

这就是“折冲千里”的故事。所谓“冲”，本义就是冲击敌城的战车；“折冲”，就是战胜敌人，使敌人的战车后退、折损。孔子讲了这句话以后，被后世好多人所引用。《后汉书·贾复传》载，“光武中兴”的名将贾复，被刘秀称为“贾督有折冲千里之威”。《三国志·步骘传》载，步骘以“贤人所在，折冲万里”为由，希望吴太子为国为民广揽贤才。看来，凭借高尚的品德，使敌人感到畏惧，从而战胜远方的敌人，是折冲千里乃至万里的全部含义。那么，究竟有什么品德，才有如此威力，还是回到子罕身上来加以琢磨。翻遍《左传》，发现子罕还真是不得了。

子罕廉洁不收玉，几乎人尽皆知。《左传·襄公十五年》载，宋国有人得到一块美玉，把它献给子罕，子罕不接受。子罕曰："我以不贪为宝，尔以玉为宝。若以与我，皆丧宝也，不若人有其宝。"即我把不贪当作宝，你把玉当作宝，如果你把美玉送给我，我们两人就都失了宝，倒不如各自保存好自己的宝物。献玉人说："小人怀藏玉璧，不能穿越乡里，把它献给您是用来请求免于一死的。"子罕就把美玉放在自己的住处，把玉工加工后卖了出去，把钱给了献玉人并送他回家。表明子罕谦让的是，《左传·襄公六年》载，宋国大夫华弱、乐辔两人在朝廷上嬉戏又互相诽谤，宋平公看见后只将华弱驱除出境。子罕说，同罪异罚不妥，也应处理乐辔。事后乐辔竟口出狂言，还用弓箭射子罕家的大门，子罕还是跟从前一样善待他。而《左传·襄公十七年》记载的事情，则反映出子罕对国君的忠诚。因宋平公派劳工为自己修建台观，妨碍了农事，子罕曾经请求平公，等农事完成后再建，平公不答应，劳工唱歌谣赞美子罕，讽刺他人。子罕听到后，亲自监工，说："我们这些小人都有房屋来躲避风雨，现在国君要建造一座台观怎么不可以。"唱歌的人便不唱了。子罕说："宋国这么个小地方，如果有的受歌颂，有的受诅咒，就是祸乱的根源。"说明子罕爱民的是，《左传·襄公二十九年》载，宋国发生饥荒，子罕向宋平公请示，拿出国家的粮食借给百姓，并让大夫们都借给百姓粮食。子罕借给百姓的粮食都不要借据，还替缺少粮食的大夫借粮给百姓。结果，大灾之年宋国竟没有挨饿的人。

上述廉洁、谦让、忠诚、爱民的品格，加上文章开头故事体现的仁慈和节俭，子罕可谓厚德之人。这些美德，就是子罕"折冲千里"之威的源头。春秋时期，诸侯林立，有 140 多国，影响大的 14 个国中，就有宋国这个地界仅限今河南商丘的小国。宋国因宋武公名字叫司空，故改司空为司城，权同司空，子罕为宋国的司城。按惯例各国都在司空、司徒等六卿之中，选一贤者执政。子罕就是以司城身份在宋国执政，历经平公、元公、景公三朝，直至身终，其间宋国虽没能称霸，但处在齐、楚、晋拥有万乘兵车的三个大国之间，一直没有受到攻击，四方边境都很安定。子罕功不可没。

其实，美德横溢，有"折冲千里"之威的人才，绝不只在捍卫安全遏制战争方面发挥作用，在任何地方、任何战线上，都是能产生奇效的。因为只要有这样的人坐镇，对于想搞歪门邪道甚至黑道的人来说，都是极大的震慑，足以让他们望而却步、退避三舍。据说有位老领导，特亲民务实又极低调，当年在某直辖市任市长书记时，一次会议上问一位抽中华烟的官员，收入几何、何以能够抽得起这等好烟，以后竟没有人敢当他的面再抽中华烟了。可以说，这位老领导就具有“折冲千里”之威。现在的各级领导，都要加强修养磨练品格，使自己都能成为“折冲千里”式的人物。比如，在一个地方当纪委书记，就应当让那些贪欲横流的人，心里害怕打怵，不敢放肆地收受贿赂；当公安局长，就应当镇住那些黑帮恶霸，使他们不敢在当地肆虐作案；当食品药品监管局长，就应当让造假贩假者心里哆嗦，起码不敢明目张胆地坑人害人。有人会说，那是理想主义，个人哪有那么大作用。这是托词，不是“为官一任、造福一方”吗，要把你那一亩三分地管好，争不上最佳最好，起码也要压得住歪风邪气。如果小单位、小地方都搞好了，全国的风气不也就逐步好了吗？还有人说，都什么年代了，甚至“微笑表哥”“浑身戴宝”的官员，都不乏其人，不是微博折腾，人们早已见怪不怪了，上哪去找“一本正的领导”啊。要坚信党和政府，坚信广大官员，所谓的“表哥”之辈，永远成不了干部队伍的主流。说到各级人民法院，如果有相当数量的法官，政治坚定，法律娴熟，拒收贿赂，秉公办案，案结事了，个别案件的当事人，就是急红了眼睛想胜诉，也不敢在这样的法官面前，不择手段地真假证据胡乱抛，请吃行贿一起来。这就是法官的“折冲千里”之威。培养这样的法官，要做的教育管理工作很多，但最终要落实到廉政观念、公正意识的强化上来，使法官们打牢这样的理念：法官是公平正义的化身，收礼受贿既玷污法官形象，严重干扰公平正义的实现，又违法犯罪深陷泥潭。具有“折冲千里”之威的法官逐渐多了，我国的法制建设才会有雄厚的基础。

要重视拒贿的好干部

眼下，纪检、监察部门办理贪腐案件时，往往是“拔出萝卜带出泥”，一挖一串，一查一窝，特别是逮住一个大的行贿者，一般都能揭露出若干名受贿的官员。这无疑是件好事，“事半功倍”，一案变多案，有利于纯洁干部队伍，有利于反腐败迅速取得成效，人们对此都拍手称快。但是，在办理这类案件中，却很少听说某某官员拒贿了，起码在各类媒体网络上鲜见这样的报道，好像案件所涉及的官员“一给就要”，“一查就倒”。其实不然，行贿者送不出去，官员坚决拒贿的，在办理贪腐案件中也曾经常被发现，人数也不少。但由于查处案件时，办案人员偏重于挖线索、找证据、定罪行，忽略了对拒贿官员的注意，发现了拒贿线索，马上就放到一边去了，又立即投入到对另一个受贿行为的审查中。这不大妥当，多少有些孤立办案之嫌，不符合办一案要出多种成果，实行综合治理的要求。对行贿人除了要问“谁收了？”也要问“谁没收？”要从行贿人匿藏在电脑、优盘、小本子等处，记载着行贿的数据中，揭露出受贿者，也要从中发现那些拒贿的官员。对发现的拒贿好干部，要以多种形式，如纪检简报、检察建议等，提供给上级组织部门和同级党委，以便把它作为考核该干部之德如何的重要依据，为落实“德才兼备、以德为先”的用人政策，添加些许正能量。

《资治通鉴》有个故事很生动。该书第243卷载，户部侍郎牛僧孺，向来被唐穆宗李恒所器重。当初，宣武节度使韩弘的儿子右骁卫将军韩公武，为了巩固其父的地位，向朝廷内外的许多当权官员行贿。后来，韩公武去世，接着，韩弘也去世了，韩弘的小孙子韩绍宗继承家业。这时，韩绍宗家里主管藏储的家奴和宣武的官吏，向御史台起诉韩公武行贿的问题。唐穆宗怜悯韩绍宗，于是，把韩弘家里的财产登记本全部调来，亲自审阅，发现朝廷内外凡当权的官员，大多接受过韩弘的贿赂。登记本上只有一处用红笔小字记载着："某年某月某日，送户部牛侍郎钱一千万，拒而不收。"唐穆宗看后大喜，拿来给左右侍从看，并说："果然不出我所料，我没有看错人！"过了不久，任命牛僧孺为中书侍郎、同平章事，提为宰相。可以说，牛僧孺就是在办案中发现和提拔的拒贿好官，他当了宰相后政绩突出，这里只讲一个他拒腐的小事。《旧唐书·牛僧孺传》载，牛僧孺被派到鄂州的武昌主政。以往，江夏城的土性不黏，难砌城墙，每年要加筑，都征收青茅草袋盛土加层。地方官吏借此巧取，年复一年地侵吞修城资财。牛僧孺到任后，计算以草袋修筑的费用，每年十余万贯，便改征土砖，用以抵偿应征的草袋修筑费。前后五年，城墙全部筑得如同井壁那样坚固，官吏们侵吞征收资财的事从此得以根绝。

看来，廉洁的牛僧孺，不论走到哪里，不仅自己清廉如玉，还善于和敢于向腐败开刀，可谓"为官一任、造福一方"。当然，牛僧孺是幸运的，他的拒贿，直接被皇上所发现，紧接着就被重用了，相关的民众也由此而不再受贪吏的盘剥。今天的办案人员，要把发现举荐拒贿的廉洁官员的责任担当起来，因为毋庸置疑，在查案过程中所能发现的廉洁官员，往往事迹过硬，真实可信，完全可以作为各级党委和组织部门，依靠通常途径考核干部廉洁状况的一种重要补充。相信广大群众对这种干部的认可度也肯定会更高一些。

“不敢纳贿”析

隋朝的重臣樊子盖，任过好几个州的刺史，民部尚书，武威太守，在循州总管任上一干就是十年，廉洁履职，政绩突出，三次受到隋炀帝杨广的下诏表彰。诏书中有这样的句子：“处脂膏不润其质，酌贪泉岂渝其性，故能治绩克彰，课最之首。”即处在富裕之中而不揩油，喝了贪泉之水不改变品性，所以能政绩突出，考察位列首位。可见评价之高。所谓“贪泉”，位于京师（今西安）来岭南的水陆交通要道广州石门村。传说朝廷派往岭南为官之人多生贪念，都是因为路过石门饮贪泉水所致。樊子盖任职的循州就是今天的惠州，大的范围属于广州，想必定会饮此泉水，因此皇上才在诏书中有“酌贪泉”一说。

而樊子盖与隋炀帝的一段对话更为精彩。《隋书·樊子盖传》载，大业五年（609），隋炀帝巡视武威，问樊子盖：“‘人道公清，定如此不？’子盖谢曰：‘臣安敢言清，止是小心不敢纳贿耳。’”即隋炀帝对樊子盖说：“人人都说你很清廉，真这样吗？”樊子盖谢罪说：“我怎敢自称清廉，只是小心谨慎不敢受贿罢了。”不敢就是害怕，不敢纳贿就是害怕纳贿，那么樊子盖究竟都害怕些什么呢？史书没有记载，不妨来个穿越，再回到古代去，从廉吏的角度探讨一番。

最根本的，应该是怕犯法犯罪被弹劾，古时候苦读入仕，谋上一官半职谈何容易，可不能为了一点点的不义之财，一朝不慎丢了乌纱帽。二是怕拿人嘴短，被下属瞧不起，失去上司应有的权威与尊严。《北史·儒林列传》载，北齐的黎阳郡守石曜，就说过“吏人之物，一毫也不敢侵犯”。三是怕自己犯了罪过，辱没了先人和父老乡亲，因为敬畏祖宗先人，敬畏乡里乡亲，那是必须的。四是怕被史官将自己的丑行记录下来，会遗臭万年。雁过有声人过留名，追求青史有个好声名，是从皇帝到一般官吏，都不能忽略的。《旧唐书·长孙无忌传》载，许敬宗在唐高宗面前奏言长孙无忌谋反，应立即收捕。

“帝泣曰：‘我决不忍处分与罪，后代良史道我不能和其亲戚，使至于此。’”即唐高宗说：我下不了决心处罚长孙无忌，因为文德皇后是长孙无忌之妹，后代的史官会把我不能与亲戚和睦的事，写入史书。以上四点，纯系分析浅见，可能樊子盖“不敢纳贿”是自谦之说，所以不纳贿，是其秉性使然，严格自律的结果，并非怕这怕那所致。但不论如何，官员的心中能有所害怕，有所畏惧，因而有所不敢为，这在古今都会是好样的。

然而，如今那些贪腐的高官大员，收受贿赂，好像什么顾忌也没有，谁给的都要，给多少一律笑纳，任何东西照收不误。在金钱和物欲面前，好像党的组织根本不存在，人民大众的眼睛全都看不见似的，我行我素，无法无天，无德无耻，且不东窗事发就永不停手。难道他们的心中就没有“害怕”两个字？回答应该还是有的，只是“害怕”的范围，比起古代廉吏来可能狭窄得多了，颇有股子“天不怕地不怕”的劲头。收受下属的财物，根本就不在乎人家在其背后戳脊梁骨，反正自己晋升与否，底下的人说了不算；祖宗先人、父老乡亲，早被忘到一边去了，谁还在意他们的感觉如何；至于史官写传作史，那更是猴年马月的事了，现在就考虑这事纯属傻帽一个。只是还有一个“害怕”，那就是被发现被惩处，仅此而已。就是这个“害怕”，在不少人那里也被大大打了折扣。贪官们中间颇为盛行的歪理邪说，就足以证明这一点。如官场环境就是这个样子，别人都这么干，我也不能干闲着；我是老手，还是处级时就这么干，不但没被发现，官还越当越大，今后也不会出事；早有多本护照握在手，一旦暴露溜之大吉，异国他乡去“享福”。更有甚者，虔诚地迷信阴阳风水鬼神，认为这些东西能保佑其受贿的不义之财，稳稳当当顺顺利利。这样不成。人生天地间，必须有所害怕。按照哲学和心理学的观点，害怕是来自心理的恐惧，随着人的知识积累，才能使人认识到事物的可怕性，当然这种积累来自主客观两个方面。党的十八大以来，国内“打虎”“拍蝇”强势不减，国外追逃挖赃风头正盛，官员以权谋私的种种滥调得以澄清，浑浊的政商圈子受到切割，民众的监督生猛有力。在这种大的从政环境下，官员们必须大力加强自我学习和修养，树立正确的人生观和世界观，打牢为人民服务的公仆意识，还要尽快植入一点害怕的心理，将不敢受贿作为自己为官处事的底线，任何诱惑面前都要能把持得住，并以此作保障，向不想受贿的更高阶段过渡发展，一辈子甘当廉洁为民的好官。

吴隐之敢饮贪泉

“酌贪泉而觉爽”，后面还有一句：“处涸辙以犹欢。”是唐初四杰之一的王勃《滕王阁序》中的佳句，意思是说即使喝了贪泉的水也觉得清爽可口，并不滋生贪心；即使像鲋鱼处于水干了的车辙中，也还是高高兴兴。“贪泉”确实有。北宋的乐史《太平寰宇记·岭南道一》载，地处南海郡即广州的南海县，也就是番禺县，有“石门水，一名贪泉。源出南海县西三十里平地”。“酌贪泉而觉爽”，赞颂的应该是晋代著名廉吏吴隐之。《晋书·吴隐之传》载：“吴隐酌水以厉精，晋代良能，此焉为最。”

《吴隐之传》载，广州环围山海，出产珍品异物，一匣宝物，足够几代费用，但这里瘴疫流行，一般人视为畏途。只有家境贫寒在内地无法登上官阶的人，才求补此地长官，所以前后刺史皆多贪贿。朝廷打算革除岭南弊端，便任用吴隐之为龙骧将军、广州刺史、假节，兼平越中郎将。距广州二十里一个叫石门的地方，有水称为“贪泉”，据说喝了此泉水就会贪得无厌。吴隐之不信这个邪，到了这里，对亲人说：“不见可贪的东西，使寸心不乱。越过五岭丧失廉洁，我知道其中的原因了。”他特意来到泉水所在处，舀取泉水喝了，并赋诗明志：“古人云此水，一歃怀千金。试使夷齐饮，终当不易心。”即古人有言称此水，举杯一尝思千金。试让伯夷叔齐饮，始终不变廉洁心。待到广州以后，崇尚廉洁的品行有增无减，日常吃饭不过是蔬菜和干鱼罢了，官备的帷帐器用服装，皆交给仓库。当时有人认为他是故意做作，然而他始终不改变自己的做法。元兴初年（402），晋安帝司马德宗下诏书：“吴隐之孝友过人，禄均九族，菲己洁素，俭愈鱼飧。夫处可欲之地，而能不改其操，飨惟错之富，而家人不易其服，革奢务啬，南域改观，朕有嘉焉。”即吴隐之孝友胜于他人，俸禄均给九族，衣食菲薄廉洁纯贞，俭约限于食鱼。置身于可满足私欲之地，却不更改他的情操，享有取财致富的权力，而举家不换旧服。革除奢望追求节俭，南疆旧貌改观，朕有嘉奖。

吴隐之的清廉是一贯的，还有两件事也很感人。一件是，冷冷清清为女儿办婚事。吴隐之早年曾任卫将军谢石的主簿。谢石为人贪婪无比，吴却丝毫没受熏染。吴的女儿将要出嫁，谢石派人送来各类物品，吴坚辞不要，让下人牵着狗去卖，得点资费为女儿办事，此外毫无其他物件。另一件是，官越做越大，妻室子女没沾着一点光。吴隐之被调到朝廷升职，一家人乘船从番禺回来，船上装载没有多余资财。他的妻子携带沉香一斤，吴隐之发现了，便投到水中去了。家里只有数亩小宅第，篱笆墙倾斜败坏，内外茅屋六间，室内以苇席作屏风，座位无衬垫，清苦节约仍旧如常。每月领取俸禄，取部分留作自身用，其余的全部分散救济亲族，家人搓麻纺纱供日用。有时困难到极点，竟将一天的粮食匀成两天吃。

吴隐之所处的晋代，可以说整个官场相当浑浊，贿赂公行贪腐遍地，何曾父子日食万钱，石崇与王恺比阔斗富，都发生在那个时代。如前所述，官员贪腐又尤以广州地区为甚。广州是一块肥得流油的地方，掌权者只要随便“捞一把”，便可大发横财。《南齐书·王琨传》中有一句话，对此说得极其形象：“广州刺史但经城门一过，便得三千万。”而喝“贪泉”水之后，就会贪得无厌的说法，无非是为官员的贪腐找个由头罢了。从官员自身看，贪腐了还说是风水不好导致的，为自己找个台阶下，既然都贪腐了那就只好法不责众；从百姓角度看，谁让咱这地方的水不好，面对贪腐官员只能认命。在这种环境和条件下，吴隐之能够清廉自律，守住清贫，着实让人崇敬。看来真正的清廉之士，不管处在何种环境和条件下，也不管手中有权还是无权，都不会改变其廉洁的操守。

也许有人会说，吴隐之是个个案，说明不了什么问题，官场环境一旦不好，贪官就会层出不穷，连好官也会变坏的，“禹入裸国亦裸而游”嘛。这不全对。作为个人，从当官那一天起，就应下定“为人民服务”的决心，把廉洁为官不贪不占作为底线，而不论条件和环境如何，坚定不移不改初衷，抵制诱惑不破底线，像吴隐之那样“酌贪泉而觉爽”。当然，从党和组织的层面看，一定要抓官场环境的治理和整顿，抓紧规章制度和法制建设，以消灭贪官得以滋生的土壤和条件，还要高扬反贪腐的利剑，发现腐败官员及时从严惩处。但就是上述工作做得再好再到位，官员自觉不想腐都是最重要的基础，基础不牢地动山摇。愿这样的好官日益多起来。

廉孟子妙语拒贿

却赠拒贿的最终目的，是要让送礼者将钱物拿回去，因此就要想方设法说服送礼者，并使其能受到教育，自觉打消送礼行贿的念头，这就要求话要说得诚恳，实心实意，理要摆得透彻，无可辩驳，一般情况下对方还是易于接受的。史上讲清送礼行贿危害性的，莫过于元初宰相廉希宪。

廉希宪自幼熟读经书，深通儒家之道，人称“廉孟子”，一生清贫廉洁，为政刚直不阿，无论在哪里任职或离任，随身之物只有一张琴和几箱书而已。《元史・廉希宪传》载，廉希宪奉命镇抚刚刚归顺元朝的荆南地区，“时宋故官礼谒大府，必广致珍玩，希宪拒之，且语之曰：‘汝等身仍故官，或不次迁擢，当念圣恩，尽力报效。今所馈者，若皆己物，我取之为非义；一或系官，事同盗窃；若敛于民，不为无罪。宜戒慎之。’皆感激谢去”。说的是，归顺元朝的宋朝官员，纷纷带着金银财宝去见廉希宪，他说，你们仍担任原来的官职，有的还被破格提升，应当感念皇帝的恩典，尽力报效朝廷。你们送我的这些东西，如果是自己的，我收了便是不义；如果是公家的，你们拿来送礼，就是盗窃国财，我收了就是贪赃；如果是从老百姓那里搜刮来的，就要罪加一等了。一席话说得送礼的人无地自容，惭愧万分，都感激谢罪而离去。

廉希宪的上述话语，之所以透亮、解渴、有力，一是摆正了自己与朝廷的关系。他认为自己是朝廷命官，虽代表皇上来治理一方，有权任用提拔官吏，但那都是在布施圣上的恩典，而非纯粹个人行为，被提拔使用的官员不应感谢自己，要以加倍努力来尽职尽责，报效朝廷和皇上才对。二是逐层分析了行贿的种种弊端。如官员用自己的钱财来行贿，就会陷收者于不义之地；如拿公家的钱财来送礼，则等同于侵吞盗窃国家资财，行贿者与受贿者必将同罪；如大肆盘剥百姓，用搜刮来的民脂民膏来送礼，更要罪上加罪了。如此既语重心长又清澈晶莹的话语，怎能不使送礼者幡然悔悟改邪归正。

应该说，廉希宪的拒贿话语，仍然适用于今日，值得领导干部们去效法。经常听到一些官员有这样的抱怨，时下送礼的人太多太多了，有的实在是没法拒绝，甚至有的贪官在法庭受审时，还称自己受贿多是出于怕得罪人，而无法拒绝他人的好意所致。这种托辞肯定是错误的，对于那些明显超出礼尚往来的送礼行贿，一个领导干部能否顶住不收，关键取决于政治素质的高低，有无廉洁从政的定力，但是也不能排除却赠拒贿能力上的差别因素。看来提高领导干部的拒贿能力，也应列为干部素质教育的内容之一。送礼与收礼，行贿与受贿，是一个事物的正反面，都是违纪违法的行为。借鉴廉希宪的经典拒贿话语，无非是要就送礼行贿和收礼受贿两个方面，充分讲清后果与危害，使送礼行贿者懂法明理望而却步。行贿者用公款行贿，就如同侵吞盗窃国家资财；行贿者用搜刮百姓的钱财来行贿，就罪加一等。这是从行贿方面来讲的。而受贿者收了行贿者用公款进行的贿赂，就同行贿者同罪，则是从受贿者的角度来说的。其实，历史上从受贿者方面讲清受贿的危害，使行贿人终止自己行为的也不乏其人。春秋时期鲁国宰相公仪休，拒收他人所送的鱼，就说过：因为我喜欢吃鱼，所以才不要你的鱼。现在我是宰相，我自己买得起鱼；如果我因为收了人家的鱼而被免了官，那么以后谁还能再给我鱼呢？所以我不能要。三国东吴的华歆应诏要到朝廷去，宾朋好友及昔日同事都赶来相送，并赠送了数百金的巨额钱物。华歆是来者不拒，暗中却在赠金赠物上做出记号。临行之日，华歆把那些赠金赠物全摆了出来，对送行者说："我接受的礼物太多了，考虑到我是单独远行，将会因为携带贵重物品而招来贼人暗算，希望诸位替我考虑如何能保全我的性命。"宾客朋友们只好都收回各自赠送的礼物，更加佩服华歆的高尚品德。收了礼恐怕连官都做不成，连命都保不住，这样重的话都说出来了，人家还能再戴着坑你害你的大帽子，死皮赖脸地强迫你收吗？看来，有了却赠拒贿的坚强定力，还要会说却赠拒贿的话语，才能收到好的效果。相信，当代的领导干部们说起却赠拒贿的话语来，定会精彩绝伦超过古人的。

不妨算个小九九

清朝人徐栋，官至工部主事，兴安和西安的知府，勤于政务，专心吏治，认为“天下事莫不起于州县，州县治，则天下莫不治”，于是汇集诸家之说，著《牧令书》二十三卷，作为官箴传世。近日读了该书卷八《屏恶》中的一段话，感慨颇多。

“务为清廉仁爱之官，勿作苟且贪污之事……时时警惕，刻刻堤防，则不但现在之功名可保，将来之富贵无穷，论其制品，则君子之流，考其存心，又在仁人之列，何惧而不为？倘若阳奉阴违，希图鼠窃狗偷，品行心术俱不足言，遗父母以危，为子孙之累。两者相较，孰得孰失，无俟高明者决之矣。”

说的是，务必要当清廉仁爱的官，切勿滥做苟且贪污的事。时时警惕，刻刻提防，则不但现在的官位可以保住，还能使将来的尊贵无穷无尽延续下去，评论他的品行，则属于君子之流，考察他的本心，又属于仁人之列，那么还怕什么而不这样做呢？如果阳奉阴违，企图鼠窃狗偷，品行心术不值得一提，而且还会给父母子孙留下危险和负累。两者相比，哪种是得，哪种是失，不用等什么高明的人来判断这一点。

可以说，这一段劝导官员清廉勿贪的文字，虽只字没提社稷和民族大义什么的，看似立足点不高，但从个人角度来揣度，得失算计的却是一清二楚，小九九打得明明白白，不能不让人怦然心动。当廉洁仁爱之官，好处有二：一是功名可保；二是美名传后，一言以蔽之，将会“富贵无穷”。做苟且贪污之吏，坏处有三：一是个人会毁于一旦，现有的官位不保，直至连性命也可能都要丢掉；二是一旦获夷族之祸，父母、亲族也跟着一起遭殃；三是子孙将受累受害。为子孙遗留多财多产，并不是好事美事，古人早有明示：“贤而多财则损其志，愚而多财则益其祸。”

由此联想到现在的廉政教育，也要提倡大小道理一起讲，以求入心入脑见诸行动，不妨也要干部们扪心自问，算算个人的小九九，是做一个廉洁自律的清官好，还是当一个贪污受贿的贪官好。好多单位都组织过干部参观监狱，听改造好的犯罪人员的忏悔，就包含着从犯罪的危害后果，来警示官员的内容。贪得再多，身陷囹圄，何用之有！恐怕是多数参观监狱的干部的直观感受。还可以创造出更多的形式和载体，如读一读典籍中因贪得无厌，导致身败名裂、家破人亡的人物传记，因为古今同理概莫能外。“二十四史”加上《清史稿》中，这类传记并不难找，可编辑成册，发给干部阅读。《史记·李斯列传》载：“当李斯和他的儿子一起被押解出监狱，将要到街市腰斩的时候，李斯对儿子说：‘这时候我要是还想和你牵着黄狗，一起出上蔡东门去猎狡兔，还办得到吗？’说完父子俩相对痛哭。”李斯是被冤杀的，但他此时此刻对往日自由生活的怀念，谁看了都会唏嘘不已，也是不会轻易忘掉的。相信，干部们通过认真算一算贪腐和廉洁的得与失，都会自然而然地就得出一个清晰的答案来。正像徐栋所说，“无俟高明者决之矣”。

“四知”与“三日三喧”

杨震“四知拒金”故事，人们早已耳熟能详，它告诫官员一个道理：受贿是保不住密的，那就是你知、我知、天知、地知。如果说，这个说法更多的还是站在道德的制高点上的一种说教，那么清代袁守定对于受贿是保不住密的另一种说法，便具体清晰落到地上了。

袁守定，雍正八年（1730）考取进士，任芷江县令时，建义学，兴教化，断案如神，被誉为“袁青天”。后辞官归家奉养老母十余年。乾隆二十一年（1756）复出任官，临行前撰文发誓：“一家衣食，仰给在官，外如持一钱归者，当获天谴。”后升为礼部主事。退职归家后，造桥修路，荒年赈济，著书立说。其中官箴《图民录》，特别受到后来从政者的重视。

《图民录》载：“人之爱身，必甚于爱贿，而往往以贿易身何也。大都以为行事密人不知也，不知今夕受贿，明日则喧传阖衙矣，再明日则喧传阖城矣，再明日喧传道路矣。诗曰：鼓钟于宫，声闻于外。”

所谓“鼓钟于宫，声闻于外”，出自《诗经》，意为在宫内敲钟，声音可以传到外面。上述那段话的意思是，官员晚上受贿，次日便会盛传于官衙内，第二天便盛传于全城，第三天就会盛传于道路上了。简言之就是“三日三喧”，受贿之事，只需三日，全衙、全城、全街就都知道了，哄传的速度可谓神速。

当然，此时的“三日三喧”，应该说还是在私底下层面上的，并未上达至直接领导或司法部门层面上。只是受贿人自己不知道而已，或者是装作不知。但人言可畏，既然私下里已经哄传开了，传到直接领导或司法部门的耳中，就只是时间和时机的问题了，这是不言而喻的事情。然而时至今日仍有相当数量的贪官们，认为受贿是两个人之间的事，神不知鬼不觉，不会有他人知道的，还指望着自己受贿能够终身保住密。这不就是痴人说梦吗！而行贿人更是靠不住的，他需要送礼行贿时，往往与你称兄道弟，哥们儿义气，搭肩搂背，推杯换盏，而一旦事情将要败露时，行贿人的本性就会暴露无遗，那就是为了自保，会在第一时间站出来指证的，以减轻对自己的惩罚，这是铁律，无一例外。还是那句话，要想人不知，除非己莫为。

袁守定为什么认定官员受贿能“三日三喧”，会传播得如此之快？粗略分析，是不是有三个因素：一是受贿行为是双方当事人的事，你不说不能保证他不说，尤其是行贿人一方，往往出于吹嘘炫耀的心态，可能早就在所谓铁哥儿们中间抖搂出去了。二是行贿受贿毕竟不是什么光彩的事情，事后双方当事人在言谈举止上，都多多少少地会表现得与以往有异常之处，当事人周围那些细心的同事，对此总会有所察觉的。三是异于常态之事，具有刺激性，也易于传扬，这是传播的心理需求。人们为满足猎奇的心理需要，也会特别地关注和打听、传播诸如发生在领导干部身上的“八卦”类新闻，受贿这类坏消息，更在此列之中。当得知这类消息后，有的人甚至有一种如获至宝激动，会有一种先知先觉的优越感，也会感到自己比当事人强，如果自己是当事人的话，肯定不会这样做，这是一种本能的优越感，也是人性使然，很正常，无可厚非。传播“八卦”似乎也还是人们用来自我解压的方式之一，有人群的地方就会是这个样子的。这正应了那句老话：“好事不出门，坏事传千里。”

“莫言暮夜无知者，须知乾坤有鬼神”（明代李汰《无题》）。领导干部“不敢腐”，永远是党和国家惩治腐败治标的目标之一，构建“不敢腐”的长效机制，需要做大量艰苦细致的工作，在党员领导干部头脑中，深扎“受贿无密可保”的观念，牢记陈毅元帅的忠告：“手莫伸，伸手必被捉。”在全部公务活动中，始终保持“惧捉手不伸”“想伸不敢伸”的警觉性，无疑是至关重要的一环。作为一名党员领导干部，有了“不敢腐”做垫底，才有可能跨越至“不想腐”的高度，那就从经常想一想杨震“四知拒金”的故事，读一读袁守定“三日三喧”的论述，来做起吧。

系百姓

“我们是党的干部，是人民的公仆，一定要把群众的安危冷暖挂在心上，以‘天下大事必做于细’的态度，真心诚意地为人民群众办实事、做好事、解难事。要抓实做细事关群众切身利益的每项工作，努力办实每件事，赢得万人心。”

——习近平《之江新语·心无百姓莫为“官”》

（2004 年 2 月 5 日）

政事与文章同辉

政事表现不甚突出，好像是历来人们对宋代曾巩的看法，这主要是受《宋史·曾巩传》中一段文字的影响：“吕公著尝告神宗，以巩为人行义不如政事，政事不如文章。”其实作为唐宋八大家之一的曾巩，除了以散文著称外，还是个地道的政治家，在长达十几年时间里，任过齐州、襄州、福州等七八个州的知州，也任过朝廷的史官，为政一贯廉洁奉公，勤于政事，关心民生疾苦，深受百姓拥戴，颇有政声。可以说是一个能力全面、相当称职的地方官。这正如曾巩虽不以诗见称，但作诗不少，仍不失为诗坛大家一样。《城南》诗中那句赞美野草，嘲讽昙花一现的佳句：“一番桃李花开尽，唯有青青草色齐。”谁读了会忘掉呢！

曾巩为政的突出特点是，既勤政又务实，凡事能从当地实际出发，尽可能让民众多得实惠，少受损失和伤害。笔者概括这方面的事例为“六不”：

不征额外赋税。曾巩刚出任越州通判，就是知州的副职，这个州原来从酒坊征收赋税，供衙门使用。因酒坊的钱有限，不够财政支出，不足部分便分摊到老百姓身上，并确定以七年为限不再征收；可是期限到了，衙门的人为谋求多得钱却仍在征收。曾巩查明了情况，立刻终止了对百姓这笔赋税的征收。

不让百姓挨饿。越州有一年发生饥荒，灾情严重，民生凋敝。曾巩便叫人广贴告示，要求各县富户如实申报自家粮食的储量。得知富户们申报上来粮食储量达 15 万石后，他立即发布政令，要求各地富户以比平常粮价略高一点的价格，向百姓出售粮食，使饥民能就近购买，这无异于是雪中送炭。还特意筹集五万钱的资金，借给农民购买种子，约定秋季缴税时一并偿还。这样一来，大灾之年既没有人挨饿，又没有耽误农耕。

不乱摊派徭役。曾巩任齐州知州时，正赶上朝廷要治理黄河，各州县都要征派民力，按惯例齐州应当出民夫二万人。齐州所属各县准备按原来掌握的户籍数分派，三个男丁中出一夫役。当曾巩了解到一些地方的户口有漏登瞒报现象后，马上决定重新核查人口，结果最终确定九个男丁中出一夫，就满足了征丁之需。这一举措，为很多寻常百姓减轻了负担，免去了徭役之苦。

不轻易打扰百姓。朝廷派军队远征，所经过的州郡都要预备一万人之所需。其他州郡的官吏，往往借此强征暴敛，中饱私囊，使百姓不堪重负。曾巩任洪州知州后，朝廷要派军队远征安南途经洪州，他便事先就妥善安排财力物力，筹集好了大军突然聚集时的吃住问题，压根就没有惊动老百姓，结果军队已离开州境数日，街市里的百姓还都不知道。

不许行贿受贿。福州佛寺很多，寺院的住持颇受人尊敬，享有很多特权。因此众多僧人都觊觎住持这个位置。而住持又多由地方官直接任命，于是僧人便千方百计向官员送礼行贿。有些官员亦趁机受贿，大肆敛财。曾巩任福州知州后，僧人照例纷纷也给他送礼。曾巩宣布采取民主选举的办法，让各寺院众僧徒讨论推举住持，然后将被推举人造册，授予文告公开，住持一旦出现空缺，依次序先后递补为住持。这样就从机制上铲除了僧人向官府大员行贿的顽症。

不能与民争利。福州知府衙门每年都用卖官衙园圃的蔬菜所得，来增加官吏的薪俸，常年收入达三四十万钱。这样做虽然官员收入多了，但严重扰乱了市场，导致菜农的菜价越来越低，菜农收入大减。曾巩说："太守怎么能与民争利！"命令停止了这种做法。从此以后再到福州上任的官员，也都不用这个办法来获取额外收入了。

从史料分析，曾巩之所以能做到"六不"，原因有二：一是曾巩为政与为文一样，都推崇"先道而后文"。在《寄欧阳舍人书》中，曾巩写道："非畜道德而能文章者，无以为也。"说的是，不具备道德修养而又很会写文章的人，是不能胜任的。这里他明确地把有道德排在了有文采之前，他的文章多显得质朴少文，紧贴地气，自成一家，其中不乏为民鼓与呼的内容。当然为政也要"先道而后政"了，爱民为民惠民是最大的道，他能做到"六不"，也就不足为怪了。二是曾巩历来对官帽大小看得很淡，"视之泊如也"。曾巩才华横溢，久负盛名，长期任地方官且调来调去，社会上不少人认为他命运不济，时运不佳。这一时期，朝廷的一批后辈晚生纷纷得到提拔而出人头地，曾巩对此看得很淡泊，毫无怨气牢骚，仍尽职尽责于自己的州官岗位。如此看轻官爵，能不看重民生吗?

时至今日，仍然需要大力倡导“先道而后政”。德是人们的立身之本，对各级领导干部来说，更是为官之魂。德不是空洞的、抽象的，而是具体的、实在的。什么是官德?为人民服务，执政为民是最大的官德。官德在哪里?在百姓的口碑里，在民意的闲谈中。公道在人心。群众有自己的评判和选择，该点赞的点赞，该唾弃的唾弃，谁也无法左右。一个领导干部在某个地方任职，干不干事，为谁干事，怎么干事，民众看得最清楚，感受最直接。如果天天耍嘴皮子，讲得天花乱坠，把上级的精神和要求，一点也不联系本地实际，当作一堆漂亮词汇讲来讲去，诸如什么都要冠之以“新常态”之类；热衷于政绩工程，做足表面文章，而不思虑是否劳民伤财与毁坏环境；甚至以权谋私贪贿犯罪。而在为老百姓排忧解难办实事谋实惠方面，一点也不动真格的，长此以往老百姓是不会长久买账的。这是不以任何人的意志为转移的历史法则和执政规律。

百姓不会忘记

近来翻翻被古人称为“片言只字，妙绝古今”的《水经注》，真是爱不释手。其中，作者北魏的郦道元，在卷22记载淮河支流的渠水时，有段文字，如诗如画，美极了，不妨直译节录下来：

乱流东经中牟宰鲁恭祠南。东汉和帝时，鲁恭任中牟令，他勤于政事，专以德化进行教育，不用或少用刑罚，官吏与百姓都非常敬仰他，甚至连蝗虫都不飞入县境。河南尹袁安怀疑所闻不实，派所属官吏叫肥亲的去察访，鲁恭与肥亲两人走过田间小路，坐在一棵桑树下，正好有一只野鸡落在树旁，这时有一个小孩也在。肥亲便问小孩：你为什么不去捉这只野鸡呢？小孩说：它将要生养小鸡呢！肥亲站起来说：蝗虫不入县境，是一异；教化及到鸟兽，是二异；儿童怀有仁心，是三异。我久留只会打扰贤者，我将快速返回，把情况报告袁安。这一年，县衙院里又长出一茎三四穗的禾苗，视为吉祥。袁安赞赏鲁恭的政绩，上奏朝廷，鲁恭被征聘为博士侍中。皇上每次车驾出巡，鲁恭常常陪同，皇上问及民间事项，他都直言回答，所以至今得到民众的敬爱，自古以来立祠祭祀，没有间断过。

这段文字记述了三个好官和一个祠堂，好官一个自然是中牟令鲁恭，治县有方；一个是“特使”肥亲，不吃请不收红包不去县衙，径直到田间地头考察，与一个孩子谈谈话，就总结出鲁恭的三条政绩，真可谓才思敏捷；还有一个就是河南尹袁安，能发现、考察和不埋没人才，助推了鲁恭的“成长进步”。祠堂就是鲁恭庙。再进一步看看《后汉书》“袁安传”“鲁恭传”，以及从中牟县网站点击搜索，印证了郦道元说得没错。

袁安派肥亲考察的由头是，鲁恭被授予中牟县令后，一直把道德教化作为主政，不施用刑罚。许伯等人为田产打官司，多位太守和县令都不能决断，鲁恭为他们分析是非曲直，许伯等人都回家自我检讨，停止耕种相互谦让。

亭长放纵他人借牛却不肯归还，牛主人告到鲁恭那里。鲁恭召来亭长，再三责令他归还他人之牛，亭长还是不肯听从。鲁恭叹息说：“这是教化不能施行啊！”遂解开印绶欲辞官离去，属吏们哭着挽留他，亭长见状惭愧无比，归还了人家的牛，到刑狱处接受处罚，鲁恭宽恕了他不再追究。汉章帝建初七年（82），郡县蝗虫肆虐危害庄稼，犬牙相错环绕县界，就是不进入中牟县。对此，袁安不大相信，派肥亲考察的结果就如前所述。袁安更是当朝重臣，汉明帝永平十三年（70），“征为河南尹”，“政号严明”，“在职十年，京师肃然，名重朝廷”，后升为司徒，其子孙“累世隆盛”，多官至三公，其中袁绍就是其玄孙。

鲁恭祠，就位于中牟县城西北七八公里处的刘集乡鲁庙村，庙旁成村，村以庙名。而鲁恭庙所在的中牟县，则位于河南省中部，隶属郑州市，东接古都开封，西邻省会郑州。县城历史悠久。早在春秋之时，为郑国疆界，“三卿分晋”划给了魏国。张良为报灭韩大仇，伙同大力士于博浪沙以铁椎击秦始皇未中，亦在此地。《三国演义》中的陈宫，就是身为中牟县令，上演一幕“捉放曹”的大戏。曹操、袁绍“官渡之战”的遗址中牟台，也在县东北。鲁恭庙在这如此众多的古迹中，一直独放异彩。北宋年间，鲁恭庙称“鲁太师祠”。明清朝均有重修。清末民初，鲁公庙遭受战火毁坏，今仅存晚清年间重新修建的祠堂，门上壁嵌“鲁太师祠”横额。长久以来，祠堂香火缭绕，人们祭祀不断。如今，新开通的郑州至开封的城际快速路，第四站就是鲁恭庙站。鲁庙村的父老乡亲，借助便利的交通区位优势，国家惠民政策，发展种植养殖业，正大步走向快速致富之路。“中牟令”的后继者们，将无愧于先贤鲁恭。

写到这里突发奇想，鲁恭为民众做了好事，虽时隔近两千年，人民没有忘记他，还在祭奠他。现今的“中牟令”们，更不要忘记他，能不能搞点必要的形式，别搞成“形式主义”就成，比如每逢新县长到任就职，先去鲁恭庙走走看看，熟悉熟悉他的事迹，思量思量自己为官一任，如何带领全县民众谋利谋福。这样做，叫作资源内化，再结合其他的廉政勤政教育，使干部们真正懂得，当官就要为民众多做事，谁为人民做了好事，人民都不会忘记他。不要发现一点什么古迹，甚至东拉西扯不惜造假，一律大兴土木，来搞旅游开发。当然赚了钱也可以为民谋福，不能一概否定。问题是过度过热的资源破坏性的开发，该适度降降温了。搞点类似如前所述的“资源内化开发”，也不亚于资源创收性开发，因为有助于官员心灵的净化和提升，在当前比什么都重要。但万万不能“作秀”，不能兴师动众打扰百姓，那样会在人们心中落下骂名的。

为民的好官就是这样“任性”

杨继宗是明朝中叶清官里的佼佼者。《明史·杨继宗传》载：“宪宗问直：‘朝觐官孰廉？’直对曰：‘天下不爱钱者，惟杨继宗一人耳。’”说的是，杨继宗进京朝见皇帝，明宪宗朱见深问执掌大权的太监汪直：“朝觐的官员中谁廉洁？”汪直回答说：“天下不爱钱的，只有杨继宗一个人。”杨继宗任过嘉兴知府、湖广按察使等职，在哪都做得很出色，也很有特点，用今天的话来说就是“任性”。

一是廉洁简从。杨继宗无论是到哪里上任，都仅带一个仆人跟随，离任时不带走衙门里的任何东西，仍然是一个仆人、几卷书而已。一次，朝中御史孔儒，来嘉兴清理军籍事宜，在办案中受到过杨继宗的批评，便怀恨在心，趁杨继宗不在之机，突然闯入杨的住所，打开杨的私人箱子察看，发现里面只有几件旧衣服，只得惭愧离去。《杨继宗传》载：“迁湖广按察使。既至，命汲水百斛，洗涤厅事而后视事，曰：‘吾以除秽也。’”说的是，杨继宗每到一地上任后，都先让人打来上百斛水，把厅衙冲洗一番，然后才开始处理事务，他说：“我这是要清除污秽。”

二是敢顶索贿。《杨继宗传》载：“中官过者，继宗遗以菱芡、历书。中官索钱，继宗即发牒取库金，曰：‘金具在，与我印券。’中官咋舌不敢受。”说的是，杨继宗在嘉兴任知府期间，曾有朝廷的宦官前来，杨只是礼节性地送些菱角等当地的土特产，宦官不满意向杨索要金钱。杨当即叫人打开官仓，取出库金给宦官送去，然后要求宦官写收条按手印，吓得宦官直咋舌头而不敢接受。连皇帝身边的宦官来索贿也敢顶回去，杨继宗的任性可是出了名，从此“人莫敢犯”。

三是诚心为民。《杨继宗传》载：“时时集父老问疾苦，为祛除之。大兴社学，民间子弟八岁不就学者，罚其父兄。”说的是，杨继宗经常召集乡间父老问疾问苦，尽力帮助他们排忧解难，大力兴办学校，民间子弟年满八岁不去就学，则要处罚他们的父兄。本传又载：“御史孔儒清军，里老多挞死。继宗榜曰：‘御史杖人至死者，诣府报名。’儒怒。继宗入见曰：‘为治有体。公但剔奸弊，劝惩官吏。若比户稽核，则有司事，非宪体也。’”说的是，御史孔儒来嘉兴清理军籍，有些老人竟被他鞭打至死。杨继宗张榜告示说：“有被御史杖责致死的，可来府衙告状。”孔儒十分恼怒。杨继宗拜见他说：“为治之道有一定规矩，您只管剔除奸弊，劝诫惩办官吏。至于挨家挨户稽查考核，则是我地方官府的事，不是你朝廷御史的管辖范围。”孔儒自知理亏只好罢手。

四是勇于担当。《杨继宗传》载：“为浙江按察时，仓官十余人坐缺粮系狱，至鬻子女以偿。继宗欲宽之而无由。一日，送月俸至，命量之，则溢原数。较他司亦然。因悟仓吏缺粮之由，将具实以闻。众惧，请于继宗，愿捐俸代偿。由是十人者获释。”说的是，杨继宗任浙江按察使时，管仓库的十余名小吏，因库粮短少被关在狱中，以至于卖掉子女来赔偿。杨继宗想从宽处理他们，却没有理由。有一天，下属送来杨的月俸银，他让人称量一下，发现超出了原数，再量别的官吏俸银，也都如此，因此悟出了仓库少粮是因为被盗卖多发官员俸银所致，他准备查实严厉处罚。作弊的官员们恐惶不安，纷纷请求杨继宗，甘愿捐出俸银代替仓吏赔偿以补齐库粮。十余名仓吏因此得以获释。本传又载：“以佥都御史巡抚云南。三司多旧僚，相见欢然。既而出位揖之曰：‘明日有公事，诸君幸相谅。’遂劾罢不职者八人。”说的是，杨继宗以佥都御史身份巡抚云南，当地官衙中有许多杨的旧日同僚，大家相见十分高兴。杨离开前向诸位僚友揖礼说：“明天要办公事，望诸君能给予谅解。”第二天就弹劾罢免不称职的同僚八人。

相信看了上述文字的朋友们，都会为杨继宗的“任性”点赞。杨继宗足以成为现今领导干部的榜样，当然也是值得法官们去学习和效法的。他的廉洁、为民、耿直、担当的精神和品格，都是当今法官不可或缺的必备素质。人民法官为人民，这是法官的本质所在，离开了为民，还要法官有何用？法官没有刚直不阿的劲头，又怎么能坚持依法办案。勇于担当，更是办理一案就要负责到底的胆识支撑。而廉洁自律是所有这些美德的基座，基座不牢，一切全垮。清白做人、廉洁办案，既是法官的底线，又是法官的生命线，舍此何谈公开公正公平断案？既然选择了法官的职业，就要安于清贫，安于寂寞，安于吃苦。如有不甘心收入寡者，完全可以辞职，去当律师，当讲师，当商人，干任何赚钱多且快的职业去，千万不能只贪恋法官闪亮的牌子，却不认真履行为人民服务的职责，背地里尽干那些苟且龌龊的事情。如利用手中案件，以案谋私，索贿受贿；充当说客，往来于职权所及的法院、法官之间，明里暗里地为他人跑案子，收取所谓的提成费；让其亲属揽活揽案子，活动于台面，自己躲在幕后，沟通协调，获取利益；人退了休，活不停，利用法院的老关系老熟人，公开代理案件，还宣称能随时给予“摆平”：不一而足。法官若没了廉洁的底线，钻进了钱眼里，就会驶入邪路一发不可收拾。因此，作为法官自己，要时时处处把廉洁记在心头，落实到所办理的每一个案件中。作为法院，要两手抓，经常开展廉洁办案方面的教育活动，随时给法官们提个醒，发现违法违纪的人和事，要严肃处理绝不姑息迁就。这或许是杨继宗以廉洁品格为牵引，诸多优秀品格蜂拥而至，所给予的启示吧。

唯百姓利益马首是瞻

“郡县治，天下无不治。”《史记》中的这一名言，一直为后世所称道。古代县令的职责可谓多多，但徭役、征税、断案，恐怕是分量最重的三项任务。能完全从维护老百姓利益出发，来做好上述几件事情，长久得到民众的爱戴，《新唐书·循吏传》，为世人描述了一个这样的好县令——何易于。

《循吏传》载，何易于“为益昌令。县距州四十里，刺史崔朴常乘春与宾属泛舟出益昌旁，索民挽綍，易于身引舟，朴惊问状，易于曰：‘方春，百姓耕且蚕，惟令不事，可任其劳。’朴愧，与宾客疾驱去。盐铁官榷取茶利，诏下，所在毋敢隐。易于视诏书曰：‘益昌人不征茶且不可活，矧厚赋毒之乎？’命吏阁诏，吏曰：‘天子诏何敢拒？吏坐死，公得免窜邪？’对曰：‘吾敢爱一身，移暴于民乎？亦不使罪尔曹。’即自焚之。观察使素贤之，不劾也”。“凡斗民在廷，易于丁宁指晓枉直，杖楚遣之，不以付吏，狱三年无囚。”

上述传记虽短，但较为完整生动地记述了何易于是如何完成徭役、征税、断案三项任务的。

先看看徭役。何易于任县令的益昌县，离州刺史的治所四十里，县城又在嘉陵江南岸。刺史崔朴趁着春光明媚，带了许多宾客，坐着大船，唱歌喝酒，从上游放舟东下，到了益昌县境界，自然要下令由民夫来拉纤。何易于就把笏板插在腰带里，与几个衙役一起拉着纤，累得满头是汗。崔刺史发现是县令在拉纤，而不是民夫，很吃惊，忙问为什么这样。何易于说：“现在正是春天，百姓不是忙于春耕，就是在侍弄春蚕，没有闲人啊。我是您的直接下属，现在闲着没事，可以来承当这个差使。”崔刺史顿时羞愧满面，连忙呼叫宾客、随从下船，骑马回去了。

再看看征税。益昌县百姓习惯在山上种茶树，收了茶叶赚得的钱就归自己。正遇到盐铁官具奏朝廷要严格执行茶叶专卖制度，皇帝下诏书说，专卖物品生产地的官员要严格征税，不得为百姓隐瞒。诏书送到县里，何易于说："益昌不征茶税，百姓都穷得没法活，何况还要去增加他们的税负呢！"他下令差役把诏书毁掉。差役争辩说："诏书上说，'官员不准为百姓隐瞒'，现在毁掉诏书，比隐瞒的罪名更重，我不过丢一条性命，大人您可就要被流放到海角天涯了。"何易于说："我难道为了保住官位，就不管全县百姓的死活吗？我何易于敢作敢为，抗旨不遵的罪责由我一人承担！"说罢他就亲手烧了诏书。州里的观察使知道了这件事，出于敬佩何易于的为民情怀，而没有弹劾他。

最后看看断案。何易于十分重视案件的裁决，百姓有事争讼，他总要亲自过问和他们谈话，当场弄清双方的是非曲直，依法裁判，不偏不袒。犯了罪的，小罪就劝导，大罪就杖责，都当场打发回去，不把他们交给狱吏。何易于治理益昌三年，牢狱里竟然没有一个在押的罪犯。

何易于的事迹，感动了唐代的文豪们。散文家孙樵，就写出一部经典散文作品《书何易于》，热情赞颂了何易于的政绩，并断言："使何易于不有得于生，必有得于死者，有史官在。"即像何易于这样的好官，即使活着得不到什么，死后一定能够美名流传，因为还有史官呢！《全唐诗》卷874，也收录了作者佚名的建昌民歌："我有父，何易于。昔无储，今有余。"

当然，何易于的有些做法，如直接把圣上的诏书烧毁，也不尽妥当，用今天标准衡量，还是要如实向上禀报，提出可行建议，获得批准后再去实施。但他那股子一切都从维护民众利益出发的精神，确实值得当今的"郡县令"们去效法。就拿如何对待上级领导来说吧，宁可惹得顶头上司不高兴，也不去打扰老百姓的正常生产生活，叫老百姓们不高兴，就特叫人佩服。上对下，领导对部属，每年自然少不了检查、评比、考核，间或还可能夹杂着诸如崔刺史乘船春游般的私下活动，作为下级的接待任务可谓不轻。能做到依照规矩安排吃住，真实客观汇报情况，实事求是现地考察，是最好的了。问题是现在有些郡县令们，在怎样接待好上级领导身上下的功夫太大了。制定超标准接待方案，美化领导所到之处的环境，对领导要前去视察的单位，突击整治卫生，悬挂时尚标语，遍插五彩旗帜，甚至不惜民力财力，大动干戈，弄虚作假，整景作秀，摆出一派莺歌燕舞的繁荣景象，以期博得上级领导的一句好评。上级领导离开时，精美相册早送到手中，兴许还送些土特产品及公众无法知晓的东西。完全以上级领导满意和高兴作为自己工作的首要标准，而把人民群众满意和高兴与否的金标准，早抛到一边去了。对这种现象广大群众深恶痛绝，称之为亚腐败也是合适的。党的十八大以来，这种浊流得到了极大清理整治，但依笔者看，有的郡县令们唯上为上畏上，不为下维下畏下，还是存在的，对这种现象还是要继续大力加以整治才成。还是那句老话，清理整治各类腐败与亚腐败现象，永远都在路上。

治县奇术

近日读《南齐书·傅琰传》，为傅琰祖孙四代都任过南朝宋、齐、梁年间的县令，均廉正有才，勤于职守，堪称廉吏世家的事迹所深深感动，更为传记中描述的三个县令，在一起探讨治县奇术的情节所吸引，很想写点文字，一吐为快，把这个故事讲给大家来听。

先交代一下故事中的人物：一个是傅翙，先为吴令，后为山阴令，“复有能名”；其祖父傅僧佑，任山阴令，“有能名”；其父傅琰，“为武康令，迁山阴令，并著能名，二县皆谓之傅圣”。就是说，傅翙祖孙三人，都当过山阴令，均为能吏。一个是孙廉，时为建康令。第三个是刘玄明，“亦有吏能，历山阴、建康令，政常为天下第一”。

可以说故事了：早在傅僧佑、傅琰任山阴令时，因父子治县有方，“并著奇绩”，老百姓都口口相传，说傅家有一本《理县谱》，只在自家祖辈相传，从不让外人知晓。到傅翙当了吴县令后，为官仍很有能名。一天，傅翙来到建康，看望县令孙廉。孙廉便向傅翙请教：听说你家长辈治理山阴县号称神明，有什么绝招？傅翙答道：“无他也，唯勤而清。清则宪纲自行，勤则事无不理。宪纲自行则吏不能欺，事自理则物无疑滞，欲不理，得乎？”即没有什么特别之处，唯勤与清而已。自己清白，处世才公正，法律的尊严才得到维护，官员们就会跟着你廉洁奉公。自己勤恳，就能了解下情，案件及时处理，矛盾不致激化，境内就好治理了。为官若能清白廉正和恪勤职守，事情就不会做不好的。后来，傅翙发现先后任山阴令、建康令的刘玄明非常能干，待从刘手上接任山阴令后，便问刘玄明，你这个前任要告诉我这个后任，如何当好一个县令。刘玄明却说：“我有奇术，你家的《理县谱》里所没有，等我走那一天一定相告。”等到离别时，刘玄明一本正经地对傅翙说：“作县令唯日食一升饭而莫饮酒，此第一策也。”即作为县令，唯有每日吃一升饭而不要饮酒，这是治县的第一策啊。傅翙谨记此言，将其融入祖传的治县秘诀之中，在好几个县令的岗位上，都干得十分出色，一直以廉吏能令而著称。其子傅岐也官至县令，离职时全县老少皆出境相送，哭泣之声竟数十里不断。

笔者所以特欣赏这个小故事，原因有三：一是廉吏能令聚在一起，还能相互学习取长补短实为难得。一般说来，职级相同，又不在一起共事的人，一旦凑到一起，往往毫无拘束没大没小，谈正经事情的少，扯闲话的多，外在表现无非是娱乐休闲吃吃喝喝。然而傅翙等人，已经身为能吏，有的还经常被评为“天下第一”，偶尔碰到一起，还相互抠问当好县令、治好县城的“奇术”，不问明白不撒手，一定要把人家的经验拿过来为我所用。这一点太值得今天的“县令”们去效法了。二是治县经验之简练短小、好懂易记、实在顶用，堪为一绝。无论是傅翙所讲的为官“唯勤而清”及其解释，还是刘玄明说的县令的第一策“唯日食一升饭而莫饮酒”，都是那么清晰形象。虽然“清慎勤”这三字官箴，早在晋代司马昭就已讲过，后来讲的人就更多了，甚至被奉为封建社会的第一官箴，但像傅翙如此接地气地对“清”与“勤”两字加以外延性解释，张扬清廉和勤恳对于当好县令、统驭下属、保境安民的益处；反之既无清心又无勤政，则必不作为或乱作为，治政必腐败而松弛。还是实践出真知的结果，令人颇受启发，应该说比只简单提出“清慎勤”三个字，在可操作层面上，还是进了一大步的。刘玄明的每日只吃饭不饮酒的奇术，更是对如何长年累月都能坚持做到谨慎的最好诠释。三是廉吏能令们人人心里都有一个浓浓的爱民情怀，这是最为关键的。傅家到底有没有《理县谱》，恐难弄清楚了。但傅翙所说治县的理念——“洁己清心，爱民勤政”，该是傅家如何当好县令祖传秘诀的核心所在，得以流传了下来。南宋胡太初，编撰的论县令居官之道的《昼帘绪论》，据说就是以《理县谱》的核心旨意为轴而展开的。看来，心中有老百姓，深深地爱着老百姓，一切工作的出发点和落脚点，都是为了使老百姓得好处捞实惠，才是古今一辙、颠扑不破的治县奇术。

一心为民的王观

王观，三国曹魏营垒的一名干将。陈寿在《三国志·王观传》中评价“清劲贞白”，即高洁正直，忠诚清廉，可以在三公之位。王观任过四个县的县令，朝廷的尚书郎、协助廷尉审案的廷尉监，后出任过两个郡的太守，再次调回朝廷任掌管中央监狱的治书侍御史，尚书，朝廷所在、地位重要的河南尹。“所在称治”，王观所到之处都治理得很好。

王观出任涿郡太守时，正赶上朝廷要各郡自报等级。从史料看，秦朝郡县是否分等，没有明确记载。汉代郡县则以辖区户口多寡来区分大小郡县，再就是根据事务的繁剧与简约程度，有剧郡之称，但也好像没有量化的标准。魏明帝曹叡即位后，准备按经济状况和社会秩序的好坏，把全国的郡县分为剧、中、平三等，被评为剧等的郡县，在劳役赋税上有所减免，又因是边郡，为防止长官叛逃，朝廷要太守送自己的儿子到京城做人质，并下诏让各郡县逐条陈述理由，然后给自己评定等级。涿郡的主办官员想把涿郡划为中或平，王观下指示说：“这个郡接近外族，多次有边寇之害，为什么不划为剧等？”主办官员说：“如果把涿郡划为边境剧郡，恐怕您要把儿子送到京城做人质。”王观说：“夫君者，所以为民也。今郡在外剧，则于役条当有降差。岂可为太守之私而负一郡之民乎？”就是说，当官就是要为百姓。如今把涿郡划为边境剧郡，百姓的劳役项目就会降低削减。我怎能为了一己之私利而有负于一郡的百姓呢？便上报涿郡为边境剧郡，然后把儿子送到魏都邺城为人质。当时王观只有一个儿子而且又小又弱。他就是这样公正无私。

王观处理其他政务，也处处为百姓着想，从不威逼欺压百姓，因而深得民众拥戴，同僚敬服。涿郡北边与鲜卑相接，多次遭到外族人抢劫性的侵扰，王观令边塞居民十家以上都建立营寨聚居在一起，并修建高大的瞭望台，以期既能及时发现敌情，又能集中力量战而胜之。故土难离，人之常情，当时有的老百姓看不清利害，不愿意折腾。王观便派遣郡府中的办事官员，让他们回去帮助自己的亲属，修建营垒和瞭望台，不规定期限，只是要求他们完成各自的任务就回来。老百姓一看官吏尚且如此，还能再说什么，民众互相跟随，不用监督，自相勉励，仅仅十来天工夫，全都按要求建成了。由于有了充分的准备，鲜卑的抢掠无机可乘也就停止了，涿郡治安状况迅速好转，人们得以安居乐业。

王观注重自身修养，清廉朴素，以节俭为下属作出表率，下属受他的影响，没有人不自勉。王观在家中去世，遗命墓穴只要容下棺材就可以，不用器物陪葬，墓穴上不封土不种树。

古人论述官民关系，一般强调的是民本思想，民为邦本。《说苑》卷三“建本 24”载，管仲曰：“君人者以百姓为天。百姓与之则安，辅之则强，非之则危，背之则亡。”就是说，国君把百姓当作天。百姓拥护他，国家就安定，百姓辅助他，国家就强大，百姓反对他，国家就危险，百姓背叛他，国家就灭亡。做官一定要有民本思想，满足民众之物质生活、精神生活之需求，是官员政绩的一种重要体现，同时也是官员道德品质的凸显。因为无德之官只为自己为子女家人，他们很少会考虑民众之物质财富的富足和精神生活的丰富。近年来沦为阶下囚的那些老虎们，往往在捞得千万甚至上亿的币子后，早就“送子欧美”以留后手，一旦他们认为的时机“成熟”，自己也会溜出国门，享福去也。只是东窗事发没有得逞而已。即使早年得以外逃的贪官们，在红色通缉令的震撼下，也一个一个被缉拿回国归案。在王观的“送子入质”面前，那些“送子欧美”且别有用心，至今尚未被揭露出来的贪官们，或许能有些汗颜之感吧。愿所有的官员永远记住王观的话：“夫君者，所以为民也。”也就是说，当官的，就要为老百姓办事。

实招频出为百姓

张瑾，清康熙十九年（1680）被任命为云南昆明知县。任职期间，时时处处为百姓着想，减免过重赋税，抵制上司蛮干，通河道治洪涝，甚至借助判词来保护弱者。张瑾去世后，民众都画了他的像以资纪念，还请求在名宦祠中祭奠他。《清史稿·张瑾传》记述了他为民的件件实招。

一是废止民供县衙每日十金的旧制。本传载："民旧供县公费日十金，瑾曰：'吾食禄于君，不食佣于民。'革之。总督曰：'陈仲子之廉，能理剧乎？'又问：'今家几何人？'对曰：'子一，客与仆各二。'瞷之，信，皆惊异。自公费除而上之取给者亦减。"说的是，从前百姓每天要供给县里官员十两公费银子，张瑾说："我吃君主的俸禄，不喝老百姓的血汗。"就革除了这一规定。总督说："你像陈仲子那样廉洁，能治理如此混乱的地方吗？"又问："你家里现在几口人？"回答说："一个儿子，客人和仆人各两个。"一打探，果真如此，人们都非常惊异。自从公费被免除以后，上司从该县索取的东西，数量也减了下来。

总督所说的陈仲子，是战国时齐国著名思想家和隐士，反对骄奢淫逸，提倡廉洁自律，整顿世风，纯洁社会，因见其兄食禄优厚，以为不义，故避兄离母，又坚辞不受齐国大夫、楚国相国等职，隐居于山中，终日为人担水浇园，以示"不入污君之朝，不食乱世之食"，最终因饥饿而死。总督的意思是说治理昆明这样一个混乱之地，没必要像陈仲子那样廉洁。但张瑾却没听那一套，依旧洁身自好，清廉如玉。

二是鼓励民众开荒种地增加收入。张瑾到任时，吴三桂叛乱刚被平定，从前隶属藩王府的军卫田，征收租税凭年景好时为标准，叛乱虽被平定，其规定应缴的巨大数目却被沿袭下来。加之官府的各种用具都从县里索要，所以昆明的劳役、赋税都很重，老百姓苦不堪言。张瑾向上头请示，减少该县的赋税，未获允许。张瑾便分块划定，招募流亡的人开荒，供给他们耕牛和种子，除少量征收一部分补充军卫田不足的税收外，全部归开荒者。一年时间开垦田地一千三百多亩，三年共开垦了一万多亩。张瑾又均分了该县的劳役，使得以往频发的小污吏利用派役之机，侵吞、掠夺民众财产的事都绝迹了。后来，负责边防军务的兵备道，想用流民所垦的田地来放马，向张瑾请求了整整一年，张瑾一直不答应，时间长了，兵备道也称赞他为民的情怀。

三是抵制上司的瞎指挥。昆明湖接纳四面山中泄下来的洪水，夏秋季节暴涨，汹涌的洪水都进入闸河。如闸河沙石堵塞，洪水就会溢出堤岸，淹没农田，每年都要耗费民力来疏通闸河。晋宁州境与昆明县相邻，它汇聚着东南大山谷里的洪水，从前，它有河道导入大江，因河道早已淤塞，上司商议开凿沟渠把晋宁州的水也引到闸河。张瑾考察了地理形势，画了图，报告说："闸河单单接受昆明的洪水，就已经不能容纳，沙石壅塞，水冲出堤岸造成危害，怎么还能接受晋宁州的洪水呢？何况这里地势太高，沙石又大又多，千万不能开凿。"上司坚持自己的意见，张瑾就指着地图争辩说："地势高低一眼就能看出，怎么忍心置老百姓于死地？"云贵总督范承勋说："您说的话很对。"引晋宁洪水入闸河之议得以终止。昆明县有止善、春登、利城各乡的田地，洼地高地错落不平，不是旱就是涝。张瑾查访发现附近有白沙、马皋、清水三条河流，可以用来蓄水和泄洪，但是河道已经湮塞，就率领百姓疏浚治理。过了三个月河流治好了，田地因此经常丰收。

四是恢复市场，活跃经济。昆明县城大小东门之外从前都是市场，平叛后成了废墟，盗贼藏身其中，时常扰乱治安。张瑾就建造房舍，来安顿流亡的人，又把城中的骡马羊市场移置到那里。这样一来，市场活跃，人头攒动，盗贼也都吓跑了。

五是对凶犯敢于严惩，对弱者善于保护。张瑾刚到昆明时，县衙积压案子有上百件，他判决很迅速又很恰当，后来全省的疑难案件也总是交给他来处理，很多都得以平反昭雪。按察使的仆人犯了杀人罪，将军摆下酒宴为其求情，张瑾假装答应，回来后照样绳之以法。巡抚仆人的儿子阴谋夺取某士人已经聘定的女子，张瑾就让这个士人与女子在县衙大堂举行婚礼，并下判词说："法不得娶有夫之妇，妇乘我舆，婿乘我马，役送之归，有夺者治其罪。"即按法律，人们不得娶有夫之妇，妇人乘我的车，女婿骑我的马，差役送他们归家，有敢夺人者，就治他的罪。当时有人作歌作诗来歌颂张瑾的这件事。

张瑾的事迹说明，作为一个地方的主政者，就是要心中时刻装着老百姓，一招一式都要从有利于民生出发，多出实招多做实事，让老百姓多得实惠多得好处，小日子过得一天比一天舒坦。切不可好话大话空话说了一箩筐，优美词句接二连三，新鲜概念层出不穷，让人听了有时会心花怒放，有时又相当费解，可就是不出实招，不见落地。须知，老百姓是最厌恶这一点的了。有一说一，有二说二，尽量说大白话大实话，说老百姓都能听得懂的话，并且说到做到，围绕民生频出实招，让老百姓的生活越来越红火。这应该成为当今地方各级主政者的最高追求。

狱不可鬻

“吾官可罢，狱不可鬻也。”语出自《清史稿·张克嶷传》：“郡有大豪戕亲迎者于路而夺其妻，克嶷微行迹而得之。狱成，当大辟。监司以督抚命为之请，曰：‘稍辽缓之，当有以报。’克嶷曰：‘吾官可罢，狱不可鬻也。’卒置诸法。”

说的是，郡里有个大豪霸，在路上杀死迎亲的人，将人家的新娘夺走。张克嶷微服侦查到罪犯的行踪后将其逮捕，狱案审定，应判死刑。监司奉督抚的命令为罪犯求情说：“请稍为宽缓一下，当有所报谢。”张克嶷说：“我的官可以罢免，狱案却不可以出卖。”终于将罪犯依法处置。

为官不畏强权，敢于秉公办案，是张克嶷的一贯作风。康熙十八年（1679），张克嶷考中进士，被选为庶吉士，即翰林院内的短期职位，往往由进士中有潜质者担任，为皇帝近臣，负责起草诏书，也是内阁辅臣的重要来源之一。很快，张克嶷便由庶吉士升为刑部郎中，官至五品，可谓仕途看好。这时有一件狱案牵连到朝中一位掌权者的族人，刑部的官吏们都不敢接手审理此案。张克嶷却主动请缨单独办案。内务府以其人出差为由予以搪塞，张克嶷追究得越发紧急，并呈文询问此人出差何地、何时归来，敦促内务府官员来刑部告知。后来，此案虽然还是被阻搁了下来，但人们对张克嶷所表现出的不惧强权的劲头都肃然起敬。

张克嶷因此案得罪权贵，被贬出朝廷，外派为广西平乐知府，后又调任广东潮州知府。张克嶷人虽受贬，官职也小多了，但办案风格一点没变。上面提到的“吾官可罢，狱不可鬻也”，就发生在潮州知府的任上。还有一件事，也让人十分钦佩。有个人假借亲王的命令来潮州非法开矿，张克嶷就把他抓起来，这个人便拿出龙牌来。张克嶷把他关进监狱，拿着龙牌到亲王府来查证，得知所谓的龙牌是假的后，立刻将这名诈骗犯当堂杖死。

而面对一般的民众，张克嶷却彰显了“可矜”、同情、宽恕的一面，坚持惩首恶，宥胁从，既维护法律的威严，震慑犯罪，又最大限度地保护广大的民众。张克嶷初到潮州就遇到属县被千余“明裔”叛乱分子包围，形势危急。他先派士兵埋伏在白叶祁山一带，多张旗帜，设为疑兵，令叛军不敢贸然逼近。然后又挑选了二百名武艺好的精壮士兵，趁着半夜起大风时，去袭击叛军的营寨，并且虚张声势，说清朝大军已到。又令城中人马，击鼓呐喊，以助其势。袭击开始后，叛军摸不清形势，都向祁山一带逃窜，恰好中了张克嶷的埋伏。张克嶷带领的清军，大获全胜，斩杀了三名匪首，其余的叛匪都四散逃窜，缴械投降，叛乱算是彻底被平息了。由于清代军功奖赏优厚，尤其对镇压以大明名义的叛乱，更是奖赏有加。广东巡抚找张克嶷商量说，若以平息叛乱上报，老兄有望得以高升。张克嶷却说：“这些人只是寻常盗贼，不是明裔叛乱。如以明裔叛乱定案，必然兴起大狱，株连众多，恐怕会再次激起民变的。”硬是将一次不大不小的平叛战役，上报成了普通缉盗案件，为曾参与其中罪行不大的许许多多老百姓免了刑责，自己也没有捞得个一官半职。

张克嶷就是这样一个执法讲究原则，不畏强权，且有良知的人，但最终也未能在官场中再上一层楼，以致心中颇为不愤。《晚晴簃诗汇》，又名《清诗汇》，是清诗总集，卷四十七载有张克嶷的一首诗：《送友人之广文任》：“少年开口话伊周，壮志空存老未酬。吾道尊非因及第，人师贵岂让封侯。于今绛帐稀黄发，自古青毡重白头。边地莫嫌官署冷，饱餐苜蓿又何求。”就是他心境的真实写照。

“狱不可鬻也”的精神，无疑仍值得今天各地的执法执纪者们学习，而张克嶷破大案平叛乱之后，心态平和，不自吹自擂，不好大喜功，不求升官邀赏的劲头，更值得执法执纪者们去效法。因为执法执纪者，都身系重任，千万不能搞好大喜功那一套，要实事求是，有一说一，有二说二，不能为了突出自己的所谓功绩，干一说十，干十说百，把本不大的案件，说成天大的案件，把本可以少追究几个人就很合适的案件，硬是追究牵连一大片才过瘾。

为官一任致富一方

陈惪荣，清康熙五十一年（1712）任湖北枝江知县，后转任五地，当过几个州的知州，贵州按察使，贵州、安徽布政使，在哪里做官都有良政。《清史稿·陈惪荣传》载：在枝江，“修百里洲堤，除转饷杂派”；在江西广饶九南道，“两关锢弊尽革之”，即将积重难返的弊端全都革除掉；在安徽，“赈凤、颍水灾，流移获安”，即救助凤、颍两地水灾，使逃难的民众有了安定之所。而陈惪荣在任贵州布政使的六七年间，教会和带领当地广大民众养蚕致富，是他为政最为光彩的篇章。正如本传所言：“惪荣在贵州兴蚕桑，为百世之利。”

贵州的邻省养蚕历史悠久。四川锦绸早已名扬中外，自不必说了。云南养蚕也很早。《后汉书·西南夷传》载，哀牢，即今天云南西南部保山坝一带。“土地沃美，宜五谷、蚕桑。知染采文绣，罽毲（用毛织成的毡子）帛叠，兰干（纺织品）细布，织成文章如绫锦。”而贵州，清代以前的史料就没有关于当地养蚕的记载。《陈惪荣传》则明确写到，贵州养蚕，就是乾隆年间陈惪荣等官员，带领百姓们搞起来的。

乾隆四年（1739），陈惪荣暂时代理贵州布政使，便上疏皇上：“黔地山多水足，可以疏土成田。小民难于工本，不能变瘠为腴。山荒尤多，流民思垦，辄见挠阻。桑条肥沃，亦不知蚕缫之法。自非牧民者经营而劝率之，利不可得而兴也。今就邻省雇募种棉、织布、饲蚕、纺绩之人，择地试种，设局教习，转相仿效，可以有成。应责各道因地制宜，随时设教。一年必有规模，三年渐期成效。”诏允行。说的是，陈惪荣上疏皇帝：“贵州山多水足，可以多开垦田地。但百姓缺少资金，不能使贫瘠之地变成富饶之乡，就是有的百姓想开垦荒地，官吏也往往加以阻挠。桑树繁盛，但百姓不知加工蚕丝成衣之法。如果父母官不亲自经营并且作表率，实利就不能得到并且兴旺。现在雇募邻省种棉、织布、饲蚕、纺绩之人，选择地区先试种，办班教授，相互学习，养蚕事业就可以发展起来。一年就会有所规模，三年定能大见成效。”诏谕允许。

在得到“尚方宝剑”后，陈悳荣立即给老百姓提供资金，带领民众修筑坝堰，导引山泉，治理水田，确保蓄泄自如。还在官署亲自动手养蚕，为百姓做好样子。又在省城大兴寺开缫丝织布作坊。所谓缫丝，是制丝过程的一个主要工序，就是将蚕茧浸在热盆汤中，用手抽丝，卷绕于丝筐上。盆、筐就是原始的缫丝器具。让广大民众亲眼所见养蚕的方法和好处。到乾隆六年（1741），仅仅两年多的时间，陈悳荣就督促老百姓种植桑树，达六万多株。至乾隆七年（1742），贵筑、贵阳、开州、威宁、馀庆、施秉诸州、县，就已开垦田地三万六千亩，开野蚕山场百余所。“比户机杼相闻”，即家家户户都在用织布机纺线织布，呈现一派“机杼之声，比户相闻”的繁忙热闹景象。陈悳荣据实禀告皇帝，多次得到温和恳切的诏谕和称赞奖励。

在陈悳荣的带领下，全贵州的官吏都动了起来。时任遵义知府的陈玉壂，发现郡内多槲树，而百姓只知砍树当薪炭，便认定“此青荚树也，吾得以富吾民矣”，于是从山东老家购得蚕种，并请来蚕师，用槲树叶子养蚕，连续五年亲自试育，终于蚕茧大获丰收，一年内达八百万枚。自此遵义丝织业大兴，“遵绸”竟与蜀锦、杭纺“争价于中州”，并远销西域和南洋。正安州协助知州官署事务的吏目徐阶平，从浙江购来茧种，仿效陈玉壂做法，也使当地民众大获其利。遵义的郑珍，还写出专著《樗茧谱》，以传养蚕之法。

陈悳荣为官一任致富一方，有些做法仍值得今天各地的主政者借鉴。比如，有了好思路、好主意，就要争取获得上级的认可与支持，这样更利于实施，否则就难以持久，甚至还会遇到梗阻。陈悳荣正是上疏皇帝得到诏允后，才得以甩开膀子大干的。又如，官府和主政者要带头实践，要求和希望老百姓做到的事情，自己要先行动起来，以上率下，才能事半功倍。陈悳荣亲自养蚕，亲自开纺织作坊，才换得老百姓的“比户机杼相闻”。又如，要全面开花，全省落地，切不可只抓个典型，充充门面，做点表面文章就算完活。陈悳荣带领贵州全省的各州各县，都认真抓养蚕纺织，才有民众大面积获利的结果。最后是，认准了对老百姓有利的事情，就要坚持年复一年地抓下去，决不可抓抓停停，见好就收，半途而废。陈悳荣可不是年初提口号、下任务，年底就急着报功邀赏，而是闷头苦干四五年之久，仅此耐心和定力，就足以让那些官场上的浮躁者们汗颜。

美酒亦称“顾建康”

自古以来，酒的别称可谓多多，“杜康”“曲道人”“君子觞”“忘忧君”“杯中物”等等，足有上百种叫法，翻阅《梁书·顾宪之传》，才知道“顾建康”也是它的别称之一，而且是流行于南北朝南朝刘宋的都城建康，即今南京的一种叫法。

本传载，元徽中年（475），顾宪之被任命为建康令。当时有件积案，有人偷牛，偷的牛被牛的主人认出，偷牛的人也说牛是自己的，两方面的言辞证据都差不多，前两任县令都没能断决这个案子。顾宪之审核案件材料后，对双方说：“用不着多讲，我有解决的办法了。”于是命人把系牛的绳索解开，任牛随便走去，结果牛径直回到原来主人的宅院，偷牛的人见状当即供认了罪行。顾宪之“发奸擿伏，多如此类，时人号曰神明”。对有权有势的人为有罪的人私下请托，对手下官员贪赃残暴，都依法惩治，从不包庇。为人清廉俭朴，勤政奉公，得到民众的拥护。“故京师饮酒者得醇旨，辄号为‘顾建康’，言醑清且美焉”。即所有京城建康饮酒的人，喝到醇厚甘美的好酒，就称其为“顾建康”，意思是说顾宪之为政如酒色清醇、味道甜美。

进入南齐后，顾宪之又先后被授为衡阳内史、婺州郡守，无论到哪里任职，都心系百姓一心为民，又清廉自律从不营私，保持了“顾建康”醇厚甘美的“好味道”。

在衡阳，顾宪之到任以前，衡阳境内连年发生瘟疫，染病死去的人有一大半，因此棺木价格特别昂贵，于是百姓全都用苇席卷裹死尸丢弃于路旁。顾宪之刚一到任，就分别告诉所属各县，寻找死者的亲属，埋葬死尸。对于那些已经全无亲属的死尸，顾宪之就拿出自己的俸禄，让公府的主簿办理埋葬事宜。衡阳当地还有一民俗，山中百姓如患了病，往往说是先人带来的灾祸，就都去挖开坟墓，打开棺材，用水冲洗死者的尸骨，把这种举动称为“除祟”。顾宪之用道理晓谕百姓，向他们讲清活人与死人的区别，指出疾病并非由死人所引起，当地的这一陋俗也因此得以改变。当时州刺史王奂刚刚到任，只有衡阳一郡没有到刺史府来告状的人，于是王奂感叹地说：“顾宪之的教化算是达到很好的境界了，假如本州所属的九个郡全都这样，那么我还会有什么麻烦事！”

在婺州，当时司徒、竟陵王萧子良在宣城、临成、定陵三县交界处设屯垦地，划定数百里山泽，禁止百姓进入其中砍柴打猎。顾宪之坚决地陈说不能这样干，言辞恳切而直率。竟陵王萧子良回答他说：“如果不是你，我就无法听到这么恳切的话语。”当即下令解除了禁令，还山林湖泊于老百姓。

顾宪之虽多次出任多地郡守，家里积蓄的米粟却不多，卸任回乡后，居房狭小简陋，经常受冻挨饿。临终前，他还特意立书嘱子女薄葬素祭。可以说，顾宪之直到生命终了，依然保持了醇厚甘美的“好味道”，无愧于老百姓送其“顾建康”的美誉。

俗话说，金杯，银杯，不如老百姓的口碑。所谓口碑就是多数人的评价，一个官员获得大众的认可，才是最重要的，因为口碑足以流传千古。“顾建康”，这个老百姓给予顾宪之的评价和口碑，流传至今已一千五六百年，人们举起酒杯就自然会想起这位为民的好郡守。然而，时至今日，让人困惑的是，某个官员在普通老百姓中间的口碑如何，一般是进入不到对这名官员的考核视线中来的，因为无论是投票、测评、谈话，往往都是在官员的圈子里进行的，普通老百姓是说不上话的。当然，不同级别的官员，对于被考核对象来说，也是老百姓，也能在一定程度上反映出民意来。但是，这还不够，对于一个地方的主政者、一个部门的主官，考核其德才政绩如何，就应该到其所领导和管辖的广大群众中间去，比如市长如何，就要听听市民怎么说；区长如何，就要听听街道大妈的评价。总之是要认真听听老百姓对他的口碑如何，并把结果作为取舍的重要根据。提出这样的要求，操作起来可能很难，但再难也要试也要做，或选择一定数量的各方代表开座谈会，或直接到某部分基层群众中间去了解情况，因为说到底，党和政府的各级官员，都是人民的勤务员与公仆。

悉心倾听民众呼声

刘弘，晋惠帝时人，官至荆州都督，车骑将军，总都荆州、交州和广州诸军事，有干略政事之才，当时王室多难，天下大乱，他平定荆州之乱后，奉命镇守此晋朝之要地，相对保持一方稳定，人民得以喘息安生。他还是史上第一个瞻仰诸葛亮旧居，并令属下写出第一篇祭奠诸葛亮碑文的将军。

刘弘虽身兼数职，重任在肩，但体察细微，注意倾听民众呼声，甚至能从兵士偶尔发出的哀叹声中，发现和改进问题。《晋书·刘弘传》载："弘尝夜起，闻城上持更者叹声甚苦，遂呼省之。兵年过六十，羸疾无襦。弘愍之，乃谪罚主者，遂给韦袍复帽，转以相付。"说的是，一次刘弘夜晚起来，听到城墙上巡更的士卒有哀叹声音，就把他叫下来查问，这个士兵年过六十，身体有病又没有棉衣。刘弘很怜悯他，处罚了这个老兵的上司，拿出棉衣棉帽，托人转送给那位老兵。

刘弘，一个封疆大吏，能做到如此体贴入微，直接与一名士兵谈得拢，实在是难能可贵，令人佩服。从本传看，刘弘在荆州，劝农耕，薄赋敛，任人才，颇有惠政。以致刘弘在襄阳去世后，百姓悲痛万分，如同失去了自己的亲人。本传载："父老追思弘，虽《甘棠》之咏召伯，无以过也。"他的贡献主要有三方面：

一是千方百计为民造福。刘弘在荆州劝农桑，宽刑律，减赋税，使百姓岁有丰余，安居乐业。按以前的规矩，辖区内岘山、方山的水泽，是不准百姓捕鱼的。刘弘对属下开导说："按礼，名山大泽不封禁，使天下人共受其利。现在这样做，公私之利都被吞并，使百姓没有谋生之地，这怎么能行呢？要马上改变这种制度。"于是，推翻了这一旧制。刘弘又改变了过去将酒室中同用曲米酿出的酒，分齐中酒、听事酒、猥酒，优劣三等，分配酒时官兵待遇厚薄不一的制度，不分等级同样供应。当时在荆州境内的流民有十余万户，贫穷飘荡，多沦为盗贼。刘弘分给他们田地，让他们种植粮食，并选拔其中的贤才，根据其才干予以重用，使这些人各得其所，不再聚众为患。

二是出于公心推荐官员。当时荆州刚刚平定，各地官员奇缺，刘弘便上报包括陶侃在内的需要提拔补缺的一批官员，其中有牙门将皮初，因奋力杀敌，平定汉沔，功劳最大，上报为襄阳太守。朝廷认为皮初虽然有功，但在荆州诸郡中襄阳地位最重要，应选名望才器俱备之人，皮初资历尚浅，欲让前东平太守夏侯陟，转任襄阳太守。这个夏侯陟，是刘弘的女婿。刘弘对人说："统率天下的人，应和天下人一条心；管理一国的人，应以一国为己任。要是非要任用自己的亲族，那么荆州有十个郡，非得有十个女婿才能管理好吗？"于是上表说："夏侯陟是我的姻亲，按制度不能实现互相监督。皮初的功勋应该得到酬报。"朝廷最后下诏任命皮初为襄阳太守。

三是撰写碑文敬仰先贤。刘弘任镇南将军、荆州都督、车骑将军时，曾瞻仰诸葛亮旧居，为之立碑纪念，并命参军李兴撰写祭文。这是诸葛亮去世七十年以来的第一篇祭奠碑文。李兴是陈情表作者李密之子，时任刘弘的参军。《晋书·李密传》载："兴在弘府，弘立诸葛孔明、羊叔子碣，使兴俱为之文，甚有辞理。"不妨欣赏一段《祭诸葛丞相文》中的文字："匪皋则伊，宁比管、晏？岂徒圣宣，慷慨屡叹！昔尔之隐，卜惟此宅，仁智所处，能无规廓。日居月诸，时殒其夕，谁能不殁，贵有遗格。惟子之勋，移风来世，咏歌余典，懦夫将厉。遇哉邈矣，厥规卓矣，凡若吾子，难可究已。畴昔之乖，万里殊途，今我来思，觌尔故墟。"大意是，以诸葛亮的德才，不是皋陶就是伊尹，远远高出管仲、晏婴。这绝不是凭空说来，是发自肺腑的感叹。瞻仰诸葛故居，智者住所，尚有一定规模。随着日月流失，谁能不死，宝贵的是遗留下典范。诸葛亮的精神威力无穷，足以教化来世，影响后代，使懦夫奋起。虽智者离去遥远，但留下的治国规制非常卓越，凡有志者，都要给予关注。我敬仰孔明，不远万里，来瞻仰故居。

时至今日，虽然网络已发展得似乎无所不能，群众的有些意见和建议，能够随时上传上达，但各地的官员还是要采取积极措施，利用各种形式，经常深入到群众中间去，与百姓手拉手面对面，谈心交心唠家常，以期听到群众的心声，了解群众的愿望，及时解决群众的疾苦。这里的关键环节是，要观察入微，体味细腻，并善于联想，举一反三，最终以改进工作解决问题为目的。

为官必为民尽力

清代官箴类书籍的数量之多，有学者统计竟有500多种，为其他朝代所罕见。有两大特点：一是官箴多为州县官员或在州县岗位任职过的人所写，又是写给州县官员看的，因此实用性、操作性极强，好多都成为官员从政的必读书。二是官箴都突出清正廉洁爱民为民的主线。如谢金銮《教谕语录》，袁守定《图民录》，陈宏谋《从政遗规》，陆陇其《莅政摘要》，徐栋《牧令书》，汪辉祖《学治臆说》，金庸斋《居官必览》等，都是围绕清廉为民这一核心而展开的。

近日读了袁守定《图民录》中的“自序”，上述印象更是得到了佐证。他写道：“以阅历所得证之，经史之中，知其决可施行可遵守者，笔墨记之，编为四卷，常欲系之肘后（比喻随身携带），以自镜见或者亦裨益（有益于）斯民（老百姓）。”

袁守定，雍正八年（1730）考取进士，任芷江县令时，建义学，兴教化，断案如神，被誉为“袁青天”。后辞官归家奉养老母十余年。乾隆二十一年（1756）复出北上任官，临行前撰文发誓：“一家衣食，仰给在官，外如持一钱归者，当获天谴。”后升为礼部主事。退职归家后，造桥修路，荒年赈济，著书立说。有着如此官德和政绩的袁守定，他所著述的《图民录》，怎能不受到后来那些从政者的重视！

《图民录》“卷一·勤”中有一段话，感人至深：“人官一方，则受一方之寄，必为民出力，自强不已，而后不为民病。若好逸怀安，案牍冗塌，则宅门以外守候而待命者不知凡几矣。张子韶签书镇军判官，尝书壁曰：‘此身苟一日之闲，百姓罹无涯之苦。’窃谓一刻偷安，百姓受一刻之累，何待一日也！”

文中提到的张子韶，即张九成，南宋人，绍兴二年（1132）状元，曾任著作郎、礼部侍郎，著作颇丰。在朝廷上，张九成一直与误国奸相秦桧作斗争。《宋史·张九成传》载，“张九成之策，忠义凛然”。

前段话的大意是，一个人为官一方，就受到一个地方人民的托付，一定要为人民出力，自强不已，这样才不会给人民带来苦难。如果贪图安逸，不思进取，案头文书堆积不办，那么守候在宅门外等待继任命令的人就不知道有多少了。张子韶担任签书镇东军判官时，曾在墙壁上题写道：“此身假如闲暇一日，百姓就会遭受无边的痛苦。”我认为，假如偷安一刻，那么百姓就会遭受一刻的拖累，何况要等待一天呢！

袁守定强调，既然入仕为官，既然受民众之托，就要不辞辛劳，埋头苦干，万万不能图安逸玩潇洒，误事拖事不办事。若如此，官位定会被别人所取代，百姓也会遭受无边的痛苦。他引用张九成的名言，又进一步发展了张九成的观点，大声疾呼：官员一时一刻也不能图安逸不办事，一时一刻也不能让百姓遭受拖累之苦。其爱民护民为民的情怀，跃然纸上，让人敬佩。

袁守定的上述官箴警言，拿到今天来照样管用，凡人民公仆，都肩负重任，哪能容得半点懈怠。愿一心为公，一心为民，勤勉尽责，忠于职守，撸起袖子，扑下身子，真抓实干，且又雷厉风行，行动迅速，成为所有官员的办事风格与自觉行动。

呵护百姓百分百

海南的崖州，早在南梁时就已设立，后几经变化，清代曾为直隶州，民国初年改为崖县，现为三亚市崖州区。清代康熙中年，这里出现过一个时时处处为百姓着想的好官——陶元淳。

康熙二十七年（1688），陶元淳考中进士，先被任命为广东昌化知县，后到崖州任职，直到积劳成疾死在了官任上。老百姓纷纷勒石予以纪念。从《清史稿·陶元淳传》记载看，他在州县任上，先后干了五件实事：

一是厘定简化税收徭役。陶元淳一到任，就重新清丈土地，制定鱼鳞册，厘定赋税徭役，把各种实物田赋统一为交稻米，把应服的徭役均衡到田赋上，裁减革除了添加在百姓身上的其他各种杂税。百姓奔走相告，高兴万分，纷纷相互鼓励，以努力耕作为业为荣。昌化“城中居人，旧不满百家，至此户口渐蕃”。逃难民众回乡“复业者千余户”。

二是撤掉“土舍”方便黎人。昌化隶属琼州，与黎族人聚居区交界，过去官府曾设置所谓的“土舍”，以强化治安为由，限制黎族人出入。以致有的官吏便趁机做坏事，欺负和勒索黎族民众。陶元淳到任后立即撤去“土舍”，既方便了黎族民众的出行与生活，也便于黎、汉族民众之间的交往。

三是步行乡里访贫问苦。“元淳时步行闾里间，周资疾苦，煦妪如家人。”即陶元淳常常步行到乡间，详细询问百姓疾苦，亲切温暖如同家人一般。

四是惩贪除污决不手软。琼州地处海外，“天高皇帝远”，军中将领大多骄横，尤以崖州为甚。陶元淳任崖州知州后，守备黄镇中无故以酷刑杀人，他的上司余虎不但放纵不管，而且贪婪无比，自己还经常要求黎族人向其进献财物。因州县官无权干涉军务，陶元淳查访到他们的罪证后，列成条款向上级报告。虽反遭余虎等人的诬告，崖州官署还遭到上百守备甲士的持刀威胁，最终还是将黄镇中、余虎等将领判定有罪入狱。崖州人都欢欣鼓舞，交口称赞：

“虽有蛮横余虎，不敌陶公一怒。”

五是父子为继免除超赋。昌化原规定须缴税的额田有四百多顷，但一半都沦陷于海中，而超额的田赋竟占到三分之一，每年的赋税都凑缴不齐，百姓十分困窘。陶元淳对超额的田赋做了丈量，专门写出《浮粮考》，多次向上级官吏请示，请求免除向百姓超额征收的田赋，但无人理会此事。乾隆三年（1738），陶元淳的儿子陶正靖做了御史，把这件事报告给了朝廷，最终得到皇上旨意，终于免除了这些超额的田赋。

陶元淳所以能如此呵护百姓，为民众办了一件又一件好事实事，源于自己生活的节俭和为政上的清廉。“元淳自奉俭约，在官惟日供韭一束”。即为州县官时每日只需供应一束韭菜足矣。为政清廉无比，多次拒收贿赂。余虎得知自己的罪行败露，曾以重金向陶元淳行贿，遭到拒绝。然而，陶元淳却喜欢结交读书人，常常与他们讲学论道到深夜，从不知疲倦，深得琼州学子们的尊敬。陶元淳去世后，就是琼州百名学子扶柩过海，予以妥善安葬的。

看来，为民还是为己，虽只有一字之差，结果却相距万里之遥，为官者只有心里满满地装着民众，一切为政举措都是为了民众，才能实实在在地为民众排忧解难，让老百姓得到一个又一个、看得见摸得着的大实惠。古往今来，概莫能外。

以“子惠黎元”为己任

龚鉴，是龚自珍曾祖父的哥哥，也就是龚自珍的曾伯祖父，雍正元年(1723)被授予江苏甘泉知县，在任六年，拒绝请托，廉洁为官，尤以“子惠黎元”为己任。所谓“子惠”即施以恩惠，“黎元”即黎民百姓，龚鉴以施恩惠于黎民百姓为己任，以致“甘泉令声闻天下”。

《清史稿·龚鉴传》记载了他“子惠黎元”的两件实事：

一是甘泉县境，东有邵伯湖及其下游，西有杨寿、陈集等十三集。湖东地势低凹，受高、宝诸湖之水，经常受涝。湖西北一带地势隆起，又常遭旱。龚鉴实地勘查，走访老人，提出在农闲时，修筑和增高运河东西堤坝，同时密切注意河水上涨情况，随时宣泄。在堤上栽种桑树，既可护堤，又利养蚕，增加农民收入。邵伯湖西地势较高，水少易旱，因此每隔一里，筑一池塘，保持蓄水以便旱时灌溉。

二是邵伯湖到扬州有芒稻河，一直河湖不分，从泰坝来的盐船都要从湖中经过，然后进入古运河出江，湖水的高低一直受芒稻闸的控制。芒稻闸属河道总督管辖，甘泉县无权过问。闸官贪图盐商的钱财，往往借口盐运的需要，听任大水淹没农田而不顾，不肯开闸泄洪。时值大水泛滥，山洪涌入邵伯湖，湖水暴涨，急需开芒稻闸泄洪。龚鉴赶往芒稻闸，请求闸官放水，而闸官以未奉上峰命令为由，拒不开闸。恰逢河道总督嵇曾筠，也因为洪水泛滥到芒稻闸视察水情。龚鉴向嵇曾筠直言湖水上涨之害，嵇曾筠听了为之动容，大声斥责闸官，令他立即开闸放水。嵇曾筠还采纳龚鉴的建议，立下一条规矩：盐船粮艘，过湖需水，以六尺为度，过即启闸，不得借口蓄水，危害民田。从此，甘泉县百姓再也不为芒稻闸是否开闸放水一事而犯愁了。

龚鉴的这两件事干得漂亮，百姓直接受益得实惠，兑现了“子惠黎元”的庄严承诺。他何以能做到如此？本传给出了答案：一是“湛深经术”“耻为俗吏”。龚鉴自幼熟读经书，竟能从中挑出先儒之误，著有《毛诗疏说》，重点阐述源于朱子的清初大儒李光地的学说。李光地是康熙年间理学名臣，吏部尚书，文渊阁大学士，著有《四书解》《朱子全书》，被雍正皇帝称为“一代完人”。龚鉴能写出专著，解释和发展李光地的学说，可见学识之渊博，因此入仕就立志“耻为俗吏”，“以子惠黎元、振兴文教为己任”。

二是三拒请托，“不近人情”。龚鉴一上任，从前某侍郎的儿子同他有旧交，前来谒见他，有私事相托，他“拒之”。有与龚鉴同城的一位官吏跟一位大官很亲近，出于某种用心，叫他属下的一位官吏，以那位大官为要挟请龚鉴，“又拒之”。县里有位豪族大户请龚鉴宴饮，龚鉴“又拒之”。“于是大江南北盛传甘泉令不近人情。”西湖圣因寺的和尚明慧，依仗以前在朝廷举行法会受到皇帝的恩宠，到处请托求取私利，遍及江、浙地区。一天，他让人送来书信和钱币，欲同龚鉴拉关系。龚鉴瞧也不瞧，径直叫衙役将来人“打出门去”。此事传到皇帝的耳朵里，雍正帝急召明慧回京，从此禁锢，不许出京，读经反省。“当事时，甘泉令声闻天下。”

三是“益自刻苦，无一长物”。甘泉本是从江都分出来新设置的县，历来是富庶之乡，被官吏称为“脂膏之地”。龚鉴身为甘泉县令，如同东汉姑臧县令孔奋“置脂膏中，不能自润”，却越发俭省自励，家中竟没有一件值钱的物件。父亲去世，龚鉴回家料理后事，因贫“至无以葬”。河南巡抚尹会一，以前曾做过扬州的知州，素来与龚鉴关系很好，便召请龚鉴来河南开封，主持大梁书院。龚鉴这才得以用挣来的酬金，安葬了父亲。

龚鉴的“子惠黎元”，与今日落马的那些大小老虎，形成了巨大的反差。大小老虎们，一旦官帽到手，首先想到的是如何奢靡享受，如何先富起来，如何使家人鸡犬升天，如何捞得政绩一片，骗得上级好评，尽快再高升，至于芸芸大众如何，则根本就不在考虑的范围之内，如此这般直到折腾得身陷囹圄才告终止。望想干点事的公务人员，尤其是各级领导干部，都能以龚鉴的“子惠黎元”为镜子，对照检查自己，反思所作所为，发现有差距的就尽快赶上来，把为人民服务真正落实到履职的全过程之中，而不是光写在纸上，挂在墙上，喊在嘴上，就是不见落地。须知民众是最厌恶各地领导干部只玩虚的不干实事这一套的。

清隽家风

“中央最近审议通过的《中国共产党廉洁自律准则》和《中国共产党纪律处分条例》细化了党章对党员、干部的廉洁自律要求和纪律要求，实现了党内法规建设与时俱进。要认真贯彻落实这两项法规，真正把纪律和规矩挺在前面，拿起纪律这把戒尺，既要奔向高标准，以人格力量凝聚党心民心；又要守住底线，严格执行党的纪律，决不越雷池一步。要做到廉以修身、廉以持家，培育良好家风，教育督促亲属子女和身边工作人员走正道。”

——习近平在中共十八届五中全会第二次全体会议上的讲话

（2015 年 10 月 29 日）

遗德不遗钱

唐代开元年间的宰相张嘉贞，学识渊博，决断敏速，清廉自守，治政严肃，深受官吏的敬畏，堪称一代名相。然而，读《旧唐书·张嘉贞传》，给人印象最深的却不是他的累累政绩，而是他对于自己为什么一生清廉不贪不占的诠释。

《张嘉贞传》载："嘉贞虽久历清要，然不立田园。及在定州，所亲有劝植田业者，嘉贞曰：'吾忝历官荣，曾任国相，未死之际，岂忧饥馁？若负谴责，虽富田庄，亦无用也。比见朝士广占良田，及身没后，皆为无赖子弟作酒色之资，甚无谓也。'闻者皆叹伏。"这段话大意是，张嘉贞虽然官至宰相，但从不经营田园家宅。面对他人的劝说，他答道："我曾经做过宰相，只要没有死，就不用担心饥寒。如果犯下罪行，即使广有田产，也会被抄没。士大夫常常喜欢置办田宅，死后都给不肖子孙做了酒色之资。我才不干这种蠢事！"

古代廉吏类似张嘉贞的上述语言多的是，但掏心掏肺，说得如此实在与直白，如此透彻与细腻，张嘉贞可谓无人能比。剖析张嘉贞的语言，他依次递进地表达了三层意思：一是用不着。只要身体无恙，高官当着，厚禄拿着，这辈子衣食是用不着发愁的，根本就用不着自己又是忙于做官又是经营产业。二是保不住。如果当官不尽职尽责，或是犯了罪，即使私下经营产业收获再丰，积累财富再多，到时候也都要被查抄了去，产业再多又有什么用处。三是贻害后代。纵观以往的士大夫们，经营产业家产殷富者大有其人，其结果还不是自己死了以后，那些财产都被晚辈不肖子孙们当作了无度挥霍之资。正是有如此深邃之见，张嘉贞的家风淳教子严，使得张氏家族世代昌盛，其子张延赏、其孙张弘清也官至宰相。唐代文学家李肇，称："张氏嘉贞生延赏，延赏生弘清，国朝已来，祖孙三代为相，惟此一家。"《旧唐书·张延赏传》

载："时号'三相张氏'。"固然不能仅以世代得做高官，就对张嘉贞的上述论述褒奖有加，但总比那些后代子孙凭借老子的大笔遗财胡作非为瞎折腾，害人害己害社会，要好得多吧。

张嘉贞的上述论述，用不着任何修饰，拿到今天来就照样管用。为官一定要清廉干净，从维护国家和党的利益，从维护政府的公信力，从维护人民的根本利益，总之从大的方面讲，那都是必须的。其实，从个人、家庭和子孙后辈讲，即完全站在自己的角度上来扪心揣度，为官也一定要清廉干净。用不着、保不住、贻害后代，张嘉贞的那三个论点，还是蛮有道理的。不是吗？现今不论官职大小，薪水虽然不多还是够花的，直至退休也是都有保障的，于薪水之外再去伸手贪贿，且又贪得无厌，实在没有那个必要。那些大小老虎硕鼠们，昨日还是家产万贯，东窗事发被查被抄，一夜之间原本的家产家资，全都充当了贪腐的罪证。教训还不够深刻吗！至于为子孙后辈们留点啥？"遗钱不如遗德"，古训早已有之。汉代的太子太傅疏广，就说过"贤而多财，则损其志；愚而多财，则益其过"。张嘉贞又一次论证了留钱留财的弊端，可谓振聋发聩。如真想为子孙计，不妨好好学学张嘉贞，留下一个清廉干净的好形象，好品德，好智慧。果真如此，后世的昌盛是必然的，谁想挡都挡不住。

管好家人要来真的

宋代的吴元扆，虽史上有传，名气并不大，知道他的人肯定不多，但看了《宋史·吴元扆传》和清代毕沅《续资治通鉴》的有关章节，对这个人立马肃然起敬，他为了保持廉洁本色，严格约束家人，防患于未然，堪称典范，很值得今天的领导干部们去学习和效法。

《续资治通鉴》第二十八卷载，武胜节度使、驸马都尉吴元扆，为人纯笃恭谨谦逊，在藩镇有爱民之心，待宾客有礼，做事小心有礼貌，所到之处能约束部下，未曾违法越规，自身清简朴素，没有声色犬马之好，所得俸禄和赏赐，皆分给家族中的孤寡贫穷者。受诏令做徐州知州前，请求皇上召见，说："臣的家族成员很多，其中胜任做官的都已奏报举荐过，没做官的臣都匀出俸禄赡养。公主有个奶妈，能够进入宫中参见，恐怕臣下离开之后，会有人托她提出要求，希望陛下不要接受。"宋真宗赵恒很赞赏他的贤良。

吴元扆的妻子是宋太宗赵匡义的女儿蔡国公主，后改封为魏国公主。吴元扆婚后就住在公主府宅。魏国公主与宋真宗赵恒是兄妹，魏国公主的奶妈，与儿时的赵恒又很熟悉，公主的奶妈当然可以自由来往于宫中。宋太宗淳化元年（990）魏国公主去世，但公主的奶妈却一直都与吴元扆一起生活。宋真宗景德三年（1006），吴元扆被派任徐州知州。吴元扆清醒地看到，自己离家赴任后，那些世俗小人们，有可能趁此时机打奶妈的主意，求她向皇上进行请托，因此管住奶妈就是管住了关键，而直接面告皇帝则从根上切断了，奶妈受人之托假借自己名义提出种种要求的可能性。为此，吴元扆做了三件事，以彻底堵死奶妈和其他家人受人请托收受贿赂之门：一是赴任前严格要求和约束奶妈与其他的家人，二是向皇上开诚布公地申明自己不会有任何请求，三是请皇上也不要接受奶妈提出的任何请求。正是这些实在管用的举措，才成就了吴元扆一生的清廉。看来，一名领导干部要想管好配偶和家人，那就必须来真的。

而眼下揭露的那些贪官，好多是自己倒台了，老婆、孩子也都跟着栽进去了。这里当然不乏贪官与其老婆联手干坏事的。如让老婆开个所谓的公司，专门卖那些高档货，让有意请托行贿者去购买，或者干脆只交钱不提货，实际上就是变相送钱给老婆；来了贵客本应领导出面，却推说自己忙，让老婆出来作陪，便于收受下属的钱物，自己装作啥也不知道；让老婆在家中当“看门神”“把家虎”，凡来人先行接待，视“礼物”的轻重，再决定领导出不出面；更有甚者，一有干部要变动、重大利好的工程招投标等消息，先由老婆向有关人员进行渗透“点步”，以便收受多人的贿赂；“夫妻店”贪的足够多了，径直把老婆孩子弄出国“享福”去了，自己留在国内，大玩“裸官”游戏。也有些干部可能自己还没有演变到一定程度，是老婆及家人的贪得无厌，才促其一步一步越陷越深不可自拔。难怪知情的人对有的贪官倒台，不无惋惜地说，都是被他老婆害的，整天逼着他弄钱弄物，受贿多少也不知足。更有些干部完全是被老婆及家人，背后打着这位干部的旗号，接受人家请托收受贿赂，由不知情到知道后无法管控，而最终走上犯罪道路的。看来，官员与其配偶及家人，向来是一荣俱荣一损俱损的关系。官员要想保持廉洁本色，就必须像吴元扆那样，不仅自己做到清廉如玉，还要真心实意地约束好配偶及家人，要向有关人士直至上级领导打好招呼，配偶及家人以自己名义无论请托什么事情都不算数，未雨绸缪防患于未然。否则自己做得再好，对配偶及家人的管理，不来点实的，不动真格的，结果配偶及家人在背地里不争气瞎胡来，这样的官员也不配享有清廉官员的名声。其实，切实管好配偶、子女及身边工作人员，是党中央对各级领导干部的一贯要求，党的十八大以来，随着党的群众路线教育和整治“四风”的深入开展，应该说这项要求更加严格更加具体了，它已成为领导干部政治生活中的重要内容。从某种意义上讲，领导干部管好家人与管好自己一样重要，要敢于在家人及亲属问题上向私心和私情开刀，要把配偶及家人可能出问题的那些关键环节看住管好，真正尽到领导干部应有的担当。当然，对那些与配偶及家人合伙干坏事的官员，则另当别论，对他（她）们发现一个惩治一个就是了，且要一网打尽，决不能心慈手软。

“子贫母喜”为哪般？

史上不乏母亲教育儿子廉洁为官的，唐代的崔玄暐，是武则天年间的宰相，为官一贯清廉耿介，为老百姓做了不少好事，可以说其廉洁品格就是他母亲教诲的结果。

《旧唐书·崔玄暐传》载：其母卢氏尝诫之曰：“吾见姨兄屯田郎中辛玄驭云：‘儿子从宦者，有人来云贫乏不能存，此是好消息。若闻赀货充足，衣马轻肥，此恶消息。’吾常重此言，以为确论。比见亲表中仕宦者，多将钱物上其父母，父母但知喜悦，竟不问此物从何而来。必是禄俸余资，诚亦善事。如其非理所得，此与盗贼何别？纵无大咎，独不内愧于心？孟母不受鱼鲊之馈，盖为此也。汝今坐食禄俸，荣幸已多，若其不能忠清，何以戴天履地？孔子云：‘虽日杀三牲之养，犹为不孝。’又曰：‘父母惟其疾之忧。’特宜修身洁己，勿累吾此意也。”玄暐遵奉母氏教诫，以清谨见称。

上述记载，我以为包括三层含义：一是从宦子贫乏母喜悦。崔母卢氏曾告诫他说：“我曾听姨兄屯田郎中辛玄驭说：‘儿子做官的，有人来说他贫穷得无法生活，这是好消息。如果听说他钱财充足，穿着轻软的裘，骑着肥壮的马，这便是坏消息。’我平时很重视这些话，认为这是确切不移之论。二是官员贪贿就与强盗无异。崔母卢氏说，近来看见亲戚中做官的，多将钱物送给他们的父母，而父母只知道高兴，竟不问这些财物从何而来。如果真是俸禄剩下来的钱，的确是好事；如果是不正当的收入，这与盗贼又有什么区别？即使不带来大的灾祸，难道心里不感到惭愧？三是尽忠清廉才能立于天地之间。卢氏引用三国时孟仁的母亲不接受儿子送她腌鱼的典故，教育当儿子的应当如何来尽孝道。（《三国志·三嗣主传》引《吴录》曰：吴国司空孟仁，早年曾“为监池司马。自能结网，手以捕鱼，作鲊寄母。母因以还之，曰：‘汝为鱼官，而以鲊寄我，非避嫌也。’”）卢氏说，你今天坐食国家俸禄，已够荣幸的了，如果不能尽忠清廉，又凭什么立身于天地之间？孔子说：“即使每天杀牛、羊、猪来奉养父母，还是不够孝顺。”又说，“做父母的只担心儿子的疾病。”你尤其应当修身养心，保持廉洁，不要违背我这番心意！崔玄暐谨从母教，官职越来越高，直至升为同凤阁鸾台平章事即宰相，却性情耿直，清廉如玉，从不私下接受官员请托，多次受到武则天的盛赞。

崔玄暐的母亲卢氏，显然对崔氏家族清廉为宦家风的生成，起了关键作用。史载崔氏家族及子孙非常昌盛，崔玄暐弟崔升，官至尚书左丞；玄暐子崔璩，颇有文才；孙崔涣，官至御史大夫；曾孙崔郾，为监察御史。且各个都廉洁自守，好评颇多。这里并不是说谁的子孙都能当官，就表明谁的家风好，但子孙都能当一个廉洁为民的好官，总不能说人家的家风不好吧。有人曾说过，一个好母亲，能庇佑这个家庭从丈夫、儿女到孙子辈的三代人。看来此话不错，从卢氏的经历看何止是三代呀！其实好的家风是全家人德行积累的结果，对子女健康成长关系甚大，它能帮助把好人生首道关口，为初心定好基调，基础打得牢，以后就不至于轻易改变。其中作为长辈的父母，对形成好的家风自然责任最大。从眼下揭露出的贪腐官员看，家风好的不多，更多的是全家老小齐上阵，围绕捞钱积财的“大目标”，妻子、儿女，甚至亲戚都过来忙乎，有负责透风“点步”的，有负责受贿收钱的，有负责藏匿钱物的，还有人前假装正经的，总之“分工精细明确，所做恰到好处”，令人瞠目结舌。如官员分管城建，就让妻子开办所谓的建材公司，儿子则搞建筑承包，以便从采买进料，到开工建设，一包到底一览无余，肥水不流外人田。如有的官员冠冕堂皇，收钱事宜一律交由妻子、子女来办。以致在有的地方和单位，盛传只要能给首长夫人送到位，让她“吃饱喝足”，事情就成了一大半的说法。随着贪腐官员的落马，参与其贪腐活动的家庭成员也纷纷身陷囹圄，可谓“家破人亡”，可悲可叹。倡导领导干部要把家风建设摆在重要位置，要做的工作很多很多，但要突出主要矛盾，要从领导干部自身抓起，廉洁修身持家教子，自身行得正做得好，才能对家庭成员进行有效的说教和管控，逐步形成一个好的家风，并世代传承下去。要对家风好的领导干部大力表彰宣扬，以正压邪，以使那些一人当官，家庭成员便鸡犬升天，官当得越大，全家族人员都可享受“人间天堂”般的日子的官员，成为过街老鼠臭不可闻。在考核选拔领导干部的条件和程序中，要加进对家风状况的了解和分析内容，尽可能地到被考核对象的左邻右舍，搞些过细的调查走访，对那些家风不好的，坚决拿下决不提拔，更不能让这样的人越升越高，使其有朝一日得以祸害一方水土，那样广大民众可就悲惨了。

聚书以贻子孙

粗读典籍发现，古代的廉吏能臣，除了不将钱财遗留给子孙外，他们留给后辈的高尚品德可谓多多，有遗下尽忠报国之志的，有把清白为官传后的，也有留下世代相传美好家风的。宋代的宋珰，则是只把自己多年积攒聚集的书籍，传给了子孙。

《宋史·宋珰传》载："珰性清简，历官三十年，未尝问家事，唯聚书以贻子孙。且曰：'使不忘本也。'"说的是，宋珰崇尚清廉俭朴，为官三十年，未尝顾及家事，一心操劳国事。唯独酷爱聚书，亦好抄书，每一任职届满，载书数千卷以归，意在以贻子孙。宋珰称其目的是，使子孙"不忘本也"。

所谓不忘本的"本"，笔者的粗浅理解是，从字面上看，是不要忘记看书学习，道理很简单，人不读书到哪里去获取知识啊；从深层次上看，书中自有做人做事做官的道理，这是不能忘怀的根本，只有下苦功夫，勤奋读书，才能通达事理，悟到得到这个根本。应该说宋珰能聚书以传后，防子孙"忘本"，与他自己的读书与从宦经历有关。他长期担任多地的州主官，如宋太祖时任锦州知府，宋太宗时先后任益州、秦州、苏州知府，也当过短期的朝廷监察御史，无论在哪里任职，都买书抄书以聚书，孜孜不倦刻苦读书，务求弄懂书中要义，学以致用指导政务，敢于迎难而上，专啃硬骨头，屡屡圆满完成任务，多次受到皇上的奖赏。

如益州受天灾影响，"岁饥多盗"，社会治安极差，人民生命财产受到极大威胁。宋珰受命为益州知府后，一上任就实地调查，部署方略擒拿盗贼，平息祸乱，活跃多时的盗贼势力终被扑灭。受到宋太宗的嘉奖。如宋珰任秦州知府，因政绩突出，口碑甚好，被调回朝廷任监察御史，还不到一百天，接任的知府韦亶就因贪赃枉法而下狱，宋太宗便派宋珰仍回秦州任知府。宋珰严厉整治大贪官韦亶的余孽，清肃吏治，约束和惩治官员贪赃枉法行为，使混沌的衙门迅速恢复了原貌。又如三吴即吴郡、吴兴、会稽地区，因天灾民众多患疾而亡，朝廷派宋珰为苏州知府前往三吴地区救灾。宋珰到任后，四处视察疾情，加之水土不服，也染上了恶疾，且越来越重。许多人劝其回去，他说："圣上就是考虑三吴百姓的疾苦，才派我来设法救治，而我却以身染恶疾要求离去，这不是一个臣子的所为。"终因恶疾不治而死于异乡，年仅61岁。宋太宗闻之哀悼数日。这样一个为国为民，尽职尽责，最终死在抗灾一线上的廉吏宋珰，为子孙能不留下无比珍贵的遗产吗！据史料记载，宋珰的三个儿子均成了才，长子宋明远，为都官员外郎，次子宋柔远，举进士及第，三子宋垂远，阁门祗候。看来宋珰特殊的遗产发挥了巨大作用。

现代人，还有多少人能将书籍作为遗产留给子孙的，可以武断地说，如果有也是少得可怜。原因很简单，本身就不喜爱读书，早就离书本远去了，对此还振振有词：都什么年代了，不是与时俱进吗？不是商品经济吗，不是发财致富吗，学历教育文凭到手，还读书有用吗，结论：读书没有用。的确，信息社会，网络时代，4G手机，名人讲座，热点微博，真的是令人眼花缭乱，手指轻轻一动，眼睛随便一溜，耳朵竖起一听，世界便尽在掌握之中，即便是不读书，也不会是个二百五。但是，互联网、信息化无论如何发展，它毕竟是商业运作要盈利赚钱，不可能完全适应人们读书学习的需要，更不能去适应个体学习的特殊需要了。加之它同所有媒体一样，都具有"短平快"的特点，不免流于碎片化，与知识需要系统规范深入是相矛盾的。书永远是人们最可宝贵的精神财富，是人们获取知识的主要载体。因此，要上网，要懂信息化，要从中获取一切能获取到的东西，以跟上时代前进的步伐。但这绝不能代替传统的读书学习，正如世界上还没有哪一所名牌大学，因为互联网的无所不能而关闭了学校，一律实行网上教学一样。任何时候都应该多读书，读好书，要下功夫去读的，要一辈子都去读的，以更新知识，增长学问，强化修养，锤炼品格，成为一个对社会对国家有用的人，也为灿烂的中华文明得以永世传承，尽到自己应有的那份担当。更要用心教育自己的子女，去读书读好书，读点有味道的书，既启发智慧又其乐无穷。这就是宋珰聚书以贻子孙，所给予今人的有益启示。

只把清白留后人

唐代宰相房玄龄，可谓大名鼎鼎，无人不晓。贞观元年（627），唐太宗李世民论功行赏，称其为天下第一功臣，任为中书令，封魏国公，监修国史。为辉煌的贞观之治，房玄龄辛劳了一生。唐代史官柳芳称“玄龄佐太宗定天下，及终相位，凡三十二年，天下号为贤相”。笔者今天不想去多说房玄龄了，只想谈谈其父房彦谦，透过《隋书·房彦谦传》，可以清晰地看到一代贤相的出现，与严格的家教和纯朴的家风密不可分。

《房彦谦传》载：“其后隋政渐乱，朝廷靡然，莫不变节。彦谦直道守常，介然孤立，颇为执政者之所嫉，出为泾阳令。”“彦谦居家，每子侄定省，常为讲说督勉之，亹亹不倦。家有旧业，资产素殷，又前后居官，所得俸禄，皆以周恤亲友，家无余财，车服器用，务存素俭。自少及长，一言一行，未尝涉私，虽致屡空，怡然自得。尝从容独笑，顾谓其子玄龄曰：‘人皆因禄富，我独以官贫。所遗子孙，在于清白耳。’所有文笔，恢廓闲雅，有古人之深致。又善草隶，人有得其尺牍者，皆宝玩之。”

这段话，先是交代了隋代朝政渐渐混沌以后，朝中官员没有几人不改变节操的，而房彦谦却坚守正道，不移其志，介然独立，被贬为泾阳县令；接着重点介绍了房彦谦的美德及其家风：一是从不谋求私利。房彦谦自幼到老，无论是做高官或被贬斥，平素里的言行，未尝涉及过谋取私利。二是务求朴素节俭。房彦谦将所得俸禄，都拿来接济亲友，家里一直没有多余的钱财。所用的车子、衣服及器皿，都相当俭朴。三是乐观对待贫穷。由于贫困，家中经常入不敷出，然而房彦谦却怡然自得，乐在其中，妙手著文，博大闲雅，还擅长草书隶书，写得一手好字。当时的人们都以能得到他的墨迹为宝。四是精于教育子侄。每当子侄来省亲，房彦谦都不厌其烦地督导勉励他们。尤其是仅有二十字的教子书，更是令人叫绝：“人皆因禄富，我独以官贫。所遗子孙，在于清白耳。”即人家都因官俸而富，我偏偏以官贫。留给子孙的财产，就只有清白了。

细读房彦谦的教子书，他道出了官场上普遍存在的丑恶现象，那就是当官便能致富，本来当官与发财是两股不相交的路，当了官就发不了财，官员们却把它合为一体了，无非是贪污受贿攫取不义之财；他还申明自己决不这样做，既然当官就甘于贫困，且泰然处之；他最后声明能留给子孙的财产，只有自己为官的清白了。《旧唐书·房玄龄传》，倒是没有直接记载他对父亲上述教诲的感受，但是从他在其父患病时，不离左右，衣不解带，竭尽孝道；从小就写得一手好文好字，擅长草书隶书，字如其父，也很是叫人喜爱；公而忘私，不置家产，勤俭持家，廉洁为官等情节来看，房玄龄定是接过了那沉甸甸的遗产——“清白”，并发扬光大。“清白”，看似无形胜有形，无财胜有财；“清白”，看似只讲了为官就不能致富，宁可贫穷也不能贪占之理，其实它还囊括了房氏家风中的诸多美德。把这样的精神遗产留给后辈子孙，是多么的丰厚啊！

房彦谦把“清白”留后，值得今天的领导干部们学习借鉴，也是当前强调良好家风建设的必然要求。那么当下的“清白”，又该是个什么样子呢？笔者以为除了在物质金钱上，要清清楚楚、干干净净外，起码要包括以下三个方面内容：一是做人要清白，子女在成学成长成人的漫长进程中，要向善向上，扎扎实实，站稳脚跟，堂堂正正。二是持家要清白，崇尚勤俭之风，分清楚公私两条线，哪怕是再穷再困难，也不占公家丁点便宜。三是从政更要清白，对自己所担任的公职，所具有的公权力，以及公职、公权力是用来干什么的，要向子女宣示清楚。既为人民公仆就不许再琢磨，利用手中权力经营任何产业，不许收受他人的任何财物，一句话，就是不在薪水之外再捞取不义之财。这样的“清白”遗产，可不像金银财宝那样，到时候交给子女就成了，它是要颇费一番功夫，经过反复灌输不断强化，才能入心入脑形成定见，最终使子女们得以继承下来的。房彦谦不是一有机会就对子侄们耳提面命吗？教子书的字里行间，更是浸透着他的良苦用心。相信，今天的领导干部们，做起把“清白”留后的事情来，一定会早早就重视它，看作与自己在外履职同等重要，不厌其烦地认真做反复做，注重在细微之处见成效，逐渐积小为大结出硕果，那么就一定会比房彦谦做得更加精彩亮丽。

须臾不离“忠恕”两个字

“先天下之忧而忧，后天下之乐而乐。”北宋名相范仲淹的这一千古佳句，将他身上的所有美德，范氏家族的优良家风，极其凝练而又一览无余地昭告给了世人，当然最先受益的定是他的子孙。有人就说过，范仲淹的四个儿子中，范纯佑得其勇，范纯仁得其忠，范纯礼得其静，范纯粹得其略。范纯仁在宋哲宗时入相，人称“布衣宰相”，无论在官职还是品德上，都直追其父，颇具父风，特别是一生都信奉“忠恕”这两个字，更是令人钦佩。

有个事例很说明问题。范纯仁刚刚卸任赋闲在家，大儒程颐就前来拜会。谈话中，程颐见范纯仁非常怀念自己过去在相位的时光，很是不以为然，便直言道：“当年你有许多事情处理得不妥，难道不觉得惭愧吗？”当范纯仁表示不知是些什么事情时，程颐说：“你当宰相第二年，苏州一带发生暴民抢粮事件，你本应在皇上面前据理直言，可你却什么也没说，导致许多无辜百姓受惩罚。”范纯仁连忙低头道歉：“是啊，当初真该替百姓说话。”程颐又说：“你当宰相第三年，吴中发生天灾，百姓以草根树皮充饥，地方官员报告多次，你却置之不理。”范纯仁愧疚无比，说：“这是我失职。”程颐接着又一一指出范纯仁的其他过失，范纯仁都逐一认错。事隔不久，皇上召见程颐，程颐献上一大套治国良策，皇上说：“你真有当年宰相范纯仁的风范。”程颐哪里会甘心将自己与范纯仁相提并论，便说：“难道范纯仁也曾向皇帝进言过？”皇上命人搬来一个大箱子，说：“里面全是范纯仁当年的奏折。”程颐翻开一看，才发现自己前些天指责范纯仁的所谓过失，其实他都已多次言过，只是因某种原因没有得到很好实施而已。程颐后来专程到范府登门道歉，范纯仁却一笑了之，还说：“不知者无罪，您何必自责。”本无过错，竟还能毫不为自己争辩，虔诚地低头认错，信奉和践行忠恕的规范，已经到了如此佳境。

范纯仁正是这样，悟到忠恕学说的真谛，学以致用，在五十年为宦生涯中，一刻都不曾偏离忠恕的轨道，并且用自己的朴素话语，教导子侄们也都要按照忠恕的精神去做。《宋史·范纯仁传》载：“纯仁性夷易宽简，不以声色加人，谊之所在，则挺然不少屈。自为布衣至宰相，廉俭如一，所得奉赐，皆以广义庄；前后任子恩，多先疏族。没之日，幼子、五孙犹未官。尝曰：‘吾平生所学，得之忠恕二字，一生用不尽。以至立朝事君，接待僚友，亲睦宗族，未尝须臾离此也。’每戒子弟曰：‘人虽至愚，责人则明；虽有聪明，恕己则昏。苟能以责人之心责己，恕己之心恕人，不患不至圣贤地位也。’”“亲族有请教者，纯仁曰：‘惟俭可以助廉，惟恕可以成德。’其人书于坐隅。”说的是，纯仁性情平易宽简，不以声色强加于人。而正义所在，则挺身承担没有稍许屈折。从布衣到宰相，廉洁勤俭始终如一，所得俸禄和赏赐，都用以扩大接济穷人的义庄。前后荫及子族，都是以比较疏远的族子为先。去世时，他的幼子、五孙还没有官职。他曾经说过：“我平生所学，得益忠恕二字，一生受用不尽。以至于在朝廷侍奉君王，交接同僚朋友，和睦家人宗族等，不曾有一刻离了这两个字。”常常告诫子侄辈说：“即使是愚笨到了极点的人，要求别人时却是明察的；即使是特别聪明的人，宽恕自己时也是糊涂的。如果能用要求别人的心思要求自己，用宽恕自己的心思宽恕别人，那就不用担心自己不会达到圣贤的境界。”亲族中有向范纯仁请教的，他说：“只有勤俭可以滋养廉洁，只有宽恕可以成就美德。”那个人将这句话奉为座右铭摆在案几上。

忠恕，即忠诚与宽恕，属于儒家论理道德范畴，是处理人与人之间关系的准则。《论语·里仁篇》载，曾子说“夫子之道，忠恕而已矣”。即老师的学说，忠恕两个字罢了。忠恕之道就是强调，要以对待自己的态度来对待别人，将心比心换位思考，自己想这样，也要想到人家也想这样，自己不想这样，也要想到人家也不想这样。正所谓“己所不欲，勿施于人”。如大家都能做到这样，小到一个家庭，大到一个单位团体甚至一座城镇，能不和谐共处吗？然而也许是钱闹腾的，现代人太缺乏这种品德了。凡事以自我为中心，以自我意志为转移，以自我评价为标准，全然不顾他人的感受和社会的公共利益，成了不少人的通病。在一些领导干部身上则表现为，干了一点好事，一点本不大的事情，唯恐上级和群众不知道，大吹特吹，在这里，领导决策的作用，大家合作的作用，友邻配合的作用，统统不见了。接下来就该向组织伸手了，要功要赏要官。达不到自己的目的，就怨声载道，牢骚满腹。而得罪人、出问题时，却一推六二五，责任全是别人和领导的，早把自己洗得一干二净。总之，好处要自己得，坏事撇给人家，邀功领赏冲在前，担责揽过往后缩。仔细看一看，恐怕这类人在有些地方官场上还真不少见。其实，这种现象也是腐败的衍生品，称其为软腐败实不为过，必须予以大力整治。除了继续强化为人民服务的宗旨意识，抓好“三严三实”教育的回头看，重温中华民族优秀的传统文化，效法先贤高尚的精神追求和崇高的道德境界，也是必不可少的。那就从比照范纯仁的样子，以“忠恕”二字来规范自己的言行开始吧。

从“奉公不挠”看源氏家风

源怀，南北朝时北魏名将，官至尚书左仆射，骠骑大将军，为人谦恭宽雅，清俭有惠政，尤以“奉公不挠”的形象史上有名。

《魏书·源怀传》载，景明中年（502），皇帝令源怀任使持节，加授侍中、行台之职，巡行北部边境六镇、恒燕朔三州，赈济贫困，兼采风俗，考核官员政绩名次，所有事情的处理，都由他先行决断然后上奏。自从京都迁到洛阳，北方边地遥远，加之连年大旱，百姓贫困不堪。源怀奉命巡行安抚，赈济有方，及时转运物资，各地通济有无。当时皇后的父亲于劲势倾朝野，于劲之兄于祚与源怀原先就有婚姻之亲，时任沃野镇将，颇多受贿之事。源怀将要巡行到他的镇所，于祚出城在道旁迎接，源怀根本不同他说话，即刻弹劾于祚并免去他的官职。怀朔镇将元尼须是源怀年轻时的好友，也多有贪污受贿之事，他置酒宴请源怀，对源怀说：“我的生命是长是短，全在于你一句话，难道不能对我给以宽待吗？”源怀说道：“今天的聚会，乃是源怀与故友饮酒之处，而不是判断案情之所。明天到公庭之上，才是令人检举镇将罪状的地方。”元尼须无言以对，唯有流泪而已。源怀不久就上表弹劾元尼须。源怀“奉公不挠，皆此类也”。

源怀何以能做到“奉公不挠”、刚正不屈？本传恰如其分地揭示了答案：源怀治事的才能与谋略兼备，从里到外都有好名声，继续父辈的踪迹，不辱先人的事业。原来是父辈源贺言传身教的结果，源怀才得以继承光大祖上的优良传统。

源贺，北魏政权建设的功臣之一，历太武、文成、献文、孝文四朝，先后任平西将军、冀州刺史、太尉，从政从军长达40余年。《源贺传》载：太和元年（477）秋，源贺自知时日不多了，“乃遗令敕诸子曰：‘吾顷以老患辞事，不悟天慈降恩，爵逮于汝。汝其毋傲吝，毋荒怠，毋奢越，毋嫉妒；

疑思问，言思审，行思恭，服思度；遏恶扬善，亲贤远佞；目观必真，耳属必正；诚勤以事君，清约以行己。吾终之后，所葬时服单椟，足申孝心，刍灵明器，一无用也。’”

“遗令敕诸子”，说的是，我不久前因为年老患病而辞去官职，上天慈爱降恩，爵位将传给你们。你们都不要骄傲狂妄，不要荒疏怠慢，不要奢侈越轨，不要嫉妒他人；有疑难要多请教，言语要审慎，行为要恭谨，服饰要适度；要做到抑恶扬善，亲贤远佞，眼睛观察事物一定要求其真实，两耳听话一定要求其正确；以忠诚勤勉去侍奉国君，以清廉俭朴来要求自己。我死以后，殡葬时用普通的衣服和单薄的小棺木，就足以表明你们的一片孝心，殉葬用的葬器之类，一概不要使用。

这是一篇字字掷地有声的家训遗嘱，“诚勤事君，清约行己”的良好家风，浸透在字里行间，这也是源贺人生经验和人生信条的总结，更是他从政生涯的真实写照。下面的这件事，就是最好的证明。正平二年（452），宦官宗爱弑杀太武帝拓跋焘，拥立南安王拓跋余继位，不久又将拓跋余杀掉。在此危急关头，源贺统率禁兵临危不乱，与南部尚书陆丽商议拥立太武帝拓跋焘的嫡孙拓跋濬为帝。他镇守军营、稳住宫廷作援应，命陆丽前往禁苑迎接拓跋濬。拓跋濬被源贺等朝臣顺利拥入永安殿登基称帝，改元兴安，是为文成帝，使北魏政局转危为安。新君继位大赏群臣，文成帝让源贺从国库中任意挑取财物，但源贺坚辞不肯取。而皇帝非要他选取，最终源贺仅仅牵了一匹战马而已。

身教重于言教。源贺如此的遇乱不惊、严谨不疏、居功不傲、见利不贪，就已经给子女们做出了好榜样。加之，又“遗令敕诸子”，叮嘱子女们务必要将“诚勤以事君，清约以行己”的家风家训传承下去。从现有的资料上看，源贺的后世子孙们个个谨遵教诲，人人都不曾懈怠过。源怀当然是其中的佼佼者之一，他承上启下，确保了源氏家风不梗阻、不变味，得以代代相传，得以发扬光大，使得家族从北魏开始兴盛，直至显赫于以后的隋、唐、宋数朝之久，在《魏书》《北史》《隋书》《旧唐书》等正史中被立传者竟达四十多人。对此《北史·源贺传》有精到的点评：“源贺堂堂，非徒武节、观其翼佐文成，廷抑禅让，殆乎社稷之臣。（源）怀干略兼举，出内弛誉，继迹贤考，不坠先业。子（源）邕功立夏方，身亡冀野。（源）彪著名齐朝。

（源）师、（源）雄官成隋代，美矣。”应该说这个“美矣”两字，不仅是夸赞源氏家族名臣名将出得多，也是对源氏“诚勤事君，清约行己”的良好家训家风的赞颂。

读张奂"诫兄子书"

张奂，东汉后期抗击匈奴的名将，先后任使匈奴中郎将、武威太守、度辽将军，恩威并重，匈奴拜服，幽州、并州一片"清静"，被朝廷升为大司农，后因匈奴又侵扰武威、张掖等地，再次被任命为护匈奴中郎将，以九卿高位总督幽、并、凉三州。匈奴听说张奂回来了，便有一大部立即投降，少部分继续作乱的，很快被张奂率军击垮，边境又恢复了安定。

张奂在长期抗击匈奴的过程中，有两件事被传为美谈。一是永寿元年（155），张奂以安定属国都尉之职，率仅有的二百余人，依托长城关隘，一举打败匈奴七千多人的进犯，迫使匈奴首领率众投降，确保了郡界安定。《后汉书·张奂传》载："羌豪帅感恩德，上马二十匹，先零酋长又遗金𫓧八枚，奂并受之，而召主簿于诸羌前，以酒酹地曰：'使马如羊，不以入厩；使金如粟，不以入怀。'悉以金马还之。羌性贪而贵吏清，前有八都尉率好财货，为所患苦，及奂正身絜己，威化大行。"说的是，东羌首领感激张奂的恩德，献上二十匹马，先零羌首领也送来八件金饰品，张奂都接受了，然后便命主簿召集羌族各部首领前来，他举起酒杯将酒倒在地上说："即使马像羊一样多，我也不会把它收入马厩；即使金器像谷粒一样多，我也不会把它收入怀中。"把金、马全都还给了他们。羌人性贪但对清廉的官吏却很尊敬，以前八任都尉均贪好财货，为他们所厌恶，张奂端正自身，品行廉洁，恩威和教化得以广泛推行。张奂的上述行为，在后世影响很大。王夫之《读通鉴论》卷八·桓帝称："张奂却羌豪之金马，而羌人畏服。""夫为将者，类非洁清自好独行之士，其能如奂之卓立以建大功者无几也。"

二是延熹五年（162），张奂被任命为武威太守。当地的风俗中有很多妖邪的禁忌，凡是二月份、五月份出生的孩子以及与父母同月份出生的孩子，全都必须杀死。张奂用仁义的道理和做父母的责任，启发和教导民众，并严格赏罚措施，使这一陋习得到了改变。百姓为此特地为张奂建立了生祠，以表达感激之情。

就是这样一个叱咤边境，令匈奴闻风丧胆，在北宋年间成书的《十七史百将传》荣列其中的张奂，在教子教兄子方面也颇有成效。《全后汉文》所载张奂的《诫兄子书》，就很值得人们读一读：

“汝曹薄祐，早失贤父，财单艺尽，今适喘息。闻仲祉轻傲耆老，侮狎同年，极口咨意。当崇长幼，以礼自持。闻敦煌有人来，同声相道，皆称叔时宽仁，闻之喜而且悲。喜叔时得美称，悲汝得恶论。经言孔于乡党，恂恂如也。恂恂者，恭谦之貌也。经难知，且自以汝资父为师，汝父宁轻乡里邪？年少多失，改之为贵。蘧伯玉年五十，见四十九年非，但能改之。不可不思吾言，不自克责，反云张甲谤我，李乙怨我。我无是过，尔亦已矣。”

张奂的这篇《诫兄子书》，大体上说了三层意思：一是对两个侄儿尊长爱幼的行为分别作了点评，批评二侄子张祉对老年人轻视傲慢，对同龄人轻慢无礼，信口开河，任意乱说。肯定和表扬三侄儿张时，待人宽厚仁义。二是引用两个典故循循教导其侄儿。“孔子于乡党，恂恂如也，似不能言者。”出自《论语·乡党第十》，意思是说，孔子在家乡，非常恭顺，像是不大会说话的样子。强调连孔子都尚且如此尊敬乡亲，更何况你们了。“故蘧伯玉年五十，而知四十九年所非”，出自《淮南子·原道训》，说的是，卫国大夫蘧伯玉五十岁的时候，知道自己前四十九年所犯过的错误。说明做人就是要时刻反省自己的所作所为。三是强调年轻人犯错误并不可怕，贵在知错就改，听到别人批评，要虚心接受，迅速加以改正，决不能怨这怪那，将自己的过错推诿给别人。

张奂对侄子的教诲，看似言语平和又平常，其实是在教导做人的基本功，人在幼年成长阶段，学会懂得礼节礼貌，能够尊长爱幼，待人宽厚仁义，虚心接受批评，就会为以后漫长的人生之路，打下一个坚实的道德底座。张奂就是这样一个以朴实无华的常情常理教育子女，又以常情常理规范自己的人。光和四年（181），张奂去世前，遗命给子女：“我早上死了，晚上就埋葬，‘奢非晋文，俭非王孙’，即春秋时晋文公朝见周天子，请求允许其死后得以天子之礼下葬，是谓奢侈；汉武帝时有一个人叫杨王孙，死前命子女为他布囊裹尸，下葬后再脱去布囊，以身亲土，是谓吝啬。不要超过常礼，顺乎人之常情就可以了。”

反思今天一些家长们对子女的教育，在文化课上下的功夫，要远大于在培养良好的道德品质上所下的功夫，这种状况亟待改变。不妨学学张奂，对子女的教育，多从道德上的 ABC 抓一抓，对于子女以后的成人、成家、成才，定会大有益处的。

为官纵妻贻害大

元载，唐朝宰相，史上四大巨贪之一，“胡椒八百石”，“死前袜塞口”，是他的特有标签。一代又一代的文人墨客，一方面以胡椒和臭袜为内容，写诗撰文讥讽元载的贪贿丑行。如宋代罗大经《鹤林玉露》载：“元载败时，告狱吏乞快死。狱吏曰：‘相公今日不奈何吃些臭。’乃解袜，塞其口而卒。余尝有诗曰：‘臭袜终须来塞口，枉收八百斛胡椒。’”一方面从不同侧面总结元载的教训，有的说他是“溪壑之欲，发乎无厌”，“惟愚生贪，贪转生愚”。也有的说是他妻子王氏惹的祸，结论是“贪婪之妻不可纵”。如唐代苏鹗的笔记小说集《杜阳杂编》载：“论者以元载丧令德，而崇贪名，自一妇人致也。”

暂且不去评论以上对元载犯罪的教训，找得准不准，元载之妻王韫秀肯定是难辞其咎的。这一点，有唐代宗的一道敕令予以证明：《旧唐书·元载传》载，唐大历十二年（777），唐代宗李豫发布一道有五百多字的敕书，列举了元载六大罪状，其中便有“凶妻忍害，暴子侵牟，曾不提防，恣其凌虐”的字样，即凶狠的妻子残忍害人，暴虐的儿子扰民牟利，元载却从不劝阻，纵其欺凌官吏与百姓。

本传还记载，元载“外委胥吏，内听妇言”。即外政委于胥吏，内事听从妇言。对王韫秀的行径纵之任之，还经常向其请示汇报，有商有量。王韫秀，是唐朝名将、开元年间河西节度使王忠嗣的女儿，一向以凶狠暴戾闻名，权力欲极强，放纵她的孩子元伯和等人，为元载的贪贿行为推波助澜，火上浇油，并争相收纳贿赂，共同加入了贪赃枉法的狂欢中，加速了宰相之家的堕落。当时求取功名的士人，如果不巴结元载及其家人，就无法进入仕途。导致贿赂公开进行，为近年最甚，各级官场上充斥着品行低下的无耻之徒，搅得朝政黑暗险恶，邪气弥漫。元载和家人则奢靡享乐没边没沿，城中建成南北二所豪华宅第，室宇恢宏壮丽，堪与皇宫比美，为当时第一。又在近郊修起亭榭，所到之处，帷帐杂器都早已备好，不须另行供给。城南的肥沃土地与别墅、疆界相互连接，共数十处，穿绔罗的婢女奴仆有一百余人。恣意放纵，犯法妄为，奢侈僭越，没有限度。

其实，元载之妻王韫秀，原本出身名门，且有抱负有追求，颇有股子大丈夫之气，并不是苟且之流。元载出身寒微，但很有才华，被王忠嗣相中召为女婿，但还是受尽了王家上下的白眼，决心离开王家，到长安求取功名。临行写首诗《别妻王韫秀》："年来谁不厌龙钟，虽在侯门似不容。看取海山寒翠树，苦遭霜霰到秦封。"王韫秀也鼓励丈夫游学求官，一同跟元载离家出走，并写诗《偕夫游秦》给相公打气："路扫饥寒迹，天哀志气人。休零离别泪，携手入西秦。"大意是，既然踏上了征途，就不要露出我们的寒酸。对于有志气的人，上天也是会怜悯的。不要流下离别的泪水，我和你一起去往京都长安。此诗一扫元载的低沉颓废情绪，一股满满的英雄气扑面而来，反映了倔强不屈的个性，乐观向上的精神。毛主席曾亲手书写王韫秀《偕夫游秦》诗，可能是受诗中透露出来的果敢与勇气所感染吧。

然而，元载发迹以后，王韫秀也迅速变坏。最终元载被杀之时，代宗皇帝将元载长子元伯和、次子元仲武、三子元季能与王韫秀一同赐死，元载已出家当尼姑的女儿真一，被收入宫中充作下人；还派人捣毁元载祖先及父母的坟墓，击毁祠堂中供奉的祖先木像。元载一家人的最后下场实在是可悲。

至于元载与其妻王韫秀谁先变坏，已不重要，反正两人是相互影响，共同堕落的。这足以给人以警示，欲做清廉为民的好官，就必须管好自己，还要管住自己的家人，尤其是管好自己的妻子。道理再简单不过了，夫妻本是同林鸟，一荣俱荣一损俱损，只有同时进步共守清廉才成。而这又是个长期的过程，需要下一辈子的功夫，且不论自己的官职大小，都要坚持这样做。在不断提醒自己不忘初心，严守规矩，清廉为公的同时，也要教育妻子这样想这样做，使妻子虽不一定在岗在位，但思想上不能松懈堕落，始终保持奉公守法、安分守己、规行矩步的本分本色。决不能像元载之妻那样，一旦丈夫官当大了，手中有权有势了，便为所欲为，无所不为，横行无忌，甚至助纣为虐，不踏上不归路就永不停步。

恶劣家风酿祸端

老子利用职权大肆贪占，积财之巨堪比国库；儿子紧步父尘后来居上，行贿百官广置豪宅，最终却身首异处家破财丧，为后世留下一个恶劣家风酿祸端的完整故事。这就是《旧唐书·王锷传》给人的烙印。

王锷年轻时，任湖南团练府营将，曾单枪匹马，只身前往叛将王国良驻地，诱降了王国良，为此升任邵州刺史，后来又调任广州刺史、岭南节度使。唐代镇守岭南广州的官吏，清廉者极少，大都借机狠捞一把，强征豪取贪污受贿。王锷也不例外。《王锷传》载："广人与夷人杂处，地征薄而丛求于川市。锷能计居人之业而榷其利，所得与两税相埒。锷以两税钱上供时进及供奉外，余皆自入。西南大海中诸国舶至，则尽没其利，由是锷家财富于公藏。日发十余艇，重以犀象珠贝，称商贷而出诸境。周以岁时，循环不绝，凡八年，京师权门多富锷之财。"说的是，广州人与夷人杂处，地税征收不多因而都聚众求利于河市。王锷能算计居民产业从而征收税利，所得收入与两税相差无几。王锷将两税钱除上供、四时进献及供奉外，剩余的都归入自己。西南大海中各国船舶驶至，利钱全被王锷没收。于是王锷的家财比公府收藏还富。王锷每天发遣十余艘小艇，多载犀角、象牙、珍珠、海贝，自称是商货而出境，以数月为周期，循环不绝，共八年，京师的权贵多因王锷的财货而富。

王锷通过贿赂朝中权贵，官职越做越大，不是白居易力谏，早就当上宰相了。《旧唐书·白居易传》载："上又欲加河东王锷平章事，居易谏曰：'宰相是陛下辅臣，非贤良不可当其位。锷诛剥民财，以市恩泽，不可使四方之人谓陛下得王锷进奉，而与之宰相，深无益于圣朝。'乃止。"

王锷上述贪婪的习性、行贿的伎俩，感染熏陶了其子王稷，待到王稷长大成人为官以后，其所作所为真可谓出蓝胜蓝。当然多行不义必自毙，王稷的结局也就更加悲惨。《王锷传》载："子稷，历官鸿胪少卿。锷在藩镇，稷尝留京师，以家财奉权要，视官高下以进赂，不待白父而行之。广治第宅，尝奏请藉坊以益之，作复垣洞穴，实金钱于其中。贵官清品，溺其赏宴而游，不惮清议。及父死，为奴所告稷换锷遗表，隐没所进钱物。上令鞫其奴于内仗，又发中使就东都验责其家财。宰臣裴度苦谏，于是罢其使而杀奴。稷长庆二年为德州刺史，广赍金宝仆妾以行。节度使李全略利其货而图之，故致本州军乱，杀稷，其室女为全略所虏，以妓媵处之。”说的是，王锷儿子王稷，历任至鸿胪少卿。王锷在藩镇时，王稷常留在京师。他用家财侍奉权贵，视他们官位的高低来进行贿赂，不等禀告他的父亲就去施行。他广建宅第，曾奏请借坊地来增加面积；又造夹墙挖洞穴，将金钱填在其中。高品大员贪图他的赏宴，与他一起游乐，而不怕舆论非议。到王锷死后，家里一奴仆向朝廷告状，说王稷偷换王锷遗表，隐藏了本应进献的钱物。唐德宗命令讯问那个奴仆，又派遣宦官到东都洛阳去验查他的家财。宰相裴度苦苦劝谏，于是停止追究并杀死奴仆。后来，王稷出任德州刺史，多带金宝、仆妾赴任。节度使李全略贪图王稷的钱财，图谋夺取，导致本州军队叛乱，杀了王稷。王稷的家人包括女儿等全被李全略霸占，用作为女伎婢女。

对于王锷父子的悲剧结局，书史者深为感叹，在《王锷传》的最后写道：“贱收贵出，务积珠金，唯利是求，多财多累，则与夫清白遗子孙者远矣！凡百在位，得不鉴之。”“惟彼太原（王锷自称太原人），战勋可录。累在多财，子孙不禄。”用今天的观点再加以审视，王锷父子不仅仅是“累在多财”上了，而是祸在财取之不义，又用之不当；祸在父贪贿成性，子又继承发展了其父的这项嗜好。总之祸根就在于王锷既贪婪钱财又善于行贿的家风上了。王稷从其父的从政轨迹中，认准了几个歪理邪说：当官就要盘剥百姓，贪污受贿，这样万贯钱财就犹如活水一般，源源不断地涌入家里；要能够平安当官，得以不断升职，就要献其所有投其所好，巴结贿赂朝中权贵；无论到哪里做官，只要有足够的金钱珠宝，就会拥有你想要的一切。正是在上述理念的驱使下，王稷终于走上了不归路。王锷父子的悲剧，今天好多贪官不还在重新演绎着吗？老子在地方担当要职，贪污受贿，猛积家产，其子女或亲属，在京或省城办私人会所、开高档酒楼，平日里灯红酒绿讨好侍候用得着的各方人士，有情况时则不惜大把撒钱摆平消灾。一家老小就足以形成了腐败的完整链条，且这样的链条又往往相互紧扣，一环套着一环，既推波助澜于腐败，又侵蚀败坏着社会风气。可以说这种家族式的腐败，即完全用贪腐的家风串联起来的腐败，严重侵蚀着党的干部队伍和政府的健康机体，必须予以揭露和痛击。党的十八大以来，党加大了这方面的反腐力度，仅靠纨绔子弟开豪车拉美女肇事等偶然因素，才暴露其父家族贪腐罪行的被动状况，大为改观，一大批家族式的腐败大案得以揭露出来，人们拍手称快。要不停手不歇脚，继续采取有力措施，以即将展开的不动产登记为契机，夯实领导干部财产报告制度，包括国内外的存款、房产、车库、投资性财产、自己及代理人所办公司等，都要一一填报清楚，对以种种理由故意瞒报者，一经查实务必从严处理。对恶劣家风导致家族式的腐败案件，决不让其得以匿藏起来，逍遥法外，要发现一起打击一起，决不手软。对这样的案件还要予以通报曝光，以告慰饱受其害的有关地方、企业和广大民众，宣誓党和政府严惩腐败的坚定决心。

美德传后的启示

在中国历史的长河中，美名留世、美德传后的名人清官多的是，但让我最为叹赏的还数汉代的疏广、疏受和杨震三人。

汉元帝当太子时的太傅疏广、少傅疏受叔侄两人，退休时得皇帝及太子赏赐的黄金70斤，回至家乡，每天让人变卖黄金，请旧友、族人、宾客在一起喝酒取乐。有人劝他们为子孙置一些财产，疏广说："贤而多财，则损其志；愚而多财，则益其过。且富者众人怨之，吾既无以教化子孙，不欲益其过而生怨。"即贤能的人，如财产太多，就会磨损他们的志气；愚蠢的人，财产太多，就增加他们的过错。况且富有是众人怨恨的目标，我过世后既无法教化子孙，就不愿意增加他们的过错而使众人产生怨恨。

汉安帝时先后任过荆州刺史和东莱太守的杨震，当有人劝他为子孙置办产业时，他说："使后世称为清白吏子孙，以此遗之，不亦厚乎！"使后代人说他们是清官的子孙，把这当作遗产留下，不也很丰厚吗！

面对金钱，如此磊落；为子孙计算，如此细微，令人回味。时至当今，神州大地上先富之人日渐增多，其中不乏欲给子孙后人留下实力雄厚大公司、条件优越房地产和巨额现钞者。这原本没有错，但仅仅做到这一点是远远不够的，要把那些无形的财产——美德，千方百计地传给后人，那才称得上圆满。更有极少数人民公仆中的败类以权谋钱，不惜贪污受贿百万千万甚至过亿，除满足自己享受超级的"酒绿灯红"外，还欲使子孙后代也接续享受下去。这些人与三位古人的金钱观如此相悖，原因何在？我们不妨剖析一下三位古人，他们具有三个共同特征：一是学识渊博。杨震自幼贫困好学，通晓《尚书》，教生授徒二十年，被誉为"关西孔子"。疏广、疏受充当太子教师，使太子十二岁就能通晓《论语》《孝经》，足见其学识之深。这正应了董仲舒的名言：君子不学，不成其德。二是修身养德。他们用所学的知识去修炼品德，坚定志向，清白为人，廉洁做官。杨震“四知”的故事就是例证。昌邑县令王密趁夜揣十斤黄金来送给杨震，杨说：“故人知君，君不知故人，何也？”（我了解你，你却不了解我，这是为什么？）王密说：“暮夜无知者。”杨说：“天知，地知，我知，子知。何谓无知者！”王密惭愧地走了。三是大彻大悟。长期苦学，修炼的结果，便是对自己、对官职、对事物有了更为透彻的认识和把握，已进入了人生“自由王国”的领地。疏广叔侄两人深知“知足不辱、知止不殆”的道理，在官成名立之际一同以患病为由申请退休，以求避祸，怡养天年。如此大彻大悟之人，为子孙着想怎能不超出世俗之见呢?

这三条足以叫我们效法。愿大款大腕们，大官大僚们，多学点知识，多修炼品德，勤俭为本，乐善好施，力争对社会对公众多做贡献。这样，既为世人称道，更为子孙榜样。

诸葛亮赞

“非淡泊无以明志，非宁静无以致远。”

——习近平《之江新语·做人做事要力戒浮躁》

（2006 年 2 月 27 日）

“蜀中四相”皆廉洁

值此安徽等四个省级卫视正热播《三国》之际，笔者也凑个热闹，不揣浅薄写点文字歪批三国。

自 223 年，先主刘备白帝城托孤，后主刘禅（阿斗）即位，诸葛亮建立丞相府处理军政要务，治理蜀汉政权开始，至 263 年蜀汉灭亡，历时四十年，历经诸葛亮、蒋琬、费祎、姜维四位丞相。尽管诸葛亮之后，蜀汉王朝不设丞相一职，但蒋琬等三人先后任尚书令、大将军等职，尚书令在当时是总揽一切政令，相当于丞相之职。诸葛亮等人执政时间有长有短，平均十年，确保了蜀汉政权于西南一隅长期延续，与强大的魏、吴政权抗衡，保持了政局稳定、社会安定。其中因素很多，如政局的巩固，统治集团内部的团结，民众的拥戴支持，不同民族的同心协力，对敌攻防总体战略的正确，甚至敌对营垒魏国吴国的失误，等等，但是，诸葛亮等四位丞相超凡的个人魅力，特别是廉洁自好的品格，不能不说是一个重要原因。正是：蜀中四相皆廉洁，助蜀苦撑四十载。由于诸葛亮等四人均廉洁如玉、洁白无瑕，赢得了官吏拥护、民众爱戴。甚至一段时间里，皇帝都受到抑制，不能无节制地花天酒地。据《三国志·董允传》记载，刘禅觉得宫中美女太少，想多选一些进宫，主管后宫的董允不同意，刘禅也只好作罢。当然，蜀汉后期，董允死后，宦官黄皓当道，刘禅还是现出骄奢淫逸的本相，直至亡国，这是后话。皇帝尚且如此“节俭自律”，大臣们自然就得更为收敛，老百姓虽然被连年北伐折腾得苦不堪言，但也无话可说。执政者廉洁，还弥补了其他方面的严重缺陷。应该说，除诸葛亮外的三人，缺项相当明显，蒋琬、费祎基本上没有带兵打过仗，更谈不上打胜仗了，姜维强于军事而内政就差得更多了。但这并没有影响他们的威信和形象，照样赢得了官民的信任和拥护。整个蜀国基本上官民一致，以匡复汉室为己任，以超小财力、物力、人力苦苦支撑着，竟然长达近半个世纪。

从这一特殊视角审视这段历史现象，对于今天加强我们执政党的廉政建设，我认为还是有所益处的。

先说说诸葛亮。由于诸葛亮受到历代统治阶级的推崇，被尊为封建道德的楷模，也受到人民群众的爱戴，被看作是智慧的化身，其中自身廉洁当然是重要原因之一。这用不着多费笔墨，因为诸葛亮的名气太大，哪个国人都能说出其二三事，他的高风亮节，已是灿烂的中华文明的组成部分。我在这里只需点点《三国志·诸葛亮传》的一段文字即可。传记中说：“诸葛亮曾向后主刘禅上表称：‘我在成都家中有桑树八百棵，薄田十五顷，供给子弟的衣食所需，还有富余。至于我在外任职，没有其他花费，随身衣食都是官府供给的，所以不再经营别的生计，积蓄私产。到我死的时候，一定不让家中或外地有多余的财产，以免辜负陛下的厚待。’等到诸葛亮死时，情况与他所说的完全一样。”加之诸葛亮精于治国理民之道，“鞠躬尽瘁、死而后已”的精神，开诚心、布公道的政风，赏罚严明、执法如山的作风，使得蜀国境内的人，对他又敬服又爱戴。陈寿在《诸葛亮传》中饱含深情地写道：“以致诸葛亮病逝后，百姓们怀念他，把他的事迹作为谈话的资料。直到今天梁、益两州的百姓赞叹叙说诸葛亮的话，仍然时时在耳旁回响。即使前人以《甘棠》诗咏诵召公，郑国人歌颂子产，也不能与当今的情况相提并论。孟轲说过：‘以宽松的办法来役使百姓，百姓纵然再劳苦也不会埋怨，为保证百姓生存而诛杀人，人即使被杀也没有怨恨。’果真是这个样子啊！”有这样的廉相能臣，蜀国虽然弱小，在当时却足以让魏、吴两国不敢轻举妄动，且牢牢掌握主动，对中原攻防自如，国家自然能稳如泰山。

其次说说诸葛亮的接班人蒋琬。他从公元 234 年执掌蜀汉尚书令，到 246 年去世，前后 12 年，比诸葛亮执政时间还多一年。《三国志·蒋琬传》对他如何廉洁没有讲，但对他的突出长处处理政事，以大局为重，而不追求表面形式，待人虚怀若谷，不计较个人恩怨，却反映得淋漓尽致。诸葛亮新亡，蜀国刚刚失去元帅，上下的官吏都危急恐惧。蒋琬才能品德出众，处于比同僚们更为重要的位置，他既无愁容，也无喜色，神情专一，举动自如，与平常完全一样，因此，他渐渐得到大家的信任和敬佩，很快安定了人心，挽救了蜀汉王朝的一场危机。执政中有个别大臣对他不恭，甚至说他无能，他既不生气也不追究，“宰相肚里能撑船”。如官吏杨敏诽谤蒋琬“做事糊涂，实在不如前人”。有人把此话报告蒋琬，请求追究此事处理杨敏。蒋琬说“我确实不如前人，没什么可追究的”。后来杨敏因别的事情获罪，被关押在狱中，大家都担心他会被处死。可是蒋琬却丝毫不计较个人的亲疏恩怨，公正处理，使杨敏免获重罪。政治上“承诸葛之成规，因循而不革”，维持了政局的安定；军事上转攻为守，获得了难得的发展时机，保存了蜀汉国力；并且逐渐让渡一部分权力给诸葛亮指定的另外一位接班人费祎，使后来蒋、费之间的权力交接自然稳妥，保持了蜀汉政权的连续性和稳定性。可以说，蜀汉政权长期得以延续，蒋琬承上启下之功不可没，这其中他个人的爱憎符合道义，魅力凝聚人心，是个重要因素。

再来说说费祎。他与蒋琬和后来的姜维一样，都是在诸葛亮不断关注和精心培养下，脱颖而出的。《三国志·费祎传》载：诸葛亮南征回成都，百官于城外数十里迎接，年龄、职位大都在费祎之上，而诸葛亮特命费祎一人与自己同车同载进城，费祎身价由此大增，从此百官对其都不敢小觑。以后，诸葛亮又屡次派他出使东吴，不仅出色完成任务，还赢得孙权“君天下淑德，必当股肱蜀朝”的美溢。对于他的廉洁，交代得更是清清楚楚：“祎雅性谦素，家不积财。儿子皆令布衣素食，出入不从车骑，无异凡人。”也就是说，他和家人是很简朴的，甚至他的家人走在路上和其他人都没什么区别。蒋琬后期，费与其联合执政几年，费独撑朝政7年，是四相中年头最少的。253年初，费祎与全体高级将领举行元旦聚会，费饮酒至醉，被魏国投降的官吏郭修当场杀死。后人虞喜曾写道：费祎性情温和，平易近人，对人从不猜忌，竟被降将郭修刺死，优点是廉洁简朴，祸端也由于过于简朴而疏于防范，从他的优点产生出缺点来。费祎执政与蒋琬在方式方法、政绩成效上没有什么两样，可以说继续保持了蜀国的稳定。

最后说说姜维。姜维原为魏将，诸葛亮初次北伐时收于帐下。诸葛亮特别赏识姜维，称其“忠诚、勤奋于国家大业，考虑问题周全。可称得上是凉州的高明之士”。对其予以特殊培养，让他训练军队，引他朝见皇上，迅速委以重任，很快就成为诸葛亮的军事接班人。在蒋琬、费祎执政时期，军事方面也主要依靠姜维，费祎死后姜维更是军政一身兼，直至蜀亡，执政长达十年。虽然他九伐中原又未建立功名，军人中对他有些怨恨情绪，但因为他一生志在灭魏兴蜀，直到邓艾打进成都，刘禅已经投降，还诈降钟会以求消灭钟会，达到复兴蜀国目的，结果事败身亡，一直受到人们的称颂。后人称其“一颗赤心，千年栩栩如生”。晋朝孙盛在蜀亡国83年之后，到蜀故地访问父老，发现人民至今仍为姜维未能如愿以偿诛杀钟会、复兴蜀国而悲伤惋惜。这与他一生清廉有直接关系。《姜维传》称：姜身负上将重任，位在文武百官之上，可是住宅简陋，除了薪俸外，家无余财，只有正妻，没有姬妾，平常日子，也没有声色犬马的娱乐，衣服仅仅够穿，车马仅仅够用，饮食十分节制，既不奢侈，也不寒酸，政府发给的生活费用，随到随用。他之所以如此，并不是为了要讽劝贪污，砥砺世风，故意抑制自己的欲望，而是出自内心，认为这样已经满足，不需多求。“像姜维这样的好学不倦，清廉朴素，自是一代表率。”正因为如此，姜维在极其困难情况下，也就是内无蒋、费这样出类拔萃的官员支持和协助，以至于对小小宦官黄皓制裁起来都无能为力，甚至打仗失利后，连成都也不敢回去，只能驻防在沓中，名为屯垦，实为避祸，得到民众拥护和支持，维持蜀汉政权十多年，实属不易。蜀国亡国非其他原因，而是斗不过强敌，后世有人归咎于姜维，说他穷兵黩武，连年征战，这是不公平的。

蜀中四相为什么都廉洁，我觉得原因有四个：一是诸葛亮带了好头。对于蜀国，刘备之后，政局走向何方，结果是好是坏，诸葛亮无疑起着决定作用。他鞠躬尽瘁，事必躬亲，清廉俭朴，“抚百姓，示仪轨，约官职，从权制，开诚心，布公道”，“宫中府中俱为一体”，他无懈可击的政治才能、为政之道，令所有蜀国人顶礼膜拜，他的接班人照着学还唯恐学不好，自然也就不敢越雷池一步了。二是诸葛亮选人用人的标准所决定。诸葛亮用人标准严格，甚至近乎苛刻，不仅要忠诚，有能力水平，人品也要出众，谦虚谨慎、廉洁公道、虚怀若谷等，那是必须的。魏延纵有天大本事，但“脑有反骨”，人品不端，是不可能得到重用的。蒋琬、费祎都是诸葛亮钦点的接班人，在《出师表》中，都受到过盛赞：是善良诚实、忠贞纯正的人，是坚贞可靠、能够以死报国的忠臣。没有廉洁的品格，不可能得到这样高的赞誉。姜维更是从二十几岁就跟随诸葛亮，完全是按照诸葛亮的成才标准成长起来的，廉洁当然应在其素质之中了。三是蜀国特殊的国情所决定。国家小且贫穷、地处偏僻、人口少民族多、财力物力极其有限。在这种情况下，统治者想不廉洁都可能做不到，因为没有丰富的物质基础，供他们奢侈腐化。这是导致四相皆廉洁的客观因素。四是蜀国的核心任务与核心利益所决定。蜀国从它建立的那天起，就以讨灭汉贼、匡扶汉室为己任，天天备战，连年打仗，一直处在战争状态。先是征讨平抚南方孟获，其后就是诸葛亮六出岐山，姜维九伐中原，几乎每两年多就必打一大仗。可以想象，人民承受着多大的痛苦，儿子牺牲，粮食上缴，战端一开又惦念无比。四位丞相兼负国家大任，又要亲自出马带兵打仗，对人民疾苦感同身受，无论是否有廉洁品格，对自己都要有所克制，这是履职所需含糊不得，不然谁还会替你卖命，这也是人之常情。这远不像和平年代，物资丰富，又不需要百姓卖命，官与民的距离越拉越大，位高者搞起腐败来会无所顾忌。

以上四条，绝对浅薄，但也值得回味，古今同理，难道不应当引起我们执政党和执政者的一点思索吗?

诸葛亮画像小议

千百年来，人们以各种形式缅怀和追思圣贤诸葛亮，记述诸葛亮的专著多的是，赞美忠武侯的诗篇更是数也数不清，而为诸葛亮画像和塑像也很普遍，也是对其崇拜和敬仰的一种形式，只可惜唐宋以前的绘画作品都没有保存下来，目前进入中小学课本的只有明代《三才图会》书中的孔明半身画像，清代南熏殿藏《历代名臣画像》中的诸葛亮立身画像。近日读了清代赵翼的一首诗《石刻汉诸葛忠武侯像赞》，犹如亲身感受到了古时人们对诸葛亮画像的无比喜爱之情。

赵翼，清代乾隆时人，官至广州知府，著有《廿二史记》，也是著名诗人，与袁枚、蒋士铨并称“乾隆三大家”。《石刻汉诸葛忠武侯像赞》这首诗，载于清朝人潘时彤《昭烈忠武陵庙志》“艺文卷五”，诗题下注：“像为阎立本画，后有王齐贤（南宋丞相王淮的从父）摹本，张南轩赞，朱考亭书，印君鸿纬于疁城（古为昆山县疁城，今上海嘉定区），俞氏见之，借摹上石，以广其传，爰为作歌。”不妨摘录其中的十句诗，感受一下诸葛亮画像的庞大粉丝阵容：“右相丹青追仿佛，妙手重抚稿频易。南轩作赞考亭书，爱其人者宝其迹。清高既素宗臣容，题拂兼增大儒笔。印君遇之倍珍惜，更仿残缣寿诸石。遂使纶巾羽扇人，一身化作百千亿。”大意是，唐朝中书令、右相阎立本画诸葛亮像，本是绘画高手竟数次修改易稿。南宋理学家张栻为此画作诗“诸葛武侯像赞”（其中有“遗像有严，瞻者起敬”的诗句）、朱熹亲自书写张栻的赞诗，热爱诸葛亮的人都非常喜欢此画此诗此字。诸葛武侯清高肃雅容貌的画像，品评褒扬的诗词与文字均出自大儒之手。清代昆山县疁城人印鸿纬（嘉庆年间曾举孝廉方正，《晚晴簃诗汇》录有其诗三首）得到此画倍加珍惜，用双丝细绢临摹诸葛亮画像并刻于寿诸石上。于是使得纶巾羽扇的诸葛武侯画像，被人们从石碑上拓印下成千上万张来。赵翼在诗的最后写道："得此庄严供斋阁"，"惟有清襟师淡泊"。即面对诸葛亮画像，诗人自策自立，要效法诸葛亮淡泊明志修身立德。

从赵翼的上述诗句中，可以看出，在盛唐，在宋代，乃至在清代，人们对诸葛亮画像的喜爱和追捧，是何等的热烈与执著。

其实，关于诸葛亮画像与雕塑，最早见于何时，典籍中没有明确记载。《三国志·诸葛亮传》载，262年，"诏为亮立庙于沔阳"。就是现今勉县的武侯祠，也是历史上第一座武侯祠。这是刘禅根据习隆、向充上表而后下诏建的，两人在表中提到周人怀召伯、越王思范蠡，"均铸金以存其像"，也应为诸葛亮"图形立庙"。据此判断，勉县武侯祠中应该有诸葛亮画像或塑像。但明代以后此祠曾多次大修，现有的诸葛亮雕塑肯定不是原来的模样了。由勉县武侯祠开先河，后世记载诸葛亮画像、雕塑的文字层出不穷。从杜甫"咏怀古迹五首"中的名句"诸葛大名垂宇宙，宗臣遗像肃清高"，武少仪"诸葛丞相庙"中的"执简焚香入庙门，武侯神像俨如存"来看，唐代成都武侯祠已有诸葛亮塑像。其后，各地陆续兴建的武侯祠庙内，均有孔明塑像。从前述赵翼的诗句"右相丹青追仿佛，妙手重抚稿频易"看，唐代著名画家阎立本，更是精心为诸葛亮画像。宋代苏轼有诗"诸葛武侯画像赞"。有关学者的文章还讲，朱熹曾立孔明木刻像在白鹿山洞内；五代时前蜀画家房从真，画有"诸葛亮引兵渡泸图"；宋末元初人赵孟頫，画有诸葛亮手持如意坐画像；明代杂剧作家朱有燉，画有"孔明读书图"。《宋史·王柏传》载，王柏著作颇丰，并为"四书"标注点校，"柏少慕诸葛亮为人"，将诸葛亮画像雕为石刻像，供奉于书斋。明代画家王圻、王思义父子俩，于1609年出版的百科式画集《三才图会》，就有孔明半身坐像。清代故宫的南熏殿藏有历代名人画像，诸葛亮立身画像，就出自历代功臣像轴。由于唐宋以前的诸葛亮画像都未能保存下来，当代中小学课本中的诸葛亮画像，均出自南熏殿本和《三才图会》。而元、明、清的三国故事、平话、演义中，关于诸葛亮的绘画就相当多了。新中国建立后，诸葛亮画像就更多了。《三国演义》连环画，几乎是无人不晓。三国故事的邮票，发行了一套又一套。2014年8月28日，还专门出了包括"卧龙出山""鞠躬尽瘁"的诸葛亮特种邮票。而影视剧中孔明的英姿，更是早已定格在亿万国人的心中。

喜爱羽扇纶巾的诸葛亮形象，崇拜诸葛亮"鞠躬尽瘁，死而后已"的伟大精神，已深深地融入民族传统民族文化民族心理之中，它必将永久地延续下去，伴随中华民族大家庭永生永世！

正己教人令乃行

“释己教人，是谓逆政，正己教人，是谓顺政。故人君先正其身，然后乃行其令。”语出自《诸葛亮集·教令第十三》，大意是，领导者不把自己包括进去，一味放纵自己，只是教育别人，这就叫作倒行逆施的政治；通过端正自己来教育别人，才是顺情顺理的政治。所以要首先端正自身，然后政令才能得以推行。诸葛亮是这样说的，更是倾其一生都是这样做的。

诸葛亮自身的廉洁，那是人尽皆知的。《三国志·诸葛亮传》的一段文字说得再清楚不过了：“诸葛亮曾向后主刘禅上表称：‘我在成都家中有桑树八百棵，薄田十五顷，供给子弟的衣食所需，还有富余。至于我在外任职，没有其他花费，随身衣食都是官府供给的，所以不再经营别的生计，积蓄私产。到我死的时候，一定不让家中或外地有多余的财产，以免辜负陛下的厚待。’等到诸葛亮死时，情况与他所说的完全一样。”而诸葛亮“正己教人”的事，典籍中记载得也不少。唐代虞世南编著的《北堂书钞》卷38载，诸葛亮“又与李严书”：“吾受赐八十万斛，今蓄财无余，妾无副服。”即我曾接受皇上八十万斛的赏赐，如今没有多余的积蓄，侍妾也没有替换的衣服。正是在诸葛亮的身教与言教下，蜀汉后继的诸位辅政者，都奉行正己教人的顺政，各个清廉能干，确保了蜀汉政权于西南一隅，以超小财力、物力、人力苦苦支撑着，保持政局稳定、社会安定，与强大的魏、吴政权抗衡，竟然历时四十多年。

诸葛亮去世后，蒋琬首先执政，前后12年。《三国志·蒋琬传》对他如何廉洁没有讲，但对他的突出长处是处理政事，以大局为重，而不追求表面形式，待人虚怀若谷，不计较个人恩怨，却反映得淋漓尽致。政治上“承诸葛之成规，因循而不革”，维持了政局的安定；军事上转攻为守，获得了难得的发展时机，保存了蜀汉国力；并且逐渐让渡一部分权力，给诸葛亮指定的另外一位接班人费祎，使后来蒋、费之间的权力交接自然稳妥，保持了蜀汉政权的连续性和稳定性。

《三国志·费祎传》载：“祎雅性谦素，家不积财。儿子皆令布衣素食，出入不从车骑，无异凡人。”也就是说，费祎和家人是很简朴的，甚至他的家人走在路上和其他人都没什么区别。蒋琬后期，费与其联合执政几年，费独撑朝政 7 年。费祎执政，与蒋琬在方式方法、政绩成效上没有什么两样，可以说继续保持了蜀国的稳定。

董允一直主持皇宫内廷，为官清廉，淡泊名利，真正做到了“宫中府中，俱为一体”，为蜀汉付出了自己的全部，时人无不对他称赞有加。《三国志·董允传》载：“蒋琬上表：‘董允在朝廷内侍奉多年，辅佐朝廷，应该赐给爵号土地以褒扬他的功劳。’董允坚决辞绝不肯接受。”

姜维原为魏将，诸葛亮初次北伐时收于帐下。诸葛亮特别赏识姜维，很快就培养他成为自己的军事接班人。在蒋琬、费祎执政时期，军事方面也主要依靠姜维，费祎死后姜维更是军政一身兼，直至蜀亡，执政长达十年。他一生志在灭魏兴蜀，直到邓艾打进成都，刘禅已经投降，还诈降钟会以求消灭钟会，达到复兴蜀国目的，虽然事败身亡，却一直受到人们的称颂。后人称其“一颗赤心，千年栩栩如生”。这与他一生清廉有直接关系。《三国志·姜维传》称：姜身负上将重任，位在文武百官之上，可是住宅简陋，除了薪俸外，家无余财，只有正妻，没有姬妾，平常日子，也没有声色犬马的娱乐，衣服仅仅够穿，车马仅仅够用，饮食十分节制，既不奢侈，也不寒酸，政府发给的生活费用，随到随用。他之所以如此，并不是为了要讽劝贪污，砥砺世风，故意抑制自己的欲望，而是出自内心，认为这样已经满足，不需多求。“像姜维这样的好学不倦，清廉朴素，自是一代表率。”

武侯与诗仙

诗圣杜甫赞颂诸葛亮的诗篇，可谓数量多、流传广、影响大，诸如“诸葛大名垂宇宙，宗臣遗像肃清高”，“出师未捷身先死，长使英雄泪满襟”的诗句，谁人不知。其实，诗仙李白也写了不少有关诸葛亮的诗篇，只是赞美的角度与杜甫有所不同，更多的是羡慕诸葛亮与刘备间的鱼水之情，一心想效法诸葛亮，能得到明主的赏识与重用，干出一番功业来。

最能反映李白上述心境的是，五言诗《读诸葛武侯传书怀赠长安崔少府叔封昆季》：

“汉道昔云季，群雄方战争。霸图各未立，割据资豪英。赤伏起颓运，卧龙得孔明。当其南阳时，陇亩躬自耕。鱼水三顾合，风云四海生。武侯立岷蜀，壮志吞咸京。何人先见许，但有崔州平。余亦草间人，颇怀拯物情。晚途值子玉，华发同衰荣。托意在经济，结交为弟兄。毋令管与鲍，千载独知名。”

大意是，东汉末年群雄纷起，龙争虎斗。争王图霸之业未立，各自割据称雄。刘备像汉光武一样欲挽救颓运的汉朝，得到了卧龙孔明的辅佐。诸葛亮在南阳之时，亲自耕作于陇亩之中。刘备三顾诸葛亮于卧龙岗茅庐，如鱼之得水叱咤风云于天下。诸葛武侯在川蜀佐助刘备立国，其凌云壮志直吞昔日故都。诸葛亮未显达之时，有博陵的崔州平对他最为赞许。我也是一个布衣之士，胸怀报国忧民之情。在晚年遇到了您二位像崔州平和东汉善交才俊的崔瑗一样的朋友，能够华发之际同衰共荣。我们都是寄意于经国济民，结成了兄弟般的友谊。让这种友谊像管仲和鲍叔牙一样，在史册上千载留名。

李白读了《诸葛亮传》后，满怀深情地写下自己的感怀，赠给京兆尹长安县尉崔叔封兄弟二人。李白在诗中热烈赞扬了诸葛亮，对于刘备与诸葛亮君臣情深，成就一番事业，表示由衷的向往，并以诸葛亮自比，而将崔氏兄弟比作善于识人的崔州平和厚于交道的崔瑗，隐约流露出肯求援引之意。总之，这首诗抒发了李白热切希望能得到知己荐举，而施展抱负的强烈愿望。正因为如此，南宋诗论家严羽说，李白此诗“赠人适以自赠”，足见诗人之性情。

李白常以伊尹、姜尚、张良、诸葛亮自比，原因之一，也正是他们和君主之间，有着彼此信任相互融洽的关系，而这正符合诗人心中的理想世界。李白有“奋其智能，愿为辅弼”的雄心，渴望建功立业，但屡遭挫折，一生未能实现。李白曾当了两年皇帝的文学侍臣，并未参与政事，遭到宦官高力士等人的诋毁，被“赐金放还”，结束了帝京生活。安史之乱时，李白被永王李璘召为幕僚，因永王与李亨（后为唐肃宗）之间发生战事，永王兵败身死，李白又获罪，受到流放夜郎处罚，行至半途遇大赦得以获释。二次从政又失败了。因此李白的诗中有时也不免夹杂着一些消极成分。

如《南都行》虽写东汉南都南阳之美，诗中主旨却是讲述李白对南阳英豪的钦敬和仰慕，以诸葛卧龙自比，以申经世之志，抒发壮志未酬、怀才不遇的悲伤。诗的最后两句：“谁识卧龙客，长吟愁鬓斑。”李白自叹长吟诸葛亮的“梁父吟”，因没有知己推荐我的头发都要愁白了。

《行路难三首（其二）》：“君不见昔时燕家重郭隗，拥篲折节无嫌猜”。说的是，战国时燕昭王尊郭隗老人为师，以招揽贤士，当邹衍到来时，竟亲自打扫道路，恐怕灰尘飞扬，用衣袖挡住扫帚，以示恭敬。李白始终希望君臣之间有一种比较推心置腹的关系，感叹现实生活中这种关系却又极其少见。

《金陵城西楼月下吟》：“月下沉吟久不归，古来相接眼中稀。”李白伫立月下，沉思默想，久久不归，感叹不仅是我眼前知音稀少，自古以来有才华、有抱负的人当时也都如此，也是诗人无可奈何的自我安慰。

但李白志向始终不泯，总体上并不使人消沉，诗中更多的是流露出，在困顿中仍想有所作为的积极用世的热情，心中永远燃烧着一团火，没有放弃追求与信心。《读诸葛武侯传书怀赠长安崔少府叔封昆季》这首诗，就是李白被迫离开长安后所作，他并没有就此消极下去，反而热烈赞扬诸葛亮，热烈赞扬刘备与诸葛亮君臣之情。李白在诗中明确表示自己同样有诸葛亮那样的胸襟与抱负，因而也希望像诸葛亮“鱼水三顾合，风云四海生”那样，得到君主的知遇，干一番经时济世的大事业。李白直到去世的前一年，听到太尉李光弼率军讨伐叛军，还准备投身行伍，后因病未能如愿而作罢。纵观李白的一生，虽然有隐居、任侠、求仙的探求，但从他年轻时“愿为辅弼”，至老仍旧“挺身请缨”，主要的想法都是要为国家建功立业，“济苍生安社稷”。可以说，李白的浪漫主义精神，都是根植于积极向上、昂扬热烈的理想之上的。

孔明斩马谡何以三次挥泪

诸葛亮严肃执法《挥泪斩马谡》的故事，可谓家喻户晓、人尽皆知。然而，诸葛亮到底为马谡流泪啼哭了几次，又是为什么而流泪啼哭，有的人就不一定了解得很细了。对此问题加以探究，可以感受到诸葛亮身上所承载着的中华民族的诸多传统美德。

失街亭、斩马谡，是诸葛亮一生中执法的大事件，前后处罚的人数之多，处罚的种类之全，于后世的影响之长久，是三国时期其他执法事件所无法比拟的。在整个事件中，按律令被追责的：斩首三人，马谡及将军张休、李盛；髡刑（剃去男子头发的一种刑罚）一人，时为马谡的参军，《三国志》作者陈寿的父亲；免官多人，夺黄袭的兵权，向朗因包庇马谡逃亡被免官；诸葛亮上表“自贬三等”，后主下诏：“以亮为右将军，行丞相事”。重奖一人，王平由裨将军进位讨寇将军，加拜参军，封亭侯。面对如此众多的受处罚的将领，诸葛亮只为马谡一人哭泣过，且不止一次哭泣。综合史籍记载，诸葛亮为马谡先后流涕三次之多。

《三国志》“马良传”载，“谡下狱物故，亮为之流涕”。这是第一次。又载：“谡临终与亮书曰：‘明公视谡犹子，谡视明公犹父，愿深惟殛鲧兴禹之义（一人有罪，不可株连家人），使平生之交，不亏于此，谡虽死，无恨于黄壤（即黄土）也。’于时十万之众，为之垂泣。亮自临祭，待其遗孤若平生。”亲自祭祀岂能不哭，此为第二次。又载：“蒋琬后诣汉中，谓亮曰：‘昔楚杀得臣，然后文公喜可知也。天下未定，而戮智计之士，岂不惜乎！’亮流涕曰：‘孙武所以能制胜于天下者，用法明也。是以杨干乱法，魏绛戮其仆。四海分裂，兵交方始，若复废法，何用讨贼向邪！’”这是第三次。

诸葛亮何以至此？后人文章不断，说法不尽一致，笔者以常人之心揣度，是否大体上有这么几个原因：

一是因愧疚、后悔、自责而流泪。诸葛亮之所以错用马谡，是因为平时没有把刘备关于“马谡言过其实，不可大用，君其察之”的嘱托当回事，“犹谓不然”，以为刘备说的不全对；战时，“亮违众拔谡”，不用众将心仪的宿将魏延、吴壹等人为先锋，决意用马谡担当重任。结果马谡兵败街亭，蜀军全盘皆输。错用马谡，责任全在诸葛亮自身，那种深深的愧疚之情、后悔之意、自责之心，不哭泣出来如何释怀得了。

二是因惋惜首次北伐失败而哭泣。可以说，诸葛亮为第一次北伐，呕心沥血准备多年，亲自南征平叛，积蓄粮草训练士卒，等待和创造时机，实指望初战必胜势在必得。现实是不仅没胜，反而败得如此之快。这与诸葛亮的心理期望相距甚远，怎能不为初次北伐由于自己错用一人导致失败，由惋惜痛心转而哭泣。

三是思念刘备关羽张飞之往事而流涕。诸葛亮由刘备论马谡之言而想起，以往刘备等人都在时，遇事有人得以商量，逢战有众多悍将可派，自己只需运筹于帷幄之中，就能决胜于千里之外。现在全然不同过去了，凡事都得自己拿主意，凡战必得亲自率军出征，“蜀中无大将”的局面已越发显现。李商隐的两句诗：“管乐有才真不忝，关张无命欲何如？”即孔明真不愧有管仲和乐毅的才干，关羽张飞已死他又怎能力挽狂澜？就是对此情此景的最好注解。今非昔比，定是增添了诸葛亮的无可奈何的悲伤之感。

四是因惜才爱才而痛哭。马谡虽不算马上驰骋、攻城略地的能将，然而却是能与诸葛亮“引见谈论，自昼达夜”的高参，也称得上是诸葛亮推心置腹的朋友，尤其是征南“攻心为上，攻城为下；心战为上，兵战为下”的策略，又是马谡建议给诸葛亮的。运用此计，才有“七擒孟获”的佳话。为严肃军法，又不得不将自己十分器重的爱将马谡处斩，诸葛亮能不心痛能不哭泣吗？

五是因感到对不住结为兄弟的马良而流涕。马谡为马良之弟，马良则为襄阳人士，“并有才名”。诸葛亮与马良曾结为兄弟，或许还有亲戚关系。而马良早在随刘备征吴时就已战死殉国，如今诸葛亮还要亲自下令将朋友之弟斩首，能不揪心吗？

六是为马谡的遗言所感动而流泪。诸葛亮看到马谡临刑前写给他的书信，说了那么多感人肺腑的话语，唯独没有一句不满和怨言，百感交集心若刀绞，加之祭祀马谡时又感动得十万大军为之垂泪，作为军中首领的诸葛亮能不为之动情吗？应该说，诸葛亮流的也是感动的泪水。

整个事件反映出诸葛亮在情与法的交织碰撞中，毅然舍情而护法，执法不循私情，赏罚公允严明，且又有情有义。“斩马谡”，体现了严明军法，严格执法；“挥泪再三”，体现了念及旧情，不忘故友。从诸葛亮斩马谡而多次挥泪中，可以看到一个领导者的自责与内疚，责任与担当，坚毅与执著，更看到了坚持依法治军治国的强烈信念。所有这些，已融入诸葛亮的完美人格之中，影响着一代又一代的中华儿女。

一首小诗话孔明

古往今来赞颂诸葛亮的诗篇，可谓成百上千多的是，其中的好多首诗，好多名句，如杜甫《蜀相》中“出师未捷身先死，长使英雄泪满襟”，陆游《游诸葛武侯读书台》中“出师一表千载无，远比管乐盖有余”等，已为人们所耳熟能详。然而，读了《剑阁县续志》卷九所载，清代张问陶的一首只有六句、三十个字的小诗《武侯坡》，还是被诗中的意境和寓意所深深打动。

“西望成都桑，东望陈仓树。隆中归梦绝，终老三巴路。英雄不可为，临风泪如注。”诗的大意是：朝西可看到诸葛亮庄园里的八百株桑，向东可遥看陕西陈仓等诸葛亮出师经过的地方。连做梦也从未想过要回隆中老家看一看，最终死在了征讨魏国的蜀中三巴路上。做英雄不易也有不可为之处，这让后人思之好像风吹落泪如雨如注。

张问陶，清代乾隆年间曾任山东莱州知府，为官清廉心系百姓，还是杰出诗人，写诗极多，仅现存就有三千五百多首，与袁枚、赵翼合称清代“性灵派三大家”，被誉为巴蜀第一大诗人。这首诗中的前四句，诗人以成都、陈仓、隆中、蜀道四个点，清晰地勾勒出诸葛亮诸多优秀品格中的四个：

“西望成都桑”——廉洁如玉。《三国志·诸葛亮传》载：诸葛亮曾向后主刘禅上表称：“我在成都家中有桑树八百棵，薄田十五顷，供给子弟的衣食所需，还有富余。至于我在外任职，没有其他花费，随身衣食都是官府供给的，所以不再经营别的生计，积蓄私产。到我死的时候，一定不让家中或外地有多余的财产，以免辜负陛下的厚待。”等到诸葛亮死时，情况与他所说的完全一样。正是这颗坦然无私的心，感染了所有的朝野人士。千百年来人们崇拜敬仰诸葛亮，被他的廉洁品格所征服是个重要因素。

“东望陈仓树”——坚忍不拔。刘备死后，诸葛亮立志“讨灭汉贼匡扶汉室”，迅速平定南方之乱，亲率大军六出祁山，征伐魏国，在陈仓等地，屡屡重创敌军。数万大军来去自若，斗志昂扬意气风发，大有饮马河洛之志。而数倍于蜀军的强敌，却只有招架之功无还手之力。以致有人说，如果老天再给诸葛亮多一点时光，哪怕只有十年，结果定会不一样的。如此意志坚定，忠诚谨慎，连续征战，奋斗不息，诸葛亮都是在实现着自己的治国理想。

“隆中归梦绝”——舍家忘我。诸葛亮 27 岁刘备三顾茅庐而出山，到 54 岁去世，为刘备集团为蜀国大业，拼搏战斗了一生，却再也没有回过隆中老家，就连夜间睡觉做梦，都没有做过要回隆中老家的梦，这是何等让人敬佩的舍小家顾国家的精神啊！然而对于子女的教育，诸葛亮却丝毫没有放松过，身在前线频频给子侄写信，现存的三篇《诫子书》，堪称教子经典之作，“淡泊明志”“宁静致远”，这流传千古的名言，就是其中的核心内容。诸葛亮从其兄诸葛瑾过继来的儿子诸葛乔，与诸将子弟一同，随大军征战转运粮草，结果战死沙场。儿子诸葛瞻、孙子诸葛尚，为抵御邓艾大军，一同殉国而亡。邓小平曾说过：“刘备是儿子坏孙子好，诸葛亮是三代都好。”

“终老三巴路”——以死报国。“鞠躬尽力、死而后已”，《后出师表》中的这两句话，由于《三国演义》的广泛流行，演变为“鞠躬尽瘁、死而后已”，虽是诸葛亮自表心境、自勉自励的语言，更是他一生都在实践自己做人规范的真实写照。身抱重病，仍在中军大帐，筹划指挥作战，直到灯灭人死，以身报国，兑现了那句“我小心谨慎地为国献出我的一切力量，直到死为止”的承诺。更为后世的人们留下了无尽的遗憾。可喜的是，“鞠躬尽瘁、死而后已”，过去、今天和将来，永远都是有志之士的政治“圣经”和一生的追求。

笔者推崇这首小诗，正是因为身为廉吏的诗人，首先赞扬诸葛亮的廉洁品格，这在史上众多赞扬诸葛亮的诗篇中，似乎并不多见。蜀汉政权建立后，诸葛亮、蒋琬、费祎、姜维先后辅政，每人执政时间有长有短，平均十年，确保了蜀汉政权于西南一隅长期延续，与强大的魏、吴政权抗衡，保持了政局稳定、社会安定。其中因素很多，如政治政局的巩固，统治集团内部的团结，基本民众的拥戴支持，不同民族的同心协力，对敌攻防总体战略的正确，甚至敌对营垒魏国吴国的失误，等等，但是，诸葛亮等四位丞相、主辅，超凡的个人魅力，特别是廉洁自好的品格，不能不说是一个重要原因。由于诸葛亮等四人均廉洁如玉、洁白无瑕，赢得了官吏拥护、民众爱戴，老百姓虽然被连年北伐折腾得苦不堪言，但也无话可说。执政者廉洁，还弥补了其他方面的严重缺陷。应该说，除诸葛亮外的三人，缺项相当明显，蒋琬、费祎基本上没有带兵打过仗，更谈不上打胜仗了，姜维强于军事而内政就差得更多了。但这并没有影响他们的威信和形象，照样赢得了官民的信任和拥护。整个蜀国官民一致，以匡复汉室为己任，以超小财力、物力、人力苦苦支撑着，竟然长达近半个世纪。实践证明，官员是否廉洁，实在是关系重大，廉洁就能一心一意为国为民为公，否则就只能是一门心思为己为家为私。廉洁永远是领导干部所有好品德的基础，基础不牢，其他的一切都将无从谈起。廉洁又是领导干部无声的号令，其身正不令则行。国人特别是各级领导干部，敬仰崇拜诸葛亮，也应首先学习效法他的廉洁品格，打好地基夯实基础，然后才可能学习实践他的忠诚、公道、谨慎、智慧、担当、求实等优秀品质，学习实践他的教子有方的家风，把自己的道德水准搞上去，以一个清廉干净、融于民众、睿智担当的形象，展现在部属和民众面前，真正做到为人民服务，“鞠躬尽瘁、死而后已”！这是民众所盼，党所要求，更是时代所需，负有各方面责任的人们，加倍自勉吧。

诗人争咏“梁父吟”

《三国志·诸葛亮传》有一句话：诸葛亮“好为梁父吟”。所谓“梁父吟”，也称“梁甫吟”，系古乐府曲调，歌词是：“步出齐东门，遥望荡阴里。里中有三坟，累累正相似。问是谁家冢？田疆古冶子。力能排南山，文能绝地理。一朝被谗言，二桃杀三士。谁能为此谋？国相齐晏子。”大意是，缓步走出临淄城的城门，遥望萧瑟死寂的荡阴里。那里有三座坟墓紧相连，形状大小都非常的相似。请问这里是谁家的墓地？田开疆、古冶子和公孙氏。他们的力气能推倒南山。不料他们一朝遭到谗言，两个小桃竟杀死三勇士。谁能够设想出这个奇计？他就是齐国的宰相晏子。《乐府诗集》卷四十一载有此歌词，还注明是诸葛亮所写。但学术界对此尚存争议。不管此歌为谁所作，诸葛亮喜欢吟诵它却是事实。

可以想象，诸葛亮在耕作与读书之余，在草庐中盘足抚琴，弹奏“梁父吟”，琴声浑厚，意境深远，寄托着对琅邪故乡的深深怀念，既惋惜壮士死于不懂淡泊之道，又羡慕晏子为相的智慧与权谋，更加激发了对国家命运的关注，探寻安邦经世之策的心情越发迫切。正因为如此，在三国以后的各朝各代，“梁父吟”就成了诸葛亮的代名词，文人墨客以“梁父吟”为题或诗句的诗词，实在是太多了，或歌颂诸葛亮虽躬耕田垄，但志向远大，报国为民的情怀；或赞美诸葛亮与刘备的君臣鱼水之情；或为诸葛亮出师未捷、壮志未酬而深表惋惜；或抒发自己急于让明君赏识，入仕立功建业的心情；或一泄怀才不遇，走投无路，报国不能的郁闷心境。读起来让人感慨不已。

先说说南北朝的庾信，他的《卧疾穷愁诗》一诗，虽以隐士自居，但也常常流露出一种忧患意识，隐含着诗人渴望建立功业的思想。诗中写道：“讵知长抱膝，独为‘梁父吟’。”即怎料得以手抱膝而坐，只能独自咏诵“梁父吟”。

再说说唐代的几位诗人。李白在《梁甫吟》一诗中，把“梁父吟”理解为暂时韬光养晦之意，等待时机成熟就可以鲲鹏展翅，抒写了遭受挫折以后的痛苦和对理想的期待。诗中写道：“长啸梁甫吟，何时见阳春？”即梁甫吟啊梁甫吟，自从诸葛亮高歌唱响以来，多少志士吟诵过你，何日能遇到明主，从埋没中得到重用，从压抑中得以施展抱负。杜甫的《登楼》一诗，表达了自己对国事维艰、吐蕃入侵局面的担忧，表达忧伤国无诸葛亮这样的人才以及自己空怀济世之心，苦无献身之路。诗中写道：“可怜后主还祠庙，日暮聊为‘梁甫吟’。”即可叹刘禅那么昏庸还立庙祠祀，日暮时分我要学诸葛亮聊作“梁父吟”。这种心境，在杜甫其他引用“梁父吟”的诗中也充分反映。《上后园山脚》：“志士惜白日，久客藉黄金。敢为苏门啸，庶作‘梁父吟’。”即为因蹉跎不遇，日久闲赋，青春虚度，不能为苏门之长啸，只能聊以“梁父吟”而焦虑。《诸葛庙》：“忽忆吟‘梁父’，躬耕也未迟。”躬耕未迟，显然也是拿诸葛亮来自比。总之，杜甫在引用“梁父吟”时，往往寄寓了自己的一片幽哀，但始终希望能出仕报国。李商隐路过诸葛亮出兵伐魏、筹划军国大事之地——筹笔驿，写下《筹笔驿》一诗，深情地表达了对诸葛亮不能进取中原的理解与惋惜之情。诗的后四句为：“管乐有才真不忝，关张无命欲何如？他年锦里经祠庙，‘梁父吟’成恨有余。”大意是，孔明真不愧有管仲和乐毅的才干，关公张飞已死他又怎能力挽狂澜？往年我经过锦城时晋谒了武侯祠，曾经吟诵了“梁父吟”为他深表遗憾！

最后说说宋代以后的几位诗人。宋代郑思肖的《二砺》一诗，作者以此诗来勉励自己磨砺志气，心中立下比海还深的誓愿，决不让国家大好河山遭受侵略，永远沉沦。诗中写道：“愁里高歌‘梁父吟’，犹如金玉戛商音。”即愁闷时高歌一曲“梁父吟”，像敲金击玉一般发出悲凉的声音。

南宋抗元英雄文天祥的《偶赋》一诗，写在元兵大举入侵，宋军节节败退之际，其忧国忧民的浓浓之情跃然纸上。诗中有这样的句子：“苍苍已如此，‘梁父’共谁吟。”即大宋江山已经如此破碎不堪，还有谁来与我共同担负扶其不倒的重任。

元代大儒吴澄，原为南宋人，眼看国家衰败，儒道凋敝，只好赋闲家乡，收徒讲学，还特意在门窗上题词：“抱膝‘梁父吟’，浩歌出师表。”表示自己取诸葛亮隐居待时之意，淡泊明志，宁静致远的胸襟抱负。

明代刘基的《梁甫吟》一诗，列举了大量正反实例，阐述任用贤人则政兴，宠信小人则政衰的道理，深情写道：“‘梁甫吟’，悲以凄。岐山竹实日稀少，凤凰憔悴将安栖。”即志士仁人吟诵“梁父吟”，发出悲泣的曲调，感叹岐山竹子日渐稀少，凤凰们将去哪里安身呢。

清代的梁启超在“百日维新”失败逃亡日本，返回中国后所作的《东归感怀》，写得很悲壮，是他亲身投入波澜壮阔的斗争之后发出的由衷感叹，充满忧国忧民之情怀，尽显一代士大夫气象。最后两句“恩仇稠叠盈怀抱，抚髀空为‘梁父吟’”，即多少爱恨情仇重重叠叠填满胸臆，不由得以手拍腿慨叹，空有诸葛亮吟唱“梁父吟”的雄心壮志。

而现代诗人郭沫若为成都武侯祠过厅写的楹联：“好为梁父吟，志见出师表。”也明确地指出诸葛亮的理想、志向、抱负，全都体现在这“一吟一表”上了。

综上所述，“梁父吟”已经成为一种文化符号，提起它就会让人忆起圣贤诸葛亮来，那种出仕前就胸怀为国为民的远大志向，肩负重任后“鞠躬尽瘁，死而后已”的精神，永远是国人们学习与奋斗的榜样。

生亦清廉死亦淡泊

——武侯墓观瞻记

自古以来，武侯祠、庙可谓遍布全国数十个省，多时有几百座，保留至今的也有十几座之多，尽管20世纪90年代初，岐山县五丈原堆起一个“诸葛亮衣冠冢”，而位于汉中勉县定军山下的武侯墓，却是全国唯一的。仅此一点，就足以让人们对武侯墓陡生敬仰之情，每年它都吸引着国内外的大量游人前来观瞻。我在清明节前夕，特意从北京赶过来，参观瞻仰了打小就崇拜至极的圣贤的安卧之地。

武侯墓位于勉县城南四公里的古战场定军山下西北角，占地三百二十多亩，这里四面环山，中间平坦宽阔而隐蔽，古松古柏与奇花异草遍布其中，显得十分的宁静肃穆。武侯墓有内外两道墙垣护围，进入前山门，看到的是一座仿古式单拱玉带桥，称为“青龙桥”，桥下小溪流水，烘托着庄重的内山门。“武侯墓”金字匾额，高悬于内山门的门楣上，门两侧是清嘉庆七年（1802）汉中知府赵洵题写的楹联：“水咽波声，一江天汉英雄泪；山无樵采，十里定军草木香。”即汉水的波涛声如悲泣哀鸣，一江河水满是天下有志之士怀念诸葛亮的泪水；武侯墓古迹周围的树木没有遭到践踏毁坏，十里定军山内尽见草木茂盛花果清香。这短短的二十几个文字，让我的思绪一下子穿越到了一千七百多年以前……

蜀汉建兴十二年（234）秋天，诸葛亮病逝在五丈原军中，遗命：“葬汉中定军山，因山为坟，冢足容棺，敛以时服，不须器物。”即诸葛亮临终留下命令：将自己埋葬在汉中定军山，借助山势建造坟墓，墓穴只要容下棺材即可，用与时令相应的平常衣服装殓，不用殉葬品。根据诸葛亮的遗命，当年年底，后主刘禅就将他安葬在汉中定军山下。《水经注·沔水注》载：“诸葛亮之死也，遗令葬于其山，因其地势不起坟垄，惟深松茂柏，攒蔚(草木丛生)川阜，莫知墓茔所在。”这说明，到北魏时即距诸葛亮之死二百多年间的武侯墓，呈有坟无冢（覆斗式）状，犹如平地一般。蜀汉景耀六年（263）后主刘禅下诏，在武侯墓前为诸葛亮修了天下第一座武侯庙（祠），栽植五十四株汉柏，象征武侯在生之年。这些汉柏现存活二十二株，株株挺拔苍翠，直径都在一米以上，高达三十多米，一如郦道元所描述的那样。本来典籍中就明确记载："秦名天子冢曰山，汉曰陵，官吏称墓，百姓为坟。”这在当年是不可更改的祖制。然而，诸葛亮却将自己的墓地称为“坟”，是要求他去世后按照老百姓的墓葬规格来善后，一切都从简从便从小，以保持和继续他生前一贯的廉洁品性。诸葛亮临终前还给刘禅写了《自表后主》："成都有桑八百株，薄田十五顷，子弟衣食，自有余饶。至于臣在外任，无别调度，随身衣食，悉仰于官，不别治生，以长尺寸。若臣死之日，不使内有余帛，外有赢财，以负陛下。”诸葛亮去世后，“如其所言”。如此“生亦清廉、死亦淡泊”的高尚人格，震撼着一代又一代国人的心灵。仅就诸葛亮的遗命薄葬，历代不少文人都赋诗歌咏。明朝吴天府《诸葛武侯》诗，最具代表性，竟以秦始皇墓地的奢侈和曹操墓地的多疑，来反衬诸葛亮墓地的朴实无华："骊山穿穴亿万费，七十二冢滋疑忌。何如此冢卧空山，万岁千秋人洒泪。”

蜀汉炎兴元年（263）秋，魏国镇西将军钟会伐蜀取汉中来到武侯墓时，面对诸葛亮的薄葬坟茔，感慨万千，肃然起敬，率将士隆重祭祀诸葛亮庙，同时“令军士不得于亮墓所左右刍、牧、樵、采”。诸葛亮的高风亮节，居然使敌手都为之敬服。钟会是历史上蜀汉以外第一个到勉县武侯祠祭祀诸葛亮的将领，又是第一个提出保护武侯墓地草木的人。自此以后，对武侯墓地的保护遂成为定制，一直延续了下来。加之历代皆知诸葛亮死后安葬从简，墓中没有珠宝器皿，武侯墓也从没有遭到过盗墓贼的光顾。因此直到今日这里仍然是“十里定军草木香”。

至于诸葛亮为何遗命归葬定军山，可能说者的理由有多个，以我常人之见，原因只有一个，诸葛亮就是死去，也依然挂念着北伐大计，希望能够守望着自己生前战斗过的地方，如此方能心安，这是一位老人对自己终身为之奋斗事业的最后眷恋。这就如同新中国好多开国将士，都希望自己去世后能够埋葬在曾经战斗过的地方是一样的。诸葛亮人生的最后八年，大部分时光是在这里度过的，从第一次北伐“屯于沔阳”，相府行辕就在“南山下原上”，五次北伐、六出祁山的军事文书均出自这里；这里又是屯兵、推演八卦阵的练兵场；也是“长于巧思”，制造连弩、木牛流马的场所；又在这里“休士劝农”“军民合耕”，发展生产，以供前线军需；还于定军山东尽头筑汉城，在城固县筑乐城，派兵驻守。可以说，这里倾注了诸葛亮太多太多的心血，尤其是每次北伐，这里既是起点又是终点，大军一次一次地由这里出征，又一次一次地退至汉中，面对一次又一次的挫折，面对自己的理想一次又一次的破灭，诸葛亮的内心该是何等的痛苦，他心有不甘啊！死后葬在这里，表示他要激励蜀汉将士们去努力实现他未完成的北伐和统一大业。

进入山门，映入眼帘的是，古建屋檐之下，廊柱之上，满是层层的匾联，如“大名永垂”，“季汉伊姜”，“永沐神庥”，“三代遗才”，“醇儒望重”，让人品味其中，思绪万千。正殿的正中神台上，是明代万历年间的一尊诸葛亮高大塑像，右手抚膝，左手握卷，头戴纶巾，身披鹤氅，凝目沉思。左右琴书二童，一持剑一捧印，下面是关兴、张苞分护左右。大殿两侧墙壁上，悬挂着岳飞手书前后出师表的木刻。此时此刻观像读表，无不让人感慨万千，浮想联翩。走过正殿，穿过一扇门，就是前坟亭，立有两通石碑：一块是明万历年间，陕西按察使赵健所立的“汉丞相诸葛忠武侯之墓”碑，另一块是清雍正十三年（1735）果亲王（康熙的十七子——爱新觉罗·允礼）所立的“汉诸葛武侯之墓”碑。所有游人到这里，都会自动地肃穆静默，生怕弄出点声响出来，影响了他人的幽思之情。亭中有一副楹联，是清嘉庆七年（1802）陕西提刑按察使司文濡所题：“故国不归，山河未遂中原志；忠魂犹在，道路争瞻汉相坟。”即诸葛亮死后不归葬于故国成都，是因为生前没有完成统一河山的志愿；诸葛亮忠于蜀汉帝业的灵魂还在，过往的行人都争相瞻仰拜谒武侯墓。好一个“争瞻汉相坟”的熙攘景象，我到的那天感觉依然还是这个样子，在去往武侯墓的道路上，有乘旅游大巴去的，有坐着出租车和小蹦蹦车去的，更有好多是一家一户人走着去的。看来，如此熙攘景致定是要世代继续下去啊！

走出碑亭后，看到的是一个拱形的“覆斗式”墓，武侯墓原本“有坟无垄”，它是20世纪80年代，当地文物部门为强化保护而加土所形成的。坟墓的四周被汉白玉栏围起，坟上绿草茵茵，坟茔如披上了绿裘一般，周边翠柏森森，乔木参天，古柏合抱，凌花缠绕，郁郁葱葱，浓阴蔽空，坟边挺立的一棵黄果朴树，尤为夺目。传说这是黄月英在诸葛亮死后过于思念丈夫，化身为树，相伴守墓，一如生前。黄果朴树下的围栏上系了好多红绸布，显然是很多人跑过来祈求美好姻缘了。坟冢两侧还各有一棵桂树，这是当年刘禅栽下的，称为“护墓双汉桂”，现都已高十几米，树围三米以上，冠幅足有二三十米，犹如两把巨大的伞盖，蔽日护墓。如今两棵桂树还健朗得很，依旧年年开花，届时整个墓区则清香四溢。前坟亭有一块清光绪二十七年（1901）沔县知事徐兆兰所题牌匾，就叫作“双桂流芬”，说的就是这回事。

在坟茔的西南角，还有一个坟亭，亭内有石碑上书“汉丞相诸葛武侯之真墓”。这块碑的来历叫人哭笑不得。清嘉庆年间有个陕甘总督叫松筠，来拜谒武侯墓的时候，说诸葛武侯遗命“因山为坟”，现在的坟不在山上，可能是假的。随行有个幕僚叫谭南宫，便随口附和，说大冢内是假坟，真坟在西南墙垣外。松筠闻言十分高兴，立刻命令沔县知县马允刚重修。马允刚无可奈何，只好新堆了一个坟茔。松筠还亲自书写了碑文。嘉庆年间到现在也已一百七八十年了，这假碑假墓也成了文物，也算是武侯墓的一景吧。

结束了观瞻，我在想，依诸葛亮的本意，墓地应是另外一种样子，就是武侯遗命所说，不仅地下一无宝藏，地上也宛如平地，甚至就像郦道元所描绘的“莫知坟茔所在”。然而，自刘禅为武侯立庙以来，历朝历代都对武侯墓地加以修葺，以致形成了如今的规模。这使我想起一句著名诗句“有的人死了，他还活着”，诸葛亮就是这样的人。他在出山后的政治军事生涯中，凭借客观条件所给予的并不够大的舞台，靠主观上的努力拼搏，导演出一幕幕雄壮威武的活剧。在这一过程中，他时时事事表现出一种更伟大、更感人、更具魅力的品德、人格和精神，那就是以鞠躬尽瘁、死而后已为核心内容的修身养德，以身作则，一身正气，忠于国家，忠于民族，谨慎勤勉，自强不息，百折不挠。诸葛亮的这种品德、人格和精神，被一代又一代的国人所继承、总结和发扬光大，因为它对每个时代的人们都有极强的现实意义，都能引起人们思想上的共鸣，都能为人们提供强大的精神力量。这也就解释了为什么武侯墓以及各地的武侯祠，一千七百多年来，备受人民大众，也包括历代的帝王将相、文学人士的青睐。我深信，今后慕名前来武侯墓游览观瞻者，定会不计其数，这种现象定会经久不衰，伴随中华民族的永生永世。

不忘初心

“我们党已经走过了95年的历程，但我们要永远保持建党时中国共产党人的奋斗精神，永远保持对人民的赤子之心。一切向前走，都不能忘记走过的路；走得再远、走到再辉煌的未来，也不能忘记走过的过去，不能忘记为什么出发。面向未来，面对挑战，全党同志一定要不忘初心、继续前进。”

——习近平在庆祝中国共产党成立95周年大会上的讲话

（2016年7月1日）

延安的窑洞像什么？

有位“老延安”重返延安时，心情激动地问随行的工作人员：“你们看延安的窑洞像什么？”没等有人回答，他自己就回答说：“你们看，像不像同心同德的‘同’字？”是啊，确实像，椭圆的洞口，下面的横楣，以及方窗和门，真真切切就是一个同心同德的“同”字。应该说，这是对延安的窑洞最为形象的描绘，既形象又神似。

说它神似，是因为延安，曾是党的指挥中枢和战略后方，党中央和毛主席在这里运筹帷幄，决胜千里，在党的97年光辉历程中占有重要位置，更因为这里孕育出了党的传家宝、中华民族宝贵的精神财富——伟大的延安精神，即坚定正确的政治方向，解放思想、实事求是的思想路线，全心全意为人民服务的根本宗旨，自力更生、艰苦奋斗的创业精神。延安精神的魅力之一，就在于万众同心的力量凝聚，民心的凝聚是坚不可摧的铜墙铁壁。延安曾留下许多军民一致、官兵一致、上下一致的佳话。抗日战争的伟大胜利，不正是在中国共产党的抗日民族统一战线的伟大旗帜下，万众一心，团结奋斗的结果吗？

伟大的延安精神也是逐渐成熟和发展起来的，它包括了抗大精神，整风精神，南泥湾精神，白求恩精神，张思德精神，愚公移山精神和延安县精神。这里的延安县精神，是毛主席亲自提出来的，并且已经具备了延安精神的雏形。1942年12月，毛主席在西北局高干会上作了《经济问题与财政问题》的报告，指出：“延安县同志们的精神完全是布尔什维克的精神。他们的态度是积极的，在他们的思想中、行动中，没有丝毫消极态度。他们完全不怕困难，他们像生龙活虎一般能够征服一切困难。”“这种精神，对于那些一遇困难就唉声叹气，就缩手缩脚的人们，对于那些办事不认真，得过且过，敷衍了事的人们，真是一个天上，一个地下！”“在这种精神下，延安同志们没有一件事不是实事求是的。他们对于他们所领导的延安全县人民群众的情绪、要求及各种具体情况是充分了解的，他们完全和群众打成一片，他们有很好的调查研究工作，因而他们就学会了马克思主义的领导群众的艺术，他们完全没有主观主义、宗派主义与党八股。”“我们希望全边区的同志都有延安同志这样的精神，这样的工作态度，这样的和群众打成一片，这样的调查研究工作，因而也学会领导群众克服困难的马克思主义的艺术，使我们的工作无往而不胜利”。

当时延安县的同志们，政绩多多，堪称模范。如他们严格遵守陕甘宁边区政府颁布的《惩治贪污暂行条例》，加强民主监督，严格财经纪律，约束从政行为，严惩贪污腐化分子，各级领导干部都能廉洁从政。县长刘秉温的孩子冬天没有棉衣穿，供给部门给他送来棉花和布，他立即让警卫员送了回去。延安县因而赢得了“只见公仆不见官”的美誉。又如1941年到1942年，边区经济遇到极大困难，广大军民的生存成为最严峻的考验。他们大力倡导艰苦奋斗、勤俭节约的优良传统，从一张纸、一片布、一点灯油、一根火柴开始节省，并发动干部群众积极开荒生产，广泛推行各种劳动互助组织形式，改造了许多“二流子”，极大地调动了群众积极性，提高了生产效率。共开荒34万多亩，竟超过了原有耕地面积。县委书记王丕年背着行李下乡，参加一支变工队，白天和变工队一起劳动，晚上到各村了解情况。他还多次到南区合作社，鼓励群众入股，帮助解决资金不足问题，使合作社越办越红火。再如1942年，洪水淹没川口村的庄稼，老百姓情绪低落。王丕年、刘秉温立即组织动员全县的劳力，自带口粮、牲口，进驻川口村昼夜赶种荞麦。秋后荞麦获得大丰收，川口村群众的口粮得到了保障。正是在全县民众同心同德艰苦奋斗下，就在陕甘宁边区最困难的那几年里，延安县都能征收到足够数量的公粮和草料，有效地保障了供给，成为供应抗战需要、保卫边区的模范县。

延安县同志们的上述出色表现，充分体现了三种精神：一是不怕困难、克服困难的精神；二是实事求是、调查研究的精神；三是和群众打成一片，拧成一股绳的精神。引起了党中央、西北局和边区政府的高度重视和肯定。1943年2月，西北局表彰了一批领导干部，其中就有延安县委书记王丕年、县长刘秉温，毛主席给他俩的题词都是：“善于领导群众”。他俩还双双被选为党的七大代表。

今天重温这段史实，对延安的窑洞，感到分外亲切，对延安县精神乃至整个延安精神，油然而生敬意。尽管当今的形势和条件都发生了巨大变化，但作为执政党的中国共产党人，无论是现在和将来都必须坚持并弘扬延安精神。而延安精神中最本质、最重要的，就是党和政府与人民群众心连心，上下一致同心同德，这也正是当下各级政府和各级领导干部，必须下大力解决好的重要问题之一。其实照着延安县同志们的样子去做，就什么问题都解决了，法宝无非是清白做官，廉洁从政，坚决不搞以权谋私、以权谋钱那一套；遇事就沉到百姓中间去，了解百姓疾苦，疏导群众情绪，带领大家一道克服困难、化解难题。千万不能脱离实际，脱离群众，高高在上，夸夸其谈，做决议办事情上项目，离客观需要、百姓期望相距十万八千里。延安的窑洞，已经成为一种信仰的象征，将永远在国人的心中闪耀。延安精神，也必然永远大放光芒。

长征路上的一尊“雕塑”

近日读了著名军旅诗人胡世宗送给我的诗集《雪葬》，这是他专门为纪念长征胜利80周年而创作的，其中《延伸，我们的路》这首诗，讴歌了一位红军军需处长，因唯独少了自己的御寒衣服，而冻死在冰雪中成为了一尊“雕塑”，让我深深感动，泪眼模糊。还是原文录下这段诗吧：

“在茫茫的草地上 / 一位脸膛瘦削的将军 / 把他的马让给了重伤号 / 他边走边检视前后的队伍 / 他见路边有一个冻饿而亡的饿殍 / 将军见他身穿单薄的军衣 / 冻僵的身体如同一尊雕塑 / 将军厉声发怒 / 他让警卫员快把军需处长喊来 / 快去 !/ 快去 !/ 从速 !/ 从速 !/ 为什么这个兵没领到御寒的衣服？ / 我要罢军需处长的官 / 他不配任这么重要的职务 !/ 警卫员跑去又跑回 / 报告时悄声喃喃耳语 / 话说得吞吞吐吐 / 他说 :/ 首长 / 这位冻僵的……就是……军需处长……/ 整个队伍缺的 / 只有他一套衣服……/ 啊 / 谁能想到竟然是这样一个内幕？ / 这内幕 / 无比感人肺腑 !/ 将军立即脱帽致敬 / 周围的官兵在寒风中热泪簌簌涌出 / 一只只右手五指并拢 / 把手举向帽檐儿 / 表示深切的哀悼 / 更表达由衷的敬慕 !/ 啊 / 这位军需处长 / 是艰辛跋涉的路上 / 我党我军担负一定责任的干部 !/ 他应该是后来所有干部心中的尊神 / 他的形象如此高大 / 却又是那么的质朴……”

胡世宗曾于1975年和1986年，两次参加由人民日报社、解放军文艺出版社组织的重走长征路活动，从江西瑞金于都河出发，经红一方面军走过的十一个省区，一直走到陕北吴起镇、延安。每次回来，他都有歌颂长征的佳作诗篇问世。我每读起他的这方面的诗作，那次创造中国革命恒久奇迹的光明之旅，锻造共产党人和革命军队精神意志的浴火远行，就浮现在眼前，心灵都得到一次净化与升华。这次读到《雪葬》，仍是同样的感觉。不是吗？那位军需处长的高尚节操，充分展现出了共产党员那种舍己为人，吃苦在前，享受在后的独有品格和精神风貌，完全透视出了一支浩荡队伍因何而无比强大，能够战胜人世间所有的艰难困苦直到走向伟大的胜利。

共产党员，领导干部，就是要先人后己，先公后私，吃苦在前，享受在后，克己奉公，多做贡献。这是天经地义的，也是无可争辩的。又何止是那位军需处长有这样的思维，红军中的共产党员们，连、排干部乃至领导干部们，都有这样的思维定式。红军时期，曾有人问胡耀邦，你参加共产党究竟有什么好处？当时还是红小鬼的胡耀邦，义正辞严地回答说："让我看，参加共产党有九十九条坏处，要吃苦在前，冲锋在前，可能被杀头，会坐牢，饭少人多要让群众先吃，自己饿肚子……要说到'好处'，我看只有一条：全心全意为人民服务，人民就拥护你！"邓小平同志 1980 年 1 月 16 日，在中共中央召集的干部会议上的讲话中说："过去我们党的威力为什么那么大？打仗的时候我们总是说，一个连队有百分之三十的党员，这个连队一定好，战斗力强。为什么？就是党员打仗冲锋在前，退却在后，生活上吃苦在前，享受在后。这样他们就成了群众的模范，群众的核心。就是这么个简单的道理。那个时候当个共产党员不容易。当个共产党的干部，比如当个连长、当个排长，行军时候一个人要背两三支长枪。"试想一下，如果胜利不属于这样一支，以无数具有舍己为人的革命英雄主义精神的人为坚强骨干的队伍，还会属于另外的谁呢？长征所体现的不怕任何敌人而只能把敌人压倒，征服一切困难，勇往直前的大无畏精神，无疑将在世世代代的中华儿女心头震响，万古长鸣。而这种长征精神中所饱含的，共产党人和领导干部身上那种舍己为人，吃苦在前，享受在后的精神，也必将永远照耀后人砥砺前行。

毋庸讳言，改革开放后，随着环境和条件的变化改善，在一部分党员和领导干部身上，共产党员要"吃苦在前，享受在后，克己奉公，多做贡献"，这本是党章明确规定的，战争年代和新中国成立初期，贯彻落实得非常好的规矩，在逐渐弱化淡化，甚至被降低到仅仅成为道德号召的程度，有人甚至连道德上的这种观念也荡然无存了。正如邓小平批评的那样："现在有些共产党员不同了，他们入党是为了享受在先，吃苦在后"。那些大老虎、小苍蝇们，都干了些啥，何止是要先享受享受，而是恨不得要把公家和人民的财富，一股脑儿地装入他们自己的腰包里。人们对此厌恶至极，对党的十八大以来卓有成效的反腐行动拍手叫好！在纪念长征胜利 80 周年之际，正在全体党员中开展的“两学一做”教育，千万不要仅仅会背诵党章的几个条文，补交一下所欠的党费了事。当然这些也要做，且要做好的。要把党章和《中国共产党廉洁自律准则》中关于“坚持吃苦在前，享受在后，甘于奉献”的规定，突出出来，从思想认识上学懂弄通，还要学以致用落实到行动上。全体党员都要明确，除了法律和政策规定范围内的个人利益和工作职权外，不得额外再谋求任何私利和特权。这既是最高要求，又是必须坚守的底线，决不能随意突破。要时时刻刻以“吃苦在前，享受在后”的标准，来要求和约束自己，要从一件一件具体事情上做起，遇到好事美事享受的事，就自觉地往后闪一闪、躲一躲，先让给广大民众，让给那些最需要关怀和照顾的弱势人群；遇到危险、困难、艰苦的任务和事情时，拿出勇于担当，勇往直前，一不怕苦，二不怕死的精神来，冲上去扛下来解决它。80年前中国共产党人和红军依靠这种精神，取得了长征的伟大胜利，今天中国共产党人仍然要发扬这种精神，团结带领全国人民，在伟大的中国梦新的长征中，去夺取更大的胜利。

冲锋在前退却在后

位于广西兴安县城西狮子山的“湘江战役纪念碑园”，由群雕、主碑、纪念馆组成，其中几个巨大的红军战士石雕头像，特别引人注目，更是引人沉思。80 多年前，即 1934 年 11 月 27 日至 12 月 1 日，红军长征途中，在这里进行了湘江战役，经过与数倍于红军的敌军苦战五昼夜，最终红军得以强渡湘江，突破了国民党军的第四道封锁线，粉碎了蒋介石围歼红军于湘江以东的企图。此役红军也付出了惨重代价，中央红军由长征出发时的 8.6 万人，锐减到 3 万余人。今天重新回顾一下这次战役中的“界首阻击战”的若干片段，对什么叫作“共产党员和各级干部，要冲锋在前、退却在后”，更有了清晰透彻的界定和理解。

广西兴安县以北的湘江西岸，是中央红军过湘江最重要的渡河点。这个通道的左翼有两个阻击点，界首和新圩，分别由红三军团四师、五师负责把守。通道右翼的阻击点如尖峰岭等，由红一军团一师、二师负责守卫。这里发生的战斗被统称为界首阻击战，仅是湘江战役中三大惨烈的阻击战之一。

在新圩方向，战斗打响后，桂军在飞机轰炸配合下，进攻凶猛异常。红十五团团长白志文，政委罗元发都负伤了，两个营长牺牲，阵亡五百多人。红十四团政委也负伤了。在前沿指挥各团战斗的红五师参谋长胡震中弹牺牲。红五师政委钟赤兵冲向了十五团阵地，代替受伤的团长、政委指挥部队。眼看着阻击阵地被敌人不断压缩，五师师长李天佑把十四团团长黄冕昌叫来，交代说：“记住胡参谋长的话，无论如何不能在阻击阵地上撤退一步，要把命豁出去在这里死顶！如果让敌人冲过这里，中央纵队就要被拦腰截断，绝不能让党中央和中央纵队受到任何损失！只要阵地上还有一个人，就不能让敌人过新圩。”黄团长敬了个礼，转身消失在炮火硝烟中。李天佑刚回到师指挥所，电话里传来十四团一个连长的报告：“黄团长在和敌人的战斗中牺牲了。”李天佑对着电话大声地喊：“我们是红军，我们是打不散的！”之后，拿起驳壳枪冲出指挥所，上了前沿阵地。

在界首方向，红四师十团与敌人拉锯般的来回争夺阻击阵地。团长沈述清身先士卒，当敌人再一次冲上来时，他一声呐喊从掩体中跃出，带领官兵开始了反冲击。搏斗中沈团长身中数弹，一头栽倒在被鲜血染红的泥土里。红三军团首长得到沈团长牺牲的报告后，当即任命四师参谋长杜中美为十团团长。可是，没多久红三军团首长就接到报告说，十团团长杜中美牺牲了。

奉命守住通道右翼的是红一军团红一师、红二师，在尖峰岭阻击阵地上，红五团政委易荡平率领两个连，面对黑压压的湘军，顽强地阻击着，子弹打没了，就和敌人滚在一起肉搏。易政委受伤倒在血泊里，敌人端着刺刀围过来时，命令自己的警卫员向他开枪，警卫员不忍下手，他一把夺过警卫员手中的枪，高喊：“大家快走，赶快突围！”然后朝自己的头部扣动了扳机。红四团的阵地也被敌人三面包围，四团边打边撤，始终和敌人纠缠厮杀在一起，团长耿飚的警卫员见敌人像潮水般地涌上来，催促团长赶快撤退。耿飚却大喊一声，“拿我的马刀来！”他一挥马刀，率领官兵迎头向敌人冲上去，见着敌人举刀就砍，全身上下溅满了敌人的血浆。四团政委杨成武被子弹打倒了，二营副营长黄古文迎着敌人的密集扫射，向杨政委爬过去，抓住杨政委的一条胳膊就往回拖，一直拖到了自己的阵地上。

不用再详写了，上述战斗中，仅五个团的团主官就牺牲、负伤九人之多，几乎每个团都有，甚至刚刚被任命为新团长没多久就牺牲了。阵亡的营、连、排级干部那就更多了。这五个团的主官们，举枪跃起，是他们最雄伟的身影；“同志们，跟我冲！”是他们最响亮的声音；“大家快撤，这里有我！”是他们最感人的命令。这不就是对身先士卒，冲锋在前、退却在后的最好诠释吗！由这些主官们带出来的部队，不特别能战斗才怪呢！这也是我人民军队与一切其他军队的分水岭，更是伟大的长征精神的有机组成部分之一。

今天战争战斗都已过去，还要不要在共产党员和领导干部中，再提出“冲锋在前、退却在后”的口号和要求？作为共产党员和领导干部自身，还要不要自觉做到“冲锋在前、退却在后”？回答是：仍然需要，只不过在形式上与过去有所不同罢了。记得毛泽东同志曾多次讲过：“我们要保持过去革命战争时期的那么一股劲，那么一股革命热情，那么一种拼命精神，把革命工作做到底。”这里的“那么一种拼命精神”，理所当然应包括“冲锋在前、退却在后”在内。和平年代也会经常遇到抗震救灾等急难险重的任务，共产党员和各级领导干部不往前冲能行吗？但现在与过去相比确实变化太大了，共产党员和各级领导干部，平素更多的应该是始终保持着“冲锋在前、退却在后”的那种精神状态，那样一种精气神。具体来讲就是，要有勇于担当的精神，遇事不推诿扯皮，千方百计尽职尽责地干好本职工作。要多深入实践第一线当中去，多了解第一手的真实情况，避免说空话出虚招办错事。要多沉到群众当中去，与人民大众广交朋友，唠家常论短长，虚心听取民众的批评和建议，敢于和善于为民众排忧解难送温暖，与民众保持同呼吸共命运的密切关系。千万不要只坐在办公室里，仅凭拍脑门子来发号施令，只在网络上以官话套话空话来应付民众的热切关注，而且往往在时间上还晚于已发生的热点事件很久，只在公务办事大厅应景作秀来接待几个事先安排好的群众。这些显然是与“冲锋在前、退却在后”的精神背道而驰的。

苏区反贪的第一枪

谢步生，对这个名字，人们可能已不是很熟悉，但他可是中央苏区红色政权建立初期，因贪腐罪行，被判处死刑执行枪决的第一人。正因为此案的警示，从而在革命根据地掀起了一场“反腐、肃贪、倡廉”的红色风暴。此案还说明，我党在红色政权建设伊始，就十分注意严惩党内腐败，在其后的光辉战斗历程中，对反腐败丝毫没有放松过，以保持党的先进性和纯洁性，目的只有一个：不忘初心，继续前进！

1931 年 11 月 7 日，中华苏维埃共和国临时中央政府在江西苏区成立，主席为毛泽东，定都于瑞金。此时，新生的苏维埃政权还处在旧思想、旧风俗、旧习惯势力的侵扰之中，有些党员干部和工作人员因受各种非无产阶级思想的影响，不注重自身廉洁，再加上制度也不够健全，给了一些腐败分子以可乘之机，一时间贪污腐败、铺张浪费之风较为严重。因此，从 1932 年年初以来，苏维埃中央政府就开展了声势浩大的，以肃清贪污浪费为主要内容的廉政运动，正式开启中共党史上第一次大规模的反腐倡廉运动。1932 年 2 月，中央苏区政府会议做出决定，对于政府工作人员中的贪污分子进行严办，号召群众检举揭发驱逐政府中的贪污分子。随后，在中央苏区的各级政府、各单位、各村、街道和路口，都专门设置了一种特制的木头箱——控告箱。

很快就有人举报叶坪村苏维埃主席谢步生，是个严重的腐败分子。由于苏维埃临时中央政府就设在叶坪村，因此谢步升有一定的个人声望，在中央政府内也有些熟人关系。这种情况给案件查处工作带来一定阻力。时任瑞金县委书记的邓小平说：“我们苏维埃政权建立才几个月，有的干部就腐化堕落，贪赃枉法，这叫人民怎样相信我们的党，相信我们的政府？”坚决支持办案人员。毛泽东更是力主严惩，并指示说：“腐败不清除，苏维埃旗帜就打不下去，共产党就会失去威望和民心！与贪污腐化作斗争，是我们共产党人的天职，谁也阻挡不了！”这样一来，案件调查工作得以顺利展开。经过瑞金县苏维埃政府裁判部的审理，认定谢步升的罪状如下：一、打土豪的财产归私有，吞没公款3000多毛（毫子）。二、他当村政府主席时，借主席的势力，强奸妇女，包庇富农，将富农改为中农，收受贿赂300多块大洋。三、奸淫了谢深润的老婆，因谢深润打他，就说谢深润是社党，报私仇杀了谢深润。四、收买群众的米，用大斗进，小斗（出），卖给“一苏大会”获利大洋270多块。五、偷了中央政府管理科的印子，私打牛条过山贩卖，每只牛得大洋3元，总计得大洋33元。六、1927年9月在宁瑞交界处杀了贺龙、叶挺军队的医官，并拿了金戒指2枚，光洋5个，还有怀表、毡毯等物。七、以自己的小牛换了送往灾区的大水牛二只。八、1927年8月，伙同他人抢劫了瑞林寨邱姓的布店，把布、现洋、鸡、鸭、猪抢劫一空，他个人得赃款93块大洋。九、把自己的老婆卖了，得了3头黄牛，三头黄牛卖了1700毛（毫子）。判决谢步升死刑，并没收他个人的一切财产。

谢步生自认为对革命有功，不服判决提出上诉。1932年5月9日，中华苏维埃共和国临时最高法庭审理谢步升案件，认为瑞金县苏维埃政府裁判部，对谢步升的判决是正确的，决定按照原判决执行。当日下午3点，谢步升被执行死刑。清脆的枪声，划过江西瑞金城西的田野和山冈，震撼了整个苏区。这是党在成立中华苏维埃共和国政府后反腐败的第一枪。谢步升也成为我党在反腐败历史上被枪毙的第一个贪官。

1933年12月，根据毛泽东的意见，临时中央政府执行委员会发布《关于惩治贪污浪费行为》的第二十六号训令，指出：“为了严格惩治贪污及浪费行为，特规定惩罚办法如下：1.凡苏维埃机关、国营企业及公共团体的工作人员利用自己地位贪污公款以图私利者，依下列各项办理之：（甲）贪污公款在500元以上者，处以死刑。（乙）贪污公款在300元以上500元以下者，处以二年以上五年以下的监禁。（丙）贪污公款在100元以上300元以下者，处以半年以上二年以下的监禁。（丁）贪污公款在100元以下者，处以半年以下的强迫劳动。……2.苏维埃机关、国营企业及公共团体的工作人员，因玩忽职务而浪费公款，致使国家受到损失者，依其浪费程度处以警告、撤销职务以至一个月以上三年以下的监禁……”这是我党成立以来制定的第一份较为完整的反贪污浪费的文件，标志着反贪污浪费行为的斗争开始步入了较为规范的轨道。《训令》犹如利剑高悬，一个个大案要案得以及时查处，罪犯都受到严厉惩处，一个个蛀虫被清除出干部队伍，到 1934 年，中央苏区各级机关的贪污浪费现象得到了肃清，为红军即将进行的艰苦卓绝的长征打下了坚实的基础。

回顾这段史实，可以清醒地看到，清正廉洁，使腐败无藏身之地，是中国共产党苏区执政时最显著的特征之一。今天，我党作为长期执政的政党，面临的最大威胁仍然是腐败。因此借鉴历史上我党反腐败的成功经验，就显得非常必要。始终抓住对大案要案的查处，以起到震慑和警示作用。始终抓住党纪党规的配套建设，以使反腐败斗争经常化制度化规范化。始终抓住作风建设这个突破口，从上头抓起，抓常抓细抓长，以保持作风建设永远在路上，使党和人民群众永远保持着血肉联系的紧密关系。

“罗明路线”之罗明

在中国共产党的历史上，曾经发生过反对根本就不存在的所谓“罗明路线”的斗争，发动者是以博古为首的临时中央，时间跨度是1933年初至次年红军被迫长征才停止，波及的范围几乎是所有的红色根据地，被认定为该路线的代表人物是中共福建省委书记罗明，后果是给革命斗争造成了严重危害。简要回顾这一史实，特别是纵观罗明一生坎坷的革命经历，倍感坚定的理想信念对于一个共产党人的极端重要性。

1925年入党的罗明，长期在福建西部地区从事建党和组织农民斗争，领导了闽西农民暴动，1929年任中共福建省委书记，时年25岁。1933年初，罗明在长汀傅连暲办的福音医院里养腰伤。那时，毛泽东正处于政治生涯的低落时期，宁都会议上被剥夺了军事指挥权，心情和身体均欠佳，也正好被傅连暲邀请在这个医院休养。于是，毛泽东与罗明两人就经常在一起散步谈话。毛泽东关于开展游击战争，集中优势兵力，各个击破敌人的战略方针，给了罗明很大启发。罗明结束养伤回去后就召开了省委会议，传达了毛泽东的谈话精神，立即到福建的上杭、永定、龙岩地区开展游击战争，以配合中央红军的“反围剿”作战，很快就取得了初步战果，在此基础上呈交了《关于杭、永情形给闽粤赣省委的报告》，针对博古、李德推行的“左”倾冒险主义的所谓“积极的进攻路线”，提出了不同意见，甚至说：“如果只注意局部某一地方的转变，不注意很好地配合起来，发展武装斗争，那就请我们最好的领袖毛主席、项英同志、周恩来同志、任弼时同志，或者到苏联去请斯大林同志，或者请列宁同志复活，一齐到下溪南或者其他已受摧残的地方去对群众大演说三天三夜，加强政治宣传，我想也不能彻底转变群众斗争的情绪！”在这里，罗明不仅推崇毛泽东的各项主张，而且把毛泽东与斯大林并称为“我们最好的领袖”。可想而知刚从上海撤到江西苏区的中央负责人博古，读到这等文字是多么的气愤和恼火，很快就认定罗明对革命悲观失望，犯了“右倾机会主义”错误，“形成了以罗明同志为首的机会主义路线”。于是，博古发动了声势浩大的“在党内立即开展反对以罗明同志为代表的机会主义路线的斗争”。罗明理所当然地被召到瑞金撤职受批判，毛泽东因此也更加被孤立。这场斗争迅速扩大到各根据地，到处都在揪“罗明路线”的代理人。好多毛泽东军事思想的支持者，如邓小平、罗荣桓、谭震林、李井泉、张鼎丞等人，都受到批评或撤职处分。一时间造成了人人自危的严重局面。反“罗明路线”的斗争，直到红军被迫长征才不得不停下来。

反对“罗明路线”停止以后，罗明本人又是怎样一种状态呢？长征前，罗明被任命为中央党校教务长，他妻子谢小梅刚生下小孩十几天，把孩子匆忙送给了当地一个老乡，就踏上了征程。谢小梅被分在干部休养连。遵义会议后，罗明担任红三军团政治部地方工作部部长。在红军第二次夺取遵义攻打娄山关时，罗明负了重伤，被送往干部休养连治疗休养。红军四渡赤水以后，中央派人找罗明谈话，希望他们夫妻留在贵州开展地方工作。对于中央的决定，罗明爽快地答应下来。罗明夫妇离开红军大部队后，装扮成客商活动，但满口的外地话立刻引起了敌人的注意，仅两天后便在关岭县被逮进了监狱。敌人提审时，罗明夫妇一口咬定自己是小商贩。由于没有证据证明罗明夫妇是红军，十几天以后，敌人只好将罗明、谢小梅放了出来。出狱后，身无分文的罗明夫妇扮成难民，一路辗转来到贵阳，希望能找到党组织。谢小梅到一个保长家里做女用人，罗明找了一份清扫街道的工作。但罗明因枪伤未痊愈，干活累得又吐了血，被雇主辞退了。罗明夫妇在贵阳未能找到党组织，便欲到上海再寻找党的组织。结果刚出贵阳城门，罗明夫妇便被军警又扣住了，几天之后，敌人在没审出有价值的问题后，只好把他们又放了。后来，罗明夫妇经广西、广东、香港到了上海，可是还没来得及安顿下来，便被罗明的一个吸鸦片的堂弟，以 300 大洋的价钱出卖给了国民党上海警察局，又一次进了敌人的监狱。敌人软硬兼施，也没能从罗明夫妇嘴中得到一个字，后来敌人叫来罗明的那个堂弟，叫他当面指认，他指着罗明大叫：“他就是‘罗明路线’的代表人物罗明，共产党的重要人物。”但罗明夫妇一直没有承认和暴露自己的身份。后经上海的广东同乡多方奔走斡旋，罗明夫妇被保释出狱治病。罗明夫妇回到家乡广东大埔。抗日战争爆发后，曾秘密到以前工作过的闽西根据地寻找党组织。但当地党组织以罗明夫妇久未同组织联系为由，建议他俩以党外人士的身份，开展抗日救亡活动。罗明和谢小梅便分别改名为罗亦平和谢章萍，一边在中小学当老师，一边宣传抗日，积极发展革命力量。1945年4月，在中央召开的六届中央委员会第七次扩大会议上，对“罗明路线”予以正式平反。新中国建立后，经中央批准恢复了罗明夫妇的党籍，两人便一直在广东工作，罗明任省人大常委会副主任，全国政协常委，虽年事已高仍积极撰写党史资料，直至1987年病逝；谢小梅则当小学教员，离休后协助丈夫整理资料，2006年离世。

罗明夫妇这对共产党员，历经千辛万苦，始终在寻找党组织，虽一直未果，没能在党组织的直接领导下工作，但入党的初心丝毫不改，无论在什么情况下，包括三次被捕下狱，生活几无着落，甚至一度不被地方党组织所信任，仍然没有任何犹豫，仍然选择继续革命，仍然按照党员标准以恰当方式努力工作，为民族解放人民幸福，战斗不息。之所以如此，是因为罗明夫妇心中始终有远大理想和崇高追求。共产主义的远大理想，社会主义的共同理想，是共产党人的崇高追求，有了对远大理想的坚贞，就会任何情况下不消沉，不动摇，为崇高理想而奋斗终生！正如习近平总书记指出的那样：“对马克思主义的信仰，对社会主义和共产主义的信念，是共产党人的政治灵魂，是共产党人经受住任何考验的精神支柱。”今天，在新长征的征途上，面对来自八方的各色诱惑，共产党人更要坚守住自己的信仰，坚守由这个信仰所确立的人生意义和价值标准，使自己的人生始终具有毅然前行的巨大动力，在权与利、廉与贪、公与私、苦与乐、生与死的考验面前，做到信仰永恒，初心不变，不言放弃，百折不挠，继续前进！

红军将士不怕疼

“关云长刮骨疗毒”是《三国演义》的重头戏，国人几乎是人尽皆知。清人毛宗岗更是评论到位：“关公刮骨疗毒，是烈汉遇良医。可见忠臣义士不怕疼痛，若怕疼痛，便做不得忠臣义士矣。然临难不怕，必是平日先不怕。”红军长征前后发生的官兵不怕疼痛的故事，应该说一点也不逊色于古人。不妨罗列一二，以飨读者。

红军攻打娄山关时，红十二团政委钟赤兵腿部负了重伤，子弹撕开了他右小腿上的一大块肉，血如泉涌，一连包了十多层破布，血还照样向外浸。红军占领遵义城后，医生立即为钟赤兵治伤。由于钟赤兵受伤后又继续战斗，把子弹击中的骨头都扭碎了，必须从小腿以上截肢。红军医院的手术工具只有一把老百姓砍柴用的刀和一条断成半截子的木匠锯，更没有麻药。医生用木匠锯上下拉动截肢。钟赤兵紧紧闭着眼睛，豆大的汗珠就从他的脸上、身上直往下淌，浸湿了衣裤。但是，他一声不哼，几次昏死过去，又几次苏醒过来。手术一直做了三个半小时，他的右腿膝盖下只剩下小半截了。手术后没过几天，钟赤兵的伤口就感染了，腿肿得分不清小腿和大腿，高烧持续不退，只能进行第二次截肢。医生们又把他右腿膝盖以下剩余的部分截去了。不料，伤口仍继续感染。几天后，医生又进行第三次手术，把他整个右腿从股骨腰部截去了。半个月内，三次截肢，对于一个人来说，是要忍受多么大的痛苦啊！可是，钟赤兵竟然奇迹般地活过来了。这时，他才 21 岁。钟赤兵三次截肢的英勇事迹，连毛泽东都知道了。在毛泽东的关怀下，钟赤兵由三军团调出，被安排到中央卫生部休养连，随中央直属部队行动，经过千辛万苦，终于到达了陕北。

红二十五军军长徐海东，在一次战斗中，一颗子弹打进了他的腿骨里，在没有任何麻药的情况下，他硬是让人把子弹活生生地拽了出来。

陈赓在南昌起义军撤退途中，左腿被敌人的子弹射中。急中生智的陈赓将腿上流出的血抹在脸上和身上，装成死尸躲过了敌人的搜捕，一路来到了福建长汀医院。傅连暲医生告诉他，他的左腿已经皮肉腐烂，要想保住性命只有截肢。陈赓喊了起来：没有腿，我怎么带兵打仗？傅医生说：一刀一刀剜掉烂肉，那个滋味不比截肢好受。陈赓说：打惠州时候，是我自己把子弹从腿上抠出来的。你就做吧，我要是叫一声就不是人！手术做完了，未叫一声而面色惨白的陈赓，还不忘对傅连暲说："你是最好的医生，到革命队伍中来吧。我陈赓以后保证年年为你祝寿！"

刘伯承的右眼被子弹打中，手术是在没有麻药的情况下进行的。手术做完了，医生问他是否疼时，他说"才七十多刀，小意思"。

毛泽东的妻子贺子珍，红军长征到云南时，遭到敌军飞机的轰炸，身负重伤，一共嵌进了大小不等的十七块弹片，其中有块弹片从后背一直划到右臂，一道血口子又长又深。紧急手术在没有麻药下展开，这位坚强的女红军在难以想象的剧痛中没有呻吟一声。

红二方面军红五师师长贺炳炎，在长征途中的东山之战，右手中弹，鲜血模糊，晕倒在阵地上。后来在没有麻药情况下，贺用牙咬住一条毛巾，卫生员把他的右臂给生生锯掉了。贺满头大汗，竟然没有晕倒。当年只有 22 岁。人称"独臂将军"。他改用左手使刀，仍旧威风凛凛，又称"独臂刀王"。

斯大林1924年1月26日在《悼列宁》中说过这样一句铿锵有力的话语："我们共产党人是具有特殊性格的人，我们是由特殊材料制成的。"所谓特殊材料，就是共产主义的崇高理想与远大追求，它使得共产党人有着比一般人更高的思想境界、觉悟水准和勇敢担当，无论在什么情况下，都能够承受一般人所承受不了或不愿意承受的艰难困苦和牺牲与奉献，能够在各种艰苦工作中走在前、干在前。自然，对待疼痛也是一样，也能忍受一般人所不能或不愿意忍受的剧烈疼痛。前面所述钟赤兵等人的事迹，就是最好的例证。不错，是有一个条件和环境所迫的因素，当年要想保住性命继续革命，也只能如此。但这丝毫也不能贬低这些共产党人的钢铁意志和超凡的忍受力。今天，无论是条件还是环境，不知要比过去革命战争年代好过多少倍了，共产党人再也不用遭受那样的肌肤之痛了，是不是也可以水涨船高，和普通人一样一味地去追求安逸和享受，丢掉战争年代的那股子拼命精神，包括那股子不怕疼痛的劲头？当然不行。任何时候、任何情况下，共产党人都要牢记自己是用特殊材料制成的人，都要忠诚于自己的身份，都要用实际行动，即超出一般人的克服任何困难的决心与胆识，解决任何问题的智慧与能力，顶住任何疼痛的勇气与耐力，抵御任何诱惑的定力和觉悟，来捍卫这个至高无上的荣誉和光荣称号。因为实现中国梦的伟大事业，还需要共产党人团结和带领全国人民，继续拼搏奋斗。正所谓：目标已经锁定，同志仍需努力！

彭德怀扛门板

电视剧《彭德怀元帅》，央视刚刚热播结束，人们得以通过中国革命史上的一个一个大事件，看到一个有血有肉的民族大英雄，彭德怀身上那种特有的一心为民、为军、为国而忘己的风骨与风采，栩栩如生令人回味。他坚定的革命信念，非凡的胆略，精湛的军事指挥艺术，大无畏的铁血精神，耿直刚正的崇高人格，都让人们无比敬仰。毛泽东对彭德怀非常推崇和信任，曾有诗相赠："山高路远坑深，大军纵横驰奔。谁敢横刀立马？唯我彭大将军！"红军长征中，作为中央红军主力之一的红三军团最高首长的彭德怀，他身上发生的一些小故事，也同样让人感慨万千。

红军到达遵义后，红三军团奉命进驻尚嵇镇。镇上有位开明的商人曾在外地参加过红军召开的大会，对红军颇有好感，这次红军进驻后，他四处对老百姓说红军是穷人自己的队伍，于是小镇上贴满了欢迎红军的标语和各式各样的小红旗。军团部设在一个叫懒板凳的地方。彭德怀是穷苦人出身，对穷苦人家都充满了同情心。他的警卫员总是背着个大包袱跟着他，里面装着打土豪时留下的一些布料、银元、盐巴等，行军中走在前面的彭德怀只要看见特别苦的人，就让警卫员打开包袱送去一些东西。但是，由于彭德怀选择送东西的人非常苛刻，必须是真正的穷苦人，还得是受到地主老财欺负的穷苦人，因此他的大包袱很长时间里都是满满的。警卫员不愿意背着个大包袱行军作战，为此还受到过彭德怀的严厉批评。彭德怀还常常蹲在指挥部门口，与老人、小孩说笑谈天唠家常。军团指挥部向别的村子转移的那天，一大清早，老百姓们就看见彭德怀，这个红军里"特大的官"，扛着块门板沿街喊："这是谁家的门板？"原来，彭德怀是要把用来当床铺的门板送还给他的主人。

以上几件小事，足以体现彭德怀亲民爱民，走到哪里都能迅速与民众打成一片的特有品质。彭德怀亲自扛门板送还给老乡的事，无论是因军团指挥部转移撤得急，手下的工作人员忙其他更重要的事情，而对送门板的小事情有所忽视，还是将军非要自己亲力亲为来做，不用手下的人来搞，它都说明彭德怀作为军团的最高指挥官，是在带头严格执行红军的铁的纪律。“上门板”，是我军《三大纪律八项注意》的前身——《三大纪律六项注意》中的一条规定。毛泽东同志在领导秋收起义的过程中，在湖南省桂东县沙田镇提出了《三大纪律六项注意》，三大纪律是：行动听指挥，不拿工人农民一点东西，打土豪要归公；六项注意是：上门板，捆禾草，说话和气，买卖公平，借东西要还，损坏东西要赔。彭德怀扛门板，就是要将门板送到老乡家，以兑现“六项注意”中“上门板”的要求。试想，红军连军团长这样的高级指挥官都在严格遵守纪律，其他的官兵能不学习效法，能不严格遵守纪律吗？这样一支来自人民热爱人民军纪严明的红军，当然是永远不可战胜的！

应该说时至今日，彭大将军扛门板的事，仍在给予人们以启示，深刻的启示。那就是我们党的精英们，党的各级领导干部们，在任何时候任何情况下，都要带头遵守和严格执行党规党纪，国法军纪，而且来不得一丝一毫的马虎和敷衍。习近平同志最近在谈到保持党的先进性和纯洁性，着力增强抵御风险和拒腐防变能力的问题时，指出：“‘己不正，焉能正人。’我们要从中央政治局常委会、中央政治局、中央委员会抓起，从高级干部抓起，持之以恒加强作风建设，坚持和发扬党的优良传统和作风，坚持抓常、抓细、抓长，使党的作风全面好起来，确保党始终同人民同呼吸、共命运、心连心。”党的十八大以来，在严厉打击腐败现象的同时，颁布实施了一系列党规党纪，且操作性都极强，可谓网大眼小，覆盖之广，力度之大，前所未有。各级领导干部对党规党纪的条文要学懂弄通，要熟记于心，要逐条落实，要以自觉遵纪守规的模范形象，展现在自己的部属与广大民众面前。以此带动广大党员、干部人人遵守党规党纪，促进社会风气的逐步向好。千万不能人前一套，人后却另搞一套，甘当“两面人”，被人猛戳脊梁骨，而自己还浑然不知，摆出一副若无其事的样子。这是最要不得的，也是最可怕的。